Startfrei plus

Lehrermaterialien
für den jahrgangsübergreifenden Unterricht
1./2. Jahrgangsstufe

von Ursula Schagerl
illustriert von Uta Bettzieche

1. Auflage 2004 R E
Druck 09 08 07 06 05 04
Die letzte Zahl bezeichnet das Jahr des Drucks.

Umschlagkonzept: Mendell & Oberer, München
Lektorat: Ute Busche
Herstellung: Stefanie Bruttel
Druck: Tutte Druckerei GmbH, Salzweg/Passau

99030-6

Oldenbourg

Verwendung des Unterrichtswerks „Start frei" in der jahrgangsgemischten/ flexiblen Eingangsstufe

Mit dem Prinzip der jahrgangsgemischten/flexiblen Eingangsstufe wird in nahezu allen Bundesländern versucht, den immer weiter auseinandergehenden Lernvoraussetzungen der Schulanfänger gerecht zu werden. Dabei geht die Zielsetzung in zwei Richtungen: Schwache Schüler sollen die Jahrgangsstufen 1 und 2 in drei Jahren durchlaufen können und so vom „Sitzenbleiberelend" verschont bleiben, leistungsstarken Schülern soll die Möglichkeit geboten werden, bereits nach einem Schuljahr mit einem Teil der Klassenkameraden in die 3. Jahrgangsstufe aufzurücken.

Der Grundsatz, durch differenzierende Unterrichtsarbeit den lernschwachen Schüler zu unterstützen und zu fördern und gleichzeitig den leistungsstarken Schüler zu fordern, gilt aber auch in den Jahrgangsklassen. Die Ziele sind immer die gleichen: Durch eine größtmögliche „Passung" sollen allen Kindern im Lernprozess positive Lernerfahrungen und Erfolgserlebnisse ermöglicht werden. Diese wiederum helfen, die natürliche Neugier der Kinder zu erhalten und eine beständige Lernmotivation aufzubauen.

Lange Zeit galt das Bemühen um Differenzierung nur den lernschwachen Schülern, erst in den letzten Jahren wurde durch die Diskussion um die Probleme der hochbegabten Kinder das Augenmerk auch auf diese Schülergruppe gelenkt. Sie verdienen ebenso unsere besondere Aufmerksamkeit wie die schwach Begabten, denn unter Umständen werden in der Schuleingangsstufe die Weichen dafür gestellt, ob ein überdurchschnittlich begabtes Kind seine intellektuellen Kapazitäten in den Schulleistungen verifizieren kann oder ob es zu einem „underachiever" wird, dessen Persönlichkeitsmerkmale ihm verwehren, seine maximale Leistung zu erbringen.

Die Fibel „Start frei" mit ihrem offenen Ansatz bietet eo ipso schon die Möglichkeit, dass die Kinder gemäß ihrem eigenen Leistungsvermögen die Schriftsprache erwerben: Die Schreibaufträge sind von Anfang an so gefasst, dass die Schüler sie je nach ihrem individuellen Lernstand bearbeiten können. Und doch wird sich der Lehrer am Anfang der Arbeit mit dem Fibelwerk besonders herausgefordert fühlen. In einer jahrgangsgemischten oder einer stark leistungsheterogenen Klasse wird er die Notwendigkeit sehen, für diejenigen Kinder, die die Grundprinzipien unserer Schrift schon erkannt haben und anwenden können, weitergehende Aufgaben zu stellen.

Hierzu bieten sich verschiedene Möglichkeiten an. Einige davon seien hier genannt:

- Der Lehrer stellt einen komplexeren Schreibauftrag, bei dem diese Kinder ihr größeres Vorwissen einbringen können und der umfangreicher zu bearbeiten ist.
- Der Lehrer bietet zum Thema einen längeren Lesetext an, der zusätzliche Informationen bringt und/oder eine höhere Lesetechnik erfordert.
- Der Lehrer nützt das angebotene Thema auf zwei verschiedene Arten: Neben den vorgesehenen Lerninhalten für die Schulanfänger üben und erfahren die Kinder der 2. Jahrgangsstufe bzw. die leistungsstarken Schüler daran erste fachliche Begriffe und Arbeitstechniken aus dem Bereich *Sprache untersuchen* (Sprachbetrachtung).
- Der Lehrer lässt die leistungsstarken Schüler/die Schüler der zweiten Jahrgangsstufe Spiel- und Lernmaterialien für den Rest der Klasse entwerfen und gestalten.

Zunächst ist es Aufgabe des Lehrers, den Leistungsstand eines jeden Kindes festzustellen. Hierzu bieten die Schreibergebnisse der Kinder eine zuverlässige Grundlage. Durch den Einsatz der Diagnosebögen in den Lehrermaterialien kann der Lehrer mit großer Sicherheit in seiner 1. Jahrgangsstufe diejenigen Kinder herausfinden, die in ihrer Schreibentwicklung die alphabetische Stufe schon abgeschlossen haben, d.h. die bereits in der Lage sind, alle gehörten Laute in adäquate Schriftzeichen umzusetzen. Umgekehrt wird er in der 2. Jahrgangsstufe einer jahrgangsübergreifenden Klasse diejenigen Schüler erkennen, die die alphabetische Stufe noch nicht abgeschlossen haben. So ergibt es sich in der Praxis, dass eine jahrgangsgemischte Klasse in drei Gruppen einzuteilen ist:

- Kinder, die sich die Buchstabenkenntnis erarbeiten,
- Kinder, die den meisten gehörten Lauten adäquate Buchstaben zuordnen können,
- Kinder, die das Wort- und Satzprinzip bereits verinnerlicht haben und über erste grammatikalische Kenntnisse verfügen.

Erfahrungsgemäß sind diese Gruppen nicht identisch mit den Jahrgangsstufen, sondern jahrgangsübergreifend. Vor allem in der zweiten Gruppe werden Kinder aus der 1. und aus der 2. Jahrgangsstufe vertreten sein. Wenn es dem Lehrer gelingt, für alle Gruppen einen „freundlichen" Gruppennamen (z.B. Tiernamen) zu finden, werden sich die Kinder auch in ihrer Gruppe wohl fühlen. Zur Kennzeichnung der unterschiedlichen Aufgaben hat es sich bewährt, das jeweilige Bild des „Gruppenmaskottchens" (ausgeschnitten und laminiert) dazu an der Tafel zu befestigen.

Im Folgenden werden differenzierende Aufgaben für die Gruppe der leistungsstarken Schulanfänger und die Schüler der zweiten Jahrgangsstufe zu den einzelnen Fibelthemen angeboten.

UNSERE NAMEN

Fibel S. 2/3

Eine Rätselkartei zur Anlauttabelle erstellen

Ziele, Inhalte

- Rätsel zu den Begriffen der Anlauttabelle formulieren und aufschreiben
- Die Rätsel in einer Schreibkonferenz vorstellen
- Die Rätsel nach den Vorschlägen überarbeiten
- Rätselkarten gestalten
- Rätsel vorlesen und Lösungen überprüfen

Die Schulanfänger müssen die Begriffe der Anlauttabelle kennen lernen. Für die leistungsstarken Schüler und die Schüler der 2.Jahrgangsstufe ergibt sich daraus eine reizvolle Aufgabe.

Gemeinsam werden beispielhaft einige Rätsel zu den Begriffen der Anlauttabelle mündlich formuliert. Danach schreiben die Schüler eigene Rätsel auf. Der Lehrer überträgt die Rätsel mit dem PC in die „Erwachsenenschrift“. Jeder Schüler bekommt seine Rätsel nun auf einem Papierstreifen.
Die Schüler werden mit dem Ablauf der (eng gefassten) Schreibkonferenz bekannt gemacht. An einem Beispiel wird der Ablauf schrittweise mit allen Kindern durchgeführt.

1. Das Autorenkind liest vor und erhält Applaus und anerkennende Worte.
2. Die Zuhörer versuchen das Rätsel zu lösen. Wenn dies gelingt, malt oder schreibt der „Autor“ die Lösung dazu.
3. Die Kinder überprüfen, ob der zu erratende Begriff überhaupt auf der Anlauttabelle zu finden ist, anderenfalls wird das Rätsel beiseite gelegt.
4. Die Kinder überlegen gemeinsam, wie das Rätsel noch genauer formuliert werden kann, um falsche Antworten zu vermeiden.
5. Das „Autorenkind“ verbessert.

Nach diesem Schema arbeiten die Kinder danach in Dreier- oder Vierergruppen. Der Lehrer schreibt die ergänzten Rätsel noch einmal in den PC und druckt diese mit dem Namen des „Autors“ aus. Die „Autoren“ kleben ihr Rätsel auf eine DIN-A7-Karteikarte und malen die Lösung, also das Anlautbild, auf die Rückseite. In den nächsten Wochen lesen die „Lesekinder“ den Schulanfängern die Rätsel immer wieder vor und lassen sich von den Schulanfängern die Lösung auf der Anlauttabelle zeigen oder den dazugehörigen Buchstaben aufschreiben.

Die kleinsten Bauelemente der Sprache erkennen

Ziele, Inhalte

- Laute und Buchstaben unterscheiden
- Selbstlaut, Mitlaut, Umlaut und Doppellaut benennen
- Kurz und lang gesprochene Vokale unterscheiden

Mit der Anlauttabelle können Laut und Buchstabe unterschieden und die Begriffe Mitlaut, Selbstlaut, Umlaut und Doppellaut verdeutlicht werden. Durch die Gegenüberstellung der beiden Anlautbilder für jeden Vokal kann schon frühzeitig die unterschiedliche Lautqualität beim kurz oder lang gesprochenen Vokal bewusst gemacht werden. Sie ist Hilfe bei der Einführung der orthographischen Regel, dass nach einem kurzen Selbstlaut mindestens zwei Mitlaute kommen müssen.

SO SCHREIBE ICH WÖRTER AUF

Fibel S. 4/5

Sprache untersuchen: Namenwörter – Begleiter – Mehrzahlbildung

In den Lehrermaterialien sind viele Vorschläge und Kopiervorlagen, die für die Schulanfänger abwechslungsreiche Aufgaben zum Verschriften von Wörtern bieten. Für die Kinder, die die alphabetische Stufe bereits abgeschlossen haben, bieten sich Aufgaben aus dem Bereich *Sprache untersuchen* an.

Ziele, Inhalte

- Die Großschreibung der Namenwörter wiederholen und üben
- Die Nomen nach ihrer Zugehörigkeit zu Menschen, Tieren, Pflanzen und Gegenständen ordnen
- Die Begleiter kennen lernen und zuordnen
- Die Mehrzahlbildung üben und bewusst betrachten
- Text „Meine siebzehn Wörter“ vorlesen oder lesen (siehe Zusatztext S. 5, auf DIN A4 vergrößern)
- Individuell die 17 wichtigsten Wörter überlegen und aufschreiben

BUCHSTABENTAG

Fibel S. 6/7

Die Doppelseite in der Fibel zeigt einen Buchstabentag. Solche Buchstabentage werden im Verlauf der nächsten Wochen und Monate zu allen Buchstaben gestaltet werden, zumindest so lange die Kinder Freude und Interesse daran haben. Der Buchstabentag für das L l steht hier also nur exemplarisch.
Deshalb geben wir verschiedene Anregungen für motivierende und fordernde Aufgaben für die Zweitklässler bzw. die leistungsstarken Schüler. Der Lehrer wird sich davon jeweils eine aussuchen oder mehrere zur Auswahl stellen.

Wörter nach dem ABC ordnen

Ziele, Inhalte

- Die Namen der mitgebrachten Gegenstände aufschreiben
- Zur rechtschriftlichen Kontrolle im Wörterbuch suchen bzw. mit einer vom Lehrer schnell erstellten Liste vergleichen
- Die Namenwörter nach dem ABC ordnen

Da viele der mitgebrachten Gegenstände mit dem „gefeierten" Buchstaben beginnen werden, ergibt sich hier auf jeden Fall die Aufgabe, nach dem zweiten oder gar dem dritten Buchstaben zu ordnen. Der Lehrer wird diesen Sonderfall vorher mit den Kindern erarbeiten und sie dann an dieser Aufgabenstellung üben lassen.

Der Buchstabe im Wörterbuch

Ziele, Inhalte

- Den Buchstaben im Wörterbuch suchen
- Aus dem Wortmaterial nach verschiedenen Gesichtspunkten Wörter heraussuchen (Namenwörter, Lieblingswörter, das kürzeste, das längste Wort, Wörter mit einer bestimmten Silbenzahl, Wörter mit einem bestimmten Rechtschreibfall)

Rätselkarten schreiben

Ziele, Inhalte

- Die zum Buchstabentag mitgebrachten Gegenstände gemeinsam betrachten
- Zu einigen Gegenständen ein kurzes Rätsel aufschreiben (evtl. in Partnerarbeit)
- Rätsel vorlesen und von den Mitschülern erraten lassen

„Geschichtenkiste"

Ziele, Inhalte

- Drei Gegenstände für die „Geschichtenkiste" aussuchen
- Eine Geschichte dazu schreiben
- Die Geschichte vorlesen, wobei die anderen feststellen, welche Dinge in der Geschichte vorkommen

Jedes Kind wählt für sich drei der mitgebrachten Gegenstände aus, malt eine „Geschichtenkiste" mit den drei Gegenständen und schreibt eine Geschichte dazu auf. Beim Vorlesen versuchen die Mitschüler herauszufinden, welche Gegenstände der Schreiber gewählt hat. Dazu legen sie die genannten Gegenstände in eine wirklich vorhandene „Geschichtenkiste" (bunt bemalter oder beklebter Schuhkarton) und vergleichen diese dann mit der gemalten „Geschichtenkiste" des Schreibers. Stimmen beide überein?

GUTE NACHT

Fibel S. 8/9

Ziele, Inhalte

- Wörter des Arbeitsblattes (siehe Kopiervorlage S. 5, auf DIN A4 vergrößern) im Wörterbuch suchen, aufschreiben und die Seitenzahl notieren
- Entscheiden, was nicht ins Bett mitgenommen werden kann
- Aus drei abgebildeten Wörterbuchseiten (siehe Arbeitsblatt S. 6) eine Auswahl an Begriffen heraussuchen und kennzeichnen
- Beispiele zur Mitlautverdopplung finden

GEBURTSTAGSKALENDER

Fibel S. 10/11

Mein Geburtstag

Das Herstellen des Geburtstagskalenders ist eine Aufgabe, die selbstverständlich für alle Kinder einer Klasse gilt. In der jahrgangsgemischten Klasse können die älteren Schüler hier willkommene Helferdienste beim Aufschreiben leisten.
Darüber hinaus gibt es zum Thema Geburtstag noch einen Schreibanlass (siehe Kopiervorlage S. 8, auf DIN A4 vergrößern), bei dem der eigene Geburtstag im Mittelpunkt steht. Vielen Kindern ist der Zusammenhang zwischen dem Tag ihrer Geburt und dem jährlich wiederkehrenden und zu feiernden Geburtstag nicht klar. Der Tag der Geburt wird mit Tag, Monat und Jahr angegeben, während für den Tag der Feier nur Tag und Monat wichtig sind.

Name: ______

Gute Nacht

Kinder nehmen verschiedene Dinge mit ins Bett.
Suche die Namen der Dinge im Wörterbuch.
Schreibe sie auf und notiere die Seitenzahl.

	S.
	S.
	S.
	S.
	S.
	S.
	S.
	S.
	S.
	S.

Drei Dinge gehören nicht ins Bett. Kreuze sie aus.

Meine siebzehn Wörter

Max Huwyler

Als der Prinz gelernt hatte, was am Hofe zu lernen war, sagte der Vater zu ihm: „Es ist Zeit, dass du das Leben kennen lernst. Geh in das Land jenseits der Berge, wo fremde Menschen leben und eine fremde Sprache sprechen."
„Wie soll ich durchs Leben kommen, wenn ich die Sprache jenes Volkes nicht kenne?", fragte der Sohn.
„Geh zu deinem Lehrer, er kennt die Sprache und wird dich beraten."
„Lehr mich die Sprache des Volkes hinter den Bergen", sagte der Prinz zu seinem Lehrer, „lehr mich so viel wie ich brauche, um mich durchs Leben zu bringen. Die Sprache ist leichtes Gepäck."
„Da dein Vater wünscht, dass du mit wenigem zurechtkommst und nur so viel an Gepäck mitnehmen sollst, wie du zu tragen vermagst, so soll auch dein Sprachschatz bescheiden sein: Denke dir siebzehn Wörter aus, die du zum Überleben zu benötigen glaubst. Wenn du die Wörter hast, dann komm zurück, ich will sie dir übersetzen."
Es dauerte mehrere Tage, bis der Prinz mit der Liste der siebzehn Wörter zu seinem Lehrer kam. „Du hast gut gewählt, ich will sie dir übersetzen, vorsprechen und aufschreiben."

Max Huwyler, Meine siebzehn Wörter, in: Walter Flückinger/Max Huwyler, Welt der Wörter Bd. I, Lehrmittelverlag des Kantons Zürich, 1996

Schreibe 17 Wörter auf, die für dich wichtig sind.

Kopiervorlage **Name:** ____________________

So sehen Seiten aus einem Wörterbuch aus.
Suche Dinge aus, die wir alle haben, und markiere sie.

Schu bis **So**

die **Schule**, die Schulen	in die Schule gehen
schwarz	weiß oder schwarz
die **Schwester**, die Schwestern	meine Schwester
sechs	sechs Kinder
sehen, er sieht	schlecht sehen
sehr	sehr gut
die **Seife**, die Seifen	mit Seife waschen
sein	gesund sein
sein, seine	sein Buch
seit	seit gestern
die **Sekunde**, die Sekunden	in dieser Sekunde
der **September**	im September
sich	sich freuen
sie	Heute kommt sie dran.
sieben	sieben Zwerge
sind	Wir sind hier.
singen, er singt	ein Lied singen
sitzen, er sitzt	im Sessel sitzen
so	so leise
der **Sohn**, die Söhne	der älteste Sohn

34

so bis **su**

sollen, er soll	Wir sollen gehen.
der **Sommer**	ein heißer Sommer
die **Sonne**	Die Sonne scheint.
der **Sonntag**	am Sonntag
die **Spagetti** ✱	Spagetti essen
sparen, er spart ✱	Geld sparen
spielen, er spielt ✱	Ball spielen
der **Sport** ✱	Sport treiben
der **Stängel** – die Stange ✱	ein langer Stängel
stehen, er steht ✱	vor der Tür stehen
stellen, er stellt ✱	die Uhr stellen
der **Stift**, die Stifte ✱	mit rotem Stift schreiben
still ✱	Es ist ganz still.
die **Stirn** ✱	die Stirn runzeln
der **Strauch**, die Sträucher ✱	im Strauch verstecken
die **Stunde**, die Stunden ✱	vor einer Stunde
suchen, er sucht	das Buch suchen

✱ Du sprichst (schp) und (scht), aber schreibst **Sp** oder **sp** und **St** oder **st.** ✱

35

Za bis **zw**

die **Zahl**, die Zahlen ✱	eine gerade Zahl
zahlen, er zahlt ✱	mit Euro zahlen
zählen, er zählt ✱	bis drei zählen
der **Zahn**, die Zähne ✱	Der Zahn wackelt.
die **Zehe**, die Zehen	die große Zehe verletzen
zehn ✱	zehn Finger
zeigen, er zeigt	den Weg zeigen
die **Zeit**, die Zeiten	die Zeit messen
das **Zimmer**, die Zimmer	im Zimmer warten
zu	Ich komme zu euch.
der **Zucker**	süß wie Zucker
zum	zum Freund gehen
zur	zur Tür laufen
zusammen	Das machen wir zusammen.
zwei	zwei Kinder
die **Zwiebel**, die Zwiebeln	eine Zwiebel schneiden
zwölf	zwölf Stühle

✱ Achte auf das **h.** ✱

43

Zähle die Wörter
mit Doppelbuchstaben. ☐

Auf dem Arbeitsblatt können die Kinder in einen einfachen erklärenden Text die Daten eintragen.
Anschließend suchen sie in einem Akrostichon zu GEBURTSTAG Wörter, die zum Geburtstag passen. Hierbei sind Nomen, Verben und Adjektive denkbar. (Beispiel: GESCHENK; GÄSTE; GUT; GLAS; GELD; GEHEN; GESCHMÜCKT)

Gedicht:

Der besondere Tag

Angela Sommer-Bodenburg

Das lange Jahr hat einen Tag,
den ich am allerliebsten mag.
Nachts um halb drei erwache ich,
lauf in den Flur und wundre mich.
Da ist es still so wie im Grab.
Weiß denn niemand,
dass ich Geburtstag hab?

aus: Ich lieb dich trotzdem immer, Middelhauve Verlag, Köln 1982
© Angela Sommer-Bodenburg

Ziele, Inhalte

- Unterrichtsgespräch: Wie geht es dir am Abend, in der Nacht vor deinem Geburtstag?
- Das Lückengedicht (siehe Arbeitsblatt S. 8) lesen und mit den vorgegebenen Textteilen ergänzen
- Die eigene Lösung mit dem Kontrollblatt vergleichen
- Das Gedicht üben und vortragen
- Von Erwartungen für den eigenen Geburtstag schreiben und malen
- Über Geburtstagsrituale sprechen

Die Kinder berichten von der Aufregung am Abend, in der Nacht vor dem Geburtstag. Auf dem Arbeitsblatt versuchen sie in Partner- oder Gruppenarbeit das Gedicht zu ergänzen. (Hinweis auf Reimwörter als Lösungshilfe!)

HÖRGESCHICHTEN

Fibel S. 12/13

Anweisungen für die Hörgeschichten schreiben

Während die Schulanfänger die Bilder für die Hörgeschichte malen, können die fortgeschrittenen Schüler „Regieanweisungen" für die Hörgeschichte aufschreiben, z.B. Ein Hund bellt, die Kirchenglocken läuten, Bremsen quietschen, … Hierbei kommt es darauf an, jeweils die treffenden Verben für die Geräusche zu verwenden.
Wenn diese Anweisungen von einem „Regisseur" vorgelesen werden, können die übrigen Kinder der Klasse die Geräusche wiedergeben.

Ziele, Inhalte

- Zeitwörter für Geräusche sammeln
- Kurze Sätze formulieren
- Sätze vorlesen und „vertonen"

WAS IST DENN DAS?

Fibel S. 14/15

Ziele, Inhalte

- Namen von Gegenständen aufschreiben (siehe Arbeitsblatt S. 9), die am Ende d oder t haben (Auslautverhärtung)
- Die Mehrzahlbildung als Hilfsmittel zur Identifikation des Auslauts kennen lernen und anwenden

WIR FRÜHSTÜCKEN GEMEINSAM

Fibel S. 16/17

Eine Einladung für die Eltern/ für die Parallelklasse schreiben

Das gemeinsame Frühstück wird in vielen Klassen zum Anlass genommen, die Parallel- oder Patenklasse einzuladen. Hier ergibt sich für die leistungsstärkeren Kinder ein realer Anlass, eine Einladung zu verfassen und deren Gestaltung zu besprechen und auszuführen.

Ziele, Inhalte

- Die notwendigen Informationen sammeln (wer, was, wann, wo)
- Den Einladungstext formulieren und aufschreiben
- Das Blatt gefällig einteilen
- Die Einladung gestalten

SCHAU GENAU

Fibel S. 18/19

Ziele, Inhalte

- Über die Erwartungen an eine schöne Pause sprechen
- Von Konflikten berichten
- Sinnvolle und unsinnige Pausenregeln aufschreiben und den Mitschülern vorstellen
- Die vorgestellten Pausenregeln nach „gut" und „blöd" ordnen

In einem Gespräch berichten die Kinder von ihren verschiedenen Erwartungen an die Pause, ebenso von Konflikten. Dies ist Anlass, über Pausenregeln und ihren Sinn zu sprechen.

Kopiervorlage

Name: ______________________

Der besondere Tag

Das lange Jahr hat einen Tag,

den ich am ______________

Nachts um halb drei erwache ich,

lauf in den Flur ______________

Da ist es still so wie im Grab.

Weiß denn ______________

dass ______________

So stelle ich mir meinen Geburtstag vor:

niemand,	ich Geburtstag hab?
und wundre mich.	allerliebsten mag

Kopiervorlage

Name: ______________________

Mein Geburtstag

Ich bin am ______________ geboren.
Das war der Tag meiner Geburt.
Deshalb kann ich immer am ______________
meinen Geburtstag feiern.

Meine Eltern haben mir
diesen Namen gegeben: ______________

Das gehört zu meinem Geburtstag:

G ______________

E ______________

B ______________

U ______________

R ______________

T ______________

S ______________

T ______________

A ______________

G ______________

Kopiervorlage

Name: ______________________

Was ist denn das?

Am Wortende hören sich
d und **t** oft gleich an.
Was musst du schreiben?

In der Mehrzahl kannst du **d** und **t** gut unterscheiden. Sprich und schreibe zuerst die Mehrzahl.

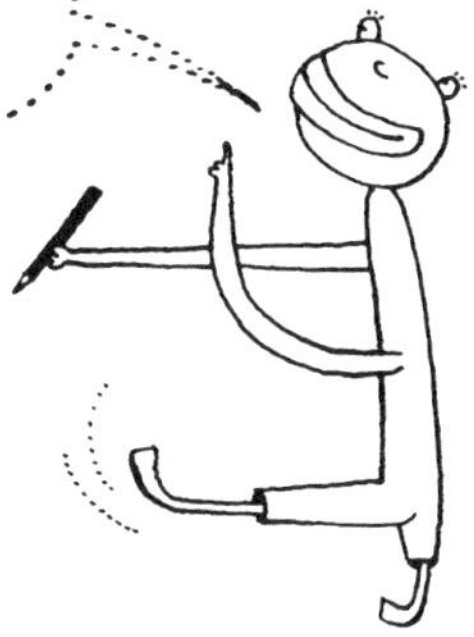

die Kinder - das Kind

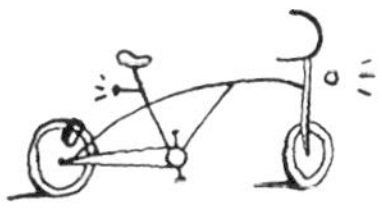

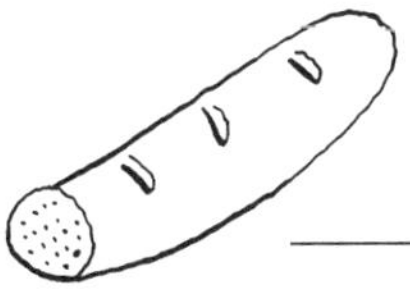

Die (erfahrenen) Zweitklässler verfassen in Partner- oder Gruppenarbeit sinnvolle und auch unsinnige Pausenregeln (z.B. „Lachen ist verboten.“ „Du musst dein Pausebrot in den Abfalleimer werfen.“). Die Regeln werden den Mitschülern vorgelesen und vor allem von den Erstklässlern nach „gut“ oder „blöd“ geordnet. Die sinnvollen Pausenregeln können auf einem Poster festgehalten und im Klassenzimmer aufgehängt werden.

EMINE SCHREIBT AM COMPUTER

Fibel S. 20/21

Computersprache - Silbentrennung

Beim Aufschreiben von Wörtern werden die Kinder angehalten, in der „Pilot-“ oder „Computersprache“ mitzusprechen, um auch bei langen Wörtern den Überblick nicht zu verlieren.
Das Wortmaterial für diese Übungen können die Kinder aus den „Spielen zum Schriftspracherwerb“ entnehmen (z.B. Klammerkarten, Reimedomino, Raketenspiel), aus einer Grundwortschatzliste nach dem Zufallsprinzip auswählen (mit geschlossenen Augen auf die Liste tippen) oder aus dem Sachunterricht sammeln.

Ziele, Inhalte

- Wörter nach Silben getrennt sprechen, klatschen und aufschreiben
- Nach ein-, zwei- und mehrsilbigen Wörtern ordnen
- Die Anzahl der Silben mit der Anzahl der Selbstlaute/Umlaute/Diphtonge vergleichen

REIME-MEMORY

Fibel S. 22/23

Gedicht: So eine Familie!

(siehe Arbeitsblatt S. 11, auf DIN A4 vergrößern)

Ziele, Inhalte

- Die einzelnen Verse selbstständig erlesen und mit Reimwörtern ergänzen (schreiben oder einkleben)
- Die Ergebnisse vorlesen und beurteilen
- Die unterschiedliche Schreibweise bei manchen Reimwörtern verbalisieren
- Neue Zweizeiler erstellen (evtl. nach Vorgabe neuer Reimwörter)
- Zu den Versen Bilder zeichnen

Je nach dem Leistungsstand seiner Schüler wird der Lehrer mit der Gedichtvorlage die Wörter in den Kästchen unten zur Hilfe geben oder weglassen. Auf jeden Fall sollten die Reimpaare fährt – verkehrt , Peter – später, Fuß – Apfelmus, Mann – Hosen an noch einmal betrachtet werden, um zu zeigen, dass Reimwörter in den meisten, aber eben nicht in allen Fällen gleich geschrieben werden.

IM MUSEUM

Fibel S. 24/25

Interessantes über Ameisen

Der Auftrag, ein Ameisenbild zu malen und dazu zu schreiben, ist so offen, dass er für alle Leistungsstufen gilt. Die „Lesekinder“ können jedoch noch zusätzliche Informationen aus geeigneten Büchern sammeln und darstellen. Wenn das Internet zur Verfügung steht und die Schüler bereits mit dessen Verwendung vertraut sind, bietet http://www.blinde-kuh.de/ameisen/ gute weiterführende Informationen.
Aus den Schülerarbeiten kann der Lehrer mit Spiralbindung ein klasseneigenes Ameisenbuch erstellen (die Abschriften in „Erwachsenenschrift“ nicht vergessen!).
Möglicherweise gibt es in der Klasse einen oder mehrere Schüler, die es sich schon zutrauen, in der Art eines kurzen „Referates“ über die Ameisen zu berichten. Die dafür notwendigen Bilder oder Zeichnungen können auf Folie kopiert werden – so wird das „Referat“ schon ein bisschen professionell.
In den Lehrermaterialien sind bereits Literaturangaben vorhanden; darüber hinaus können auch Kinderlexika und Tierbücher aufgelegt werden, z. B.:
Patricia Grossman, Erzähl mir alles über Ameisen, Könemann Verlagsgesellschaft mbH, Köln 1999.

Ziele, Inhalte

- Aus Büchern, aus dem Internet weitergehende Informationen über Ameisen sammeln
- Die Informationen in Bild und Wort darstellen
- Den Mitschülern darüber berichten

DAS WAR SCHÖN

Fibel S. 26/27

Ziele, Inhalte

- Über gemeinsame Aufgaben in der Familie sprechen
- Die Aufgaben verschiedenen Familienmitgliedern zuordnen und Sätze dazu ins Heft schreiben
- Aufgaben ordnen: Das mache ich gerne – Das mache ich nicht gerne – Das möchte ich mal ausprobieren (siehe Arbeitsblatt S. 11, auf DIN A4 vergrößern)

WENN ICH GROß BIN

Fibel S. 28/29

Zusatztext: Was wird sein?

(siehe Arbeitsblatt S. 12, auf DIN A4 vergrößern)

Ziele, Inhalte

- Über die Veränderungen sprechen, die sich mit dem Großwerden ergeben
- Das Gedicht lesen und die wichtigsten Dinge festhalten
- Angefangene Sätze ergänzen

Name: ______________________

Arbeit für die ganze Familie

In jeder Familie gibt es viel zu tun.
Deshalb werden die Aufgaben verteilt.
Wie ist es in deiner Familie?
Schreibe dazu, wer diese Arbeiten meistens erledigt.

Tisch decken		Fenster putzen	
Wäsche aufhängen		Teppiche saugen	
Schuhe putzen		Möbel abstauben	
Auto waschen		Müll wegbringen	
Blumen gießen		Essen kochen	
Hosen und Hemden bügeln		Speisezettel machen	
Betten machen		Getränke holen	
Lebensmittel einkaufen		Spülmaschine einräumen	
Hausaufgaben kontrollieren		Kinderzimmer aufräumen	

Und wie ist es bei dir?

Das mache ich gerne:

____

____

Das macht mir keinen Spaß:

____

____

Das würde ich gern mal ausprobieren:

____

____

Name: ______________________

So eine Familie!

Elke Kahlert

Abends sieht der Thomas Western,
morgens ärgert er die ______________.

Wenn Oma mit dem Roller fährt,
dann ist sicher was ______________.

Die Claudia spielt sehr laut Klavier,
im Rechnen hat sie eine ______________.

Jeden Mittag sagt der Peter:
„Meine Hausaufgaben mach ich ______________.“

Die Mutter redet viel und schnell,
doch ich hab ein dickes ______________.

Flori ist ein kleiner Mann
und hat keine ______________.

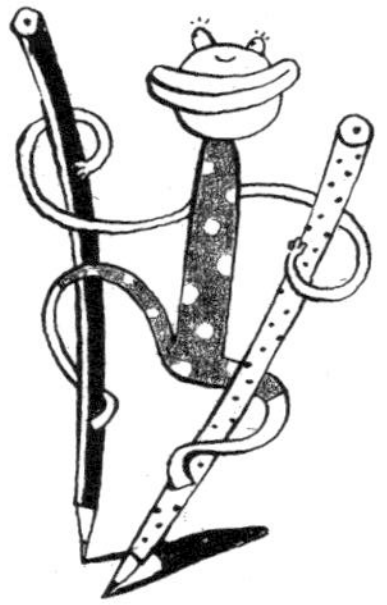

Anne tritt mit ihrem Fuß
ungern in das Apfel______________.

aus: Elke Kahlert, Was ich schon alles kann, Domino Verlag, München 1975

verkehrt	Schwestern	Hosen an	mus	Fell	später	Vier

Die Kinder besprechen, in welchen Lebensbereichen sich etwas ändert, wenn man groß wird (andere Wohnung, andere Aufgaben und Pflichten, eigene Familie).
Auf dem Arbeitsblatt (Kopiervorlage siehe unten, auf DIN A4 vergrößern) ergänzen sie die angefangenen Sätze.

ALS OMA KLEIN WAR

Fibel S. 30/31

Fragen für das Interview

Ziele, Inhalte

- Im Rollenspiel das „Interview" mit den Eltern/Großeltern vorbereiten und dabei Fragen formulieren
- Fragesätze betrachten, die Satzmelodie bewusst machen
- Das Fragezeichen am Ende des Fragesatzes kennen lernen
- Fragesätze für das „Interview" aufschreiben

Nomen für Spielsachen

Ziele, Inhalte

- Spielsachen der Schulkinder benennen
- Funktion der Nomen für Dinge erkennen
- Nomen für Spielsachen mit Begleiter, in Einzahl und Mehrzahl aufschreiben

WAS ICH SPÄTER WERDEN WILL

Fibel S. 32/33

Ziele, Inhalte

- Über Berufswünsche sprechen und diese begründen
- Den Berufswunsch und die damit verbundenen Tätigkeiten aufschreiben
- Sich selbst im späteren Berufsleben darstellen
- Eine Wandzeitung gestalten „Das wollen wir später arbeiten"

Kopiervorlage

Name: ______________

Was wird sein?

Brigitte Schär

Wenn ich einmal nicht mehr
in dieser Stadt wohne,
wo wird es dann sein?

In was für Wohnungen
von was für Leuten
werde ich dann wohl
von meinem Fenster aus sehen?

Was für Menschen werden mich
auf der Straße begrüßen
und mich fragen,
wie es mir geht?

Wenn ich einmal nicht mehr
zur Schule gehe,
wohin gehe ich dann jeden Tag?
Werde ich eine Arbeit haben,
die ich gerne tue oder
fürchte ich mich vor jedem Tag?

Wenn ich meine Eltern einmal
nicht mehr so brauche wie jetzt,
weil auch ich erwachsen geworden bin,
was brauche ich dann?

Wenn einmal alles nicht mehr
so ist, wie es jetzt ist,
wer bin ich dann?

Wenn ich einmal nicht mehr in dieser Wohnung wohne, dann ______________

____

____

Wenn ich einmal nicht mehr zur Schule gehe, dann ______________

____

____

Wenn ich meine Eltern einmal nicht mehr so brauche wie jetzt, dann ______________

____

____

Wenn einmal alles nicht mehr so ist wie jetzt, dann ______________

____

____

ABENTEUER IM WELTALL/ REISE ZUM MOND

Fibel S. 34/35 und Fibel S. 36/37

Ziele, Inhalte

- Weitere Informationen zu den Planeten lesen (siehe Kopiervorlage unten, auf DIN A4 vergrößern)
- Die wichtigsten Wörter unterstreichen
- Quizkarten mit den vorhandenen Informationen erstellen
- Das Fragezeichen am Schluss eines Fragesatzes bewusst einsetzen

Als Kopiervorlage stehen fertige Quizkarten zur Verfügung. Diese können als Anregung dienen oder im Original verwendet werden. Wenn dem Lehrer die Multiple-Choice-Antworten nicht gefallen, können diese und die Kennbuchstaben auf der Rückseite gelöscht werden. Dann werden freie Antworten der Kinder erwartet. (Kopiervorlagen S. 14, Vorder-/Rückseite auf DIN A4 vergrößern)

EIN ZETTEL MIT PUNKTEN

Fibel S. 38/39

Ziele, Inhalte

Da der Schreibauftrag sehr viele Ideen zulässt und sich gut für einfallsreiche Bebilderungen eignet, ist er auch für Zweitklässler geeignet.

ICH SEHE WAS, WAS DU NICHT SIEHST – RÄTSEL

Fibel S. 40/41

Arbeitsblatt (siehe Kopiervorlage S. 16, auf DIN A4 vergrößern)

Ziele, Inhalte

- Gegenstände aus dem Bild benennen
- Namen von abgebildeten Gegenständen aus Silben zusammensetzen
- Wörter nach der Silbenzahl ordnen
- Zusammengesetzte Namenwörter im Wörterbuch nachschlagen

Kopiervorlage

Fragen zu den Planeten

Wie weit sind die anderen Planeten von der Erde entfernt?
Unser nächster Himmelskörper ist der Mond. Er ist aber kein Planet, sondern ein Erdtrabant.
In 28 Tagen kreist er einmal um die Erde.
Die Astronauten waren eine Woche unterwegs, bevor sie auf dem Mond landeten.
Der Planet Mars ist der Erde am nächsten, er ist unser Nachbarplanet. Am weitesten entfernt ist der Planet Pluto. Eine Reise dorthin würde 150 Jahre dauern.
Bis zur Sonne wären wir 7 Jahre unterwegs.

Drehen sich alle Planeten?
Die Planeten drehen sich alle verschieden schnell um sich selbst.
Die Erde braucht 24 Stunden für eine Umdrehung, also einen Tag und eine Nacht. Viel schneller drehen sich Jupiter und Saturn:
Etwa 10 Stunden dauert eine Umdrehung. Der Planet Venus aber braucht dafür 8 Monate.
Außerdem drehen sich alle Planeten auch um die Sonne.
365 Tage, also ein ganzes Jahr, braucht die Erde für einen Umlauf.
Der Merkur schafft es in 88 Tagen.
Pluto, der am weitesten von der Sonne entfernt ist, braucht für eine Kreisbahn um die Sonne 248 Jahre.

Ist um alle Planeten herum Luft?
Nur große Planeten können Gase anziehen, die dann eine Hülle um sie herum bilden. Unsere Erde hat eine Gashülle, die wir Luft nennen.
Der Planet Merkur und unser Mond haben gar keine Hülle um sich.
Bei den anderen Planeten besteht die Hülle aus verschiedenen, manchmal sogar giftigen Gasen.
Ohne Sauerstoffgerät könnte hier kein Mensch atmen und leben.

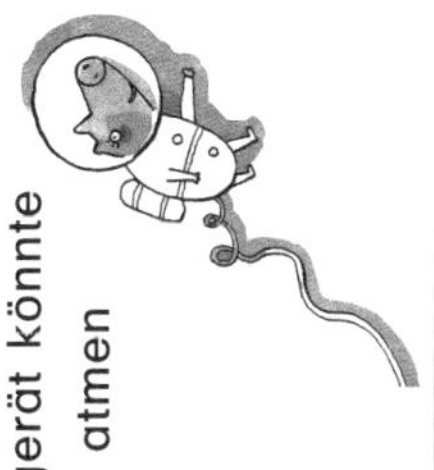

Können Menschen zu den Planeten reisen?
Die Reise zum Nachbarplaneten Mars würde länger als ein Jahr dauern. Wie viel Ausrüstung, Nahrung und Wasser müsste man da mitnehmen! Außerdem wäre die lange Schwerelosigkeit für die Raumfahrer eine große Belastung.
Also wird es schon noch eine Weile dauern, bis Menschen zum Mars fliegen können. Aber unbemannte Raumsonden sind schon auf dem Mars gelandet.

Kopiervorlage (Vorderseite, auf DIN A4 vergrößern)

Wie lange würde eine Reise bis zur Sonne dauern? a) Mehr als 7 Jahre b) Zwei Wochen c) 150 Jahre	**Welcher Planet ist der Erde am nächsten?** a) Pluto b) Venus c) Mars
Welcher Planet hat einen besonders großen Ring? a) Saturn b) Venus c) Mars	**Auf welchem Planeten sind schon unbemannte Raumsonden gelandet?** a) Sonne b) Mars c) Uranus
Wie lange braucht die Erde für eine Umdrehung um sich selbst? a) Einen Monat b) Ein Jahr c) 24 Stunden	**Wie lange braucht der Mond für einen Umlauf um die Erde?** a) Eine Nacht b) Ein Jahr c) 28 Tage
Welcher Planet ist am weitesten von der Erde und von der Sonne entfernt? a) Mars b) Venus c) Pluto	**Was für ein Himmelskörper ist der Mond?** a) Ein Planet b) Ein Erdtrabant c) Eine Rakete
Warum schweben die Astronauten im Weltraum? a) Weil dort Schwerelosigkeit herrscht. b) Weil die Astronauten das geübt haben. c) Weil sie Raumanzüge tragen.	**Warum können die Menschen nur auf der Erde ohne Sauerstoffgerät atmen?** a) Weil sie immer hier leben. b) Weil nur die Erde eine Lufthülle hat. c) Weil es hier nic[illegible]o kalt ist.

Kopiervorlage (Rückseite, auf DIN A4 vergrößern)

c) Mars	**a) Mehr als 7 Jahre**
b) Mars	**a) Saturn**
c) 28 Tage	**c) 24 Stunden**
b) Ein Erdtrabant	**c) Pluto**
b) Weil nur die Erde eine Lufthülle hat.	**a) Weil dort Schwerelosigkeit herrscht.**

IM GEISTERSCHLOSS
Fibel S. 42/43

Zusatztext: Das duschende Gespenst
(Kopiervorlage siehe S. 16, auf DIN A4 vergrößern)

Ziele, Inhalte
- Von eigenen Erlebnissen erzählen:
  „So wollte ich jemandem Angst machen“
  „So wollte mir jemand Angst machen“
- Den Text lesen
- Im Text die „Gespenstergeschichte“ unterstreichen
- Im Text Hinweise auf Angst unterstreichen

HENRI, DAS GESPENST
Fibel S. 44/45

Die in der Fibel abgedruckten Ausschnitte aus der Kinderliteratur (wie hier aus dem Buch „Gespensteroperation“) oder die gekürzten Zusammenfassungen sind ein motivierender Anlass, mit den Kindern das selbstständige Ausleihen von Büchern in der Bibliothek einzuüben. Hierzu ist es sinnvoll, mit der Bibliothek Kontakt aufzunehmen und einen Termin für den Besuch mit der Klasse oder mit einer Gruppe zu vereinbaren. Bereits einige Zeit vorher gibt der Lehrer die Formblätter zur Beantragung eines Leserausweises den Schülern für die Eltern mit und sammelt die ausgefüllten Anträge ein. Wenn er diese einige Tage vor dem gemeinsamen Bibliotheksbesuch in der Bücherei abgibt, können die Angestellten die Leserausweise bis zum Besuchstag erstellen.
In der Klasse überlegen die Kinder schon, welche Art von Büchern sie ausleihen möchten, so dass verschiedene Kategorien benannt werden, z.B. Sachbücher, Märchenbücher, Bilderbücher, Bastelbücher, Geschichtenbücher usw. Die Kinder erhalten den Auftrag, einen Stoffbeutel für die Bücher mitzunehmen (pfleglicher Umgang!).
In der Bücherei besprechen die Bibliothekare mit den Kindern dann das Ausleihverfahren (Leihfrist) und den richtigen Umgang mit den Büchern, bevor sie in einem Rundgang die für diese Altersgruppe in Frage kommenden Regale zeigen und die Einordnung der Bücher erklären. Mit Begleitung und Beratung des Lehrers und der Bibliothekare wählen die Kinder die ersten Bücher aus und lernen die Modalitäten der Ausleihe kennen.
Ein Tipp: Vereinbaren Sie mit den Angestellten, dass die Anzahl der auszuleihenden audiovisuellen Medien (Video-Filme und Hörkassetten) an diesem Tag begrenzt wird. Die Kinder sollen ja Bücher zum Lesen ausleihen.
Ein zweiter gemeinsamer Besuch der Bücherei kann zur termingerechten Rückgabe der Bücher dienen. In diesem Fall wäre es schön, wenn die Kinder zuvor in der Klasse kurz ihr Buch noch einmal zeigen und mit wenigen Worten sagen, ob es ihnen gefallen hat. Dadurch gewinnt das Lesen an Bedeutung.

Ziele, Inhalte
- Die Bücherei kennen lernen
- Aus verschiedenen Abteilungen Bücher gezielt auswählen
- Bücher selbstständig ausleihen
- Bücher pfleglich behandeln

MEG, DIE HEXE
Fibel S. 46/47

Die Freude der Kinder an fremden Sprachen ist sicherlich Motivation, die Namen weiterer Kleidungsstücke und Farben in Englisch kennen zu lernen.
Im FINDEFIX Wörterbuch für die Grundschule ist ein englischer Teil eingeschlossen, der Wortmaterial nach Kategorien gegliedert anführt und mit Zeichnungen verdeutlicht. Auf den Seiten 244 und 245 werden alle Farben gezeigt und viele verschiedene Kleidungsstücke mit ihren englischen Bezeichnungen.
Im FINDEFIX Wörterbuch Englisch sind auf den Seiten 42 – 47 ebenfalls englische Bezeichnungen für Kleidungsstücke und Farben zu finden.
Die Schüler können nun einen „Modeprospekt“ malen und englisch beschriften.
Sie können aber auch ihre eigene Bekleidung in kurzen Sätzen beschreiben, z.B. „My dress is red. My T-shirt is white and green.“ Das Spiel „Koffer packen“ kann auch in Englisch gespielt werden: „In my suitcase there is a red T-shirt, white socks, black shoes ...“

Ziele, Inhalte
- Die Namen weiterer Kleidungsstücke und Farben im Wörterbuch suchen
- Bilder in Englisch beschriften
- Kurze Sätze sprechen

DANIEL ZEIGT SEINE DINO-AUSSTELLUNG
Fibel S. 48/49

Karteikarten für die Dino-Kartei erstellen

Ziele, Inhalte
- Verschiedene Informationsquellen nutzen
- Daten über verschiedene Dinosaurierarten sammeln
- Ein Raster für Karteikarten entwerfen (Größe, Gewicht, Nahrung, Besonderheiten)
- Karteikarten gestalten
- Karteikarten ordnen, evtl. ein Verzeichnis erstellen

Name: ____________

Das duschende Gespenst

Georg Bydlinski

Die Eltern waren zum Abendessen eingeladen. Nikki lag in seinem Bett und las in einem Gespensterbuch. Da klopfte es an der Tür. Es war Christa. „Nikki“, sagte sie, „wir können nicht einschlafen. Bei uns knackst und knarrt alles.“
„Erzähl uns eine Geschichte!“, sagte Angelika, die nachgekommen war. „Bitte!“
„Na gut“, sagte Nikki. „Ihr seid mir schöne Angsthasen!“
Nikki folgte den Schwestern ins Mädchenzimmer. Auf dem Weg dorthin fiel ihm ein, was er den beiden erzählen würde.
„Es war einmal eine Wohnung“, begann er, „die sah fast genauso aus wie unsere. Nur eines war anders – es spukte.“
"Huuu!“, sagten Christa und Angelika.
„Zwischen Badezimmer und Klo war in der Wohnung ein winziger Duschraum – so klein, dass gerade ein Mensch hineinging. Der Wohnungsbesitzer duschte für sein Leben gern. Eines Tages stand er wieder unter der Brause und sang. Da kamen seine Feinde daher, ganz leise – und mauerten den armen Teufel ein!“
„Nein!“, sagte Angelika.
„Ja!“, sagte Nikki.
Christa sagte nichts, ihr Mund stand weit offen.
„So grausam ist die Welt!“, sagte Nikki. „Als der Mann mit dem Duschen fertig war, konnte er nicht mehr hinaus. Überall Wände! Nicht einmal das Wasser haben sie ihm abgedreht und jetzt duscht er sogar noch als Gespenst! Und jetzt schlaft gut!“

Triumphierend schloss Nikki die Tür hinter sich. Er malte sich den Gesichtsausdruck seiner Schwestern aus.

Aus irgendeinem Grund konnte auch Nikki in dieser Nacht nicht besonders gut schlafen. Um zwölf weckte ihn die Turmuhr: viermal ding für die volle Stunde und dann dong dong dong dong dong dong dong dong dong dong dong.
Gespenstisch!
Nikki erhob sich und wankte aufs Klo. Hinter der Wand hörte er ein Geräusch ...
Wasser! Ein Rauschen! So rauscht das Wasser nur, wenn jemand duscht!!
Nikki sprang auf und stürzte mit einem Schrei ins Vorzimmer. Er rannte den Schirmständer um und schlug mit dem Knie an den Schuhschrank.
Das Rauschen war immer noch da.
Die Badezimmertür ging lautlos auf.
Das Dusch-Gespenst! dachte Nikki. Es hat sich befreit!
Doch im Türrahmen stand ein erstaunter Vater, triefnass und mit Shampoo-schaumigen Haaren.
„Du?“, sagte Nikki ungläubig.
„Na klar“, sagte der Vater. „Alle haben wie die Schlote geraucht und ich hab ganz nach Zigaretten gestunken. So wollte ich nicht ins Bett! Wen hättest du denn sonst erwartet, um diese Zeit?“, fragte der Vater. „Etwa ein Gespenst?“
„Ach wo!“, sagte Nikki schnell. „Gespenster gibt es nicht!“

Text gekürzt aus: Georg Bydlinski, Das Gespenst im Badezimmer, G&G Kinder- und Jugendbuch, Wien

t frei Lehrermaterialien für jahrgangsübergreifendes Unterrichten 1/2 © 2004 Oldenbourg Schulbuchverlag

Name: ____________

Ich sehe was, was du nicht siehst

Welche Dinge aus dem Bild kannst du aus den Silben zusammensetzen?
Male zusammengehörende Silben mit gleicher Farbe aus.

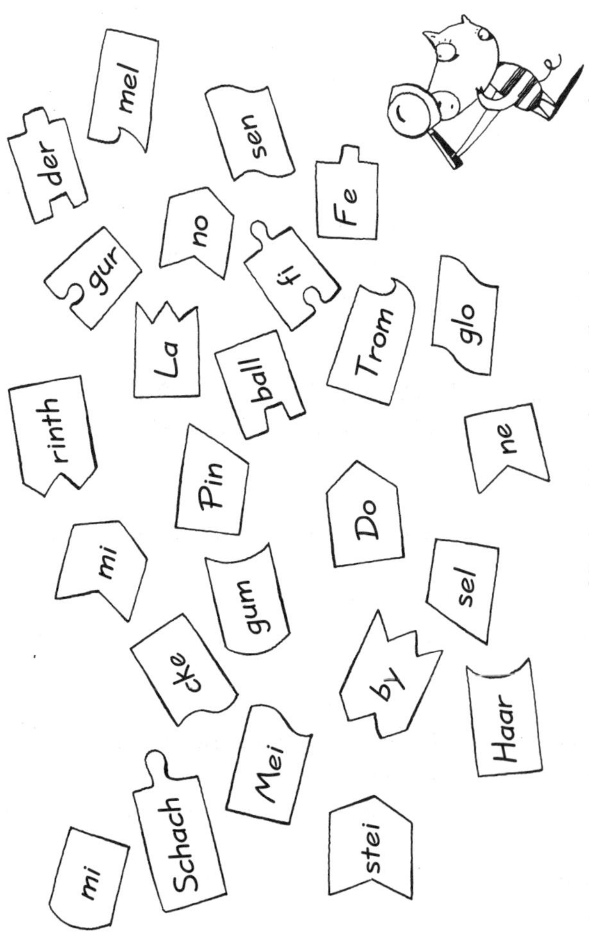

Ordne die Wörter nach der Silbenzahl und schreibe sie getrennt auf.

Zwei Silben: Pin-sel ____________

Drei Silben: ____________

Vier Silben: ____________

Fünf Silben: ____________

Die Rutsche ist aus einem ____________.

Du musst das zusammengesetzte Wort trennen, wenn du es im Wörterbuch nachschlagen willst, also ________ + ________.

S. ______ S. ______

Sprachbetrachtung/Rechtschreiben:
Zusammengesetzte Namenwörter
Unterscheidung von D und T im Anlaut

Ziele, Inhalte
- Zusammengesetzte Namenwörter mit dem Bestimmungswort „Dino" aufschreiben
- D und T im Anlaut unterscheiden
- Ein Kreuzworträtsel mit D- und T-Wörtern lösen (siehe Kopiervorlage S. 18, auf DIN A4 vergrößern)

Die Kinder sind in der Regel von Dinos begeistert, deshalb finden sie sehr schnell viele zusammengesetzte Nomen mit dem Bestimmungswort „Dino", etwa: Dinoposter, Dinosammlung, Dinofiguren, Dinoskelett, Dinoknochen, Dinoausstellung, Dinopark, Dinobuch, Dinosticker – und ganz aktuell: Dinotattoo.

WENN EIN LÖWE IN DIE SCHULE GEHT

Fibel S. 50/51

In der Schule sind verschiedene Fähigkeiten und Fertigkeiten zu lernen, viele elementare Fähigkeiten müssen die Kinder aber schon zu Hause lernen. Im Anschluss an diesen Lesetext können die Kinder überlegen, welche Tätigkeiten sie schon vor Schulbeginn in der Familie gelernt haben, z.B. lachen, sprechen, laufen, essen, trinken, antworten, hüpfen, ... Vielleicht ist schon ein Gespräch darüber möglich, wie man diese wichtigen Fähigkeiten erwirbt, wer daran maßgeblich beteiligt ist, ob man das auch allein lernen könnte.

Ziele, Inhalte
- Über das sprechen, was man schon vor der Schule konnte
- Über das Lernen der Babys/Kleinkinder sprechen
- Aufschreiben, was man selbst schon vor der Schule gelernt hatte
- Tunwörter in ihrer Funktion erkennen und markieren

UND WAS KANNST DU?

Fibel 52/53

Zusatztext: Ich (siehe Kopiervorlage S. 19)

Das Gedicht „Ich" fordert das Kind auf, sich auf seine Stärken und seinen ganz persönlichen Wert zu besinnen. Auf den ersten Blick sind es Fähigkeiten, die selbstverständlich erscheinen, doch sollen mit dem Gedicht die Augen des Lesers dafür geöffnet werden, wie wichtig dieses Können für die eigene Person und auch für das Miteinander ist.

Ziele, Inhalte
- Das Gedicht selbstständig erlesen und vorlesen
- Die Tätigkeiten erkennen, die dem Kind Spaß machen und die Tätigkeiten erkennen, die auch für andere Menschen von Bedeutung sind
- Eigene Fähigkeiten aufzählen, die Spaß machen und solche, die auch für Freunde, für die Gemeinschaft wichtig sind
- Ein ähnliches Gedicht versuchen, in dem die Satzmuster übernommen werden

TOMMY IST KEIN ANGSTHASE

Fibel S. 54/55

Zusatztext: Alphons
(siehe Kopiervorlage S. 19)

Gleich auf dem ersten Bild in der Fibel ist Tommy mit seiner Angst vor Spinnen zu sehen. Der Text „Alphons" von Jürgen Spohn zeigt die Spinnen von einer anderen, durchaus „menschlichen" Seite. Eine angeregte Diskussion wird sich ergeben, und auch die Möglichkeit, Wörter mit Sp/sp am Anfang zu lesen und nach Nomen, Verben und Adjektiven zu ordnen.

Ziele, Inhalte
- Den Spinnentext „Alphons" lesen und darüber sprechen
- Sp/sp-Wörter lesen, in Sätzen sprechen
- Die besondere Schreibweise von Sp/sp am Wort- bzw. Silbenanfang noch einmal bewusst machen
- Sp-Wörter geordnet nach Wortarten ins Spinnennetz eintragen (Kopiervorlage siehe S. 20)

IN DEUTSCHLAND IST ES 8 UHR

Fibel S. 56/57

„Weltzeit"

Ziele, Inhalte
- Zusammengesetzte Nomen mit dem Grundwort „Zeit" suchen
- Einteilen in „gute" und „weniger gute" Zeiten

Die Kinder suchen zusammengesetzte Nomen mit dem Grundwort „Zeit", z.B. Abendzeit, Uhrzeit, Urzeit, Weihnachtszeit, Strafzeit, Lesezeit, Kochzeit, Fahrtzeit, Bedenkzeit, Schlafzeit, ...
Im Gespräch werden diese Zeiten geordnet nach guten/schlechten Zeiten, nach Zeiten, die rasch vergehen, sich lange hinziehen, nach Zeiten, die immer gleich lang sind und solche, die sich ändern. Zuletzt können die Nomen alphabetisch geordnet werden.

Kopiervorlage

Name: ____________________

Kreuzworträtsel

Hier musst du besonders deutlich sprechen und genau hören.

Gegenteil von Nacht
Ein Kuschelbär
Anderes Wort für Schmutz
Deckt das Haus von oben zu
Sport mit gelbem Ball
Muss im Füller sein
Anderes Wort für Büchse
Warmes Wasser von oben aus der
Tag, Monat, Jahr
Frühlingsblume mit Zwiebel
Geburtstags-
Feiner Geruch
Hunger und ...

Raubkatze mit Streifen
Hält dich warm
Besonderes Auto, für jede Fahrt muss man bezahlen

TEDDY
TAG
DACH
DRECK
TINTE
DOSE
TENNIS
DUSCHE
TULPE
DATUM
TAXI
DECKE
TIGER
DURST
DUFT
TORTE

Er war besonders gefährlich:

_ _ _ _ _ _ _ _ _ _ _ _ _   _ _ _

Lösung:

TAG
TEDDY
DRECK
DACH
TENNIS
TINTE
DOSE
DUSCHE
DATUM
TULPE
TORTE
DUFT
DURST

TIGER
DECKE
TAXI

Er war besonders gefährlich:
TYRANNOSAURUS REX

Kopiervorlage

Ich

Anne Steinwart

Ich kann rennen,
tanzen, springen,
kann ein Lied
mit sieben Strophen
singen.

Ich kann weinen
und kann lachen,
kann Handstand und
ein bisschen Salto
machen.

Ich kann verstehen,
was du meinst,
kann dich trösten,
wenn du
weinst.

Ich kann dir
Pfannekuchen backen
und wenn du müde bist,
dann kraul ich deinen
Nacken.

Kopiervorlage

Alphons

Jürgen Spohn

Alphons ist eine Spinne, unsere Spinne.
Alphons hat sich ohne uns zu fragen einquartiert.
Alphons hat nichts dagegen, dass wir auch da sind.
Alphons geht davon aus, dass wir ihn mögen –
das tun wir auch.
Alphons hat eine kitzlige Stelle.
Alphons frisst kleine Krümelchen Hackepeter.
Alphons schaut sich verschämt um, wenn er mal muss.
Alphons spinnt manchmal – darf er.
Alphons lässt uns deutlich spüren,
dass wir ihm manchmal auf die Nerven gehen.
Alphons lässt uns trotzdem leben.

Alphons grüßt alle Spinnen und Nichtspinnen.

aus: Jürgen Spohn, Ja ja. Geschichten, Verse und Bilder, Annette Betz Verlag, Wien/München/Heidelberg 1983

Start frei Lehrermaterialien für jahrgangsübergreifendes Unterrichten 1/2 ©2004 Oldenbourg Schulbuchverlag

Kopiervorlage

Name: ______________________

Wörter mit Sp und sp am Anfang

Bei Wörtern mit **Sp** oder **sp** am Anfang hörst du **Schp.**
Aber schreiben musst du **Sp** oder **sp**.

sportlich

sparsam

Spatz

springen

Spiegel

spielen

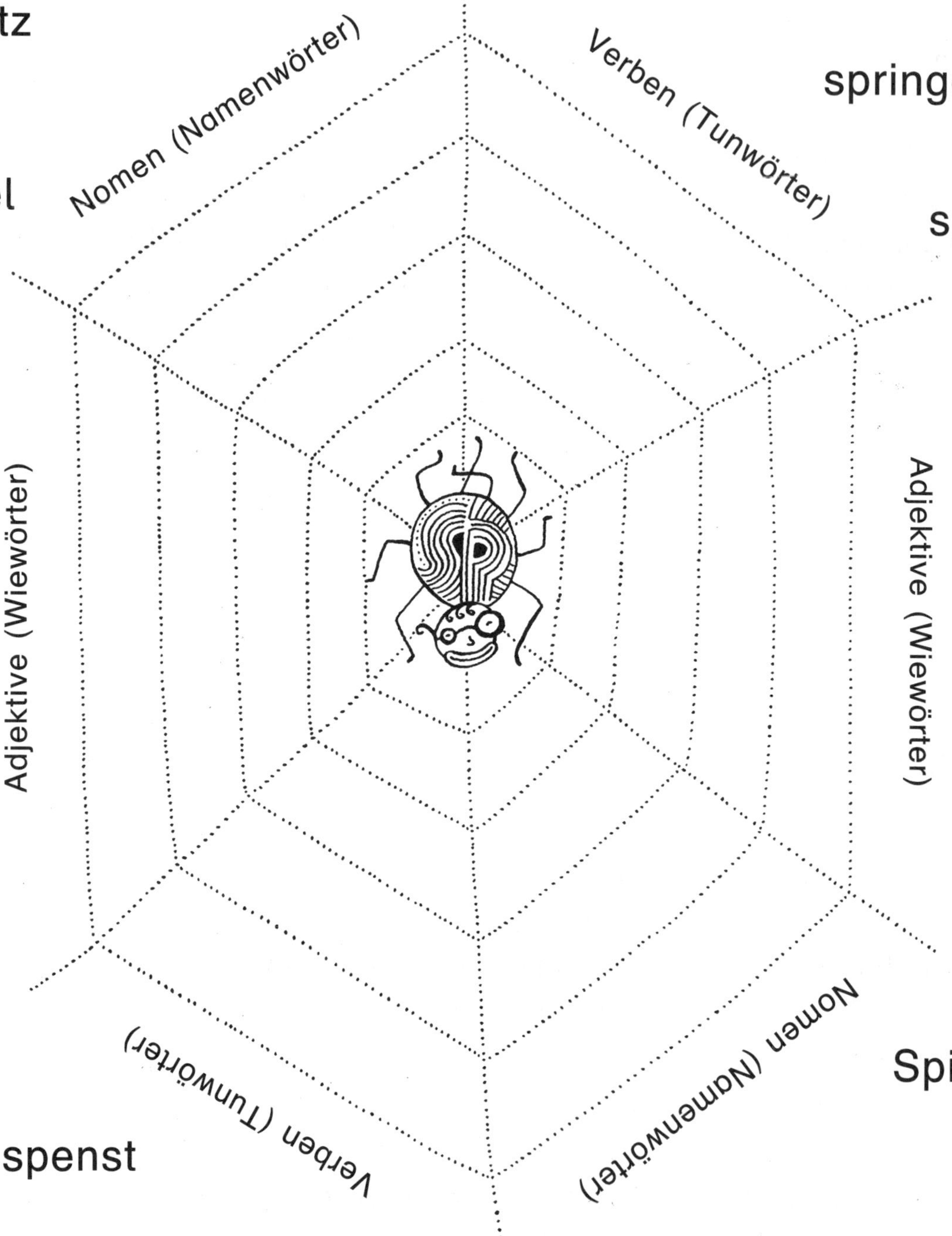

sparen

Spor

spät

spitz

Spinat

Spitzer

Gespenst

sprechen

Spagetti

spannend

Ordne die Wörter richtig ein.
Findest du noch mehr passende Wörter?
Das Wörterbuch kann dir helfen.

POSTKARTEN AUS DEN FERIEN
Fibel S. 58/59

Gegenstände für den Urlaub in den Bergen

Ziele, Inhalte
- Über die „Urlaubsausrüstung" der Kinder sprechen
- Die Liste auf dem Arbeitsblatt (siehe Kopiervorlage S. 22) ergänzen (Mehrzahlbildung)
- Die Umlautbildung bei vielen Nomen in der Mehrzahl beachten und markieren

DAS GESCHENK
Fibel S. 60/61

So kannst du eine Sonnenuhr basteln

Ziele, Inhalte
- Die Anleitung zum Basteln mündlich umändern:
  So habe ich die Sonnenuhr gebastelt.
  Ich ....
- Die Anleitung aufschreiben: Ich brauche .....
  Ich male ..... Ich klebe .....

DER LIEBESBRIEF
Fibel S. 62/63

In den Lehrermaterialien S. 156 ist das Ende der Erzählung vom Liebesbrief abgedruckt. Die Zweitklässler erhalten die Aufgabe, den Text so vorzubereiten, dass sie ihn flüssig vorlesen können.

Zur weiteren Differenzierung ist es möglich, die Kopie des Textes in einzelne Teile zu zerschneiden und das Textpuzzle von leistungsstarken Schülern richtig legen zu lassen. Wir empfehlen folgende Trennungen:

1. Teil: Absatz 1
2. Teil: Absätze 2 – 4
3. Teil: Absätze 5 – 6
4. Teil: Absatz 7
5. Teil: Absatz 8

Ziele, Inhalte
- Das Ende der Geschichte lesen und richtig ordnen
- Das Ende der Geschichte vorlesen

ES IST POST IM BRIEFKASTEN
Fibel S. 64/65

Zusatztext: Eine E-Mail für Oma
(Kopiervorlage siehe unten, auf DIN A4 vergrößern)

Kopiervorlage

Eine E-Mail von Katharina

Katzenglück

Jetzt senden | Später senden | Anlagen hinzufügen | Signatur | Optionen

Von: Katharina
An: FranziskaKlein@web.de
Cc:
BCc:
Betreff: Katzenglück
Anlagen: keine
Verdana | Größer

Liebe Oma,

unsere Minka war zwei Tage verschwunden heute
habe ich sie im Gartenhaus gefunden sie war nicht
allein im Korb neben ihr lagen drei kleine Katzenkinder sie
sind noch blind Minka hat mich angefaucht ich darf mir
jetzt Namen für die Kätzchen ausdenken

Liebe Grüße
deine Kathi

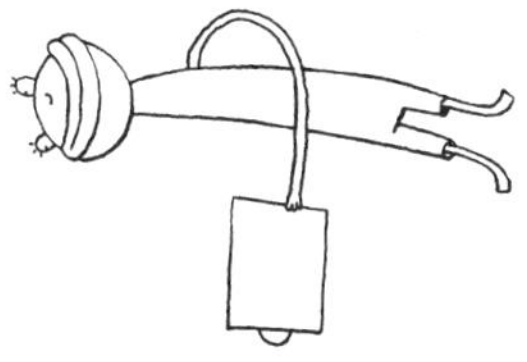

Kathis E-Mail ist schwer zu lesen.
Vor Freude über die Katzenjungen hat sie vergessen, dass eine Geschichte aus vielen Sätzen besteht.

Setze an jedes Satzende einen Punkt – und berichtige dann den Satzanfang. Wie viele Sätze findest du?

Schreibe die E-Mail richtig ab – vielleicht sogar mit dem Computer?

Kopiervorlage **Name:** ____________________

Urlaub in den Bergen

Hansi und seine Schwester fahren das erste Mal
mit ihren Eltern in die Berge.
Schon drei Wochen vorher notieren sie auf einer Liste,
was sie mitnehmen wollen.
Später schreibt Hansi die Liste für seine Mutter noch einmal richtig ab.

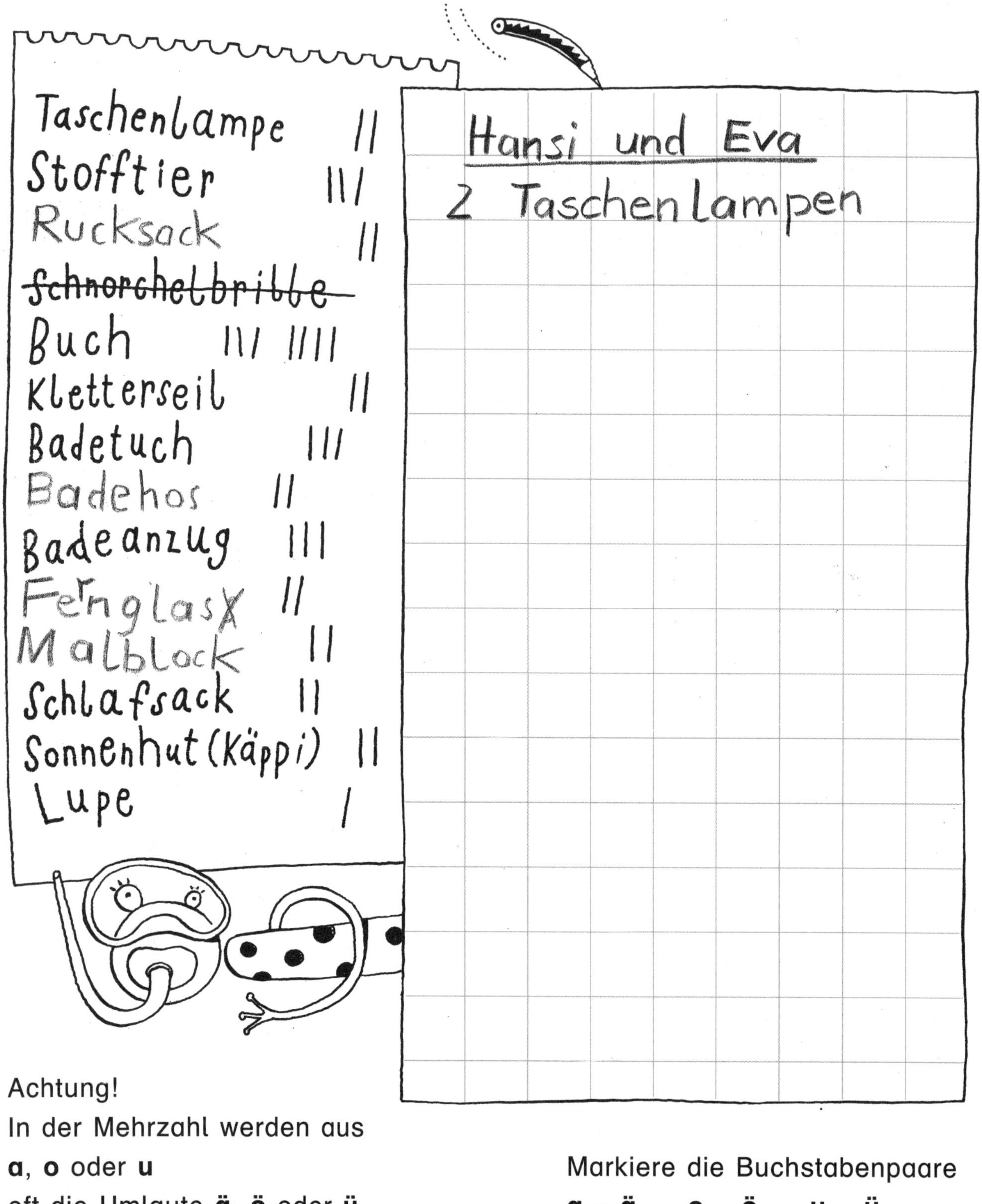

Achtung!
In der Mehrzahl werden aus
a, **o** oder **u**
oft die Umlaute **ä**, **ö** oder **ü**.

Markiere die Buchstabenpaare
a – ä, **o – ö**, **u – ü**,
wo du sie entdeckst.

Ziele, Inhalte
- Die E-Mail von Katharina lesen und über den Inhalt sprechen
- Den Text nach Sätzen gliedern
- Mit Satzpunkten und großen Satzanfängen versehen
- Den Text richtig abschreiben

UNSER FUßBALLSPIEL
Fibel S. 66/67

Das musst du wissen vom Fußball

Ziele, Inhalte
- Sammeln von Begriffen aus dem Fußballspiel (Abseits, Strafstoß, ...)
- Lesen eines/der Zusatztexte (Kopiervorlagen siehe S. 24 und 25)
- Markieren der wichtigen Wörter
- Über die einzelnen Themen berichten (evtl. anhand von Stichworten)

BEŞ TAŞ
Fibel S. 68/69

Wörter mit St/st und Sp/sp

Ziele, Inhalte
- Rechtschreibregel zur Schreibweise von St (Steine) und Sp (Spiele) wiederholen
- Wörter mit St und Sp sammeln
- Auf dem Arbeitsblatt „Spaß-Spiele" St/st oder Sp/sp einsetzen (siehe Kopiervorlage S. 26)
- Eigene Ideen für Spaß-Spiele aufschreiben

JOSCHI TINTENKATZ
Fibel S. 70/71

Die Geschichten von Erwin Moser sind in vielen unterschiedlichen Ausgaben (als Hardcover Bilderbuch, kleine Heftchen oder auf Kalenderblättern) erschienen und vielen Kindern bekannt. Der Auftrag an die Kinder, nach Büchern (oder Büchlein) von ihm zu suchen, bringt sicherlich Erfolg. Auch in vielen Lesebüchern sind Geschichten mit Bildern von Moser abgedruckt. So kann sich eine Moser-Schmökerstunde anschließen, in der mit Freude gelesen und vorgelesen wird.

Ziele, Inhalte
- Nach Büchern und Geschichten von Erwin Moser suchen
- „Fundstücke" mitbringen
- Geschichten von Moser lesen und vorlesen

TRICKS MIT LUFT
Fibel S. 72/73

Viele Kinder haben „Experimentier-Bücher" zu Hause. Sie erhalten nun den Auftrag, nach Experimenten mit Luft zu suchen. Wenn der Lehrer die notwendigen Materialien besorgt (meist Luftballons, Strohhalme, Flaschen) und geeignete Texte für alle kopiert, können die Schüler in Gruppenarbeit ihre Kompetenz zum sinnentnehmenden Lesen trainieren und beweisen.

Ziele, Inhalte
- Selbstständig nach Beschreibungen weiterer Luft-Experimente suchen
- Anweisungen lesen und ausführen
- Beobachtungen und Ergebnisse notieren

RAUMSCHIFF FF
Fibel S. 74/75

Der Comic weist viele Merkmale dieser Textgattung auf: bunte Bilder, Darstellung des Handlungsfortgangs in Bildern, Sprechblasen, Gefühlswörter wie „Wow!". Wenn die Kinder von zu Hause eigene Comics mitbringen (bitte sichten, bevor sie in die Klasse gegeben werden!) und den Auftrag bekommen, Gemeinsamkeiten zu finden, dann werden sicherlich einige dieser Merkmale genannt werden. Vielleicht können die Kinder auch erklären, warum das Lesen von Comics oft mehr Lustgewinn bringt als das Lesen von Büchern.

Ziele, Inhalte
- Die gemeinsamen Merkmale der Comics finden und benennen
- Einen eigenen kurzen Comic gestalten

ISABELLA BLUBBERBAUCH
Fibel S. 76/77

Das Buch von Isabella Blubberbauch kann als Lektüre in die Klassenbücherei gestellt werden: David McKee, Isabella Blubberbauch, Carlsen Verlag, Hamburg 1994.
Zu dem Thema Ich-Stärke (Leben mit persönlichen Stärken und Schwächen) gibt es eine große Zahl weiterer Kinderbücher, die vorgelesen werden können, z.B.:
Franz-Joseph Huainigg, Meine Füße sind der Rollstuhl, Annette Betz Verlag im Verlag Carl Ueberreuter, Wien 2003; Illustrationen: Verena Ballhaus;
Helme Heine, Foxtrott, Hanser Verlag, München - Wien 2003;
Edith Schreiber-Wicke, Regenbogenkind, Thienemann Verlag, Stuttgart 2000; Illustrationen: Carola Holland; als Hörspiel von Justyna Buddeberg-Mosz, Produktion Bayerischer Rundfunk 2002, Audio-CD von Hörcompany (ISBN 3-935036-37-X)

Name: ______________________

Die Ausrüstung

Fußballschuhe haben Stollen auf der Sohle, damit man nicht so leicht ausrutscht – besonders wichtig, wenn der Rasen nass oder der Fußballplatz matschig ist. Außerdem steckt man immer Schienbeinschoner unter die Stutzen. Denn manchmal trifft ein Spieler die Beine des Gegners und nicht den Ball.

Fußballspieler tragen außerdem Trikots, kurze Hosen und Stutzen. Die Spieler einer Mannschaft sind immer gleich gekleidet. So kann man die eigenen Mitspieler sofort erkennen und die Zuschauer wissen, wer zu welcher Mannschaft gehört.

Damit man sich die Spieler besser merken kann, haben Trikots häufig auch Rückennummern. Die Nummer eins ist dem Torwart vorbehalten.

Der Torwart hat eine Extraausrüstung: Weil er oft auf dem Boden landet, trägt er einen Knieschutz. Auch seine Hose und die Ellbogen seines Tormanntrikots sind gepolstert. Torwarthandschuhe haben kleine Noppen. Diese wirken wie Saugnäpfe. So kann der Torwart auch einen nassen oder scharf geschossenen Ball gut festhalten. An den Fingern sind die Handschuhe verstärkt als Schutz vor Verstauchungen.

Der Torwart

Der Tormann hütet das Tor. Deswegen heißt er auch Torhüter, Torwart, „Schlussmann“ oder Keeper (sprich Kieper). Der Tormann ist der Einzige, der den Ball auch mit der Hand berühren darf – aber nur in einem kleinen Bereich, dem Strafraum.

Fliegt die Kugel auf sein „Heiligtum“ zu, weiß jeder Torhüter: Den Ball zu fangen ist am sichersten – und zwar mit beiden Händen.

Kickt jedoch ein Spieler der eigenen Elf dem Tormann den Ball zurück, darf ihn der Torhüter nicht mit der Hand berühren, auch nicht im Strafraum! Nur im Kinderfußball ist das erlaubt. Manche Schüsse sind zu scharf zum Fangen. Dann wehrt der Tormann mit den Händen ab oder er „faustet“ den Ball, das heißt, er boxt ihn weit aus dem Strafraum, neben oder über das Tor. Im Notfall – oder bei einem Rückpass – wehrt er den Ball mit dem Fuß ab.

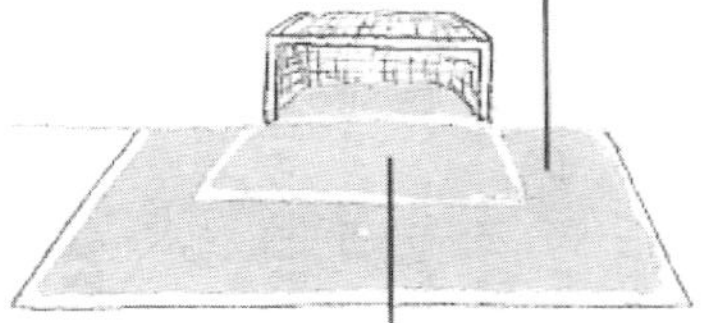

Die Spielerpositionen

Wir wissen schon:
Wer Tore schießen will, muss angreifen. Wer sie verhindern will, muss verteidigen. Deshalb gibt es in jeder Mannschaft Angriff und Abwehr. Dazwischen liegt das Mittelfeld. Die Mannschaft teilt sich untereinander den Raum auf, damit nicht jeder über das ganze Spielfeld hetzen muss.

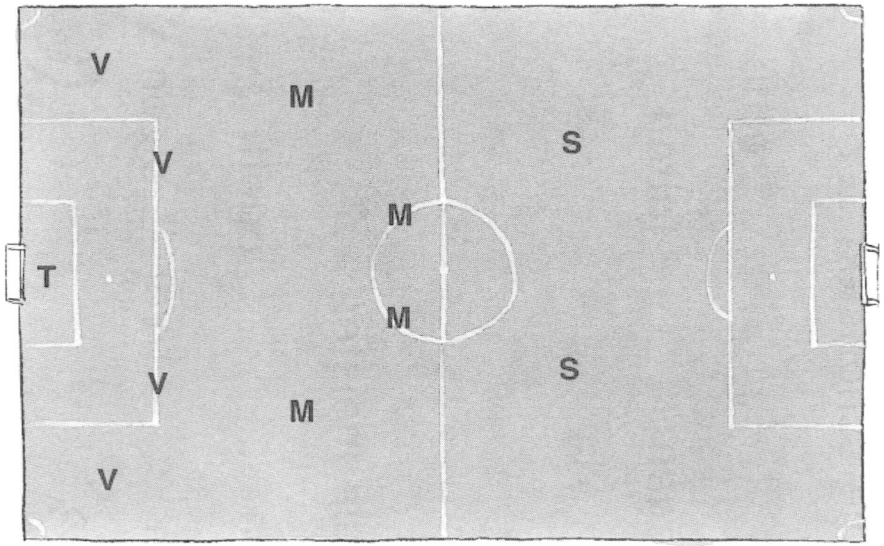

T = Torwart
V = Verteidiger
M = Mittelfeldspieler
S = Stürmer

Das Aufwärmen

Bevor ein Spieler dem Ball nachjagt, sollte er sich unbedingt aufwärmen.
Sonst besteht die Gefahr von Muskelverletzungen!
Hier findest du ein paar Streck- und Dehnungsübungen, die auch die Profis vor dem Spiel und vor dem Training machen.

Dehnung des inneren Oberschenkels

Kräftigung der Bauchmuskulatur

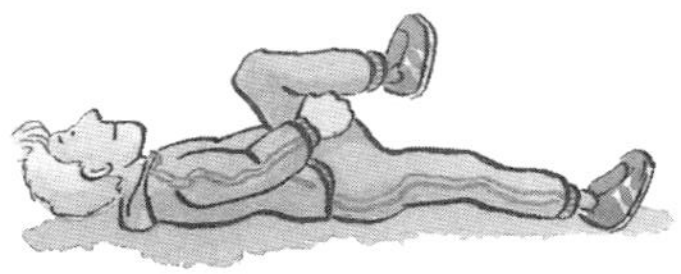

Dehnung des hinteren Oberschenkels

Dehnung der Wadenmuskeln

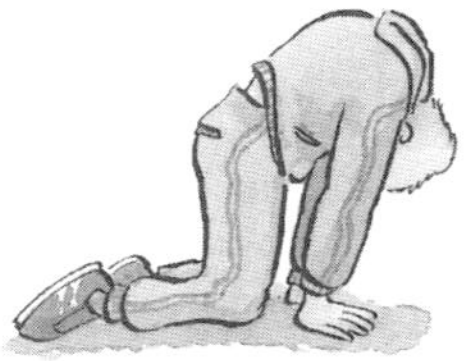

Dehnung der Rückenmuskulatur

Dehnung des vorderen Oberschenkels

Name: ______________________________

Spaß-Spiele

Setze **St**, **st**, **Sp** und **sp** ein.

Wer kann am schnellsten ...?

___ifte

___itzen

___iefel

putzen

über ___ühle

___eigen

um ___ämme

laufen

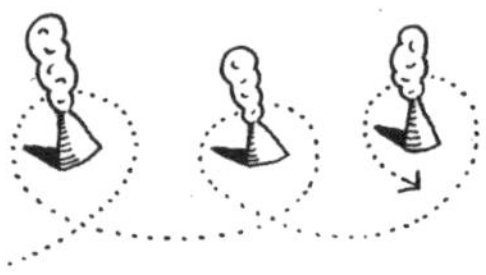

___rümpfe

anziehen

eine ___ange

hochklettern

Wer kann die schönsten ...?

Bilder aus

___einen legen

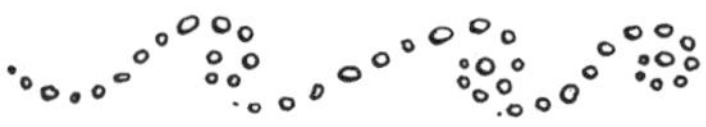

___erne

falten

Faxen im

___iegel

machen

Wer kann die meisten ...?

turnen
reiten
boxen

___ielkarten

auf___ellen

___agetti

ver___eisen

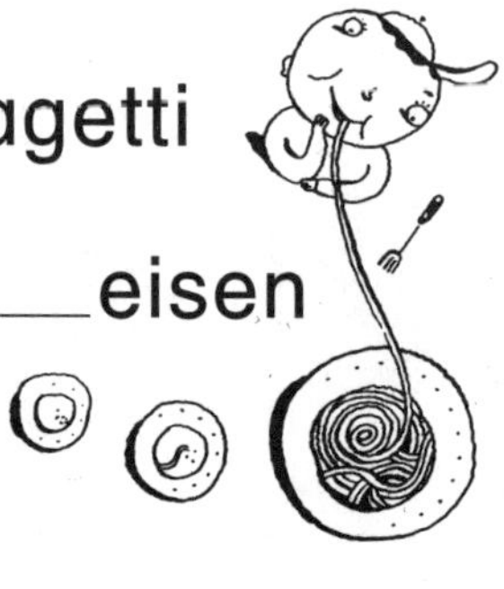

___ortarten

aufsagen

Ziele, Inhalte
- Aus weiteren Büchern zum Thema hören oder lesen
- Gemeinsamkeiten feststellen
- Von eigenen Schwächen berichten (nur freiwillig!)

SAG NEIN!
Fibel S. 78/79

Zusatztext: Baden
(Kopiervorlage siehe unten, auf DIN A4 vergrößern)

Kinder stärken – das scheint die beste Prävention für sexuellen Missbrauch zu sein. In ihrem Buch „Jetzt ist Schluss, ich will keinen Kuss! Lotta lernt Nein sagen" schildert Jana Frey verschiedene Situationen, in denen Lotta nach und nach lernt, ihre eigenen Interessen zu vertreten. Zuletzt kann sie mit diesem neu gewonnenen Selbstvertrauen bei einem tatsächlichen Missbrauchsversuch richtig handeln. Der Text „Baden" zeigt Lottas ersten Schritt, ihren persönlichen Bereich zu wahren.

Ziele, Inhalte
- Den Text lesen
- Von ähnlichen eigenen Erfahrungen berichten
- Lottas Schritt bewerten
- Evtl. das Buch in die Klassenbücherei stellen

Literatur:
Jana Frey, Jetzt ist Schluss, ich will keinen Kuss! Lotta lernt Nein sagen, Loewe Verlag GmbH, Bindlach 2003; Cornelia Franz/Stefanie Scharnberg, Paula sagt Nein!, Ellermann Verlag, München 2004

MARIENKÄFER
Fibel S. 80/81

Das Marienkäferspiel herstellen
Zur Spielplanvorlage in den Lehrermaterialien erstellen die leistungsfähigen Schüler Frage- und Ereigniskarten, die die Sachinhalte abfragen und sich auf das Leben der Marienkäfer beziehen.

Zusatztext: Die Weinbergschnecke
(siehe Kopiervorlage S. 28)

Ziele, Inhalte
- Vorwissen über Schnecken einbringen
- Sachtext lesen und darüber sprechen
- Unterschiedliche Informationen im Text markieren
- Den Mitschülern das neue Wissen mitteilen

Kopiervorlage

Name: ____________________

Baden
Jana Frey

Mama ruft aus dem Badezimmer: „Lotta, dein Badewasser ist fertig!"
„Ich komme!", ruft Lotta zurück und läuft ins Bad.
Die ganze Wanne ist voll knistrigem Schaum.
Zufrieden zieht Lotta sich aus und steigt in die Schaumberge hinein.
Doch kaum sitzt Lotta in der gemütlichen Wanne, als Mama wieder zur Tür hereinschaut.
Sie braucht ihre Haarbürste.
Gleich darauf kommt Papa ins Bad. Ohne anzuklopfen!
Er will nur schnell seinen Rasierer holen.

Und dann stört auch noch Anna.
„He, für Schwestern verboten!", schimpft Lotta, doch Anna will nicht zuhören und sucht weiter nach ihrem Haarband. Lotta runzelt die Stirn.
Sie will doch nur in Ruhe ein bisschen Nixe spielen – und so geht das einfach nicht!
Lotta steigt aus der Wanne, schlüpft schnell in ihren Sternenbademantel und tapst in die Küche.
„Mama, ich will nicht, dass ihr einfach reinkommt, wenn ich bade", sagt sie vorsichtig. „Ich soll immer klopfen, wenn ihr im Bad seid, aber bei mir klopft keiner", fügt sie hinzu und wackelt mit ihren nassen Fußzehen.
„Eigentlich hast du Recht", überlegt Mama.
„In Zukunft darfst du in Ruhe baden. Und wir klopfen an, wenn wir ins Bad wollen."
Lotta lächelt. Und bis das Badewasser kalt wird, ist sie die Nixe mit dem allerruhigsten Wasserreich weit und breit.

aus: Jana Frey, Jetzt ist Schluss, ich will keinen Kuss! Lotta lernt Nein sagen, Illustration von Betina Gotzen-Beek, © 2003 by Loewe Verlag GmbH, Bindlach

Name: ______________________________

Die Weinbergschnecke

Welches Tier trägt sein Haus mit sich herum? Natürlich die Weinbergschnecke. Bei feuchtem Wetter kannst du sie im Wald, auf der Wiese oder im Garten beobachten. Die kleinen schwarzen Punkte auf den Fühlern sind ihre Augen, an der rechten Körperseite ist ihr Atemloch. Die Weinbergschnecke gleitet auf einer Schleimspur dahin, die sie selbst herstellt. Sie frisst alle Pflanzen, die sie in ihrer Umgebung erreichen kann. Zum Schutz vor Feinden und vor Trockenheit zieht sich die Schnecke in ihr Haus zurück und verschließt den Eingang mit einem Schleimhäutchen.

Die Schnecken haben etwas Besonderes: Es gibt bei ihnen keine Männchen und keine Weibchen, jede Schnecke ist zugleich männlich und weiblich. Das bedeutet, dass jede Schnecke Eier legt. Sie gräbt ein Loch in weiche Erde und legt etwa 60 Eier hinein. Die Eier sind weiß und erbsengroß.

Nach vier Wochen schlüpft aus jedem Ei eine winzige Schnecke mit einem durchsichtigen Häuschen. Dieses Häuschen muss die kleine Schnecke nach und nach vergrößern, bis sie ausgewachsen ist. Sie kann es sogar reparieren, wenn es beschädigt wird.

Die Lebensdauer einer Schnecke ist ungefähr sechs Jahre. In der kalten Jahreszeit hält die Schnecke einen Winterschlaf. Sie kriecht in ihr Haus und verschließt dieses mit einem dicken, festen „Winterdeckel“ aus Kalk.

Bist du jetzt schon ein Schneckenexperte?

- Unterstreiche alles grün, was du über die Nahrung der Schnecken erfährst.
- Unterstreiche alle Sätze blau, die dir etwas über die Schnecken im Winter berichten.
- Unterstreiche rot, was über die Fortpflanzung der Schnecken gesagt wird.

FREUNDE: NULLI UND PRIESEMUT

Fibel S. 82/83

Geschichten zum Thema Freundschaft finden sich in allen Lesebüchern. Kopien dieser Texte werden ausgelegt und die Kinder dürfen sich einen Text aussuchen, den sie zu Hause für das Vorlesen in der Schule üben. Im Kreisgespräch können dann während mehrerer Tage verschiedene Freundschaftsgeschichten vorgelesen werden.

Ziele, Inhalte

- Verschiedene Freundschaftsgeschichten hören
- Über den Beginn, die besonders schönen Seiten und die Gefährdungen von Freundschaften sprechen
- Von eigenen Freundschaften berichten
- Die eigene Freundschaftsgeschichte schreiben

STREITEN – ICH NICHT – WARUM SICH RABEN STREITEN

Fibel S. 84/85

Analog zu Freundschaftsgeschichten können auch Streitgeschichten gelesen oder vorgelesen werden. Auch hier können gemeinsame Muster herausgearbeitet werden.

Ziele, Inhalte

- Streitgeschichten lesen
- Über Ursachen von Streit und über Möglichkeiten der Versöhnung sprechen
- Eine eigene Streitgeschichte schreiben

DAS OBER-NERV-GESCHWIST

Fibel S. 86/87

Eine weitere Geschichte aus Leselöwen „Streitgeschichten“ lesen oder vorlesen (Erhard Dietl, Leselöwen Streitgeschichten, Loewe Verlag, Bindlach 1998)

Ziele, Inhalte

- Weitere Geschichten von Erhard Dietl kennen lernen
- Verschiedene „Streitpersonen“ erkennen
- Evtl. zu einer ausgewählten Geschichte ein „gutes Ende“ aufschreiben

Kopiervorlage

Name:

Interessante Berufe

Lies die beiden Texte genau durch.
In jedem Satz ist ein Wort zu viel. Streiche es durch.
Die durchgestrichenen Wörter ergeben einen Satz,
wenn du sie der Reihe nach aufschreibst.

Bernds Mutter ist Busfahrerin

Mit Bernds Mutter hat eine Uniform.
Sie ist ihrem Busfahrerin.
Meistens fährt sie kleinen den Bus Nummer 5.
Sie Auto kennt die Strecke genau.
An jeder Haltestelle ruft sie den Namen der Station fährt aus.
Früher musste sie auch die Fahrkarten verkaufen.
Bernds Mutter muss den nicht Fahrplan genau einhalten.
Das so ist schwer, wenn sie in einen Stau kommt.
Am gerne Abend fährt sie den Bus in den Busbahnhof zurück.

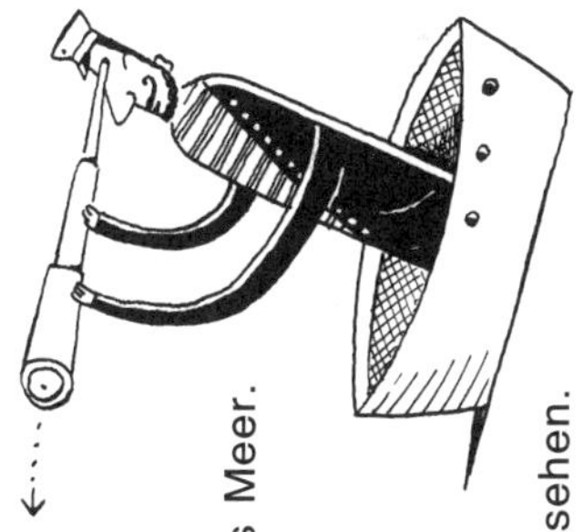

Lauras Opa war Seemann

Lauras Opa In fuhr auf einem großen Schiff über das Meer.
Das Schiff brachte viele neue seinem Autos.
Opa erzählt oft Schrank von den schweren Stürmen.
Aber seekrank war er steht nur am Anfang.
Oft schaute er ein den Delfinen zu.
Einmal hat er Flaschenschiff sogar einen Blauwal gesehen.

JULIAS VATER IST POLIZIST
Fibel S. 90/91

...Vater/Mutter ist ...

Ziele, Inhalte
- Einen Vater/eine Mutter in die Klasse einladen
- Von seinem/ihrem Beruf hören
- Interessantes von diesem Beruf aufschreiben

Interessante Berufe
(Kopiervorlage siehe S. 29, auf DIN A4 vergrößern)

Ziele, Inhalte
- Die beiden Texte lesen und darüber sprechen
- In jedem Satz das überzählige Wort markieren und auf die Linie schreiben
- Den letzten Satz lesen
  Lösungskontrolle:
  Mit ihrem kleinen Auto fährt sie nicht so gerne.
  In seinem Schrank steht ein Flaschenschiff.

WAS GESCHIEHT AUF DER BAUSTELLE?
Fibel S. 92/93

Baustellenwörter
(Kopiervorlage siehe S. 31)

Ziele, Inhalte
- Baustellenwörter (Nomen und Verben) lesen und besprechen In der betonten Silbe den Selbstlaut je nach Länge markieren
- Wörter in eine Tabelle einordnen
- Die nachfolgenden Mitlaute markieren
- Zwei Mitlaute oder Mitlautverdopplung nach kurzem Selbstlaut erkennen
- Merksatz ergänzen

ERSTE HILFE
Fibel S. 94/95

Ziele, Inhalte
- Die Szene nachspielen
- Auf dem Arbeitsblatt (siehe Kopiervorlage S. 32) die Sätze lesen
- Verschiedene Satzarten erkennen und mit der Stimme verdeutlichen
- Im Merktext die Satzarten und Satzzeichen zuordnen
- Die richtigen Satzzeichen eintragen
- Zu jeder Satzart noch einen passenden Satz finden und aufschreiben

AUCH GESPENSTER MACHEN FEHLER
Fibel S. 96/97

Zusatztexte: Kommissar Kniepel
(Kopiervorlagen siehe S. 33 und 34)

Aus 62 kniffligen Fällen zum Selberlösen von Detlef Kersten stellen die beiden ausgewählten für Kinder der 2. Klasse schon eine detektivische Herausforderung dar, sind aber (ggf. gemeinsam mit einem Partner) zu lösen. In der Zuggeschichte verrät sich der Dieb selbst („Ich habe geschlafen, als wir durch den Tunnel fuhren und das Licht auf einmal ausging."), Jakob kann überführt werden anhand der Bilder – nach der Rückkehr der Eltern ist der Stecker des Fernsehgerätes eingesteckt.

Ziele, Inhalte
- In Partner- oder Gruppenarbeit die Texte lesen und die Bilder betrachten
- Den „Täter" und den Tatbeweis schriftlich festhalten
- Evtl. von zu Hause weitere Detektivgeschichten mitbringen

Auf dem Dachboden

Ziele, Inhalte
- Die auf dem Arbeitsblatt (Kopiervorlage S. 35) abgebildeten Gegenstände in der Fibel suchen und benennen
- Im gefüllten Kreuzworträtsel die Begriffe suchen (waagrecht und senkrecht) und mit hellen Farbstiften markieren
- Die Nomen mit Begleiter in Einzahl und Mehrzahl aufschreiben

RUMPELSTILZCHEN
Fibel S. 98/99

Zusatztext: Wichtige Märchenadressen
(siehe Kopiervorlage S. 36 oben)

Ziele, Inhalte
- Märchenadressen lesen und feststellen, zu welchem Märchen sie gehören
- Die Adressen erklären
- Adressen zu „Frau Holle" und „Rumpelstilzchen" finden und aufschreiben

Alternativ:
Die guten Leser lesen ein anderes Märchen in einem Märchenbuch und gestalten es als szenisches Spiel oder Schattenspiel, als kleines Büchlein oder als „Film" (Papierstreifen mit einzelnen gemalten Szenen), der in einem „Schuhkartonkino" vorgeführt wird. (Hinweise zur Herstellung eines „Schuhkartonkinos" in P. Selnar, Kinder begegnen Gedichten, Oldenbourg Verlag 1998)

Kopiervorlage **Name:** ____________________

Baustellenwörter

Kannst du alles im Bild auf der Fibelseite 92 entdecken? Kreise hier ein.

B**a**gger – Kr**a**n – L**a**ster – Absp**e**rrung – Mischtr**o**mmel – Baugr**u**be – Br**e**tter – Bauw**a**gen – H**a**ken – Pl**a**n – gr**a**ben – sch**ü**tten – f**ü**llen – h**o**len – bel**a**den – aufst**e**llen

Achte in jedem Wort auf den dick gedruckten (betonten) Selbstlaut.
Wenn er kurz klingt, markiere ihn so: Bagger
Wenn er lang klingt, markiere ihn so: Kran

Kurzer Selbstlaut	Langer Selbstlaut

Hast du in deiner Tabelle schon etwas entdeckt?
Markiere dort in jedem Wort den Mitlaut oder die beiden Mitlaute, die nach dem betonten Selbstlaut stehen.
Nach einem ______________ Selbstlaut kommen immer mindestens zwei Mitlaute. Manchmal muss deshalb der Mitlaut verdoppelt werden.

Kopiervorlage **Name:** ____________________

Rosalies Unfall

Die blöden Inliner[ ]

Kann ich dir helfen[ ]

Was ist passiert[ ]

Wie heißt du denn[ ]

Wir helfen dir beim Aufstehen[ ]

Au, mein Daumen[ ]

Jetzt ist es schon besser[ ]

Ist deine Mama zu Hause[ ]

Ich habe ein Pflaster dabei[ ]

Pass doch besser auf[ ]

Morgen kannst du bestimmt wieder fahren[ ]

Lass das Pflaster auf der Wunde[ ]

____________________.

____________________!

____________________?

Lest vor, was die Kinder sagen.
Probiert es so, dass man hört,
ob sie etwas feststellen,
etwas fragen oder
etwas ausrufen.

Setze nun die richtigen Satzschlusszeichen ein.
Denke dir selbst noch passende Sätze aus und schreibe sie auf.

Weißt du es noch?

Bei Aussagesätzen		ein Ausrufezeichen.
Bei Fragesätzen	steht am Ende	ein Punkt.
Bei Ausrufesätzen		ein Fragezeichen.

Verbinde mit verschiedenen Farben.

Kommissar Kniepels 51. Fall: Ein netter Fernsehabend

1 „Schön, dass du uns abholst!“, sagt Herr Hiller zu seinem Freund, Kommissar Kniepel. „Zieh nicht erst den Mantel aus, wir sind gleich fertig, dann können wir losgehen.“
„Nur keine Hektik“, beschwichtigt Kommissar Kniepel, „der Film fängt ja erst in einer halben Stunde an und zum Kino ist es nicht weit.“

2 „So, Jakob, wir wollen gehen. Du bleibst im Bett und schläfst schön, dann geht es dir morgen wieder besser. Der Fernseher bleibt heute Abend aus, ist das klar?“, sagt Frau Hiller. „Jakob ist nämlich furchtbar erkältet“, erklärt Herr Hiller.

3 Nach dem Kinobesuch kommt Kommissar Kniepel noch mit zu seinen Freunden. Leise schauen sie in Jakobs Zimmer. „Er schläft“, flüstert Frau Hiller, „dabei war mir so, als hätte ich von der Straße aus bläuliches Fernsehgeflimmer durchs Wohnzimmerfenster gesehen.“

4 „Richtig beobachtet, Elisabeth“, sagt Herr Hiller. „Unser kranker Sohn hat sich einen netten Fernsehabend gemacht“, sagt Herr Hiller. „Nun, mein Lieber, woher weiß ich das?“, fragt er seinen Freund.
„Ganz einfach“, sagt Kommissar Kniepel.

Detlef Kersten

Name: ____________________

Kommissar Kniepels 13. Fall: Ein Dieb im Zug

1 Kommissar Kniepel sitzt im Zug nach Lugano, wo er einen Schweizer Kollegen besuchen will.
„Nanu“, denkt er, „es wird ja immer dunkler, ich kann ja kaum noch lesen!“
Sie fahren durch den Gotthard-Tunnel. Eine Sekunde darauf flackert die Lampe noch einmal kurz auf, dann sitzen die Reisenden in völliger Finsternis.

2 Eine halbe Stunde später will die junge Frau etwas aus ihrer Handtasche nehmen: „Oh Schreck, man hat mein Portmonee gestohlen!“
„Was gucken Sie mich so an, glauben Sie etwa, ich bin ein Dieb?“, entgegnet der Mann neben ihr empört.
„Ich habe geschlafen, als wir durch den Tunnel fuhren und das Licht auf einmal ausging.“

3 „Hören Sie mal!“, sagt der Mann mit Schnurrbart, „Wollen Sie uns etwa verdächtigen? Wir haben uns auf der Fahrt nicht von der Stelle gerührt.“
„Es muss passiert sein, als es plötzlich ganz dunkel wurde“, meint der Mann gegenüber zu seiner Nachbarin. Diese entgegnet: „Ich habe nichts bemerkt.“

4 „Am besten rufe ich jetzt die Bahnpolizei. Die soll alle durchsuchen, dann ist der Dieb schnell gefunden“, sagt die junge Frau.
„Das ist gar nicht nötig, der Dieb hat sich schon selbst verraten“, sagt Kommissar Kniepel.
Wer ist der Dieb?

Detlef Kersten

Name: ______________________

Auf dem Dachboden

In diesem Rätsel sind die Namen von 15 Dingen aus dem Dachboden versteckt. Übermale sie leicht mit verschiedenen Stiften.

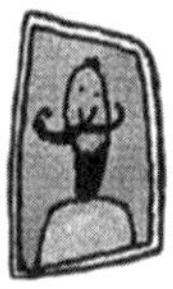
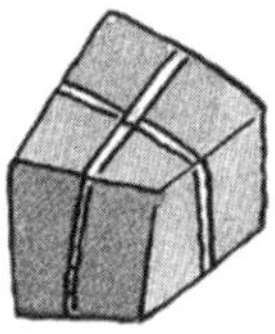
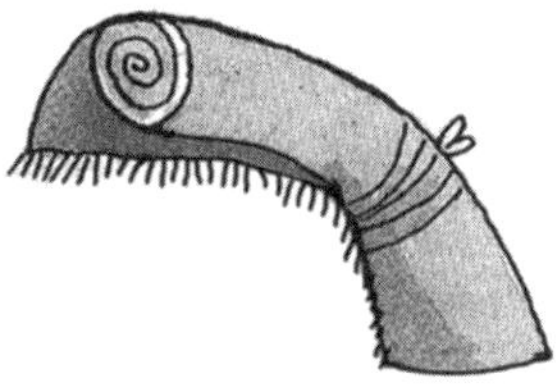

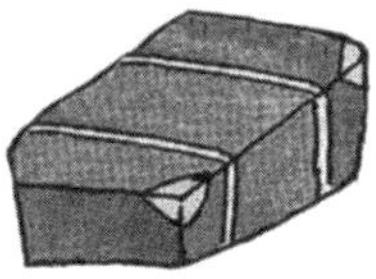
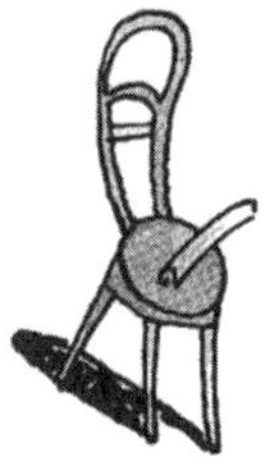

A	B	C	T	D	E	F	K	I	S	S	E	N
P	A	K	E	T	G	H	I	J	K	C	L	M
N	P	O	L	Q	R	S	T	U	V	H	W	X
Y	Z	F	L	A	B	T	E	P	P	I	C	H
S	C	F	E	K	I	S	T	E	D	R	E	F
T	G	E	R	A	H	C	I	J	K	M	L	M
U	N	R	O	N	P	H	Q	R	B	U	C	H
H	S	T	U	N	V	R	A	D	I	O	W	X
L	A	M	P	E	Y	A	Z	A	L	F	B	C
D	E	F	G	H	I	N	J	K	D	E	L	M
N	O	P	Q	R	S	K	T	U	V	N	W	X

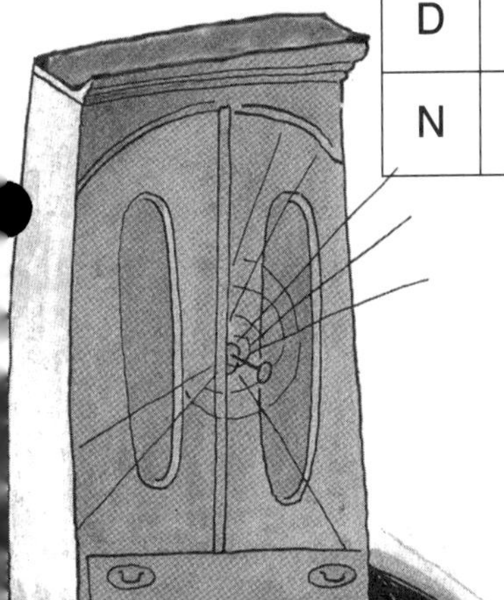
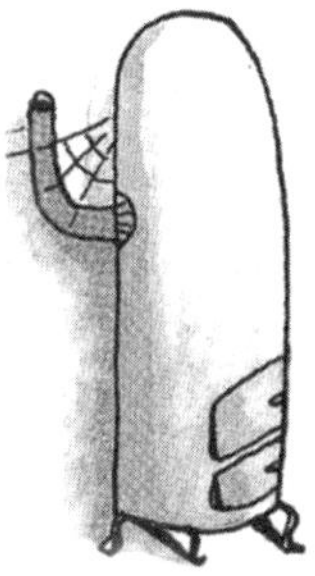
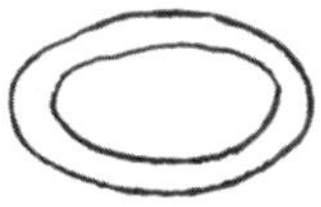

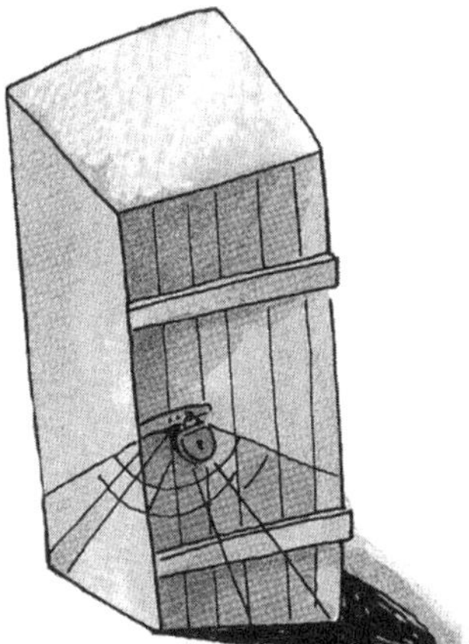

Schreibe die Namen in Einzahl und Mehrzahl (mit Begleiter) in dein Heft.

Einzahl	**Mehrzahl**
das Paket	*die Pakete*

Kopiervorlage

Name: ____________________

Wichtige Märchenadressen

Erwin Grosche

1. Familie Geislein
   Im Uhrenkasten 7
   38444 Wolfsburg

2. Knusper Hexe
   Lebkuchenstraße 2
   71332 Waldhausen

3. Dornröschen
   Schlafplatz 100
   33100 Prinzenkussdorf

4. Tapfer Schneiderlein
   Fliegenstraße 7
   19055 Streichheim

5. Schneewittchen
   Zwergenstraße 7
   42719 Schwiegermuttersdorf

aus: Erwin Grosche/Dagmar Geisler, Der Badewannenkapitän, (dtv-junior 70736), © Deutscher Taschenbuchverlag, München 2002

Kopiervorlage

Name: ____________________

Martin, der Reiter

Rosi Mühlbauer

Es ist ein bitterkalter Winter.
In den Brunnen ist das Wasser gefroren. Kein Mensch mag auf die Straße gehen.
Martin reitet mit den Soldaten zum Stadttor. Da sieht er am Tor einen Bettler sitzen. Ganz mager ist er vor Hunger. Er hat nur ein zerrissenes Hemd an. Er zittert vor Kälte. Ganz schwach und leise sagt er: „Helft mir!“
Die Soldaten reiten vorbei.
Nur Martin hält an: „Ich habe nichts, was ich dir geben könnte.“ Doch da fällt ihm etwas ein. Er nimmt das Schwert in die Hand. Dann nimmt er seinen Mantel von den Schultern. Das ist ein dicker, warmer Umhang. Den teilt er mit dem Schwert mitten entzwei. Den einen Teil legt er dem armen Bettler um. Den anderen wickelt er sich selbst um die Schultern. Dann reitet er schnell weiter.

KASPER UND DER HÜHNERDIEB

Fibel S. 100/101

Ein eigenes Kasperstück schreiben

Ziele, Inhalte

- Über die wichtigen Figuren eines Kasperstücks sprechen
- Verschiedene Handlungsmöglichkeiten gemeinsam finden
- In Partner- oder Gruppenarbeit die Dialoge für ein eigenes Stück schreiben, dabei die Kasperwörter der Erstklässler einbauen
- Das Kasperstück vorführen

ELMAR

Fibel S. 102/103

Die Unterrichtsvorschläge für „Elmar“ bieten auch für die Schüler der 2. Klasse viele Anregungen. Vor allem die Beschreibung des ELMAR-Tags kann mit vielen Ideen und umfangreich ausgestaltet werden. Hier könnten die Adjektive noch einmal besonders betrachtet werden: Musik – laut, Spiele – lustig, spannend, Elefanten – bunt, kariert, gestreift, gemustert, Gäste – froh, lustig, fröhlich, glücklich.

Ziele, Inhalte

- Über den ELMAR-Tag sprechen
- Passende Adjektive suchen
- In einem Text die Adjektive verwenden, bzw. einen Text mit passenden Adjektiven ergänzen

FLASCHENPOST

Fibel S. 104/105

Die Aufgabe, zu einer Geschichte zwei Enden zu finden, ist für Zweitklässler sicher motivierend. Eine Geschichte (möglichst spannend, etwa aus einem Lesebuch) wird bis zum Höhepunkt des Spannungsbogens vorgelesen und dann abgebrochen. Die Schüler bekommen die Aufgabe, zwei mögliche Enden für diese Geschichte aufzuschreiben. Nach dem Vorbild aus der Fibel werden wahrscheinlich viele Kinder eine realistische und eine märchenhafte Version finden.

Ziele, Inhalte

- Den Anfang einer Geschichte hören
- Zwei Enden für diese Geschichte aufschreiben
- Die Enden vorlesen und von den Mitschülern beurteilen lassen

RATE MAL

Fibel S. 106/107

Bastelanleitung für ein Kastanientier ergänzen

(Kopiervorlage siehe S. 38)

Ziele, Inhalte

- Nach einer bildlichen Anleitung ein Tier schrittweise nachbasteln
- Die passenden Verben in die Sätze eintragen
- Die Sätze nach den Bildern nummerieren
- Zusatzaufgabe für leistungsstarke Schüler:
  Text abgeändert aufschreiben
  „So bastle ich einen Igel – Ich ...“

SANKT MARTIN

Fibel S. 108 /109

Zusatztext: Martin, der Reiter

(siehe Kopiervorlage S. 36 unten)

Die Martinslegende wird in jedem Fall vor der Betrachtung und Bearbeitung der Fibelseiten erzählt und evtl. nachgestaltet. Von den leistungsstarken Lesern/Schülern der 2. Jahrgangsstufe kann der Text der Legende in einer schönen Fassung von Rosi Mühlbauer gelesen werden. Der Text bietet viele Übereinstimmungen mit dem stark komprimierten Text der Fibel.

Ziele, Inhalte

- Die Martinslegende hören und evtl. nachgestalten
- Den Text lesen; die beiden Texte (Fibeltext und Zusatztext) vergleichen und gleiche Inhalte nennen (kalter Wintertag, Bettler am Stadttor, Martin als Reiter/Ritter mit dem Ross, Teilen des Mantels)

Zusatztext:

Fast ein Gebet

Reiner Kunze

Wir haben ein Dach
und Brot im Fach
und Wasser im Haus,
da hält man's aus.

Und wir haben es warm
und haben ein Bett:
O Gott, dass doch jeder
das alles hätt'!

aus: Reiner Kunze, Wohin der Schlaf sich schlafen legt, © S. Fischer Verlag, Frankfurt/M. 1991

Kopiervorlage

Name: ______________________

So basteln wir einen Igel

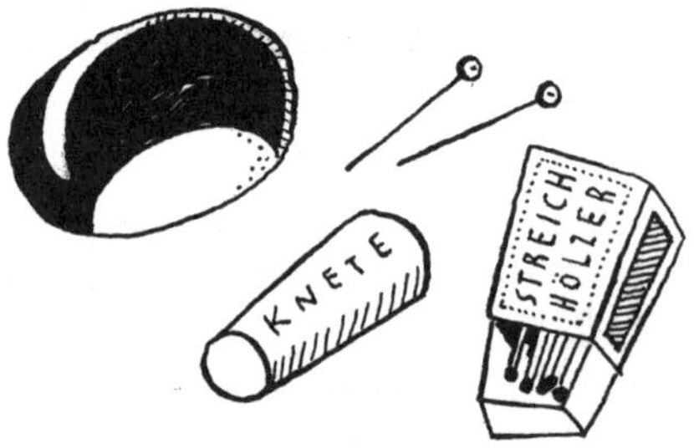

1

○

Aus Knetmasse ______________ wir eine spitze Schnauze für den Igel.

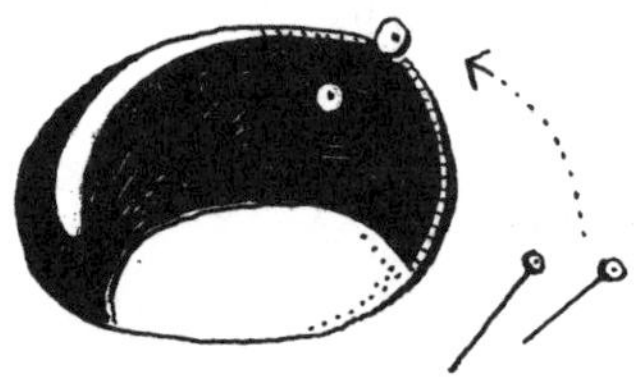

2

○

Die Streichhölzer ______________ wir etwa in der Mitte auseinander.

3

○

Wir ______________ zwei Stecknadeln als Augen in die Kastanie.

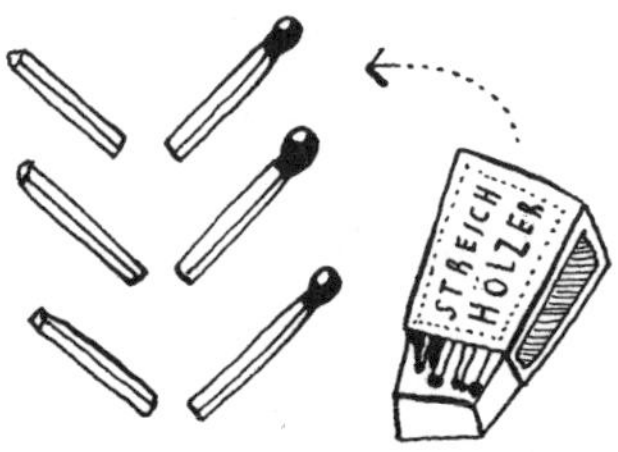

4

○

Nun ______________ wir den Igel mit vielen Stacheln aus Streichhölzern.

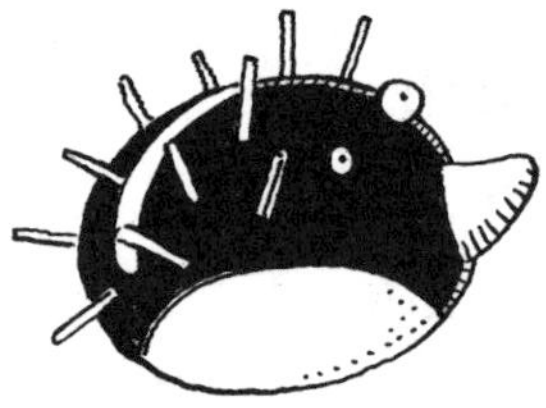

5

○

Wir ______________ eine große Kastanie, zwei Stecknadeln mit Glaskopf, etwas schwarze Knetmasse und Streichhölzer.

In den Sätzen fehlen noch diese Tunwörter (Verben):

stecken – brauchen – formen – brechen – schmücken

Trage sie richtig ein. Nummeriere die Sätze passend zu den Bildern.

Bei dem leicht zu lesenden, aber doch literarisch anspruchsvollen Gedicht von Reiner Kunze werden mit den Begriffen Dach, Brot, Wasser, Bett die elementaren Bedürfnisse der Menschen bezeichnet. Sie stehen stellvertretend für viele Dinge, die darüber hinaus unser Leben schön und angenehm machen. Der letzte Gedanke gilt denjenigen, die das alles nicht haben - ... und damit wieder der Möglichkeit des Teilens.

Ziele, Inhalte

- Das Gedicht lesen
- Erkennen, dass mit Dach, Brot, Wasser, Bett die elementaren Bedürfnisse bezeichnet sind
- Die Begriffe ausweiten (Was ist noch damit gemeint?)
- Über die beiden letzten Zeilen sprechen und Hilfsmöglichkeiten überlegen

ADVENT

Fibel S. 110/111

Adventwörter

(Kopiervorlage siehe unten, auf DIN A4 vergrößern)

Ziele, Inhalte

- Rätsel zu Adventwörtern lösen (Lösungen in Sternen vorgegeben)
- Weitere Sterne mit Adventwörtern füllen

WEIHNACHTEN

Fibel S. 112/113

Mein Weihnachtsbuch

Umfangreicher als das für die 1. Klasse vorgeschlagene Leporello (Lehrermaterialien S. 219) wird das Weihnachtsbuch, das Erst- und Zweitklässler je nach ihrem Vermögen herstellen können.

Die Umschlagseiten entstehen aus zwei DIN-A4-Bögen Tonpapier, auf die mit Plätzchenformen (als Schablonen) Sterne, Herzen, Tannenbäume etc. aufgezeichnet werden. Diese werden mit verschiedenen Farben (natürlich auch mit Goldstiften) ausgestaltet oder ausgeschnitten und mit Transparentpapier hinterklebt.

Alle gemeinsam gelernten Lieder und Gedichte werden für das Buch gesammelt, weitere Gedichte können von den Kindern mitgebracht, kopiert oder abgeschrieben und ausgestaltet werden. Von den Adventsgeschichten,

Kopiervorlage

Name: ____________

Adventsrätsel

In den Sternen findest du die Lösungen für die Adventsrätsel.

Hier wird jeden Morgen ein Türchen geöffnet. ____________

Er ist rund, grün und stachelig. ____________

Daraus kann man ihn selber binden. ____________

Für den Kranz braucht man vier davon. ____________

Sie haben fünf oder sechs oder auch mehr Zacken. ____________

Wer sie nicht kaufen will, kann sie selber ... ____________

Dazu braucht man ... ____________

Schreibe in die Sterne noch andere Adventswörter.

die im Unterricht behandelt wurden, können kurze Zusammenfassungen und Bilder in das Weihnachtsbuch aufgenommen werden. Darstellungen von Kerzen, Sternen und Weihnachtsbäumen in verschiedener Technik können die Seiten schmücken.

Ziele, Inhalte

- Ein Weihnachtsbuch herstellen
- Weihnachtsgedichte und -geschichten auswählen
- Weihnachtliche Motive gestalten

DIE DREI SPATZEN – SPATZENJANUAR

Fibel S. 114/115

Der Auftrag, das Analogiegedicht „Spatzensommer" zu schreiben, ist sehr komplex, d.h. er stellt auch für Zweitklässler eine fordernde Aufgabe dar. Die Erfahrung hat gezeigt, dass sie sich schon mehr an den Vorgaben orientieren oder versuchen, in Reimen zu schreiben.

Ziele, Inhalte

- Die „Erzählperspektive" herausarbeiten
- Ein analoges Gedicht „Spatzensommer" verfassen

KARNEVAL DER HARLEKINE

Fibel S. 116/117

Zusatztext:

Auszüge aus Joan Miró, Karneval der Harlekine, erzählt von Josef Guggenmos
(Kopiervorlagen siehe S. 41-43)

Ziele, Inhalte

- Die dargestellten Ausschnitte in der Bildvorlage suchen
- Die Texte lesen
- Zusatzaufgaben zu den einzelnen Seiten bearbeiten
  Aufgaben zu Blatt 1:
  Die Schüler probieren aus, was sie mit ihren Händen machen können und schreiben die Verben auf. Sie suchen die Verben im Text und unterstreichen sie, sie zeigen die Bewegungen der Hände und lassen sie von den anderen raten.
  Aufgaben zu Blatt 2:
  Dieser Text eignet sich zum Vorlesen mit verteilten Rollen (Harlekin und Frager). Zusätzlich können die Schüler weitere Fragesätze zum Originalbild formulieren und aufschreiben.
  Aufgaben zu Blatt 3:
  Zu dem Gedicht finden die Schüler weitere Gegensätze, die auf unserer Erde nebeneinander bestehen, z.B. geboren werden – sterben, gesund sein – krank sein, Hunger haben und satt sein, ...

FRÜHLINGSTAGEBUCH

Fibel S. 118/119

Zusatztext:

März

Elisabeth Borchers

Es kommt eine Zeit,
da nimmt's ein böses Ende
mit dem Schneemann.

Er verliert seinen schwarzen Hut,
er verliert seine rote Nase
und der Besen fällt ihm
aus der Hand.
Kleiner wird er von Tag zu Tag.
Neben ihm wächst ein Grün
und noch ein Grün
und noch ein Grün.

aus: Und oben schwimmt die Sonne davon, Ellermann Verlag, München 1965, © by Elisabeth Borchers

Ziele, Inhalte

- Ein Frühlingsgedicht lesen
- In Büchern/Lesebüchern nach Frühlingsgedichten suchen
- Eine Sammlung von Frühlingsgedichten anlegen
- Ein „Lieblingsgedicht" auswendig lernen und vortragen

OSTERN

Fibel S. 120/121

Zusatztext: Warum der Hase die Eier bringt
(siehe Kopiervorlage S. 44, auf DIN A4 vergrößern)

Ziele, Inhalte

- Den Text lesen
- Über den Wahrheitsgehalt des Textes sprechen

LIEBE MAMA

Fibel S. 122/123

Ein Gedicht für die eigene Mutter zu schreiben, ist auch für die Schüler der 2. Jahrgangsstufe eine fordernde Aufgabe, wenn jetzt schon stärker auf Wortwahl und Syntax geachtet werden soll.

Name: ______________________

Ich bin die Hand
Ich werfe den Ball in den Himmel hinauf.
Und warte. Und fange ihn wieder auf. Ich mache Musik
und zupfe die Saiten. Ich halte die Zügel des Pferdes beim Reiten.
Ich schüttle den Birnbaum, schlag ans Tor und mach Krach.

Ich mache mich hohl
und schöpf aus dem Bach.
Ich schwinge den Hammer. Ich schwenke das Tuch.
Ich fasse die Tasse. Ich blättre im Buch.
Ich taste, ich fühle das Runde, das Raue, das
Warme, das Kühle. Ich fasse die Klinke
und öffne die Tür. Ich mach eine Faust. Willst du boxen
mit mir? Ich knete Knödel. Ich rolle
den Schnee. Ich streichle den Pudel, die Katze, das Reh. Hallo!
Ich winke dem, den ich mag. Nimm mich! Da bin ich!
Freund, guten Tag!

Name: ______________________

– Donnerwetter, Harlekin! Toll schaust du aus! So recht zum Verwundern. Wie fühlst du dich so?
– Halb traurig, halb froh, halb rot und halb blau, halb dumm und halb schlau, jetzt weißt du's genau. – Sag, wie gefällt dir mein Federhut?
– Was den betrifft, der steht dir gut. Doch deine Beinchen sind klein! Es ist ein Graus.
– Dafür ist mein Hals lang, da gleicht es sich aus.
– Wozu wächst das Horn dir aus dem Gesicht?
– Soll ich dich piksen?
– Nein, nein, lieber nicht!
– Hast du, sag, eine Gitarre im Bauch?
– Musik im Leib, das braucht man auch.
– Dein Schnurrbart hat schöne, geschwungene Spitzen.
– Eine ist noch frei. Wärst du eine Mücke, dürftest du drauf sitzen!

– Aber da unten ist auch noch wer. Hallo, Libellchen, du gefällst mir sehr.
Doch das Libellchen spielt mit dem Bällchen und schaut nicht her.

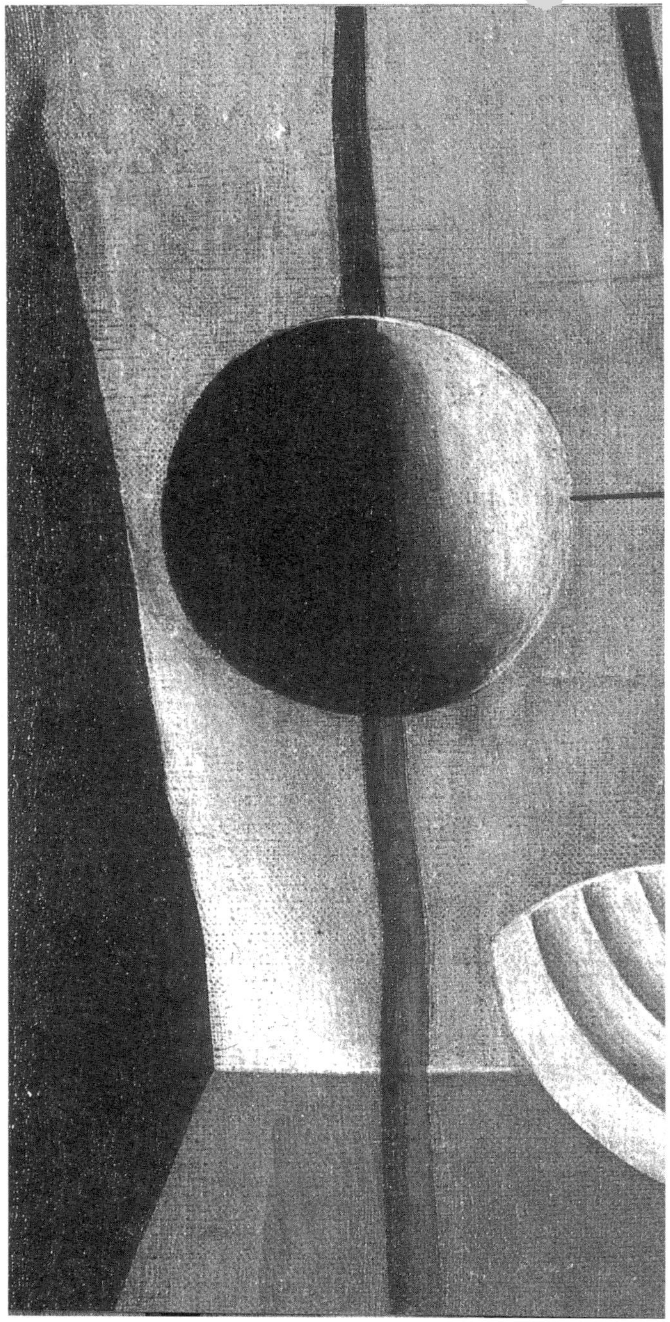

Schwarz-weiße Kugel,
schwebend im Raum.
Eine schwebende Kugel –
gibt es das? Kaum.

Doch unsre Erde,
ein herrlicher Ball,
kreist um die Sonne,
schwebend im All.

Schwarz und Weiß, Tag und Nacht,
Lachen und Weinen
sind auf der Erd zu Haus,
der deinen und meinen.

Reizvoll ist auch die Aufgabe einen „Steckbrief“ der Mutter zu schreiben. Diese kann frei oder nach einer Vorlage (Lieblingsmusik, Freizeitbeschäftigung, besonderes Können, Lieblingskleid, Aussehen, Beruf, besondere Fähigkeiten) gelöst werden.

Ziele, Inhalte

- Über die eigene Mutter sprechen
- Erzählen, was man besonders an ihr schätzt
- Schreiben eines Gedichts, eines Briefs, eines „Steckbriefs“

SOMMER – REGENBOGEN

Fibel S. 124/125

Aus einer Fülle von Sommergedichten in Lesebüchern oder Gedichtbänden kann der Lehrer weitere auswählen und den Kindern zur Auswahl geben. Sie sollen sich ihr Lieblingsgedicht auswählen, dieses abschreiben und gestalten und den Vortrag des Gedichts üben. Bei einem Sommerfest (mit den Eltern der Klasse, für die ganze Schule) können diese Gedichte dann zusammen mit Sommerliedern vorgetragen werden.

Ziele, Inhalte

- Weitere Sommergedichte kennen lernen
- Ein Lieblingsgedicht auswählen, abschreiben und gestalten
- Das Lieblingsgedicht gut vortragen

Kopiervorlage

Name: ______________________

Warum der Hase die Eier bringt

Margot Scheffold

Weit, weit weg von hier,
auf der anderen Seite
der Erde,
liegt Australien.
Dort sprechen die Leute Englisch.
Auf Englisch heißt ihr Land
„Ostrehlia“.

Pick und Nick,
die Zwillinge,
sind dort berühmt.
Jedes Jahr im Frühling
feiern sie ein großes Fest.
Sie laden ihre Freunde
ins Grüne ein
und servieren ihnen
ein leckeres Essen.

„Picknick“ nennen ihre Freunde
dieses Essen.
Zu einem Picknick gehören
Honig und Saft,
Kuchen und Brot,
Wurst und Käse.
Und Milch.
Und Eier.

Die sind besonders schwer
zu transportieren.
Zum Glück
haben Pick und Nick
ein zahmes Känguru namens Bill.
Bei den Ausflügen
trägt Bill das Geschirr
in einem Korb
auf seinem Rücken.

Die Eier steckt er
in seinen Bauchbeutel.
Dort liegen sie
weich und sicher.
Bill springt
mit dem Geschirr und den Eiern
hinter Pick und Nick her.

Einmal hatten die beiden
auch deutsche Gäste.
Weil die Deutschen
kein Englisch konnten,
verstanden sie alles falsch.
Aber das Fest
fanden sie prima.
Zu Hause erzählten sie:
„Nickpick ist ein
Tag im Frühling.
An diesem Tag feiert man
das Ostrehlfest.
Es gibt ein feines Essen
und viele, viele Eier.
Die bringt ein
riesengroßer Hoppelhase.“

Das fanden die Menschen
in Deutschland lustig.
Seitdem feiern sie Ostrehl.
Die meisten sagen aber Ostern.
Außerdem glauben sie,
ein Hase bringt die Eier.
Sie wissen ja nicht,
dass es in Wirklichkeit
ein Känguru ist.

Ob das alles stimmt?
Fragt Flori Flunker –

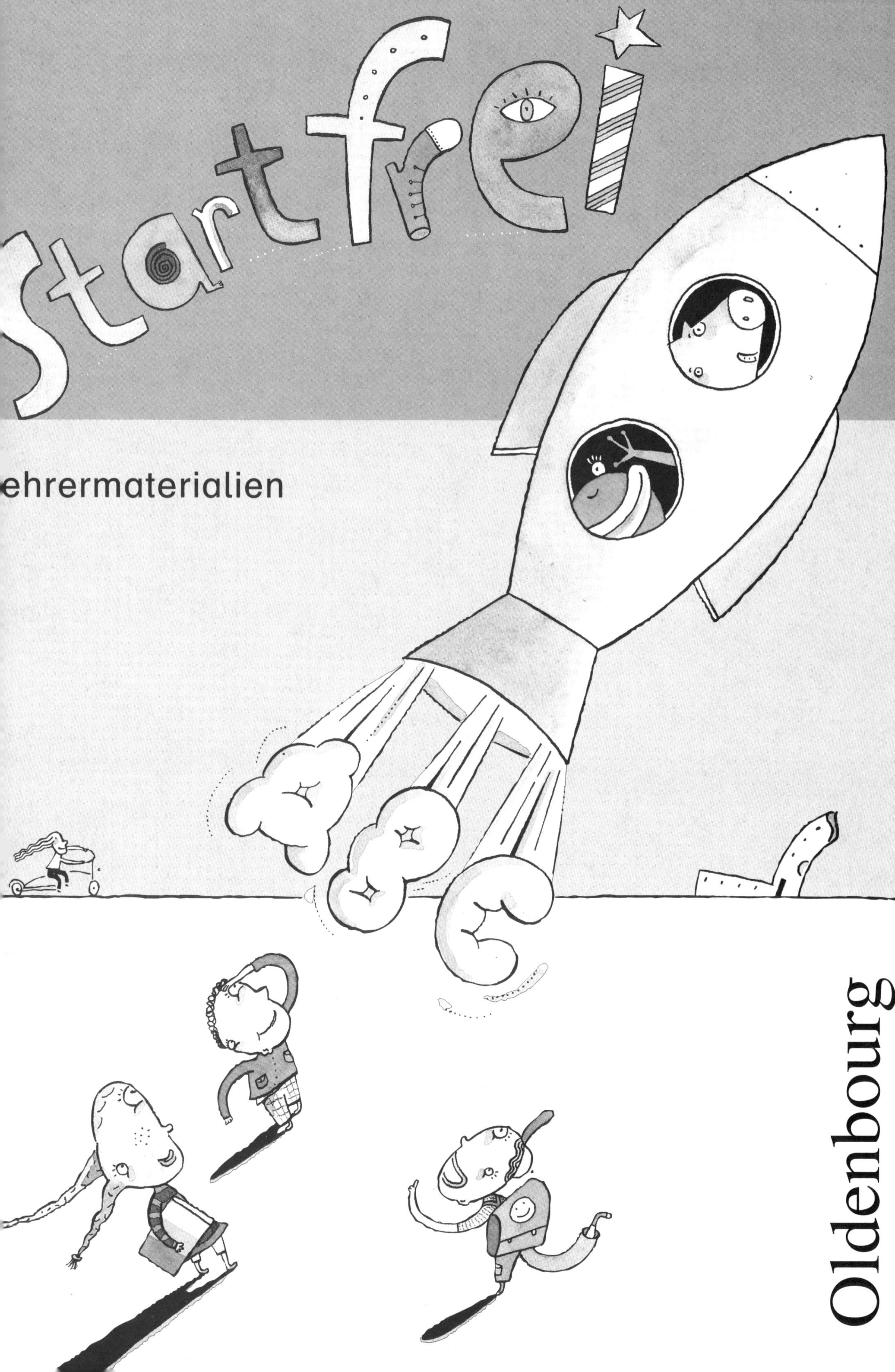

ehrermaterialien

Oldenbourg

Start frei

Lehrermaterialien

von

Monika Gorbahn, Claudia Hirsch, Ursula Schagerl,

Anja Sindern und Dirk Vollmar

illustriert von Uta Bettzieche

Zu dem Fibelwerk gehören:

Die Fibel 128 Seiten, farbig	Best.-Nr. 10703-8
Mein Buchstabenheft 80 Seiten, DIN A4, einfarbig, perforiert	Best.-Nr. 10702-X
Mein Wörter- und Geschichtenheft 40 Seiten, DIN A4, zweifarbig	Best.-Nr. 10701-1
16 Spiele zum Schriftspracherwerb 65 Blatt Karton DIN A4, 2 Spielpläne DIN A3 und 18 Seiten Spielanleitung	Best.-Nr. 10706-2
Schreibschriftlehrgang Lateinische Ausgangsschrift 40 Seiten, DIN A4	Best.-Nr. 10707-0
Schreibschriftlehrgang Vereinfachte Ausgangsschrift 40 Seiten, DIN A4	Best.-Nr. 10708-9
Schreibschriftlehrgang Schulausgangsschrift 40 Seiten, DIN A4	Best.-Nr. 10714-3
Anlautposter 4-farbig	Best.-Nr. 10715-1
Handpuppe Frosch	Best.-Nr. 10709-7
Handpuppe Ferkel	Best.-Nr. 10710-0

www. oldenbourg-bsv.de

1. Auflage 2003 RE

Druck 07 06 05 04 03
Die letzte Zahl bezeichnet das Jahr des Drucks.
Alle Drucke dieser Auflage sind untereinander unverändert und
im Unterricht nebeneinander verwendbar.

Umschlagkonzept: Mendell & Oberer
Umschlag: Uta Bettzieche
Lektorat: Ute Busche
Satz und Layout: Christine Esmyol
Herstellung: Heiko Jegodtka
Druck: MB Verlagsdruck, Schrobenhausen

ISBN 3-486-10705-4

Inhaltsverzeichnis

Vorwort

Liebe Kolleginnen und Kollegen,

mit dem Fibelwerk „Start frei“ haben Sie sich für Unterrichtsmaterialien entschieden, die Ihnen lustvolles, freies und individuelles Arbeiten mit Schulanfängern ermöglichen.

Wir haben in den letzten Jahren zunehmend die Erfahrung gemacht, dass der sprachliche Entwicklungsstand der Schulanfänger immer stärker differiert. Manche Kinder kommen lesend und schreibend in die Schule, während andere sich schwer tun, überhaupt einen grammatikalisch vollständigen Satz zu sprechen, die deutsche Sprache nur unzureichend beherrschen, sehr schüchtern sind und sich deshalb anfangs sehr zurückhaltend äußern. Einige können nicht einmal ihren eigenen Namen schreiben. Wie kann ich nun jedem Schüler gerecht werden, ohne dass ich den einen überfordere und den anderen unterfordere? Ein homogenes Arbeiten ist selten möglich. Andererseits kann man aus Zeitgründen auch nicht für jeden Schüler tagtäglich individuelle Arbeitsblätter entwickeln oder sich um alle gleichermaßen kümmern. Und dennoch sollen am Ende des ersten Schuljahres alle Kinder lesen und schreiben können.

Bei der bisherigen analytisch-synthetischen Lehrmethode plagen sich Kinder, Lehrer und Eltern in den ersten Wochen mit dem Vorlesen der ersten Wörter, die zu diesem Zeitpunkt eigentlich noch gar nicht für alle lesbar sind. Kinder mit einem guten Wortgedächtnis lernen die Wörter einfach auswendig oder verstehen das Zusammenlesen sehr schnell, andere verzweifeln zunehmend. Eltern bestätigen uns, dass das Lesenüben mit dem entwicklungsorientierten Unterricht im Schriftspracherwerb mit bedeutend weniger Stress verbunden ist. Mit diesem Ansatz fangen Kinder zu unterschiedlichen Zeiten an zu lesen, eben sobald sie die Synthese verstanden haben. Sie stehen dadurch nicht so sehr unter dem Erwartungsdruck, endlich lesen zu müssen. Das bedeutet aber auch, dass man als Lehrer die unterschiedlichen Lernprozesse akzeptieren muss und jedem Schüler geduldig seinen individuellen Lernweg zugesteht. Das Lesen ist gewissermaßen ein „Nebenprodukt“ des Verschriftens von Wörtern.

Das Fibelwerk „Start frei“ geht vom Spracherfahrungsansatz aus, orientiert sich am Erfahrungshintergrund der Schüler und beginnt vorwiegend schreiborientiert. Der Schriftspracherwerb ist ein Entwicklungsprozess, dessen Stufen jeder Schüler – ähnlich dem Prozess des Sprechenlernens – in unterschiedlichem Lerntempo durchläuft. Auch für das spätere Rechtschreiben ist es sehr wichtig, dass Kinder von Anfang an die Phonem-Graphem-Korrespondenz begreifen. Lauttreues Verschriften mit Hilfe der Anlauttabelle ist die Basis für den Schriftspracherwerb.

Wir haben das Fibelwerk so konzipiert, dass es auch für Kollegen, die zum ersten Mal mit dem schreiborientierten Ansatz arbeiten, eine sichere Grundlage und Orientierung bietet.

Es müssen nicht alle Themen der Fibel im Unterricht behandelt werden. Je nach Interessenlage der Kinder und dem Entwicklungsstand der Klasse kann man einige Themen weglassen, andere vielleicht intensiver besprechen. Die Lehrermaterialien bieten zu einzelnen Themen weitere Vorschläge oder Projekte an. Da der Buchstabenlehrgang von der Fibel unabhängig ist, können die Unterrichtsinhalte beliebig ausgewählt werden.

In den vorliegenden Materialien für den Lehrer wird im ersten Teil die Grundkonzeption erklärt.

Der zweite Teil erläutert die Bestandteile des Fibelwerkes: die Fibel, das Buchstabenheft, das Wörter- und Geschichtenheft, die Spiele zum Schriftspracherwerb und die Handpuppen Ferkel und Frosch.

Worauf unsere Arbeit mit dem Fibelwerk basiert, wird im dritten Teil dargelegt. Hier stellen wir wissenschaftliche Grundlagen zur Schreib- und Leseentwicklung bei Kindern dar, erläutern, wie wir mit Fehlern umgehen und geben Ihnen Informationen zur Phonologischen Bewusstheit.

Im vierten Teil beschreiben wir, wie wir die ersten Schultage gestalten, wie die Kinder erste Erfahrungen mit Schrift machen, Sie erhalten Tipps zur Einführung und zum Umgang mit der Anlauttabelle, Hinweise zur Elternarbeit, Ideen zur Klassenzimmergestaltung sowie Vorschläge, wie man die Schreibergebnisse der Kinder gestalten kann.

Der fünfte Teil beinhaltet den Umgang mit den einzelnen Fibelseiten, didaktische Überlegungen und fachliche Informationen zum Thema, Ziele und Inhalte, Anregungen zur Unterrichtsgestaltung, Hinweise zu den Schreibanlässen im Buch und im Wörter- und Geschichtenheft sowie weitere Vorschläge zu den Themen.

Der sechste Teil erläutert den Umgang mit dem Buchstabenheft und gibt Tipps zur Gestaltung der Buchstabentage.

Im siebten Teil werden die Lernspiele erklärt und es wird auf ihren Einsatz im Unterricht hingewiesen.

Ihnen und Ihrer Klasse wünschen wir nun viel Freude und Erfolg mit „Start frei“ zum Schreiben und Lesen.

Von Anfang an differenzieren und individualisieren

Kinder kommen mit ganz unterschiedlichen sprachlichen Voraussetzungen in die Schule. Der schulische Schriftspracherwerb setzt bei keinem Schüler an einem Punkt Null an. Während Lukas bereits lesen kann und kleine Mitteilungen verfasst, erkennt Hilal erste Buchstaben und kann ihren Namen in Großbuchstaben richtig schreiben, Janine hingegen ist fast sieben und kann einige Laute noch nicht richtig aussprechen. Die Liste der Kinder könnte man beliebig erweitern, Fakt ist jedoch, dass alle in die Schule kommen und Schreiben und Lesen lernen sollen. Es ist Aufgabe des Lehrers, an diese heterogenen vorschulischen Spracherfahrungen anzuknüpfen und jedem Kind einen progressiven Lernweg zur Schreib- und Lesekompetenz aufzuzeigen. Eine Differenzierung und Individualisierung muss demnach von Anfang an erfolgen. Es muss darum gehen Lernvoraussetzungen zu schaffen, die es jedem Kind ermöglichen, die Schriftsprache eigenaktiv und selbstentdeckend zu erforschen. Erst wenn sich die Kinder über die Bedeutung sprachlicher Zeichen bewusst sind, kann die Auseinandersetzung mit der Schrift beginnen. Bereits bei der Einführung der Lautrakete (Anlauttabelle) wird sich herausstellen, welche Kinder mit den Buchstaben und Lauten bereits vertraut sind. Sie müssen nicht kleinschrittig einen Buchstaben nach dem anderen erarbeiten, sondern haben gleich die ganze Buchstaben-Laut-Palette zur Verfügung, um eigene, für sie wichtige Wörter aufschreiben zu können. Andere Kinder lernen in ihrem individuellen Lerntempo nach und nach die einzelnen Laute und Buchstaben kennen. Die Abbildungen auf der Lauttabelle bieten eine gute Gedächtnisstütze für die Lautzuordnungen. Kinder lernen nicht gleichmäßig, ihre Lernkapazität und die Aufnahmebereitschaft ist von vielen Faktoren abhängig. Manchmal machen Kinder nach einer größeren Pause einen Entwicklungsschub. Deshalb kann man den Schülern nur dann gerecht werden, wenn man ihnen Raum und Zeit gibt, diese Entwicklungsschritte zu vollziehen, sie einzuordnen weiß und jedem Kind die bestmögliche Förderung zukommen lässt.

Das natürliche Ausdrucks- und Mitteilungsbedürfnis der Kinder unterstützen

Kinder setzen sich entdeckend und aktiv mit Sprache auseinander und erleben den Umgang mit Buchstaben in Wort und Schrift als bedeutsam. Einige Zeichen und Buchstaben sind ihnen bereits aus ihrer Umwelt, der Werbung oder aus Büchern und Zeitschriften bekannt. Sie wissen also, dass bestimmte Zeichen eine bestimmte Bedeutung haben. Manchmal beginnen Kinder in der Vorschulzeit eigene Zeichen zu erfinden und meinen sie könnten schreiben. Ihr Mitteilungsbedürfnis wollen sie auch auf die Schriftsprache ausweiten. Wenn sie dann in die Schule kommen, sind sie sehr motiviert, möglichst schnell schreiben und lesen zu lernen. Das vermittelt ihnen das Gefühl, jetzt zu den „Großen“ zu gehören. Sie wollen Briefe und Mitteilungen schreiben können und für sie relevante Wörter lesen können.

Die Motivation zum Erwerb der Schriftsprache kann man nur dadurch dauerhaft erhalten, dass das Schreiben etwas Sinnhaftes und für die Kinder Bedeutsames beinhaltet. Die Wörter sollen aus dem Erfahrungsbereich oder dem Gebrauchswortschatz der Kinder stammen. Durch die Arbeit mit der Anlauttabelle von Anfang an wird den Kindern ermöglicht, sich nicht nur Wörter mit reduziertem Buchstabenmaterial zu erarbeiten, sondern – nach der gemeinsamen Einführung der Anlauttabelle und der Strategie zum Aufschreiben von Wörtern auf den ersten Fibelseiten – alle Wörter aus ihrem individuellen Sprachfundus zu gebrauchen. Die Kinder sollen von Anfang an in ihrem kindlich spontanen Ausdrucks- und Mitteilungsbedürfnis beim Schreiben unterstützt und verstärkt werden. So früh wie möglich sollen Kinder ihre Gedanken schriftlich ausdrücken können, indem sie Sprachimpulsen folgen, eigene Ideen entwickeln und sich durch unterschiedliche Vorgaben zu sprachlichen Gestaltungsversuchen anregen lassen. Hierzu bietet „Start frei“ eine reichhaltige Auswahl verschiedenartiger kindgemäßer Schreibanregungen, Bildimpulse und Texte aus vielen Bereichen. Die Begleitfiguren Frosch und Ferkel regen zur Kommunikation und zum Spielen kleiner Szenen an und fördern somit die Ausdrucksfähigkeit sowie verständliches Sprechen und folgerichtiges, partnerbezogenes Erzählen. Dies stellt einen Grundpfeiler für das Erlernen der Schriftsprache dar.

Den Aufbau der Sprache einsichtig machen

Der Schriftspracherwerb erfolgt in der Fibel über den schreiborientierten Ansatz und wird im dazugehörigen Arbeitsheft (Mein Buchstabenheft) durch einen methodenintegrierenden Lehrgang zur akustischen und optischen Buchstabenanalyse und -synthese ergänzt. Im Buchstabenheft wird Wert auf das Festigen der Buchstaben gelegt. In regelmäßigen Abständen werden Buchstabentage „gefeiert“, an denen einzelne Buchstaben mit allen Sinnen besprochen und „erlebt“ werden. Viele Übungen zur Form, zum Lautwert des einzelnen Buchstabens, zur Stellung des Lautes im Wort und zum umfassenden Erleben des Buchstabens – später werden auch Leseübungen integriert – dienen der Sicherung. Neuere Studien belegen, dass Programme mit systematischen Lautierübungen (z.B. Durchgliedern der Wörter beim Verschriften), mit einem anfangs möglichst lauttreuen Wortschatz (Buchstabenheft) und mit der Einbeziehung des Schreibens von Anfang an zu den besten Ergebnissen führen.

Sowohl durch gemeinsame Verschriftungsübungen, bei denen Kindern der Aufbau von Wörtern vermittelt wird, als auch durch probierende, selbstgesteuerte Tätigkeiten finden Kinder einen eigenen Zugang zur Schrift. Sie erfahren Regelhaftigkeiten in der Sprache, erkennen aber auch, dass ihr kindlicher Ausdruck häufig von der Normsprache abweicht.

Beim Verschriften erfahren Kinder, dass jedem Laut ein oder mehrere Buchstaben entsprechen. Umgekehrt gibt es auch für manche Buchstaben mehrere Lautschattierungen. Durch bewusstes Hören gewinnen Kinder erste Einsichten in die Lautqualität, was ihnen später zu einer sicheren Rechtschreibung verhilft.

Die Kinder lernen das Wort lautlich zu durchgliedern, indem sie es sich permanent und gedehnt vorsprechen. Sie müssen die Lautfolge abhören und der Reihe nach aufschreiben. Später erkennen sie, dass in der Alltagssprache manches anders gesprochen als geschrieben wird, so hört sich beispielsweise das Morphem -er am Wortende häufig wie -a an. Sind Kinder geübt in der alphabetischen Strategie, d.h. können Kinder lauttreue Wörter nach dem Gehör richtig aufschreiben, so kann man mit der Einführung orthografischer Besonderheiten beginnen.

Den kommunikativen Aspekt der Sprache hervorheben

Der kommunikative Aspekt der Sprache spielt von Beginn an eine wesentliche Rolle. Kinder wollen sich mitteilen und erfahren Schreiben als eine selbstbestimmte, sinnvolle Handlung. Sie schreiben für sich und andere. Später überarbeiten sie ihre eigenen Texte und lesen die der anderen. Dadurch erwerben sie die Fähigkeit, den Äußerungen ihrer Mitschüler mit Interesse zu begegnen und werden ermutigt, Stellung zu beziehen und über ihre Gefühle und Vorstellungen zu reden. Gemeinsam lernen die Kinder miteinander und voneinander. Nicht formale Vorgaben, sondern für das Kind emotional wichtige Dinge stehen im Vordergrund der Schreibversuche. Kinder schrecken auch nicht davor zurück, Wörter aus einer anderen Sprache zu verschriften. Wie selbstverständlich wird zum Beispiel das Wort Computer nach Gehör verschriftet, also „Compjuta". Orthografisch falsche Schreibweisen sind zunächst legitim und werden nicht verbessert. Das Kind muss zunächst Sicherheit in seine eigenen Verschriftungsversuche erhalten, schließlich ist das Wort lesbar. Es hat sich gezeigt, dass falsche Schreibweisen nicht beibehalten werden, da später die Orthografie gezielt geübt wird. Wichtig ist, dass das Kind genügend Vertrauen in seine Fähigkeit gewinnt, Wörter aus seinem Sprachschatz gemäß seiner Entwicklung aufzuschreiben.

Das Sprachbewusstsein entwickeln

Die wichtigste Voraussetzung für ein erfolgreiches Lernen im Lesen und Schreiben ist die Entwicklung einer phonologischen Bewusstheit. Dazu gehört das Segmentieren von Wörtern in Silben, das Finden von Reimen, aber auch die Fähigkeit, einzelne Laute herauszuhören, zu hören, ob ein bestimmter Laut im Wort vorkommt oder nicht, oder Wörter, die in „Robotersprache" (nach Silben getrennt) gesprochen werden, zu sinnvollen Wörtern zusammenzusetzen. Die Ansätze dazu sind bei jedem Schulanfänger mehr oder weniger gut entwickelt. Vielen Vorschulkindern gelingt bereits ein Zerlegen von Wörtern in Sprechsilben, manchen auch das Heraushören gleicher Anlaute.

Erst dann, wenn Kinder den Zusammenhang zwischen Sprache und Schrift erfahren haben, kann der Leselernprozess beginnen. Sie müssen begreifen, dass man die gesprochene Sprache (Laute) mit festgelegten Zeichen (Buchstaben) aufschreiben kann. Sobald sie sich von der inhaltlichen Ebene lösen und sich der abstrakten, formalen Ebene zuwenden können, haben sie den wesentlichen Schritt in die Schriftsprache geschafft. Zu Schulbeginn können die meisten Kinder ihren Namen schreiben oder „malen". Der Name ist für das Kind zunächst noch gleichbedeutend mit der Meinung „mein Name, das bin ich". Hier befindet sich das Kind noch auf der inhaltlichen Ebene. Lernt es aber, seinen Namen zu durchgliedern, den Anfangsbuchstaben herauszuhören, die einzelnen Buchstaben in die richtige Reihenfolge zu bringen oder seinen Namen mit denen seiner Mitschüler zu vergleichen, beginnt es die formale Laut-Buchstaben-Zuordnung zu verstehen. Nach und nach gewinnt es Einsicht in die alphabetische Struktur unserer Schriftsprache. Beim Verschriften wird das Wort zunächst lautlich durchgliedert (Analyse), dann werden die Laute in Buchstaben übersetzt und schließlich das geschriebene Wort gelesen (Synthese). So wird der enge Zusammenhang von gesprochener und geschriebener Sprache bewusst gemacht.

Kinder werden auf jeder Fibelseite zum Verschriften ihrer Ideen, Gedanken, Erkenntnisse und Vorstellungen aufgefordert. Häufiges Schreiben fördert die Lust am Schreiben und die Selbstverständlichkeit, eigene Ideen aufs Papier zu bringen. Durch die Arbeit am Text erfahren die Kinder auch Wort- und Satzstrukturen. Sie erlangen Einsicht in erste Grammatikregeln und in den Aufbau unserer Sprache. Sie entwickeln zunehmend phonologische Fähigkeiten, Sprachkompetenz und ein erstes Rechtschreibbewusstsein. Auch ihr Gebrauchswortschatz erweitert sich ständig. Dies alles sind gute Voraussetzungen für den weiteren Sprachunterricht.

Schreiben und Lesen von Anfang an in eine enge Beziehung setzen

Zum Aufschreiben von Wörtern wird den Kindern eine Strategie an die Hand gegeben, die ihnen hilft, ein gehörtes oder selbstgesprochenes Wort zu durchgliedern (Analyse), um es dann sicher und eigenaktiv schreiben zu können. Beim Aufschreiben findet durch das ständige Mitsprechen die Synthese statt. Analyse und Synthese sind somit gekoppelt, d.h. Schreiben und Lesen korrespondieren von Anfang an miteinander.

Auf die Frage, wie einer meiner Schüler Schreiben und Lesen gelernt hat, antwortete er: „Ganz einfach, ich habe mir das Wort zuerst langsam vorgesagt und dann die Buchstaben aufgeschrieben – und dann habe ich das alles gelesen." Auf einfache Weise fasst dieser Schüler zusammen, wie Kinder die Schriftsprache erwerben: Sie üben genaues Hinhören, deutliches Sprechen und erwerben sich Kenntnisse der Laut-Buchstaben-Zuordnung.

Der Schreibprozess wird ständig durch das Lesen begleitet. Die Kinder schreiben ausschließlich Wörter auf, deren Bedeutung für sie bereits feststeht. Sie bestimmen selbst, was sie schreiben. So ist die Sinnerwartung des Wortes schon vorgegeben. Indem sie das Wort beim Schreiben mitsprechen, gliedern und anschließend überprüfen, üben sie also das sinnerfassende Lesen gleich mit. Wenn ein Kind zum Beispiel das Wort „Blauwal" schreiben will, wird es das Wort zunächst in „BLAU" und „WAL" zergliedern. Dann schreibt es die Laute als Buchstaben der Reihe nach auf und erfasst beim überprüfenden Lesen des Wortes leichter die bedeutungstragenden Wortbestandteile. Auf diese Weise erfahren die Kinder zugleich, dass man längere Wörter leichter lesen kann, wenn man sie aufgliedert.

Als Werkzeug haben die Kinder eine Anlauttabelle zur Hand. Die Anlauttabelle hilft beim Finden eines Lautes und des dazugehörigen Buchstabens. Begleitende Übungen zum Abhören von Lauten sowie das Segmentieren der Wörter in Silben (im Buchstabenheft) unterstützen sowohl den Vorgang des Verschriftens als auch den des Lesens.

Den individuellen Lernstand anhand von Stufenmodellen zum entwicklungsorientierten Unterricht im Schriftspracherwerb überprüfen

Kinder durchlaufen im Prozess des Verschriftens verschiedene Entwicklungsstufen. In der Forschung speziell evaluierte Stufenmodelle (nach Gerheid Scheerer-Neumann, Gudrun Spitta, Eva Kirschhock/Sabine Martschinke, u.a.) dienen als theoretisches Gerüst zur Beobachtung und Beurteilung des Lernstandes und somit als Grundlage zur individuellen Förderung. Eine Hauptaufgabe des Lehrers besteht darin, die Kinder in ihrer Schreibentwicklung genau zu beobachten und gegebenenfalls durch unterstützende Hinweise und Übungen zu fördern. Jedes Kind durchläuft verschiedene Stufen auf dem Weg zur Lese- und Schreibkompetenz. Je sicherer der Lehrer beurteilen kann, auf welcher Stufe die Schüler sich jeweils befinden, um so wirksamer kann er individuell fördern und unterstützen. Auf die Entwicklungsstufen und die Diagnosemöglichkeiten wird im Folgenden noch genauer eingegangen.

Fehler als Diagnosemöglichkeit werten

Fehler werden nicht als Fehlleistung gesehen, sondern als Indiz für die erreichte Schreibkompetenz und für die Schüler als Hinweis für weitere Lernvorhaben. Dies kann sowohl an den Verschriftungen im Wörter- und Geschichtenheft als auch an freien Schreibaufgaben nachvollzogen werden. Die Texte der Kinder sind Fenster zu ihrem Können. Unsere Aufgabe als Lehrer besteht darin, jedem Kind ein Lernangebot zu machen, das ihm den Weg zur nächsten Stufe erleichtert. Kinder brauchen Ermutigung bei ihren ersten Versuchen in der Schriftsprache Fuß zu fassen. Deshalb beziehen sich erste Korrekturen vorwiegend auf Buchstabenauslassungen. Das lauttreue Verschriften steht im Vordergrund. Erst später wird auf Rechtschreibbesonderheiten eingegangen. Auch Eltern sollten darauf hingewiesen werden, den Kindern nicht die Motivation am Schreiben frühzeitig zu nehmen, indem sie jedes rechtschriftlich falsche Wort verbessern.

Interesse und Freude am Lesen entwickeln und fördern

Interessante und für die Schüler emotional bedeutsame Themen verlocken die Kinder zum Lesen und Handeln. Die Texte in der Fibel sind so konzipiert, dass sie die Kinder mit dem Thema vertraut machen. Sie sind nach Umfang und Schwierigkeitsgrad gestuft. So können die Schüler mit zunehmender Lesesicherheit und Geläufigkeit immer umfangreichere Texte lesen und sich erschließen. Für Leser stehen bereits von Anfang an längere Texte zur Verfügung (Vorlesetexte). Es müssen aber nicht alle Texte von allen Kindern gelesen werden können. Durch die vorausgehende inhaltliche Klärung der Buchseite können zunächst auch von leseschwächeren Schülern einzelne Wörter durch markante Buchstaben bzw. die Wortlänge erahnt bzw. wiedererkannt werden (vorwegnehmendes Lesen). Auf diese Weise wird die Sinnerwartung geweckt, die eine wichtige Fähigkeit auf dem Weg zum Lesenlernen darstellt. Wenn beispielsweise Seite 16/17 „Wir frühstücken gemeinsam" besprochen wird, werden die meisten Kinder noch nicht lesen können. Dennoch können sie aufgrund der Wortlänge, der Anfangs- und Endbuchstaben – und natürlich auch durch die Bilder – herausfinden, welches von den M-Wörtern Marmelade, welches Müsli, Milch oder Messer heißt. Die Kinder werden nicht zum Raten ermutigt, sondern sollen anhand bestimmter Merkmale durch die Arbeit am Wort das antizipierende Lesen üben.

Sobald ein Kind den Prozess des Lesens verstanden hat, kann es die Texte auswählen, die seinem momentanen Leistungsstand entsprechen. Die Kinder können ihren Lesestoff selbst auswählen und erfahren dadurch Lesen als Bereicherung. Lesetechniken werden weiterentwickelt, indem Kinder die Wörter strukturieren, Silben lesen, Wortgrenzen erfassen, Minimalpaare untersuchen und Reimwörter erkennen (Übungen dazu im Buchstabenheft). Die Betonung des kommunikativen Aspekts fördert und entwickelt gleichermaßen Schreibfreude und das sinnerfassende Lesen. Durch die verschiedenen Textgattungen werden die Kinder umfassend in die Literatur eingeführt und machen vielfältige Leseerfahrungen.

DIE FIBEL – SCHREIBEN UND LESEN LERNEN

Die Fibel eröffnet den Kindern den Zugang zu den grundlegenden Kulturtechniken des Schreibens und Lesens von einem ganzheitlichen Ansatz her. Der Schriftspracherwerb ist für die Kinder gleichsam das Erlernen einer neuen Sprache. Er erfolgt hier über die Begegnung mit einem Buch, das in seiner Gestaltung einem Kinderbuch nahe kommt. Durch ein breites Angebot von Textsorten, die das Interesse der Kinder wecken, und durch eine ansprechende Gestaltung kann und soll das erste Buch auf die Welt der Buchstaben neugierig und gespannt machen. So wird eine direkte Brücke zur Kinderliteratur geschlagen.

Die Fibel beginnt mit der Arbeit am eigenen Namen der Kinder. Dieser ist für die Kinder bedeutsam und steht zunächst im Mittelpunkt der Betrachtungen. Danach folgen kurze Texte, die teils aus einzelnen Wörtern, teils aus kurzen Sätzen bestehen und groß gesetzt sind. Da die Texte unabhängig von einem Leselehrgang, der immer eine begrenzte Anzahl bereits erarbeiteter Buchstaben berücksichtigen muss, ausgewählt wurden, sind sie entfernt von der sogenannten „Fibelsprache". Sie bestehen aus leicht zu erlesenden, weil weitgehend lautgetreuen Wörtern, müssen aber nicht von allen Kindern gelesen werden. Im Klassengespräch oder über die Illustrationen werden die Texte erschlossen.

Bei diesem „Lesen" sind Präfigurationsprozesse (Beachten schon bekannter Buchstaben und Erkennen gleicher Buchstaben oder Wortteile, Vergleichen der Wortlänge, Schließen vom Teil auf das Ganze) willkommen und beabsichtigt. So werden etwa die Kinder auf Seite 14/15 mit verschiedenen Bildern konfrontiert und sollen die dazugehörigen Wörter aus der Liste ausfindig machen. Für das Motorrad bieten sich, wenn der Anlaut identifiziert ist, zwei Möglichkeiten an: Mann und Motorrad. Manche Kinder können die Diskriminierung über bekannte Buchstaben leisten (a oder o), andere werden die Wortlänge (bewusst gemacht durch das Klatschen der Silben) als Kriterium für die richtige Wortwahl heranziehen: Motorrad ist ein langes Wort, also ist es eher durch „Motorrad" als durch „Mann" wiedergegeben.

In der Abfolge der Texte ist die Progression durch den kontinuierlich sich steigernden Umfang und Schwierigkeitsgrad gegeben. Für die Frühleser oder zum Vorlesen sind auf vielen Seiten der Fibel am Anfang Zusatztexte eingefügt und als solche kenntlich gemacht.

Der Zugang zum Lesen erfolgt durch das Schreiben. Die Kinder erleben Geschriebenes als etwas für sie selbst und für andere Bedeutsames, das sich zu lesen „lohnt". Als „Handwerkszeug" zum selbstständigen Erwerb der Phonem-Graphem-Zuordnung dient die Anlauttabelle, die der Fibel nicht nur additiv beigegeben wird, sondern die eine essentielle Bedeutung für den Erwerb der Schriftsprache besitzt. Durch die Arbeit mit der Anlauttabelle, die jedem Anlaut einen kindgerechten Begriff zuordnet, stehen den Kindern von Anfang an alle Buchstaben zur Verfügung.

In der Fibel erhalten die Kinder auf den ersten Seiten am Beispiel einer authentischen Klassenzimmersituation Hinweise auf verschiedene Übungsmöglichkeiten mit der Anlauttabelle (auch Hinweise auf die Arbeit mit den Begleitmaterialien) und einen Schreibplan für das aktive Abhören der Wörter. Dieser Schreibplan ist als Kopiervorlage (s. S. 72) vorhanden, kann also den Kindern für den täglichen Gebrauch an die Hand gegeben werden. Durch das Verschriften der Wörter üben die Kinder gleichzeitig Analyse und Synthese der Laute und Buchstaben. Nach unseren Erfahrungen können damit sinnentleerte Syntheseübungen für den Leselernprozess vermieden werden.

Da die Fibel durch ihre Grundkonzeption nicht an einen Leselehrgang gebunden ist, müssen die Texte nicht vollständig und auch nicht in der vorgegebenen Reihenfolge bearbeitet werden. Der Unterricht kann dadurch flexibler auf die Situation in der jeweiligen Klasse abgestimmt werden.

Fast jede Seite gibt Anregungen zu Aktivitäten, die gemeinsam im Unterricht durchgeführt werden können, teilweise in Form kleiner Projekte, z.B. eine Hörgeschichte malen und vertonen, Experimente mit Luft ausführen, eine Dinoausstellung anlegen, ein gemeinsames Klassenfrühstück gestalten oder einen grundlegenden Erste-Hilfe-Kurs anbieten. Andere Seiten zeigen auch Aktivitäten, die von einzelnen Kindern nachgestaltet werden können, z.B. Rätsel sammeln, Großeltern befragen, ein Frühlingstagebuch anlegen.

Texte und Bilder bieten eine Vielzahl von Erzähl-, Sprech- und Schreibanlässen, die die Sprachentwicklung fördern. Durch gezielte Impulse werden die Kinder angeleitet sich mündlich und schriftlich mit den Texten auseinanderzusetzen. Dabei sind die Schreibaufgaben so gestaltet, dass sie von den Kindern im Sinne des individualisierenden Lernens durchaus auf verschiedenen Ebenen bearbeitet werden können, d.h. die Kinder können ein Bild malen, einzelne (anfangs meist noch unvollständige) Wörter dazu aufschreiben und mit steigender Schreibkompetenz zu Sätzen und schließlich zu kurzen Geschichten übergehen.

Es wird auch Wert auf die Arbeit mit verschiedenen Textsorten gelegt. So sollen die Kinder z.B. Wörter zu einem Bild schreiben, Wichtiges notieren, Rätsellösungen aufschreiben, Wörter zu einem Sachgebiet sammeln, einen Brief verfassen, zu einer Bildergeschichte schreiben, eigene Ideen schriftlich fixieren, sich den Fortgang einer Geschichte ausdenken und zu Papier bringen. In den Lehrermaterialien sind Gestaltungsideen und Vorschläge für die Veröffentlichung der Schreibergebnisse festgehalten (s. S. 63 f.).

Da die Kinder bei ihren eigenen Schreibversuchen erfahren, dass Schreiben immer ein „Codieren" von Sinnhaftem ist, werden sie relativ rasch und mit Interesse an die nun immer umfangreicheren Lesetexte herangehen. Diese umfassen möglichst viele Bereiche aus der komplexer werdenden Welt der Schulanfänger und erreichen somit, dass die Kinder das Lesen als interessant und für sie wichtig erfahren. Darüber hinaus erfolgt die Auseinandersetzung mit den Inhalten auf vielen sprachlichen Ebenen.

Folgende Bereiche belegen exemplarisch die Vielzahl der Textinhalte und Textsorten:
- Meine Familie und ich
- Anbahnung des Zeitgefühls (Vergangenheit und Zukunft)
- Computer und neue Medien
- Naturwissenschaften und Sachthemen
- Sinneserfahrungen
- Texte aus Fantasie und Vorstellung
- Texte zum sozialen Lernen, zur Stärkung der Selbsteinschätzung und des Selbstbewusstseins
- Interkulturelles Lernen
- Texte aus der Kinderliteratur
- Poesie
- Rätsel und Märchen
- Von Kindern geschriebene Texte
- Begegnung mit Fremdsprachen

In dem nachgestellten Jahreszeitenteil werden Texte und Schreibanlässe angeboten, die jeweils zum richtigen Zeitpunkt eingesetzt werden können. Auch sie zeigen eine Progression mit dem Ablauf des Schuljahres und bieten Sprech-, Schreib- und Gestaltungsideen.
Die Fibel bietet viele Möglichkeiten für fächerübergreifendes Arbeiten.
So sind zu folgenden Bereichen des Sachunterrichts Texte vorhanden, die teilweise auch Anregungen für weiterführende Aktivitäten beinhalten:

Ich und meine Erfahrungen

Zeit erleben – Zeit erfahren
- Geburtstagskalender (S. 10)
- Wenn ich groß bin (S. 28)

Sinnesleistungen
- Hörgeschichten (S. 12)
- Was kommt denn da? (S. 14)
- Schau genau (S. 18)
- Wir frühstücken gemeinsam (S. 16)

Wünsche und Bedürfnisse

Spiele aus anderen Ländern
- Beş taş (S. 68)

Spiele im Wandel der Zeit
- Als Oma klein war (S. 30)

Technisches Spielzeug
- Was geschieht auf der Baustelle? (S. 92)

Zusammenleben

Schule – eine neue Gemeinschaft
- Wir frühstücken gemeinsam (S. 16)

Lebensgemeinschaft Familie
- Das war schön (S. 26)
- Das Ober-Nerv-Geschwist (S. 86)
- Liebe Mama (S. 122)

Leben mit der Natur

Tiere der Wiese
- Marienkäfer (S. 80)

Orientierung in Zeit und Raum

Tageslauf
- In Deutschland ist es 8 Uhr (S. 56)

Tag und Nacht
- Was ist denn das? (S. 14/15)
- Gute Nacht (S. 8)
- Bastelanleitung für eine Sonnenuhr (S. 61)

Jahreslauf (Feste und Brauchtum)
- Rate mal (S. 106)
- Sankt Martin (S. 108)
- Advent (S. 110)
- Weihnachten (S. 112)
- Frühlingstagebuch (S. 118)
- Ostern (S. 120)
- Sommer (S. 124)

Die Fibel beinhaltet viele Anregungen zur Einbeziehung des gesamten musischen Bereichs:

Musik

Singen und Sprechen
- Abzählverse (S. 18)
- Lieder: „Wir sagen euch an ..." (S. 110) und „Seht die gute Zeit" (S. 113)

Improvisieren und Gestalten
- Hörgeschichten (S. 12)
- Entwischt (S. 17)
- Kastanien (S. 107)
- Im Geisterschloss (S. 42)

Kunst

Ich entdecke mich selbst – andere entdecken mich
- Geburtstagskalender (S. 10)
- Und was kannst du? (S. 52)

Welt der Kunst
- Bildbetrachtung Miró „Karneval der Harlekine" (S. 116)

Werken / Textiles Gestalten

Gestalten mit Naturmaterial
- Rate mal (S. 106)

Gestalten mit textilem Material
- So kannst du ein Gespenst basteln (S. 43)

Nicht zuletzt bietet die Fibel „Start frei" eine abwechslungsreiche Gestaltung. Neben den Originalbildern aus Kinderbüchern (Hinführung zur Kinderliteratur) regen die kreativen und ungewöhnlichen Illustrationen mit vielen witzigen Details zum Entdecken und zum Gespräch an. Die Begleitfiguren Frosch und Ferkel kommentieren viele Inhalte auf ihre Weise oder geben ihnen durch eigenständige Handlungen eine neue Wendung.

MEIN BUCHSTABENHEFT

Das Buchstabenheft bietet einen systematisch aufgebauten Lehrgang zur Laut/Buchstabenanalyse und Synthese sowie zum Erwerb wichtiger Strategien für den Umgang mit der Schriftsprache. Dies ist Grundlage für den weiterführenden Deutschunterricht. Besonders für Lehrkräfte mit noch geringer Erfahrung im entwicklungsorientierten Unterricht zum Schriftspracherwerb bietet das Arbeitsheft die Sicherheit alle Lernziele abzudecken. Integriert sind sowohl Übungen zur genauen Formerfassung und Schreibung der Buchstaben als auch Übungen, die Wissen im Bereich der Rechtschreibung und Sprachlehre anbahnen.
Die Arbeit mit dem Buchstabenheft verläuft als eigenständiger Lehrgang parallel zur Arbeit mit der Fibel und mit dem Wörter- und Geschichtenheft. So wird auf zwei Ebenen vorgegangen: Offenheit und Kreativität in der Fibel und im Wörter- und Geschichtenheft - klare eindeutige Strukturen im Buchstabenheft. Nach den Beobachtungen aus der Kreativitätsentwicklung fördert dieses Zusammenspiel flexibles Denken in besonderem Maße.

Der Aufbau des Buchstabenheftes strukturiert sich nach folgenden Gesichtspunkten:

- In einem Vorkurs lernen die Kinder die Schreibrichtung kennen und erfahren, dass Zeichen Bedeutungsträger von Sprache sind.
- Die einzelnen Buchstaben (groß und klein), die den Kindern von der Anlauttabelle bekannt sind und die beim freien Schreiben auch verwendet werden, werden auf jeweils zwei Seiten geübt und gesichert. Die Übungen sind anfangs gleich aufgebaut, so dass die Kinder selbstständig damit arbeiten können. Außerdem bietet ein freier Raum die Möglichkeit zur persönlichen Ausgestaltung des Buchstabens.
- Grundlegend wichtige Übungsformen zur Sicherung der Buchstabenform sind das Nachspuren und das Schreiben in Zeilen, wobei für Linkshänder der Buchstabe am rechten Zeilenende noch einmal vorgegeben ist. Dazu kommen Übungen zum Wiedererkennen der Buchstabenform in Bildern, zum Hineinhören in die Wörter (akustische Analyse) und zum Erlesen von Wörtern und Texten aus bereits geübten Buchstaben (Synthese).
- Alle Lese- und Schreibübungen binden nur die bereits geübten Buchstaben ein. Die „Schreibwörter" gehören zum Gebrauchswortschatz der Kinder oder sie sind Strukturwörter der deutschen Sprache.
- Zuerst werden Silben und Wörter, dann Sätze und Texte erlesen. Dabei ist das sinnerfassende Lesen immer im Zentrum und wird durch verschiedene Übungen überprüft.
- Bei den Leseübungen wird das silbische Prinzip strikt beachtet, um Lesestrategien zu fördern. (Christa Röber-Siekmeyer: „Kinder gliedern Wörter zuerst in Silben".)
- Die Reihenfolge der Einführung der Buchstaben erfolgt im Wesentlichen nach der Lautqualität und der Häufigkeit des Vorkommens, ähnlich klingende Buchstaben werden zeitlich getrennt.
- Die Übungen variieren und sind graphisch motivierend gestaltet. Einmal eingeführte Übungsformen wiederholen sich, um den Kindern die wichtigen Strukturen der Schriftsprache bewusst zu machen und um ihnen ein selbstständiges Arbeiten zu ermöglichen. Klare Piktogramme erleichtern den Kindern das Verständnis der Aufgabenstellung, noch bevor sie die Arbeitsanweisungen lesen können.
- Der Lernfortschritt wird durch die Markierung der bereits geübten Buchstaben in der ABC-Leiste auf jeder Seite visualisiert. Die bekannten Buchstaben werden so auch wiederholt.
- Zu jedem Buchstaben gibt es einen Reim, an dem durch Nachspuren die optische Analyse geübt werden kann. Er dient auch der Sprechübung, kann selbst gelesen oder vorgelesen werden.
- Viele Übungen fördern die phonologische Bewusstheit, indem Reimwörter gefunden und aufgeschrieben werden, Minimalpaare erkannt werden müssen, kurze und lange Vokale abgehört und ähnlich klingende Buchstaben unterschieden werden.

- Auf den Profiseiten können die Kinder bereits Gelerntes wiederholen und sichern und in neuen Zusammenhängen anwenden.
- Die Rechtschreibung wird vorbereitet u. a. durch das Zusammensetzen von vorgegebenen Buchstaben zu Wörtern, durch richtiges Abschreiben, durch Übungen zu Umlauten, durch das Verlängern von Wörtern bei der Auslautverhärtung, durch das Arbeiten mit Signalgruppen und Wortbausteinen (-er, -el, -en) und durch das Erfassen von Wortgrenzen.
- Auch die Sprachbetrachtung wird angebahnt. Die Kinder lernen Tunwörter, Namenwörter und ihre Begleiter sowie Satzzeichen kennen.
- Die Kinder lernen fachspezifische Arbeitstechniken kennen, wie Ankreuzen, Einkreisen, Verbinden, Abtrennen, Ausmalen, Malen, Nachspuren, Ausschneiden und Aufkleben.

MEIN WÖRTER- UND GESCHICHTENHEFT

Dieses Arbeitsheft führt die Konzeption des schreiborientierten Ansatzes konsequent durch. Es ergänzt die Arbeit mit der Fibel und regt zur kreativen Auseinandersetzung mit den Fibeltexten an. Kindgerechte, abwechslungsreiche Schreibanregungen und ansprechend gestaltete Vorlagen motivieren die Kinder, selbst schriftlich tätig zu werden und ihre eigenen Ideen zu Papier zu bringen. Die Freude am Verfassen von Texten soll geweckt und erhalten werden.

Unterschiedliche Textsorten bei der Bearbeitung der Schreibaufgaben geben einen ersten Eindruck über die Vielfältigkeit der Schriftsprache. So werden zunächst markante Wörter notiert, später Sätze und kleine Geschichten aufgeschrieben, Wörter in Sinnzusammenhängen geordnet (Weltraumwörter), eine Geschichte in einem anderen Zusammenhang geschrieben (Immer weiter weg), Fantasiegeschichten geschrieben (Geisterstunde, Hexenküche, Joschi Tintenkatz), ein Text zu einem Bild geschrieben und Nachrichten übermittelt (Kinder unserer Welt, Welche Nachricht wird hier weitergegeben?), eine Postkarte / ein Brief verfasst (Der Liebesbrief), ein Fotoalbum beschriftet (Was passiert beim Fußballspiel?), eine Spielanleitung überlegt (Ein Würfelspiel), eine Bildergeschichte aufgeschrieben (Ein neues Abenteuer), eine Geschichte weitergeführt (Isabella Blubberbauch), etwas genau beschrieben (Wer ist der Dieb?), eine Geschichte geordnet und nacherzählt (Rumpelstilzchen) oder ein Gedicht nach Vorbild gestaltet (Spatzensommer). Durch vielfältige Bildanregungen wird der kreative und gestalterische Umgang mit Sprache ermöglicht. Mit der Steigerung des Schwierigkeitsgrades und des Umfanges der Schreibaufgaben wird auch der Lernzuwachs deutlich. Alle Schreibaufgaben lassen Raum zur Differenzierung.

Der Schwerpunkt dieses Arbeitsheftes liegt darin, die Kinder von Anfang an zu ermuntern, Wörter und Texte aufzuschreiben, sie diese neue und komplexe Tätigkeit des Schreibens als etwas Wichtiges, Lustvolles erleben zu lassen und ihnen dabei zu helfen, sich einen neuen Zugang zur Sprache zu erobern. (Manfred Wespel: Die Texte der Kinder wachsen in dem Maße, in dem wir ihnen Zeit und Gelegenheit geben, ihre Textbildungsfähigkeit zu entwickeln.)

Das Arbeitsheft beginnt mit bereits Vertrautem, dem Schreiben des eigenen Namens. Anschließend wird die Strategie des Verschriftens mit lauttreuen Wörtern geübt. So trainieren die Kinder die Technik des Abhörens und Aufschreibens und das Schreiben in Sinnzusammenhängen. Wenn die Strategie und der Umgang mit der Anlauttabelle den Kindern vertraut ist, werden sie sich ohne Versagensangst an Schreibversuche heranwagen. Manche Kinder werden anfangs nur einzelne Buchstaben notieren, andere werden Wortfragmente schreiben und einigen gelingt es vielleicht schon, vollständige oder sogar rechtschriftlich richtige Wörter und Sätze aufzuschreiben. Dies gibt Aufschluss über den Entwicklungsstand des einzelnen Kindes und ermöglicht somit eine gezielte Förderung. Fehler und Unvollkommenheiten werden bewusst zugelassen und nicht kleinschrittig korrigiert.

Um den Kindern den ersten Umgang mit Schrift zu erleichtern, wurde zunächst darauf geachtet möglichst lauttreues Wortmaterial anzubieten. Bei der Anstrengung des Schreibens soll den Kindern in der äußeren Form Hilfe und Entlastung angeboten werden, indem statt der Schreibzeilen Schreibräume verwendet werden. Diese lassen Ergebnisse in unterschiedlichen Ausführungen und Umfang zu.

Nach und nach entsteht für jedes Kind ein eigenes Wörter- und Geschichtenheft, bei dem es seinen eigenen Lernfortschritt wahrnehmen und sein Können wachsen sehen kann.

SPIELE ZUM SCHRIFT-SPRACHERWERB

Die Materialien sind gedacht für den Einsatz während freier Arbeitsphasen oder in der Stationen- und Wochenplanarbeit. Sie ermöglichen Üben auf verschiedenen Ebenen des Schriftspracherwerbs und sind sowohl zur Forderung leistungsstarker Schüler als auch zur Förderung leistungsschwacher einzusetzen. Die meisten Spielideen sind als Partner- oder Gruppenspiele durchzuführen, viele auch in Einzelarbeit. Größtenteils ist die Möglichkeit zur Selbstkontrolle vorgegeben, andernfalls erfolgt die Kontrolle durch die Spielpartner.

Die Spielmaterialien sind weitgehend vorbereitet, mit wenigen Handgriffen können sie einsatzbereit gemacht werden. Die Rückseite des Spielmaterials ist so gestaltet, dass rasch eine Zuordnung getroffen werden kann: Spiele, die sich auf das Kennenlernen der Anlauttabelle und der darin verwendeten Begriffe und deren Anlaute beziehen, sind auf der Rückseite blau eingefärbt; Spiele mit umfangreicherem Wortmaterial und mit erweiterten Aufgaben haben eine orangerote Rückseite. Bei leicht zu verwechselnden Kartensätzen ermöglichen die Vignetten von Frosch und Ferkel ein schnelles Sortieren.

Den Spielmaterialien liegt eine ausführliche Anleitung bei, die deren didaktischen Ort und die Spielregeln erläutert. Zum größten Teil wurden bekannte Spiel- und Arbeitsformen verwendet: Memory, Lotto, Domino, Angelspiel und Würfelspiele mit Ereignis- und Aufgabenkarten. So können die Spiele ohne zeitraubende Erklärungen eingesetzt werden. Viele Materialien sind durch Austausch oder andere Zusammenstellung auf verschiedenen Übungsstufen einsetzbar. Bei den meisten Spielen sind auch Differenzierungsmöglichkeiten angegeben, d.h. leistungsstarke Schüler können mit den vorhandenen Materialien noch einmal gezielt gefordert werden.

Die Spiele bieten abwechslungsreiche und motivierende Übungsmöglichkeiten auf folgenden Stufen des Schriftspracherwerbs:

- Üben und Sichern der Begriffe und der dazugehörigen Anlaute aus der Anlauttabelle
- Zuordnen von Anlauten zu bildlich dargestellten Begriffen
- Erkennen gleicher Anlaute bei verschiedenen Begriffen
- Feststellen der Lautanzahl bei lautgetreuen Wörtern
- Gliedern von Wörtern in Silben
- Erkennen von Reimwörtern
- Zuordnen von Wort und Bild
- Lesen von Wörtern
- Sinnvolles Ergänzen angefangener Sätze
- Lesen von Sätzen und Ausführen der darin vorgegebenen Handlungen

Der Einsatz der Materialien ist eine weitere Möglichkeit jedem Schüler seinen individuellen Lernweg im Schriftspracherwerb zu ermöglichen und diesen anregend zu gestalten.

HANDPUPPEN FROSCH UND FERKEL

Mit den Handpuppen Frosch und Ferkel, die den Kindern von der Fibel bekannt sind, kann der Unterricht lebendiger gestaltet werden. Handpuppen regen zum Nachspielen von Dialogen an und unterstützen durch den spielerischen Umgang das freie Sprechen und das Sozialverhalten der Kinder. Die Erfahrung zeigt, dass auch gehemmten Kindern oder Kindern mit sprachlichen Defiziten das Sprechen mit Handpuppen leichter fällt. So können sich viele Sprechanlässe ergeben, die in Schreibanlässe umgesetzt werden können.

DIE SCHREIBENTWICKLUNG BEI KINDERN

Zum Entwicklungsverlauf im Schriftspracherwerb liegen mehrere Untersuchungen vor. Wir haben uns bei unserer Arbeit an dem Modell orientiert, das vom Nürnberger Institut für Grundschulforschung entwickelt wurde.

Im folgenden werden nun die einzelnen Entwicklungsstufen kurz beschrieben (vgl. das noch unveröffentlichte Beobachtungsinventar von E.-M. Kirschhock/ S. Martschinke). An den Verschriftungen von Nora und Kian sollen exemplarisch die Entwicklungsverläufe zweier Kinder während der ersten beiden Schuljahre aufgezeigt werden.

Alle Kinder durchlaufen alle aufgezeigten Entwicklungsstufen, jedes in seinem individuellen Tempo. Schon bei Schuleintritt können Schüler sich in den Entwicklungsstufen 1 bis 4 befinden. Um sie gezielt fördern zu können, ist eine genaue Kenntnis dieser Stufen und eine Diagnose unverzichtbar.

0. Präliteral-symbolische Stufe

In dieser Phase ahmt das Kind äußere Verhaltensweisen des Schreibers nach.
Es zeichnet Striche und gibt diesen eine Bedeutung.
Bei der Einschulung sollten die Kinder diese Stufe schon abgeschlossen haben.

1. Logographemische Stufe

Das Kind malt Wörter ab. Am wichtigsten ist dabei der eigene Name.
Die Zuordnung eines Lautes zu einem Buchstaben ist ihm dabei noch nicht bewusst.
In dieser Stufe befinden sich viele Schüler bei der Einschulung.

2. Alphabetische Stufe - *Beginnende alphabetische Strategie*

Das Kind schreibt für die Wörter einen Laut auf und „markiert" das Wort damit.
Dieser Laut ist oft der Anlaut, kann aber auch ein prägnanter Laut im Wort oder der Endlaut sein.

Das Kind entdeckt erstmals den Zusammenhang zwischen gesprochener und geschriebener Sprache.

3. Alphabetische Stufe - *Teilweise entfaltete alphabetische Strategie*

Das Kind schreibt nun für jede Silbe mindestens einen Buchstaben und „markiert" die Sprechsilben mit (mindestens) einem Laut. Dadurch entsteht ein „Wortskelett". (vgl. die Bezeichnung „Skelettschrift")

Zum Erntedankfest Anfang Oktober befinden sich beide Schüler auf dieser Stufe.
Sie verschriften Bilder von Obst und Gemüse.

Kian *Zwiebel*

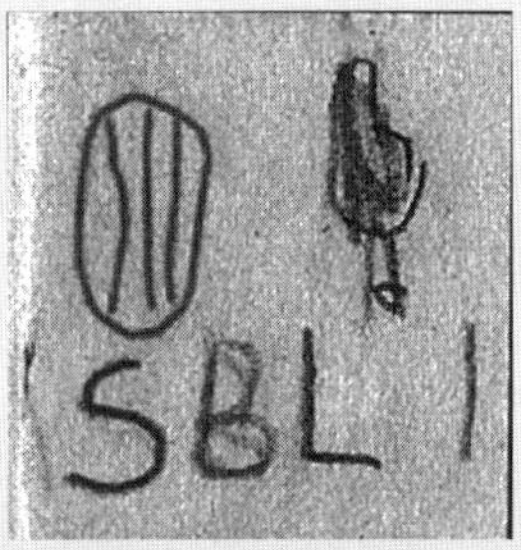

Nora *Pfirsich*

Im Dezember verschriftet Kian immer noch auf dieser Stufe:

Lieber Felix, danke für die Schokolade.

Noras Brief ist schon in die nächste Stufe einzuordnen.

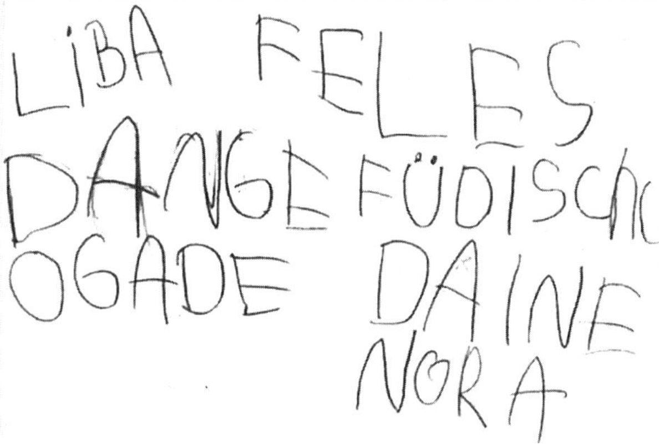

Lieber Felix, danke für die Schokolade. Deine Nora.

4. Alphabetische Stufe - *Weitgehend entfaltete alphabetische Strategie*

Das Kind hört nun fast alle Laute und schreibt sie auf.

Beide Schüler befinden sich im März auf dieser, z. T. auch schon auf der nächsten Stufe. Über Elefanten schreiben sie Folgendes auf:

Kian

Der Elefant
isst.
Der schläft.*
Der Elefant*
hat Stoßzähne.

Der Elefant*
duscht sich.
Ich habe einen Elefanten
gesehen.
Der Elefant geht spazieren.

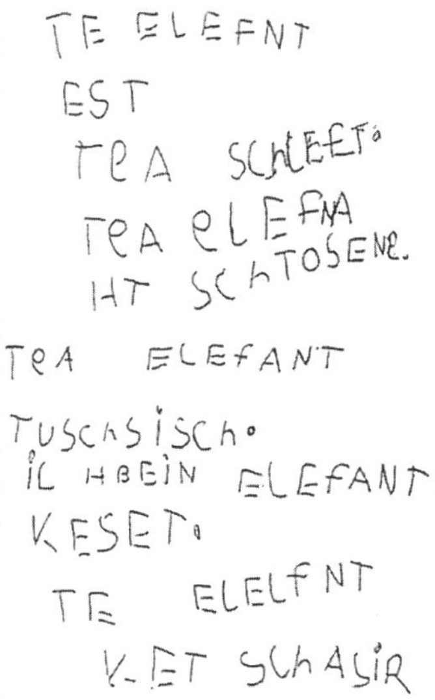

Nora

Ich
habe
einen
Elefanten
gesehen,
aber
im
Fernsehen,
und der
isst Erdnüsse.

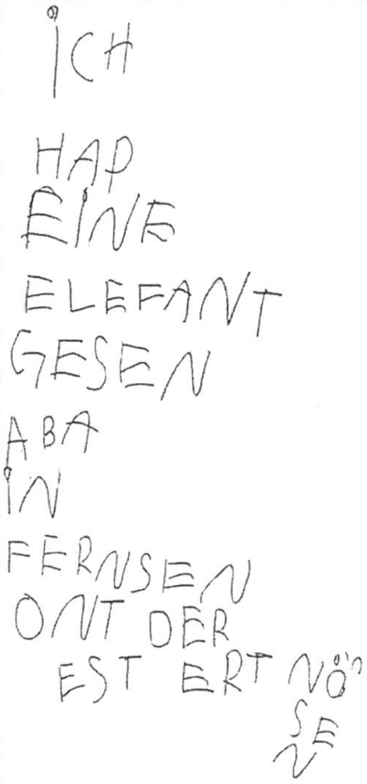

*voll entfaltete alphabetische Strategie

5. Alphabetische Stufe - *Voll entfaltete alphabetische Strategie*

Das Kind hört den Lautstrom der eigenen Artikulation ganz genau ab und zergliedert ihn zum Teil in noch genauere Einheiten als das unseren Phonemen entspricht.

6. Orthographische Stufe - *Beginnende orthographische Strategie*

Das Kind verwendet einzelne orthographische Elemente (Wortbausteine) und zeigt erste Versuche, orthographische Regeln zu erfassen.

Am Ende des 1. Schuljahres schreiben beide Kinder einzelne Wörter aus ihren Geschichten auf dieser Stufe, andere aber schon auf der nächsten.

Kian

Der Mann sticht den Elefanten in den Popo.*

Der Elefant saugt Wasser.*

Der Elefant spritzt ihn voll.

Der Elefant lacht. Der Mann ist böse.*

Nora

Der Mann hat den Elefanten mit dem Regenschirm geärgert.*

Der Elefant trinkt Wasser.*

Der Elefant spritzt ihn voll*.*
Und jetzt ist er nass.

*teilweise entfaltete orthographische Strategie

7. Orthographische Stufe - *Teilweise entfaltete orthographische Strategie*

Bei einzelnen Wörtern wendet das Kind orthographische Elemente und Regeln richtig an.

Gegen Ende der 2. Klasse verschriften beide Schüler ihre Geschichten teilweise in dieser Stufe, zum Teil auch schon in der nächsten.

Kian

Drachenrezept
*Dazu braucht man**
5 Kröteneier, 6 Pfauenfedern,
9 Grünlilienblätter,
66 Eier, 10 große Enten,*
1 Osterei und Blumen,
und dann umrühren,
3 Stunden kochen und dann
ist die Suppe fertig, und
*wenn der Drache frisst, kann**
er fünfmal mehr speien.

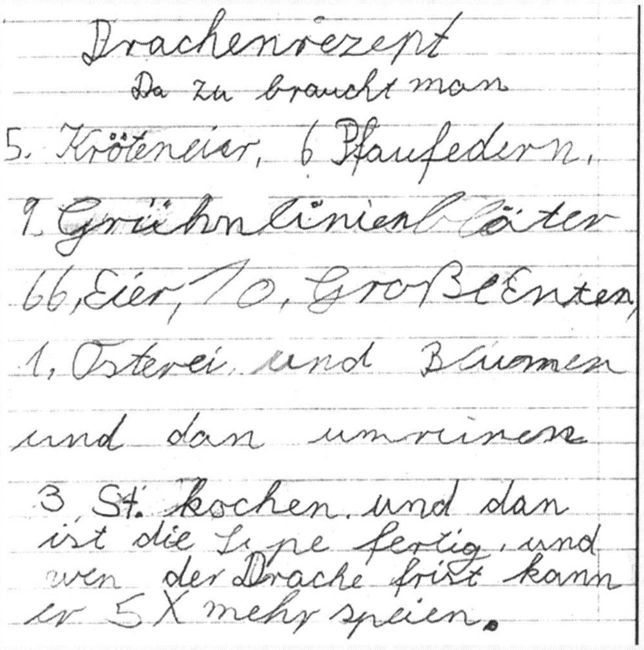
Drachenrezept
Da zu braucht man
5. Kröteneier, 6 Pfaufedern,
9. Grühnlinienblätter
66, Eier, 10. GroßeEnten,
1, Osterei und Bluomen
und dan umriren
3 St. kochen und dan
ist die Supe fertig, und
wen der Drache frist kann
er 5X mehr speien.

Nora

Drachenrezept
Man muss zuerst
ein Ei, ein Stück Zucker und 200 Gramm Milch*
und dann rühren und nochmal 100 Gramm Milch,*
100 Gramm Mehl , 300 Gramm Salz.
*Karotten klein schneiden und dann**
nochmal rühren und dann einen*
Strohhalm und dann trinken.
Es hat ihm geschmeckt. Er wollte fast
noch eins, aber er hatte Bauchweh.*
Ende.

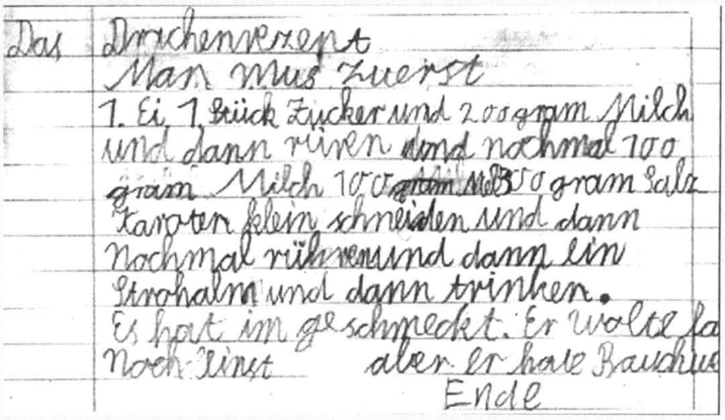
Das Drachenrezept
Man mus zuerst
1. Ei, 1 Stück Zucker und 200gram Milch
und dann rüren und nochmal 100
gram Milch 100 [illegible] 300 gram Salz
Karoten klein schneiden und dann
Nochmal rühren und dann ein
Strohalm und dann trinken.
Es hat im geschmeckt. Er wolte fa
Noch eins aber er hate Bauchw
Ende

*weitgehend entfaltete orthographische Strategie

8. Orthographische Stufe – *Weitgehend entfaltete orthographische Strategie*

Das Kind schreibt gebräuchliche Wörter nun ohne großes Nachdenken richtig.

9. Orthographische Stufe – *Voll entfaltete orthographische Strategie*

Das Kind hat sich zum kompetenten Rechtschreiber entwickelt.

DIE LESEENTWICKLUNG BEI KINDERN

Wie lernt das Kind lesen?

Die Schüler erwerben beim Prozess des Verschriftens die Grundfertigkeiten der Analyse und der Synthese. Wenn das Wort Buchstabe für Buchstabe aufgeschrieben wird, muss man sich immer wieder vorsprechen, wie weit man mit dem Aufschreiben bereits gekommen ist. Dies birgt das Lesen schon in sich. Mühsame Leseübungen zum Wortaufbau entfallen. Es macht auch wenig Sinn, dass die Kinder Wörter vorlesen sollen, bevor sie das Zusammenschleifen von Lauten verstanden haben, selbst wenn sie alle Buchstaben eines Wortes bereits kennen.

Muss ich alle Kinder auf einen gemeinsamen Stand bringen?

Die Kinder lernen nicht im Gleichschritt. Jedes Kind lernt in seinem eigenen Entwicklungstempo lesen. Und – nicht alle Kinder lernen auf dieselbe Art und Weise lesen. Manche Kinder würde man selbst dann überfordern, wenn man von ihnen verlangen würde, dass sie Wörter aus bereits bekanntem Buchstabenmaterial vorlesen sollen, ohne den Vorgang der Synthese verstanden zu haben. Andere wären unterfordert, da sie vielleicht schon zu Schulanfang lesen konnten. Zähe gemeinsame Vorleseübungen sind also sinnlos. In der Fibel liest jedes Kind auf der besprochenen Seite das vor, wozu es bereits imstande ist. Das können schon ganze Sätze oder einfach nur erste Wörter sein, die vielleicht zudem noch aus dem Kontext erschlossen werden (antipizierendes Lesen).

Individuelle Leseübungen können während freier Arbeitsphasen mit Hilfe der Spiele stattfinden (Anlaute anklammern, Reimwörter-Domino, Raketenspiel (Silbenlesen), Lese-Memory, Weltraumspiel, Lesespiel mit Fragekarten).

Lernen die Kinder Lesen und Schreiben gleichzeitig?

Wörter aufschreiben und Wörter lesen sind zwei unterschiedliche Vorgänge, deren Entwicklung sich nicht gleichzeitig vollziehen muss.
Beim Aufschreiben von Wörtern müssen die Kinder die Lautfolge eines Wortes abhören und die Laute in Buchstaben umsetzen. Das setzt zunächst voraus, dass sie die Laute diskriminieren können und wissen, welcher Buchstabe zum Laut gehört. Dies geschieht durch den Umgang mit der Anlauttabelle. Beim Lesen hingegen setzt der umgekehrte Vorgang ein. Die Kinder müssen die geschriebene Sprache entschlüsseln und den Buchstaben Laute zuordnen und diese zu sinnvollen Wörtern verschmelzen.
Lesen und Schreiben entwickeln sich aus der Buchstaben- und Lautkenntnis und sind eng miteinander verbunden. Der Erwerb geschieht aber durch unterschiedliche Zugriffsweisen. Meistens liegt der Zeitpunkt des „Aha-Erlebnisses“ beim Erkennen der Synthese kurz nach dem Verstehen des Verschriftungsvorgangs. Man kann am Anfang nicht davon ausgehen, dass die Kinder ihre geschriebenen Wörter lesen können. Häufig lassen Kinder beim Verschriften am Anfang noch Buchstaben aus. Sicher ist aber, dass sich aus dem permanenten Üben der Synthese beim Aufschreiben von Wörtern das Zusammenlesen entwickelt.

Wann macht das Kind die ersten Synthetisierungsversuche?

Der Prozess des Zusammenschleifens von Lauten zu Wörtern vollzieht sich bei jedem Kind zu einem anderen Zeitpunkt. Deshalb sollte man auch jedem Kind seinen eigenen Lesestart zugestehen und Kinder, die sich noch schwer tun, nicht unter Druck setzen. Erfahrungsgemäß haben etwa 15 Wochen nach Schulbeginn die meisten Kinder das Zusammenlesen verstanden. Dann beginnt die Übung.
Einige unterstützende Lesestrategien entwickeln sich aus der Arbeit mit dem Ganzwort. Während der ersten Schulwochen mit dem Einsetzen der Laut-Buchstaben-Zuordnung beginnen die Kinder, Wörter sinngemäß zu erahnen. Das antizipierende Lesen ist ein wichtiger Schritt zum Zusammenlesen. Wenn beispielsweise in der Klasse über die Namen der Kinder gesprochen wird, sollen die Kinder die richtige Wortkarte mit dem Namen ihrer Mitschüler herausfinden. Mara und Muhammed sowie Lukas und Luisa oder Frank und Friederike fangen jeweils mit dem/den gleichen Buchstaben an. Kinder finden schnell heraus, dass Mara nicht Muhammed sein kann, da man nach dem „M“ ein „a“ und nicht ein „u“ hört. Luisa und Lukas fangen mit den ersten beiden Buchstaben gleich an, am Ende hört man aber bei Lukas ein „s“, bei Luisa ein „a“. Oder sie erkennen, dass der Name Friederike vier Silben hat und deshalb ein längeres Wort sein muss als Frank, das nur einsilbig ist.
Kinder erarbeiten sich Taktiken wie das Ausnützen von Sinnstützen. Die inhaltliche Vorwegnahme eines Themas erzeugt eine Leseerwartung, die das Lesen unterstützt. Durch die genaue Untersuchung des Wortes nach seinen Merkmalen werden die Kinder vom ratenden Lesen abgehalten.

Was kann ich von den Kindern verlangen?

Das Buchstabenheft ist so aufgebaut, dass jeder Buchstabe einzeln gefestigt wird und dass nur mit dem wirklich gesicherten Buchstabenmaterial geübt wird. Diese Seiten sollten von allen Kindern unabhängig von ihren Vorkenntnissen bearbeitet werden können. Hier wird der Vorgang der Synthese unterstützt, indem die Kinder den richtigen Wortanfang mit Sprechsilben herausfinden müssen. Sie lesen die erste Silbe eines Wortes und schließen dann auf das Wort. Die Gliederung eines Wortes in Silben erleichtert vielen Kindern das Lesen. Das Erkennen von Wortbausteinen ist ebenso eine Lesehilfe.

Beim Lesenlernen murmeln die Kinder lautierend vor sich hin. Deshalb geschehen erste Leseübungen immer unter einem gewissen Geräuschpegel. Das spätere stille Lesen ergibt sich daraus.
Wichtiger als das Vorlesen ist das sinnerfassende Lesen. Dazu werden im Buchstabenheft immer wieder Aufgaben zum Verbinden, Ausmalen oder Ankreuzen angeboten. Im Laufe der Leseentwicklung nutzen Kinder kleine Worteinheiten (Morpheme, Silben, mehrgliedrige Schriftzeichen) zum schnelleren Lesen. Auch dazu gibt es Übungen im Buchstabenheft.

Die Wörter und Texte in der Fibel sind nach Leseumfang und ansteigender Leseschwierigkeit aufgebaut. Es müssen aber nicht alle Texte von allen Kindern gelesen werden. Während gute Leser bereits einen Satz vorlesen, genügt es, wenn leseschwächere Kinder nur einzelne Wörter lesen. Wichtig ist, dass die Motivation Lesen lernen zu wollen erhalten bleibt. In der Fibel werden von Anfang an Lesetexte/Vorlesetexte für Kinder angeboten, die bereits lesen können.

Wie erkenne ich, wie weit die Leseentwicklung bereits fortgeschritten ist?

Wie beim Schreibenlernen gibt es auch zum Lesenlernen Entwicklungsmodelle, anhand derer man den Stand des einzelnen Kindes feststellen und es dann entsprechend fördern kann.
Das folgende Modell basiert auf einer noch nicht veröffentlichen Studie von Kirschhock/Martschinke.

0. Präliteral-symbolische Stufe

Die erste Stufe vollzieht sich bereits im Vorschulalter. Kinder tun so, als ob sie aus ihren Büchern vorlesen können. Die Worte sind entweder auswendig gelernt oder frei erfunden.

1. Logographemische Stufe

Bei der zweiten Stufe erkennen Kinder aufgrund visueller Merkmale einzelne prägnante Wörter wieder, wie zum Beispiel ihren Namen oder Schriftzüge aus der Werbung.
Auch diese Stufe wird normalerweise von den meisten Kindern kurz vor Schulbeginn erreicht.

2. Alphabetische Stufe

Beginnende alphabetische Strategie

In den ersten Schulwochen beginnen Kinder, Einsicht in den Laut-Buchstaben- Zusammenhang zu gewinnen, benennen Buchstabennamen und Laute und „lesen" Wörter, indem sie sich am Anfangsbuchstaben und am Kontext orientieren.

3. Alphabetische Stufe

Teilweise bzw. weitgehend entfaltete alphabetische Strategie

Danach beginnt die Synthese von Buchstaben, Kinder erlesen Wörter dehnend, das Sinnverständnis ist meist noch nicht gegeben.

4. Alphabetische Stufe

Voll entfaltete alphabetische Strategie

Während der nächsten Stufe beginnt das sinnentnehmende Lesen. Kinder vergleichen ihr „Leseprodukt" mit ihrem inneren Lexikon und erkennen meist durch die Wiederholung des Wortes die Bedeutung.

5. Orthographische Stufe

Beginnende orthographische Strategie

Schließlich nutzen die Kinder kleine Ganzwörter oder Wortbausteine, die sie bereits gespeichert haben. Die Sinnentnahme gelingt zügiger.

6. Orthographische Stufe

Weitgehend entfaltete orthographische Strategie

In der letzten Stufe gelingt automatisierendes Worterkennen sowie die Hypothesenbildung und das sinnerfassende Lesen in größeren Sinneinheiten.

Wann muss ich eingreifen?

Alle Kinder durchlaufen diese Stufen in unterschiedlicher Geschwindigkeit. Wenn man feststellt, dass ein Kind sehr lange auf einer Stufe verweilt, muss man mit unterstützenden Übungen eingreifen. Da aber jedes Kind eigene Strategien zum Lesenlernen entwickelt, gibt es keine Patentlösung. Lesefehler sind Verlesungen und somit Indikatoren für das Leseniveau. Durch den Lesefehler und eine eventuelle Verbesserung kann man den momentanen Lesestand des Kindes feststellen und der entsprechenden Stufe zuordnen sowie Fördermaßnahmen ergreifen.
Gut- und Schlecht-Lesende unterscheiden sich nicht durch die Anzahl der Verlesungen, sondern dadurch, wie sie mit ihren Fehlern umgehen.

Wie kann ich die Kinder richtig fördern?

Zunächst sollte sichergestellt sein, dass das Kind den Buchstaben die entsprechenden Laute zuordnen kann. Ist das nicht der Fall, so schließen sich zunächst verstärkt Übungen zur Buchstabenkenntnis mit Hilfe der Anlauttabelle oder andere optische Hilfen (z.B. mit Lautgebärden) an. Dann kann die Arbeit an einfachen lauttreuen Wörtern fortgesetzt werden. Dabei sollte eine Konsonantenhäufung möglichst vermieden werden. Da Kinder beim Zusammenschleifen längerer Wörter oft den Anfang bereits wieder vergessen haben, hilft es manchem Kind mit Silben zu arbeiten. Zwei- bis dreisilbige Wörter, deren Silben nur aus Konsonant und Vokal bestehen, bieten sich an (z.B. O – MA, MA – MA, SO – FA, MO – FA, BA – NA – NE, RA – KE – TE, ...) Dazu sind verschiedene Übungen im Buchstabenheft (z.B. auf den Seiten 18, 24, 28, 30, ...) zu finden. Diese Stufe ist sehr entscheidend und erfordert für Lehrer und Eltern Zeit und Geduld. Bis zum Zwischenzeugnis sollten Kinder zumindest einfache Wortbausteine zusammenlesen können.
Manchmal helfen Kindern auch schrittweise Wortaufbauübungen, z.B. S – SA – SAL – SALA – SALAT (Mein Buchstabenheft S. 38). Man muss bei Kindern, die Probleme haben, verschiedene Möglichkeiten ausprobieren, um den richtigen Lernweg für das einzelne Kind zu finden. Oft aber benötigt man nur etwas mehr Geduld.
Danach beginnt das eigentliche Üben. Sobald die Kinder die Synthese verstanden haben, müssen tägliche Leseübungen folgen. Zunächst werden einfache Wörter und kleine Sätze gelesen, die möglichst nach dem gleichen Muster aufgebaut sind, z.B. Tim malt. Lea malt. Selim malt. (Fibel S. 12, Mein Buchstabenheft S. 34)
Es folgen Arbeitsanweisungen zum sinnerfassenden Lesen. (Male ... rot an, ...) Kinder beantworten Fragen, z.B. Was ist nass? Kreuze an: Wanne, Windel, Sonne, ... (Mein Buchstabenheft S. 26, 36, 37, ...) und längere Sätze.
Übungen zum Erfassen kleiner Worteinheiten fördern die Lesegeschwindigkeit, z.B.: Kreise „ein“ ein: sein, fein, allein, deine,... (Mein Buchstabenheft S. 25, 29, 33, 39, 40, ...)
Hat ein Kind Probleme mit Konsonantenhäufungen zum Beispiel am Wortanfang, dann können Übungen mit Minimalpaaren helfen. (rot – Brot, Rand – Strand, ...)

Schließlich automatisieren sich manche Wörter aus dem Gebrauchswortschatz (Blitzleseübungen unterstützen die Automatisierung) und ein flüssiges, sinnentnehmendes Lesen wird erreicht. Die Fibel bietet verschiedene motivierende Lesetexte unterschiedlicher Gattungen.

Auf den folgenden Seiten werden Bausteine angeboten, nach deren Muster Sie selbst Übungen zur Überprüfung des Entwicklungsstandes im Lesen erstellen können.

- Die Bausteine können Sie sich selbst zusammenstellen.
- Um die Kinder nicht zu überfordern, sollten maximal drei Bausteine kombiniert werden. Oft genügt es auch nur einen Baustein zu verwenden.
- Die Bausteine sind von 1 – 19 durchnummeriert – mit steigender Schwierigkeit.
- Alle Übungen sind Anregungen und können durch anderes Bildmaterial oder andere Wörter / Sätze erweitert oder verändert werden.
- Manche Aufgaben sind untergliedert (Bausteine 15, 16, 17, 19). Um zu vermeiden, dass Kinder voneinander abschauen, kann man den Kindern unterschiedliche Texte gleichen Schwierigkeitsgrades anbieten.
- Unterstützt durch Piktogramme, mit denen die Kinder aus dem Buchstabenheft vertraut sind, können die Kinder ohne lange Erklärungen gleich mit der Aufgabe beginnen.
- Die Ergebnisse werden in die beigefügte Tabelle (s.S. 33) eingetragen.

1.

Verbinde den Anfangsbuchstaben mit dem passenden Bild.

S U F E D M R

2.

Verbinde Buchstaben und Bild richtig.

K S A Au B Sp Eu St

3.

Verbinde jeweils den großen mit dem kleinen Buchstaben.

H

L E M D

T

l e W N n

d

w h m t

4.

Was passt? Spure nach.

Ta / To 

Li / Lu 

Sa / So 

5.

Welches Ende passt? Spure nach.

 t / l

 to / ta

 mer / mel

6.

Spure den richtigen Anfangslaut nach.

R / F ose

W / M aus

A / E meise

7.

Spure den richtigen Endbuchstaben nach.

Ese l / t

Sof a / o

Nam i / e

Lim a / o

Din i / o

Anana s / b

8.

Lies die Wörter und ordne sie den Bildern zu.

I - gel			Eu - le
E - sel			Ha - se
Di - no			En - te
	Ro - bo - ter	Do - mi - no	

9.

Verbinde die Silben zu sinnvollen Wörtern.

a)

Au	gal	He	fel
Re	se	Vo	xe
Na	to	Wür	gel

b)

Ba	le	te
Mi	na	fon
Te	nu	ne

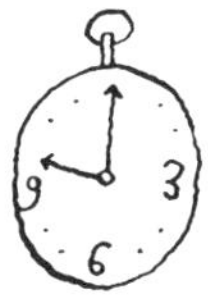

10.

Kreuze das richtige Wort an.

- ☐ Torta
- ☐ Tarte
- ☐ Torte

- ☐ Rome
- ☐ Rose
- ☐ Rosa

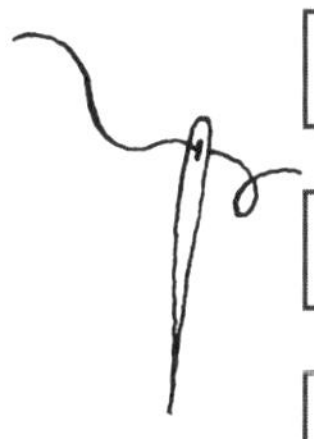

- ☐ Name
- ☐ Nudel
- ☐ Nadel

11. 

Ordne Wort und Bild richtig zu.

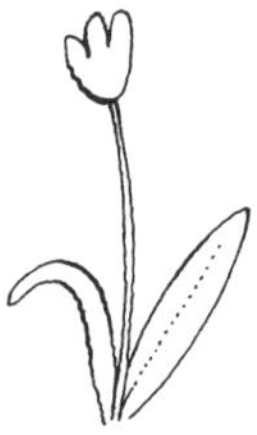

Hose

Regal

Mantel

Raupe

Hase

Banane

Blume

12. 

Lies und male.

Sonne

Auto

Baum

Fisch

Stern

Rakete

13.

Was kann rot sein? Kreuze an.

☐ Apfel	☐ Zelt	☐ Papagei
☐ Salat	☐ Zitrone	☐ Krokodil
☐ Stift	☐ Wolke	☐ Eisbär

14.

Kreuze die richtigen Sätze an.

Buchstabentag

Foto: Elisabeth Mitterwallner, München

☐ Wir feiern Buchstabentag.

☐ Ich sehe einen Pilz.

☐ Da sind drei Löffel.

☐ Neben dem Blatt ist ein Igel.

15. 

Lies und male das Bild fertig.

a) Die Kinder spielen mit dem Ball.
Peter hat einen roten Schal
und eine blaue Hose.
Unter dem Stein ist eine Schlange.
Die Maus ist auf dem Baum.

b) Lukas sitzt am Tisch.
Neben dem Teller sind
ein Messer und eine Gabel.
Es gibt Nudeln mit roter Soße.
In der Schüssel ist grüner Salat.

c) Ein Fisch ist ganz lila.
Ein Fisch ist gelb. Er hat grüne Punkte.
Ein Fisch hat schwarze und rote Streifen.
* Am Boden liegen fünf Muscheln.

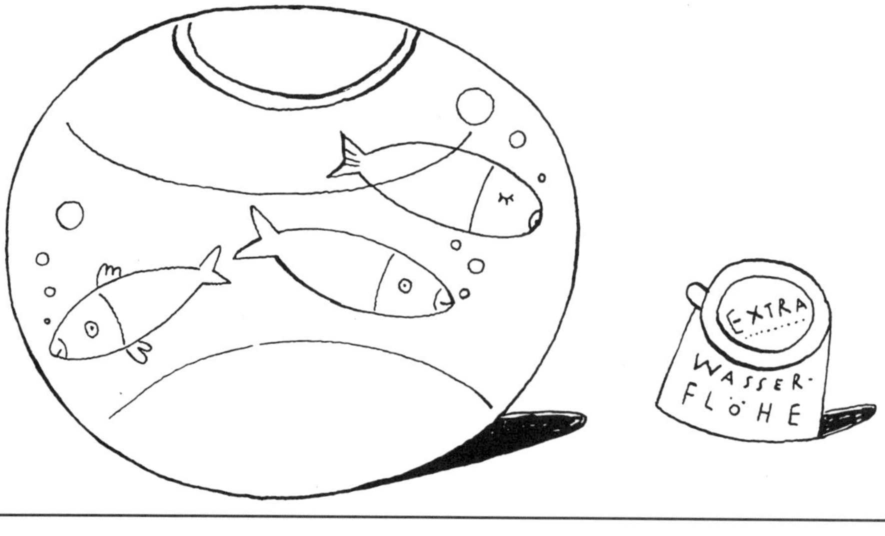

*** Zusatzaufgabe**

16.

Lies und male.

a) Male einen Baum.
Die Sonne scheint.
Drei Wolken sind
am Himmel.
Im Gras ist eine Maus.

b) Auf dem Spielplatz

Male einen Sandkasten.
Im Sandkasten sind ein Eimer und eine Schaufel.
Neben dem Sandkasten sind eine Schaukel
und eine Rutsche.

17.

Lies und kreuze die richtige Antwort an.

		ja	nein
a)	Ich bin ein Junge.		
	Ich bin ein Mädchen.		
	Ich bin 7 Jahre alt.		
	Ich habe blonde Haare.		
	Ich habe braune Haare.		
	Ich kann gut lesen.		
	Ich habe einen Bruder.		

		ja	nein
b)	Katzen jagen Mäuse.		
	Ein Elefant hat einen langen Rüssel.		
	Ein Hase kann bellen.		
	Die Giraffe ist rot und grün.		
	Delfine leben im Wasser.		
	Enten haben einen sehr langen Hals.		
	Affen fressen gerne Bananen.		

18.

Lies zuerst den Text und kreuze dann die richtigen Sätze an.

In der Schule

In der Klasse 2a sind 24 Kinder.
Die Lehrerin heißt Frau Fuchs.
Heute sind alle Kinder leise.
Frau Fuchs erzählt eine lustige Geschichte.
Dann schreiben die Kinder eine Geschichte ins rote Heft.
Das macht Spaß.

	ja	nein
Die Lehrerin heißt Frau Wolf.	☐	☐
In der Klasse 2a sind 24 Kinder.	☐	☐
Heute schreien alle Kinder ganz laut.	☐	☐
Die Geschichte ist lustig.	☐	☐
Die Kinder schreiben ins blaue Heft.	☐	☐
Geschichten schreiben macht Spaß.	☐	☐

19. 

Lies und löse das Rätsel. Male die Lösung.

a) Es ist ein Ding.
Es kann fliegen.
Es fliegt in den Weltraum.
Die Piloten heißen
Astronauten.

Es ist eine ______________________ .

b) Es ist ein Tier.
Das Tier hat ein Fell.
Es hat vier Beine.
Es hat einen langen Schwanz.
Es kann schnurren.
Man kann es streicheln.
Es kann in der Nacht
gut sehen.
Es frisst gerne Mäuse.

Es ist eine ______________________ .

UMGANG MIT FEHLERN UND DIAGNOSE

Im entwicklungsorientierten Unterricht zum Schriftspracherwerb steht die Freude am Schreiben im Vordergrund. Damit die Kinder diese lange behalten, ist es wichtig, dass ihre Verschriftungen stets gewürdigt und gelobt werden.

Wir erklären den Kindern (und auch den Eltern) am Anfang, dass es eine „Erwachsenen-“ oder „Bücherschrift“ gibt, die wichtig ist, um das Geschriebene besser lesen zu können. Da die Kinder das Schreiben erst lernen, schreiben sie in der „Kinderschrift“, die sich der Erwachsenenschrift immer mehr angleichen soll.
Auch Fragen der Kinder, ob sie so richtig geschrieben haben, beantworten wir dahingehend.

Die „Fehler“ der Kinder sind für uns ein wichtiges Instrument, um zu erkennen, in welcher Entwicklungsphase der jeweilige Schüler sich gerade befindet, und um ihn dann entsprechend fördern zu können.

Einige Fördermöglichkeiten sind hier aufgeführt:

Für Kinder in der Phase der beginnenden alphabetischen Strategie und der teilweise entfalteten alphabetischen Strategie

- Genaues Vorsprechen des Wortes mit entsprecheder Betonung eines Lautes
- „Spiele zum Schriftspracherwerb“: Anlautdomino, Lotto-Spiel, Angelspiel, Klammerkarten, Raketenspiel I
- Dem Kind einen Schreibpartner zuteilen, der ihm hilft

Für Kinder in der weitgehend entfalteten alphabetischen Strategie und voll entfalteten alphabetischen Strategie

- Die Stelle im Wort, an der ein Laut fehlt, mit einem Punkt markieren, damit das Kind sieht, wo es das Wort noch einmal abhören muss
- „Spiele zum Schriftspracherwerb“: Klammerkarten: Wie viele Laute?

Für Kinder in der beginnenden orthographischen Strategie

- Die Stelle im Wort, an der ein Wortbaustein oder ein Doppellaut falsch geschrieben ist, markieren. Das sollte nur bei den Buchstabenverbindungen gemacht werden, die schon im Unterricht besprochen und in „Mein Buchstabenheft“ bearbeitet wurden. (z.B. sp, st, -er,...)

Verschriftungen der Kinder im Heft und auf Arbeitsblättern bleiben unkorrigiert. (Ausgenommen natürlich die oben angeführten Verbesserungshilfen.) Auch in „Mein Wörter- und Geschichtenheft“ dürfen die Kinder „Fehler“ machen. Dagegen sind die Übungen in „Mein Buchstabenheft“ so aufeinander aufgebaut, dass die Kinder in der Lage sein sollten, alle rechtschriftlich korrekt zu bearbeiten. Hier sind Korrekturen erwünscht.

Geht es darum, Schreibideen zu veröffentlichen, sei es als Büchlein, sei es als Ausstellung, dann steht das Geschriebene rechtschriftlich richtig da. Wir begründen das für die Schüler mit der besseren Lesbarkeit. Außerdem erreichen wir damit, dass der Fokus des (erwachsenen) Lesers auf den Inhalt des Geschriebenen gelenkt wird und nicht an der äußeren Form hängen bleibt.
Es gibt mehrere Möglichkeiten zur Korrektur. Wir vermeiden es, direkt in das Geschriebene hineinzukorrigieren, weil einige Kinder dann sehr schnell den Mut verlieren würden etwas aufzuschreiben. Besser erscheint uns das Geschriebene noch einmal vollständig darunter zu schreiben. Noch deutlicher lesbar werden die Geschichten als Computer-Ausdruck, der zum Entwurf geklebt wird. Der Arbeitsaufwand ist nicht so groß, weil die Kinder am Anfang noch nicht so viel schreiben. Gegen Ende des Schuljahr ist es für die meisten Kinder sehr motivierend, wenn sie eine Geschichte (nicht alles, was sie schreiben) selbst in den Computer tippen dürfen.
Mit den beigefügten Beobachtungs- und Diagnosebögen (s. S. 32 und 33) kann der Lehrer den Lernstand und die Fortschritte beim Schreiben und Lesen dokumentieren. Pro Kind ist ein Bogen zu kopieren. Unter der Datumsangabe können die beobachteten Leistungen angekreuzt werden.

Beobachtungs- und Diagnosebogen zum Schreiben

NAME: **KLASSE**

DAS KIND KANN ...

	Datum:							
In der Stufe der beginnenden alphabetischen Strategie:								
Die Laute auf der Anlauttabelle richtig benennen								
Den Anfangslaut in einem Wort hören								
Einen Laut auf der Anlauttabelle finden und ihn dann schreiben								
In der Stufe der teilweise entfalteten alphabetischen Strategie:								
Mehrere Laute in einem Wort hören und schreiben								
In der Stufe der weitgehend entfalteten alphabetischen Strategie:								
Fast alle Konsonanten in einem Wort hören und schreiben								
In der Stufe der voll entfalteten alphabetischen Strategie:								
Ein Wort lauttreu schreiben								
Die richtige Reihenfolge der Laute einhalten								
Die Schreibrichtung einhalten								
Die Buchstaben richtig (nicht spiegelverkehrt) schreiben								
In der Stufe der beginnenden orthographischen Strategie:								
Manchmal Wortbausteine verwenden (-er, -el, -en, sp, st, ei, eu, au)								
Manchmal Dehnungen kennzeichnen (Doppelvokal, Dehnungs-h, ie)								
Manchmal Schärfungen kennzeichnen (Doppelkonsonant)								
Wortlücken einhalten								
Satzzeichen verwenden								
Groß- und Kleinbuchstaben verwenden								
In der Stufe der teilweise entfalteten orthographischen Strategie:								
Am Satzanfang groß schreiben								
Die Groß- und Kleinschreibung bei Wörtern in der Regel einhalten								
Bei einzelnen Wörtern orthographische Regeln anwenden								

nach E.-M. Kirschhock / S. Martschinke, Entwicklungsgemäßes Schreiben lernen

Beobachtungs- und Diagnosebogen zum Lesen

NAME: **KLASSE**

DAS KIND KANN ...

Datum:								
In der Stufe der beginnenden alphabetischen Strategie:								
Buchstabennamen und Laute benennen								
Aufgrund des Anfangsbuchstabens Wörter kontextabhängig erraten								
In der Stufe der teilweise entfalteten alphabetischen Strategie:								
Erste Buchstaben zusammenlesen (einfache Silben-Buchstabenverbindungen: KV, VK, KVK*)								
Lautieren und kontextabhängig erraten								
In der Stufe der weitgehend entfalteten alphabetischen Strategie:								
Zusammenlesen ohne Sinnentnahme								
In der Stufe der voll entfalteten alphabetischen Strategie:								
Ein gelesenes Wort mit dem eigenen Wortschatz vergleichen (beginnendes sinnentnehmendes Lesen)								
In der Stufe der beginnenden orthographischen Strategie:								
Kleine Wörter auf einen Blick erfassen (ist, von, an, ...)								
Silben oder kleine Wortteile zum Lesen nutzen								
In der Stufe der teilweise entfalteten orthographischen Strategie:								
Bekannte einfache Wörter auf einen Blick erkennen								
In der Stufe der weitgehend entfalteten orthographischen Strategie:								
Wörter aus dem gebräuchlichen Wortschatz auf einen Blick erkennen								
Kleine Sätze und Texte sinnerfassend lesen								
In der Stufe der voll entfalteten orthographischen Strategie:								
Kompetent lesen								

* K=Konsonant
V=Vokal

nach E.-M. Kirschhock / S. Martschinke, Entwicklungsgemäßes Lesen lernen

PHONOLOGISCHE BEWUSSTHEIT

Mit unterschiedlich ausgeprägtem Sprachgefühl kommen die Schulanfänger zur Schule. Dieses hängt weitgehend von der Art und vom Umfang ab, in dem die Kinder bis zur Einschulung Sprache erfahren und erleben durften. Die soziokulturellen Unterschiede sind hier wohl besonders gravierend, ebenso die oft wenig kontinuierliche Sprachentwicklung bei den Kindern mit anderer Muttersprache. So kommt es, dass viele Kinder Sprache noch ausschließlich an die zu übermittelnden Inhalte gebunden sehen, während andere bereits beginnen, die Eigenschaften von Sprache losgelöst von ihrem Inhalt zu erforschen und bewusst damit umzugehen. Dieses Sprachgefühl kann und muss weiter gefördert und differenziert werden, um eine grundlegende phonologische Bewusstheit zu erreichen. Diese „gilt in der internationalen Forschung inzwischen unumstritten als Kernvoraussetzung für erfolgreichen Schriftspracherwerb.“ *

Mit dem Begriff „Phonologische Bewusstheit“ wird eine Ablösung vom Inhalt der Sprache bezeichnet, bzw. die Fähigkeit der Kinder über Sprache zu reflektieren. „Kinder, die Lesen (und Schreiben, Anm. der Autorin) lernen, müssen in der Lage sein, die Aufmerksamkeit vom Inhaltsaspekt der Sprache auf den Formaspekt zu legen.“ *

Phonologische Bewusstheit im weiteren Sinne befasst sich mit Eigenschaften von Wörtern, wie z.B. Reime und Silben in Gedichten und Liedern. Das Erkennen dieser Elemente ist eine Grundvoraussetzung für den Schriftspracherwerb. So sind Übungen zum Erkennen und Bilden von Reimen und zum Zerlegen von Wörtern in Silben basale Übungen für die ersten Schulwochen.

Phonologische Bewusstheit im engeren Sinne ist die Fähigkeit die gesprochene Sprache auf ihre Lautstruktur zu untersuchen. Das Erkennen von Anlauten, das Differenzieren einzelner Laute und die Festlegung der Serialität sind hier gefordert. Es ist davon auszugehen, dass diese Fähigkeiten erst im Zusammenhang mit der Einsicht in das Lautschriftprinzip, also mit dem Verständnis für die Zuordnung von Lauten (Phonemen) und Buchstaben (Graphemen) entstehen. „Man geht heute von reziproken Beziehungen zwischen phonologischer Bewusstheit und schriftsprachlichen Fertigkeiten aus.“ * Dies erfordert einen Umgang mit Schrift von Anfang an.

Der Anfangsunterricht wird sein besonderes Augenmerk darauf richten müssen, durch gezielte Übungen die phonologische Bewusstheit sowohl im weiteren als dann auch im engeren Sinn zu stärken. „Bei Kindern mit niedrigen phonologischen Fähigkeiten ist zu befürchten, dass sie ohne zusätzliche Fördermaßnahmen nicht in der Lage sind, den phonologischen Code unserer Schriftsprache zu entschlüsseln.“ *

** Das Nürnberger Training zur Förderung phonologischer Bewusstheit und seine Wirkung auf Lesen und Rechtschreiben im 1. Schuljahr, hier: Zusammenfassung im Internet unter http://www.gsdpaed.ewf.uni-erlangen.de/FORSCHUN/SPRACHBE.HTM*

Übungen zum Lauschen und Hören

Was war das?
Auf dem Tisch liegen acht bis zehn Gegenstände, z.B.: kleiner Ball, Schlüsselbund, Schere, Taschentuch, Löffel, Spitzer, Dose mit Kugeln, usw.. Die Kinder schließen die Augen, ein Kind lässt einen Gegenstand fallen. Wer kann den richtigen Gegenstand benennen?

Weitere Materialien für Hörübungen sind bei den „Hörgeschichten“ S. 89 f. angeführt.

Worterkennungsgeschichten

Wie oft hörst du ...?
Die Lehrerin erzählt eine Geschichte. Die Kinder müssen jeweils bei einem bestimmten Wort ein Zeichen geben, z.B. die Hand heben, aufstehen, einen Muggelstein legen, etc.

Tiergeschichten
Die Klasse wird in verschiedene Gruppen eingeteilt, z.B. Tiere (5 – 6 Arten). Die Lehrerin erzählt eine Tiergeschichte. Immer wenn eine Tierart genannt wird, müssen die entsprechenden Kinder aufstehen und schnell die Plätze tauschen.

Familienausflug
Die Kinder sitzen in „Familiengruppen“ hintereinander auf mehreren Langbänken. Ganz vorne sitzt Papa Müller, dann kommt Mama Müller, Oma und Opa, Lisa und Florian und zuletzt der Hund Waldi. Die Lehrerin erzählt vom Zooausflug der Familie Müller. Immer, wenn eine Person genannt wird, muss der „Stellvertreter“ dieser Person einmal um die Langbank herumlaufen und sich wieder auf seinen Platz setzen. Bei dem Wort „Familie“ müssen alle laufen.

Übungen zum Erkennen und Bilden von Reimen

Wer findet ein Reimwort?
Die Lehrerin nennt ein Wort, jeder, der ein Reimwort dazu sagen kann, erhält einen Chip. Wer die meisten Chips hat, darf das nächste Wort sagen. Es ist zu überlegen, ob man anfangs auch sinnlose Reimwörter gelten lassen kann, wenn sie erkennen lassen, dass das Prinzip des Reimens verstanden wurde.

MINIMALPAARE

(Vorder- und Rückseite kopieren, evt. laminieren, ausschneiden)

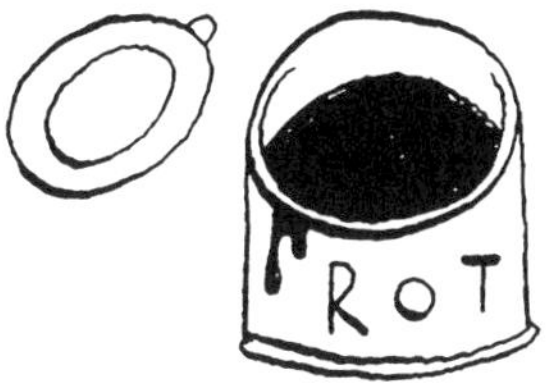

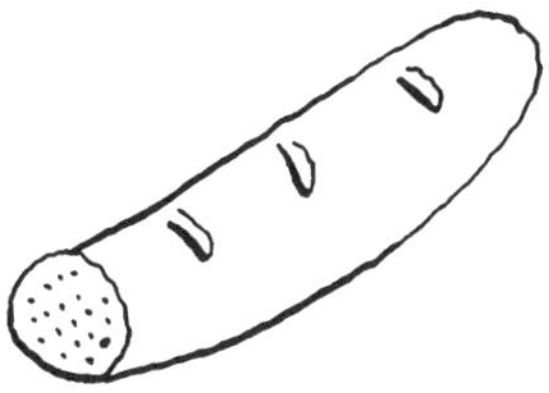

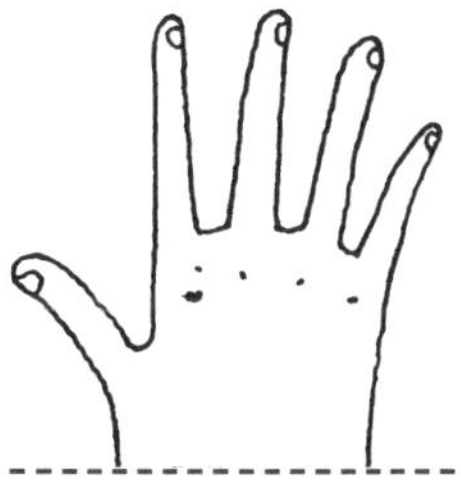

○ Hase	○ Hose
● Brot	● rot
△ Glas	△ Gras
▲ Schaf	▲ Schal
□ Hand	□ Hund

Es kann auch mit Bildmaterial geübt werden (s. Kopiervorlage S. 40).

Weitere Anregungen zu diesem Bereich finden sich bei der Fibelseite „Reimwörter-Memory", S. 106 ff.
Aus den Spielen zum Schriftspracherwerb kann das „Reimwörter-Domino" eingesetzt werden, für Frühleser auch das „Reimwörter-Memory".

Übungen zum Zerlegen von Wörtern in Silben und zum Zusammensetzen

Gruppenspiel: Wie weit darf ich reisen?

Das bekannte Spiel „Mutter, wie weit darf ich reisen?" wird abgewandelt. Die „Mutter" nennt als Ziel eine Stadt, bzw. einen bestimmten Ort, z. B. München, Schulhof. Das Kind darf der Silbenzahl entsprechend viele Schritte gehen und dazu klatschen.

Silben klatschen

Die Lehrerin stellt ein Rätsel: *„Ich sehe etwas, das heißt so* – klatsch, klatsch. *Was kann das sein?"* (Tafel, Fenster, Blume, Kreide). Die Kinder stellen ebensolche „Klatschrätsel". Die Lehrerin zeichnet einen, zwei und drei Silbenbögen an die Tafel und lässt von den Kindern passende Abbildungen dazu hängen. Die Kinder zeichnen zu Abbildungen die passende Anzahl von Silbenbögen. (s. Kopiervorlage S. 41).

Welches Wort ist länger?

Die Kinder bestimmen aus zwei gesprochenen Wörtern das längere Wort (d.i. das Wort mit der größeren Silbenzahl). Die Kinder entscheiden an zwei Abbildungen mit jeweils gleichem Anlaut, welcher Begriff länger ist und kleben die Bilder in die richtige Sprechblase: langes Wort – kurzes Wort (s. Kopiervorlage S. 38).

Übungen zum Unterscheiden einzelner Laute im Wort

Was muss raus?

Bei dieser Übung sollen gleiche Anlaute erkannt, bzw. ein abweichender Anlaut identifiziert werden. Die Lehrerin nennt vier Wörter, von denen drei den gleichen Anlaut haben, z.B. Frosch, Elefant, Fisch und Ferkel. Das Wort, das „anders anfängt", muss raus. Die gleiche Übung kann mit Bildmaterial durchgeführt werden (Kopiervorlage S. 39). Hier wird das falsche Bild durchgestrichen. Die Anfangsbuchstaben können von den Kindern schon bald zu den Abbildungen geschrieben werden.
Aus den „Spielen zum Schriftspracherwerb" kann das Raketenspiel I „Was muss raus?" hier schon eingesetzt werden, bei dem jeweils der Gegenstand nicht in der Rakete mitgenommen werden darf, der mit einem anderen Anlaut als der Begriff aus der Anlauttabelle (im Pilotenfenster zu sehen) beginnt.

Minimalpaare erkennen

Hier sollen aus einer Auswahl von Abbildungen Minimalpaare einander zugeordnet werden, d.h. jeweils zwei Wörter, die sich nur in einem Laut unterscheiden, z. B. Hase und Hose, rot und Brot, Gras und Glas, Schal und Schaf, Hund und Hand (s. Kopiervorlage S. 35/36, Vorder- und Rückseite auf ein Blatt kopieren). Um die Graphem-Phonem-Zuordnung zu verdeutlichen, werden anschließend die unterschiedlichen Buchstaben im Wort markiert.

Pfänderspiel: Laute hören

Zur Vorübung werden gemeinsam Namen von Tieren, Spielsachen, Kindern, Früchten etc. gesammelt, die im An-, In- oder Auslaut einen bestimmten Laut (besonders schwierig mit Vokalen!) enthalten. Der Lehrer erzählt eine kurze Geschichte über Tiere, in der Tiernamen mit dem vereinbarten Laut vorkommen. Beim Hören eines solchen Namens sollen die Kinder aufstehen, bzw. sich auf ihren Tisch setzen. Wer falsch reagiert, muss ein Pfand geben.

Riesenschrift

Hier kommt es darauf an, die Stellung eines bestimmten Lautes im Wort anzugeben. Der Lehrer nennt ein Wort, die Kinder schreiben es in Gedanken in „Riesenschrift" auf die ganze Wand über der Tafel. Durch Deuten in die linke Ecke des Klassenzimmers, auf den Raum über der Tafel, bzw. in die rechte Zimmerecke zeigen die Kinder an, ob der gesuchte Laut als An-, In- oder Endlaut zu hören ist. Am meisten Spaß macht das mit verbundenen Augen und der Lehrer merkt, welches Kind noch Schwierigkeiten hat, den Laut genau zu lokalisieren.

Wie viele Laute hörst du?

Die Anzahl der gehörten Laute in einem gesprochenen Wort zeigen die Kinder entweder mit ihren Fingern oder durch Auflegen einer entsprechenden Menge von Muggelsteinen an, z.B. Tasche = 4 Laute, Katze = 4 Laute. (Siehe auch Kopiervorlagen S. 68-71)
Aus den „Spielen zum Schriftspracherwerb" können die Klammerkarten: „Wie viele Laute?" eingesetzt werden. Hier geht es darum, die Lautanzahl bei einem bildlich dargestellten Begriff zu hören und zu markieren.

Welche Laute hörst du?

Dieser Schritt ist der entscheidende, wenn die Kinder nun selbst Wörter aufschreiben sollen. Dazu wird ein „Schreibplan" zum Aufschreiben von Wörtern eingeführt, „mit dem die Einsicht in das alphabetische Prinzip mit metakognitiv orientierten Hilfen zur Selbstbeobachtung angebahnt und trainiert wird".* Genaue Angaben dazu finden sich in den Vorschlägen zu den Buchseiten 4 und 5 „So schreibe ich Wörter auf" (S. 72 ff.)

** Das Nürnberger Training zur Förderung phonologischer Bewusstheit und seine Wirkung auf Lesen und Rechtschreiben im 1. Schuljahr, hier: Zusammenfassung im Internet unter http://www.gsdpaed.ewf.uni-erlangen.de/FORSCHUN/SPRACHBE.HTM*

Name: ______________________________

Sprich jedes Wortpaar deutlich.
Welches Wort ist kurz? Welches ist lang?
Klebe die Bilder in die richtige Sprechblase.

Kurze Wörter

Lange Wörter

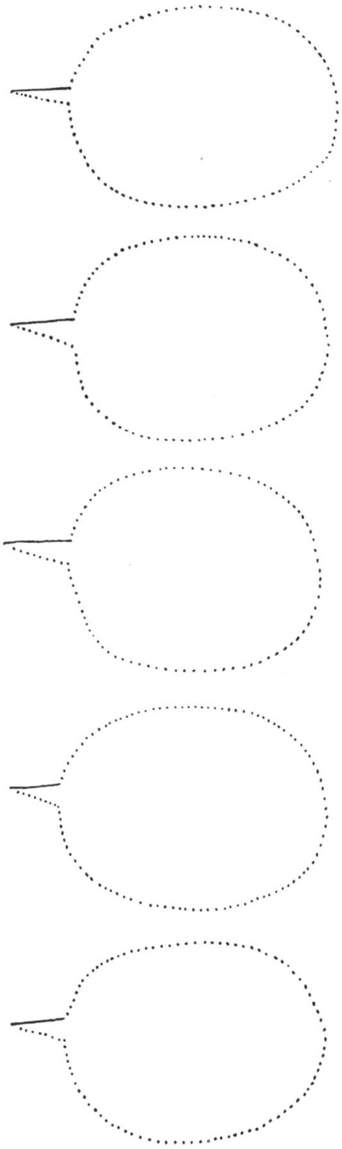

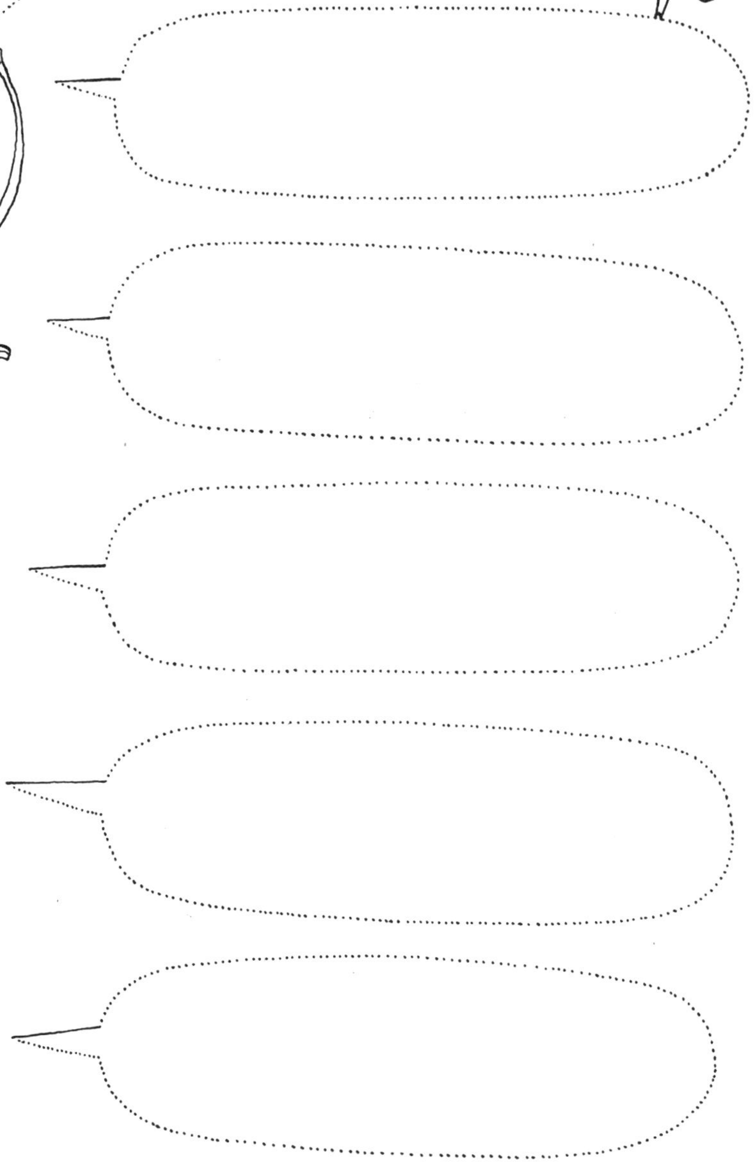

Name: ________________________________

Was muss raus?

Streiche in jeder Reihe das Bild durch, das einen anderen Anlaut hat.

Name: ______________________________

Was reimt sich?
Suche zu jedem ersten Bild das Bild vom Reimwort.
Male die beiden Kästchen gelb an.

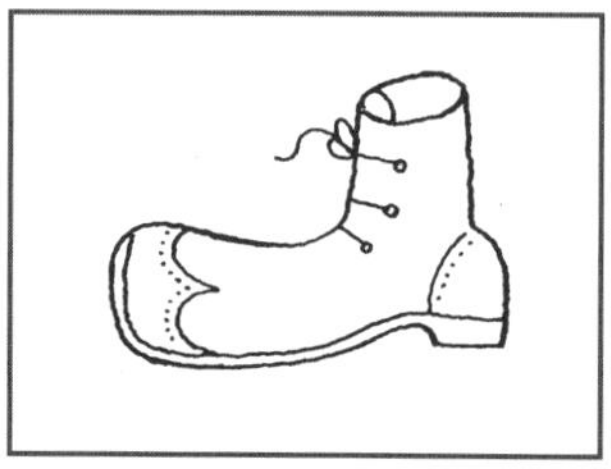
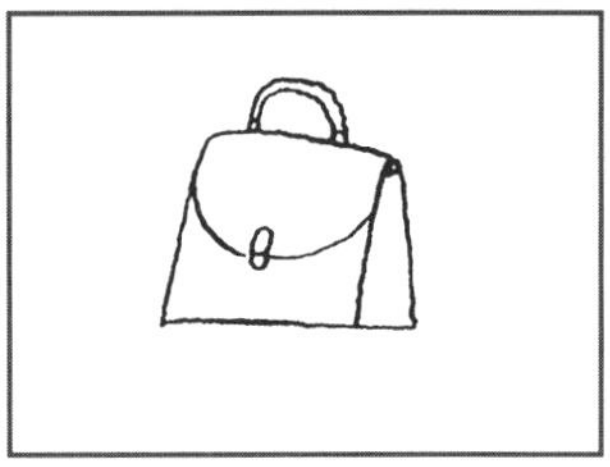

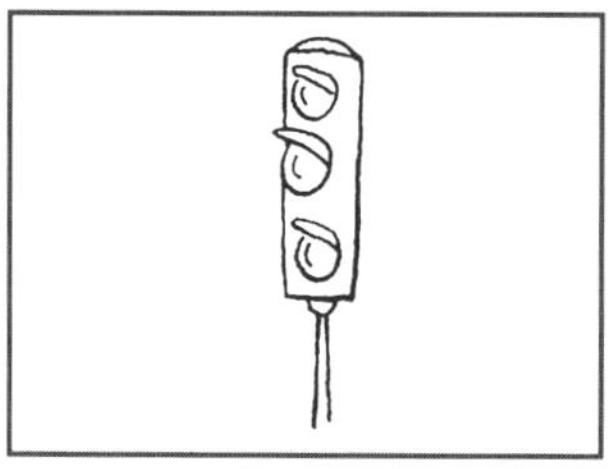

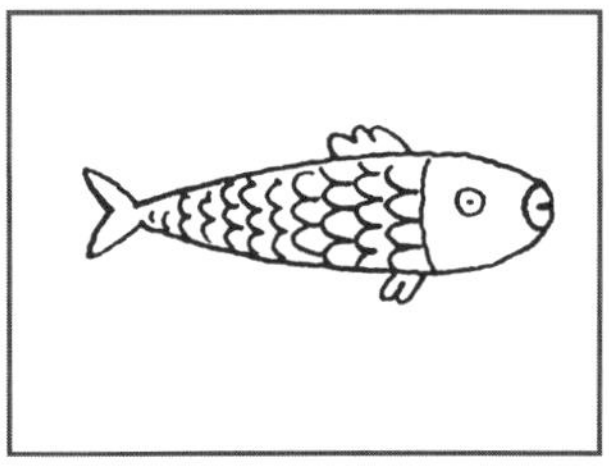

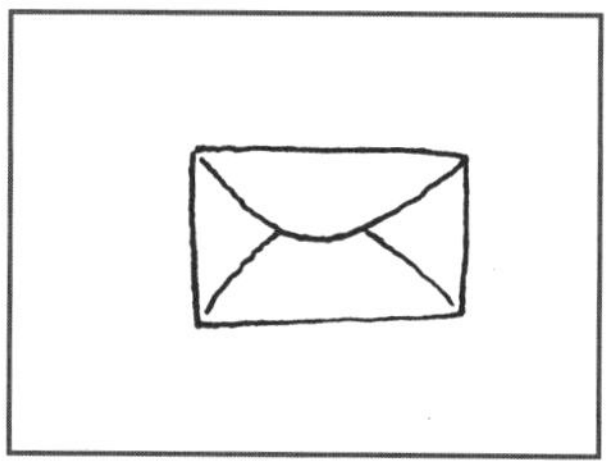

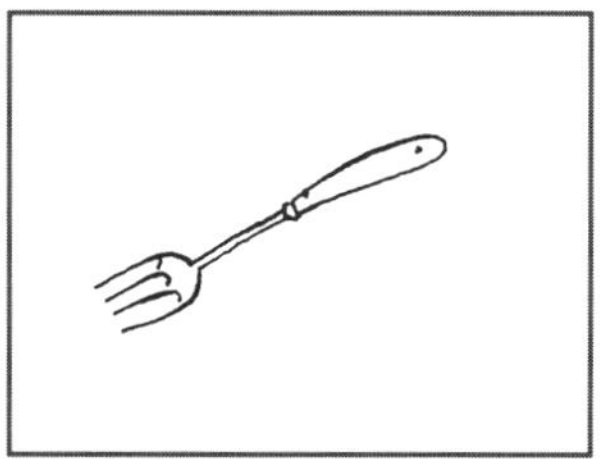
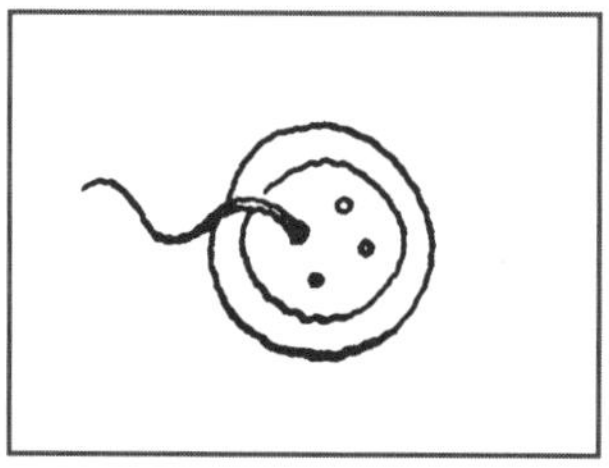

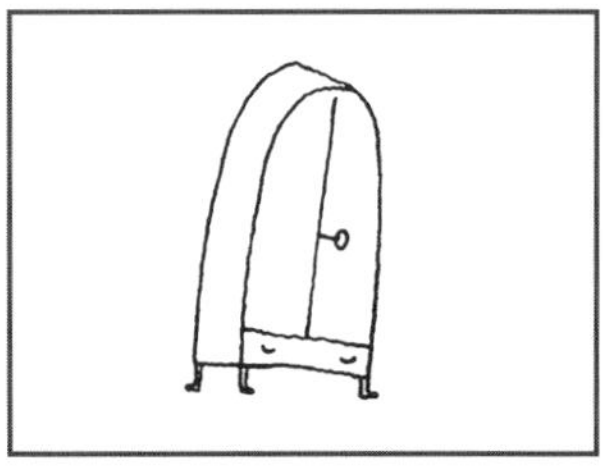
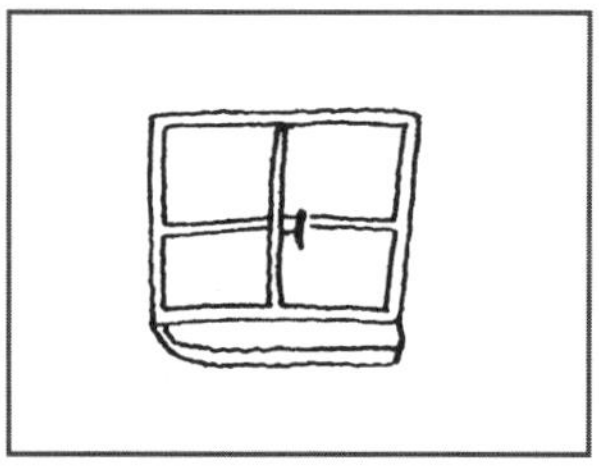

Name: ____________________________

Wie oft kannst du bei jedem Wort klatschen?
Male so viele Bögen unter jedes Bild.

DIE ERSTEN SCHULTAGE

Der Schulanfang ist ein bedeutendes Ereignis im Leben eines Kindes und seiner Familie, aber immer wieder auch für die Lehrerin. Sie weiß, mit welch unterschiedlichen Ängsten und Erwartungen die Kinder in die Schule kommen und wie verschieden die Voraussetzungen sind, die sie für das gemeinsame Arbeiten und Lernen in der Klassengemeinschaft und für den Erwerb der Schriftsprache mitbringen. So stellen sich für den Unterricht in den ersten Wochen zwei große Aufgaben:

- Die Kinder sollen sich in die neue Klassengemeinschaft eingewöhnen und sich dort wohl fühlen
- und sie sollen die notwendigen Kenntnisse und Fähigkeiten zum Schreiben- und Lesenlernen erwerben und weiter entwickeln.

Neben Spielen zur Kontaktaufnahme und zum Kennen lernen wird die Lehrerin schon in den ersten Schultagen gezielt daran arbeiten, bei den Kindern die Voraussetzungen für ein erfolgreiches Schreiben- und Lesenlernen zu fördern, weil die Erwartungen der Kinder auf einen Lernzuwachs nicht enttäuscht werden dürfen.

Die Aufgabenbereiche

- Eingewöhnen in die Klassengemeinschaft und Einüben erster Arbeitsformen
- Anbahnen und Fördern der phonologischen Bewusstheit
- Ermöglichen erster gemeinsamer Erfahrungen mit der Schrift
- Einführen der Anlauttabelle und Einüben des Umgangs mit ihr

Diese Bereiche stehen in den ersten Schulwochen gleichberechtigt nebeneinander und ermöglichen in ihrer Vielfalt der Lehrerin die Gestaltung eines abwechslungsreichen Anfangsunterrichts, der die kurze Aufmerksamkeitsspanne der Schulanfänger berücksichtigt und den nötigen Wechsel der Arbeitsformen bringt.

Die mit Spannung erwarteten ersten Schultage bestimmen zumindest für die nächsten Wochen die Einstellung der Kinder zur Schule insgesamt, zum Lehrer und zur neuen Gemeinschaft. Deshalb führen wir genauer aus, wie die ersten Schultage ablaufen können und stellen verschiedene Spiel- und Arbeitsformen vor, die in den ersten Wochen immer wieder einzusetzen sind.

Der erste Schultag

Hinweise, didaktische Überlegungen

Der erste Schultag ist ein aufregendes Ereignis, selbst wenn die meisten Schulanfänger die Schule schon von einem Schnupperbesuch mit dem Kindergarten kennen. Auch die Eltern und besonders die Lehrerin sind voll gespannter Erwartung. Immerhin sind es zwei bis vier Jahre, die die Kinder und die Lehrerin nun miteinander verbringen werden.

Bei der Gestaltung des ersten Schultages gehen die einzelnen Schulen verschiedene Wege. Manchmal treffen sich alle Schulanfänger mit ihren Familien in der Aula zu einer Begrüßung durch den Schulleiter und zu einer kleinen Aufführung der älteren Schüler, in vielen Schulen gehen die Kinder mit ihren Eltern gleich in das Klassenzimmer und werden dort von der Lehrerin empfangen. Manche Lehrer schreiben etwa zu Ferienbeginn einen Brief an jedes Kind und bitten das Kind, ein Bild von sich selbst oder von einem ihm wichtigen Gegenstand zu malen und dieses Bild dann am ersten Schultag mitzubringen.
Auf jeden Fall wird aber der erste kurze Unterrichtsvormittag so gestaltet werden, dass die Kinder das Gefühl haben im Mittelpunkt zu stehen und etwas Neues zu lernen. Deshalb werden die Eltern und die übrigen Verwandten nach einer kurzen Ansprache aus dem Klassenzimmer geschickt, manchmal zu einem kurzen Vortrag der Verkehrspolizei, manchmal zu Kaffee und Kuchen im Hauswirtschaftsbereich.

Ziele, Inhalte

- Die Kinder sollen sich in ihrem Klassenzimmer erwartet fühlen
- Die Kinder lernen die Figuren Frosch und Ferkel kennen
- Eine erste schriftliche Aufgabe wird bearbeitet (Schultüte)
- Die Kinder bekommen eine Hausaufgabe

Das sollen Kinder in den ersten Wochen mit der Fibel „Start frei“ lernen

Die Kinder erleben die ersten Schultage und lernen ihre Mitschüler kennen	Die Kinder werden zu phonologischer Bewusstheit geführt und darin gefördert	Die Kinder gewinnen erste Einblicke in den Symbolcharakter der Schrift	Die Kinder lernen die Anlauttabelle kennen und üben den Umgang mit ihr
Inhalte: • Gestaltung der ersten Schultage • Kontakt aufnehmen zu Lehrer/ Mitschülern • Namen der Mitschüler kennen • Sozial- und Arbeitsformen einüben	**Inhalte:** • Struktur der Lautsprache erkennen • Reime erkennen und finden • Wörter in Silben zerlegen • Gleiche Anlaute erkennen • Minimalpaare erkennen • Lautkette analysieren und wiedergeben	**Inhalte:** • Verschiedene Darstellungen des Namens • Buchstaben ordnen • Gleiche Buchstaben in verschiedenen Namen erkennen • Silben klatschen	**Inhalte:** • Die Begriffe der Anlauttabelle kennen • Sich auf der Anlauttabelle orientieren • Die Anlaute den Begriffen zuordnen • Laute mit Hilfe der Anlauttabelle als Buchstaben aufschreiben können
Material: Für erstes „Freies Arbeiten“: • Puzzles • Hörmemory • Bilderbücher • Tastschachteln • „Blinde Kuh“ • Schau-Genau-Spiele	**Material:** • Raketenspiel: Was muss raus? * • Reimwörter-Domino mit Bildern * • Reimwörter-Domino * • Silbenspiel und „gezinktes Memory“ * • Klammerkarten „Wie viele Laute hörst du?“ *	**Material:** • Namenskarten der Kinder mit Großbuchstaben oder gemischter Antiqua • Namenskarten in Laute zerschnitten	**Material:** • Große Anlauttabelle für das Klassenzimmer • Kleine Anlauttabelle für die Hand der Kinder (liegt dem Wörter- und Geschichtenheft bei) • Karten mit Buchstaben und mit Abbildungen aus der Anlauttabelle * • Anlaut-Domino * • Klammerspiel * • Lotto-Spiel *
Einzelheiten auf S. 42 bis 48	Einzelheiten auf S. 34 bis 41	Einzelheiten auf S. 49 und 50	Einzelheiten auf S. 51 bis 54

Die mit * gekennzeichneten Materialien sind in den „16 Spielen zum Schriftspracherwerb“ enthalten.

Anregungen zur Unterrichtsgestaltung

Material:

Die Lehrerin bereitet Namensschilder für die Kinder und für Frosch und Ferkel vor.
Frosch und Ferkel sitzen an etwas verdeckter Stelle im Klassenzimmer.
Für die „Schultüten" hat die Lehrerin Vorlagen erstellt (s. Kopiervorlagen S. 47 und 48, Vorder- und Rückseite auf ein Blatt kopieren)

Ablauf:

- Jedes Kind wird an der Klassenzimmertüre von der Lehrerin mit Handschlag begrüßt, die Lehrerin stellt sich selbst vor: *„Ich bin deine Lehrerin in der 1. Klasse, ich heiße …"* und fragt nach dem Namen des Kindes.
- Jedes Kind sucht sich an der Tafel sein Schild heraus und setzt sich damit auf einen Platz.
- Die Eltern verlassen nach einer kurzen Begrüßung das Zimmer, denn die Kinder „müssen ja etwas arbeiten".
- Zwei Namensschilder sind noch übrig geblieben: Frosch und Ferkel. *Kann das schon jemand lesen? Welches Wort heißt Frosch, welches Ferkel?*
- Wer sind wohl Frosch und Ferkel? Die Kinder finden sie.
- Die Kinder vermuten, was Frosch und Ferkel hier in der Schule tun.
- Frosch und Ferkel gehen mit der Lehrerin von Tisch zu Tisch, betrachten die Schultüten, versuchen einige hochzuheben und staunen. (Vielleicht bekommen Frosch und Ferkel von der Lehrerin eine Minischultüte?)
- Die Kinder gestalten die Vorlage einer Schultüte aus. Sie schreiben selbst ihren Namen, malen die Schultüte getreu der Originaltüte an. Die Kinder, die schon ein bisschen lesen können, dürfen das Ankreuzen alleine machen und auch ihrem Nachbarn dabei helfen. Den anderen hilft die Lehrerin, evtl. anhand einer Folie.
- Die Lehrerin teilt das erste Heft aus (das sie bereits im Voraus besorgt hat), die Schultüte wird eingeklebt, als Hausaufgabe (sehr wichtig) sollen die Kinder den Inhalt der Schultüte aufmalen. Vielleicht kann auch schon jemand dazu schreiben? (Die Lehrerin betont, dass noch kein Kind schreiben können muss, denn das lernt man ja in der Schule.)
- Zum Schluss singen alle das Lied: „Alle Kinder lernen lesen".

Alle Kinder lernen lesen

Text: Wilhelm Topsch · Melodie: mündlich überliefert

STROPHE 2

O, sagt am Ostersonntag jeder Osterhas',
O, sagt der Ochse, der die Ostereier fraß.
U, sagt der Uhu, wenn es dunkel wird im Wald,
und wir singen, dass es schallt: Alle Kinder …

STROPHE 3

Ei, sagt der Eisbär, der in seiner Höhle haust.
Au, sagt das Auto, wenn es um die Ecke saust.
Eu, sagt die Eule, heute sind die Mäuse scheu,
und wir singen noch mal neu: Alle Kinder …

aus: R. Horn / R. Mölders / D. Schröder, Klasse(n) Hits, Kontakte Musikverlag, 1. Aufl. Lippstadt 1999

Der zweite Schultag

(Tag der Schultüte)

Hinweise, didaktische Überlegungen

Die Schultüten gehören zum Schulanfang seit mehr als 100 Jahren dazu.
Die schönen Schultüten, die die Kinder heute haben (teilweise von den Müttern liebevoll im Kindergarten selbst gebastelt) sollen noch einmal zu Ehren kommen. Deshalb werden die Kinder gebeten, die leeren Schultüten am zweiten Schultag noch einmal in die Schule mitzubringen.

Ziele, Inhalte

- Die Kinder betrachten noch einmal genau alle Schultüten und versuchen sie zu beschreiben.
- Die Kinder bewegen sich geschickt um die Schultüten und reagieren auf verschiedene mündlich gegebene Spielanweisungen.

Anregungen zur Unterrichtsgestaltung

Material:

- Die Schultüten der Kinder
- Eine Musikkassette mit einem Lied, zu dem man gut laufen kann (zum Beispiel: „Eins, zwei, drei im Sauseschritt" von Detlev Jöcker)

Aktivitäten mit der Schultüte:

- Die Schultüten im Sitzkreis aufstellen und betrachten *(Gibt es zwei gleiche Schultüten? Gibt es Schultüten, die zusammenpassen, z.B. mit Tieren, mit Dinos, mit anderen Figuren?)*
- Suchspiele (*„Ich heiße Sabine. Meine Schultüte ist rot mit vielen kleinen Bären." „Das ist deine Schultüte, Sabine. Das ist Sabines Schultüte."- „Ich sehe eine Schultüte, die ist gelb und rot mit blauen Blumen."*)
- Schultütenwanderung: Schultüten werden im Klassenzimmer verteilt aufgestellt, die Kinder gehen zu einer geeigneten Musik zwischen den Schultüten in Schlangenlinien hindurch, ohne mit anderen Kindern oder mit einer Schultüte zusammenzustoßen, beim Musikstopp kommt ein Auftrag: Gehe zu einer Schultüte mit Tieren, zu einer Schultüte mit Herzen, zu einer Schultüte mit der Farbe rot, zur eigenen Schultüte, ...

Weitere Vorschläge:

Der Lehrer erzählt den Kindern von der Geschichte der Schultüte und vom Schultütenbaum.

Zur Geschichte der Schultüte

Der erste Schultag war schon immer für die Kinder und auch für ihre Eltern und Paten ein besonderer Tag. Vor ungefähr 200 Jahren bekamen die Kinder in manchen Gegenden spitze Papiertüten, die mit Süßigkeiten, Obst und Nüssen gefüllt waren.
Aber zu dieser Zeit bekamen sicher nur die Kinder der reichen Leute eine Zuckertüte. Die meisten anderen Kinder mussten in der Landwirtschaft helfen oder durch andere Arbeiten zum Familienunterhalt beitragen. Sie durften nicht die Zeit in der Schule vertrödeln, wie man damals sagte.
Erst nach und nach setzte sich die Schulpflicht durch und damit auch allmählich der Brauch der Schultüten.
In Thüringen und Sachsen wurden diese den Kindern aber nicht zu Hause in die Hand gedrückt, sondern von den Eltern mit einem Namenszettel versehen zur Schule gebracht und dort abgegeben.
Den Kindern erzählte dann der Lehrer:
In unserem Schulhaus, ganz oben auf dem Dachboden (oder im dunklen Keller) steht ein Schultütenbaum. Er hat keine Blätter und braucht kein Wasser. Aber pünktlich in jedem Jahr, kurz vor dem ersten Schultag, wachsen an diesem Schultütenbaum lauter bunte Schultüten mit vielen guten Sachen darin – für jedes neue Schulkind eine. Der Herr Rektor (oder der Herr Lehrer) pflückt dann am Abend vor dem ersten Schultag die Schultüten von diesem Baum und bringt sie in die Klassenzimmer.
An vielen Schulen holte der Hausmeister zum Schulbeginn den Zuckertütenbaum vom Dachboden – ein nacktes, aber stabiles Drahtgestell, an das die Tüten gehängt wurden. Von ihm mussten die Schulanfänger ihre Tüten angeln. Heute hängen in manchen Orten die Schultüten sogar an richtigen Bäumen, vor allem in Thüringen und Sachsen.

Informationen entnommen aus:
http://www.sachskulthuer.de/kultur/brauch/schulanf/zuckert/zuckert.php

- Kunsterziehung: Malen eines Baumes mit Wachsmalkreiden auf hellgraues Tonpapier, Ausschneiden und Ausgestalten von Schultüten aus Buntpapier, Ankleben an die Bäume.

Spiele zum Kennenlernen

Wie heißt du?

Die Kinder werfen sich einen Ball zu. *„Ich bin Laura. Und wer bist du?“ „Ich bin Ralf. Und wer bist du?“*
Die Kinder benennen denjenigen, dem sie den Ball zuwerfen. *„Du bist Klaus. Ich bin Maria.“ „Du bist Manuel. Ich bin Klaus.“*
Ein bekanntes Namensspiel ist „Mein rechter, rechter Platz ist leer“.

Trommelspiel

Die Kinder stehen im Kreis oder sitzen im Zimmer (Turnhalle) verteilt auf dem Boden. Ein Kind geht mit der Handtrommel, schlägt sie im Takt und spricht: *„Seht, ich geh mit meiner Trommel und jetzt gebe ich sie dem Peter.“* Peter geht als nächster im Kreis herum.

Telegrammspiel

Die Kinder stehen oder sitzen im Kreis. Ein Kind sagt: *„Ich schicke ein Telegramm an Claudia.“* Das Telegramm ist ein Händeklatschen, das deutlich sichtbar nach links oder rechts weitergegeben wird. Jedes Kind klatscht also erst nach seinem Vorgänger. Wenn das Telegramm beim Empfänger angekommen ist, sagt dieser *„Angekommen“* und schickt ein neues Telegramm los.

Reifen drehen

Ein Reifen wird von einem Kind in der Mitte des Sitzkreises angedreht. Das Kind ruft ein anderes beim Namen. Das aufgerufene Kind muss schnell aufspringen und den Reifen vor dem Umfallen festhalten. Gelingt dies, darf es nun drehen und ein anderes Kind aufrufen.

Wo ist ...?

Die Kinder verteilen sich im Klassenzimmers, in der Turnhalle oder im Freien. Die Lehrerin beginnt mit der Frage: *„Wo ist Ben?“* Alle Kinder sehen sich um. Wer Ben entdeckt hat, läuft hin und legt ihm die Hand auf die Schulter. (Ben, ein vielleicht wenig beachteter Mitschüler, bekommt viele kontaktaufnehmende Berührungen.) Danach verteilen sich die Kinder wieder und wer als erster bei Ben war, darf nun nach einem anderen Kind fragen, zu dem er allerdings nicht hinlaufen darf.

Wie viele Kinder kennst du?

Material: Schreibzeug für jedes Kind
Die Kinder sitzen auf ihrem Platz und haben einen Zettel vor sich. Ein Kind läuft durch die Klasse, legt jedem Kind die Hand auf die Schulter und sagt: *„Du heißt ...“*. Die anderen Kinder zählen alle richtig genannten Namen durch Aufzeigen mit den Fingern mit oder zeichnen die Anzahl der richtigen Namen mit Strichen (Fünfergliederung) auf ihr Blatt. Zum Schluss notiert das Kind – und auch die Lehrerin zur Kontrolle – die Anzahl der ihm bekannten Namen auf seinem Zettel und bestimmt den Nachfolger. Das Spiel kann auf mehrere Tage verteilt werden. Wer kennt alle oder die meisten Namen?

Kofferpacken mit Namen

Die Kinder sitzen im Kreis. Die Lehrerin beginnt: *„Ich fahre fort und nehme niemanden mit.“* Der linke Nachbar sagt: *„Ich fahre fort und nehme Frau X mit.“* Drittes Kind: *„Ich fahre fort und nehme Frau X und ...* (Name des zweiten Kindes) *mit“*. So wiederholt der nächste Spieler jeweils die Namen der Kinder vor ihm, bis wieder die Lehrerin an der Reihe ist und nun alle „mitnehmen“ muss.

Eisenbahn

Ein Kind beginnt zu singen:
Tuff, tuff, tuff, die Eisenbahn,
wer will mit, der hängt sich an.
alleine fahren mag ich nicht,
da nehm ich mir den/die ... mit.
Nach und nach hängen sich die Kinder hinten an den „Zug“ an, der durch das Klassenzimmer fährt.

Literatur:

Silvia Regelein, Spielen in Unterricht und Freizeit
Oldenbourg Schulbuchverlag GmbH; München 1988

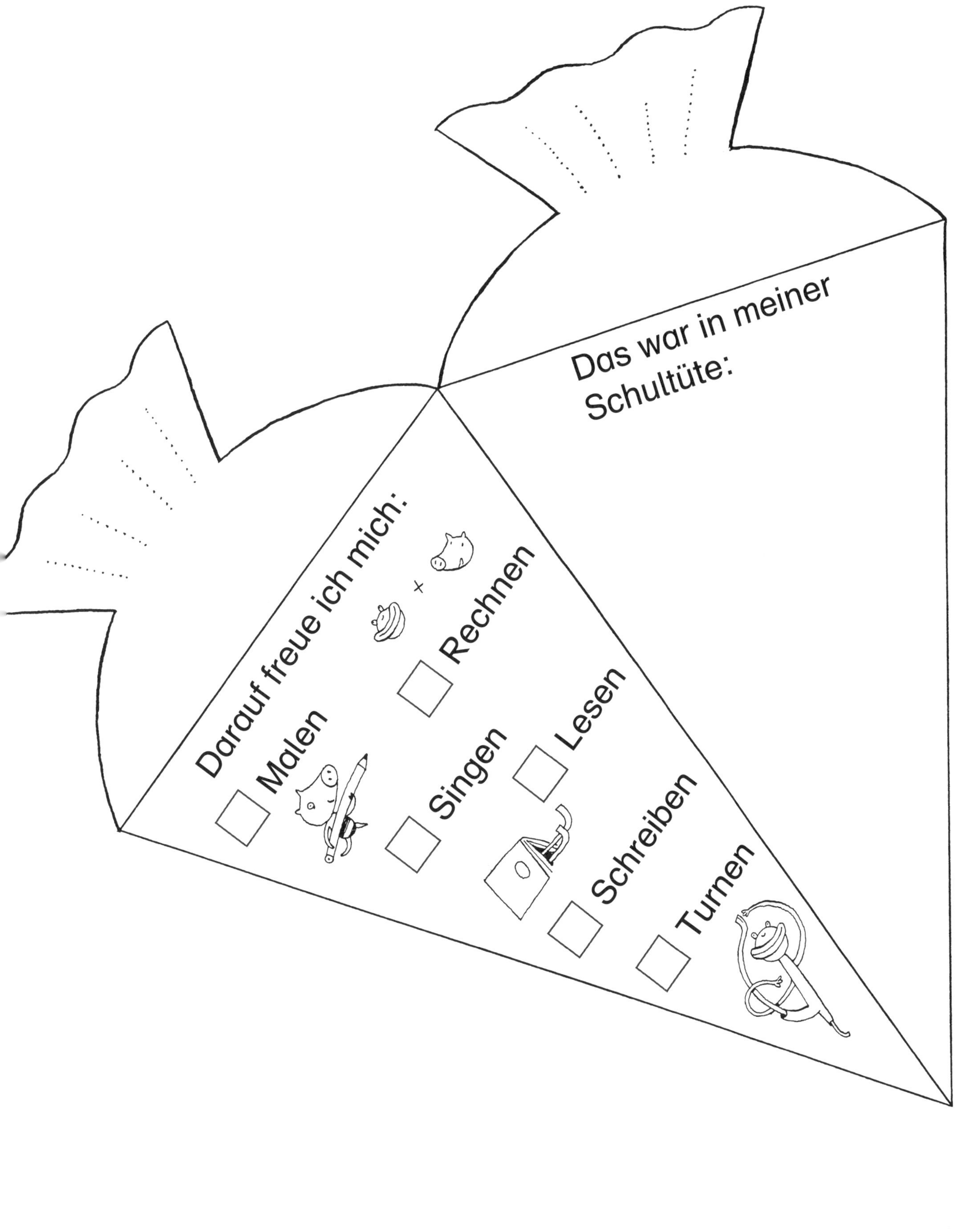
Das war in meiner
Schultüte:
Darauf freue ich mich:
Malen
Rechnen
Singen
Lesen
Schreiben
Turnen

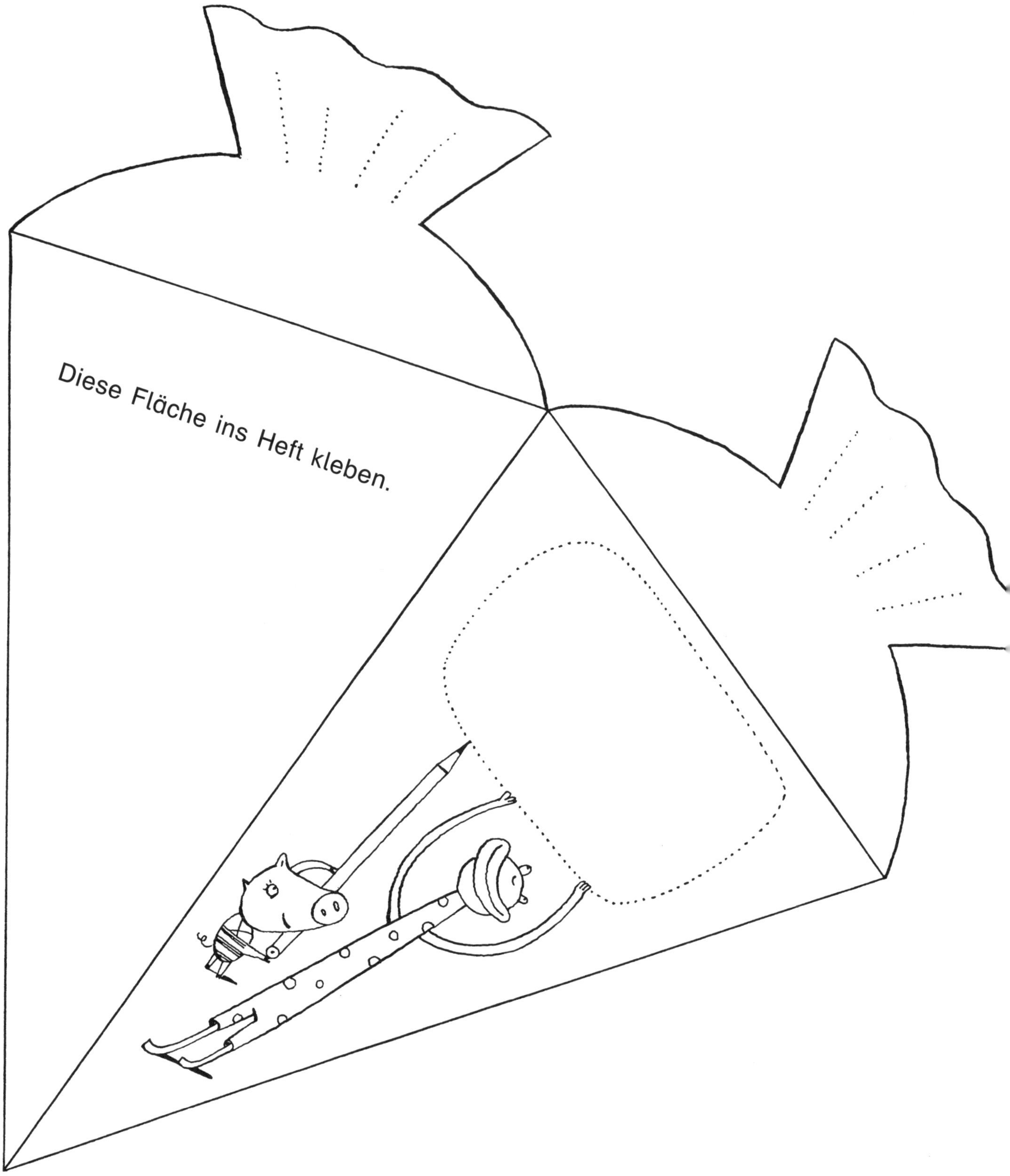
Diese Fläche ins Heft kleben.

ERSTE ERFAHRUNGEN MIT SCHRIFT

Die Kinder gewinnen erste Einblicke in den Symbolcharakter der Schrift

Hinweise, didaktische Überlegungen

Wenn in den ersten Schultagen grundlegende Spiel- und Arbeitsformen eingeführt werden sollen und wenn es darum geht, erste Übungen zum Schreiben und zum genauen Betrachten und Vergleichen von Geschriebenem anzuregen, sind hierzu die Namen der Kinder (zuerst der eigene, dann die Namen der Mitschüler) besonders geeignet.

Durch die Beschäftigung mit dem eigenen Namen können bei den Kindern erste Einsichten in den Symbolcharakter der Schrift angebahnt werden:

- Namen (Wörter) können durch Zeichen dargestellt werden.
- Jedes Wort erfordert eine spezifische Abfolge von Zeichen/Buchstaben.
- Buchstaben stehen für hörbare und sprechbare Laute.
- Gleiche Buchstaben stehen (fast immer) für gleiche Laute.
- Die Leserichtung geht von links nach rechts.

In den ersten Schultagen sollen die Kinder durch diese Übungen von den oft noch unvollkommenen Namensschreibungen der Vorschulzeit zur richtigen Form kommen. Dazu brauchen sie eine korrekt geschriebene Vorlage. Es ist zu überlegen, ob der Lehrer diese Vorlage in Großbuchstaben oder schon in gemischter Antiqua schreibt. Die gemischte Antiqua hat den Vorteil, dass für die Kinder frühzeitig ein Lernzuwachs erkennbar wird und dass sie auf die Tatsache der „großen und kleinen Buchstaben" auf der Anlauttabelle aufmerksam gemacht werden können. Bei einem Aufstellschild können den Kindern beide Schreibweisen angeboten werden.

Ziele, Inhalte

- Den eigenen Namen wiedererkennen, richtig schreiben und auf verschiedene Weise gestalten
- Den eigenen Namen und die Namen der Mitschüler in Sprechsilben gliedern und die Silbenanzahl feststellen
- Die Buchstaben des eigenen Namens wiedererkennen und ordnen
- Den Anlaut betrachten und benennen
- Den gleichen Anlaut an anderen Personen/Dingen entdecken

Anregungen zur Unterrichtsgestaltung

Mögliche Aktivitäten rund um den eigenen Namen, die sich in den nächsten Schultagen anschließen können, werden nun kurz skizziert:

Den eigenen Namen wiedererkennen, richtig schreiben und auf verschiedene Weise gestalten:

- Die Kinder schreiben ihren Namen mehrmals auf Klebeschildchen, verzieren diese und verschenken dann ihren Namen an „Autogrammsammler".
- Die Kinder gestalten ein Wandplakat mit ihren gemalten Selbstportraits und beschriften diese mit dem Namen.
- Der Lehrer fotografiert alle Kinder und lässt die Fotos mit dem Namen beschriften.
- Die Kinder schreiben ihren Namen ganz klein, ganz groß, in der Lieblingsfarbe, in möglichst vielen Farben, mit verschiedenen Stiften, ganz dick, ganz dünn, ...
- Die Kinder stellen ihren Namen mit verschiedenen Arbeitsmitteln dar: mit Stempelkasten, Schuldruckerei, Schreibmaschine, Computer, Magnetbuchstaben, Buchstabenplättchen, Stempeln mit Korken, Einritzen in eine Knetgummiplatte oder in Sand.

Den eigenen Namen und die Namen der Mitschüler in Sprechsilben gliedern und deren Anzahl feststellen:

- Die Namen werden in „Robotersprache" gesprochen, z.B. Me - la - nie oder Mi - cha - el.
- Die Namen werden geklatscht. Wer könnte das sein? Wer hat einen langen Namen (viele Klatscher), wer einen kurzen?
- Bei jeder Silbe wird ein Schritt gemacht (Silbengehen).
- Die Namen können mit Silbenbögen dargestellt werden, bzw. die Namensschilder können auf einem Plakat nach den Silbenbögen geordnet werden.
- Die Namen können gesungen werden, der Melodieverlauf kann an der Tafel notiert werden, z.B.:

  _ ‾ ‾ _   ‾ _
  An-ge-li-ka   Ti-mo

  ‾ ‾ _   _ ‾ _
  Mi-cha-el   Chris-ti-ne

- **Zaubertrommel**
  Die Kinder sitzen im Kreis, die Lehrerin schlägt z.B. dreimal auf die Handtrommel. Nun müssen alle Kinder mit einem dreisilbigen Namen sich sofort auf den Boden oder rittlings auf einen Stuhl setzen. Sie werden erlöst, wenn ein anderes Kind ihren Namen nennt und dazu klatscht.

- **Silben-Jogging**
  Im Klassenzimmer werden die Ecken markiert (kleine Plakate mit Silbenbögen) für einsilbige, zweisilbige Namen usw. Die Kinder laufen zur Musik. Beim Stopp nennt die Lehrerin einen Namen aus der Klasse. Alle Kinder müssen in die entsprechende Ecke laufen. Die Lehrerin kommt dazu. Der Name wird gemeinsam gesprochen und geklatscht. Dieses Spiel kann genauso gut mit den Namen von Schulsachen, bzw. von Obstsorten gespielt werden (passend zum Sachunterricht).

- **Silbenmusik**
  Für verschiedene Silbenzahlen werden unterschiedliche Geräusche vereinbart, z.B. eine Silbe – ein Mal auf die Schenkel patschen, zwei Silben – zwei Mal auf den Tisch klopfen, drei Silben – drei Mal in die Hände klatschen, vier Silben – vier Mal mit den Fingern schnippen. Die Klasse wird danach in vier Gruppen eingeteilt. Die Lehrerin spricht einen Namen, sofort wiederholt die entsprechende Gruppe den Namen und macht dazu das vereinbarte Geräusch.

Die Buchstaben des eigenen Namens wiedererkennen und ordnen:

- Die Kinder bekommen einen Umschlag, in dem der Name (in gleicher Schrift wie auf dem Namensschild) nach Lauten zerschnitten steckt. (Achtung: Doppellaute oder Diphtonge bleiben eine Einheit, also C/l/au/d/i/a oder J/o/h/a/nn/e/s.)
  Anhand der Vorlage setzen sie den Namen wieder richtig zusammen.
  Wer kann es schon ohne Vorlage?
  Wer kann den Namen seines Nachbarn zusammensetzen?
  Wer kann die Buchstaben seines Namens wieder finden, wenn zwei Namen vermischt wurden?
  Wer kann einen überzähligen Buchstaben aussortieren?
- Die Kinder markieren in einer „Buchstabensuppe" alle Buchstaben, die in ihrem Namen vorkommen und schreiben sie dann der Reihe nach auf.
- Die Kinder suchen in Prospekten usw. „ihre" Buchstaben und kleben daraus ihren Namen in „Reklameschrift".
- Die Kinder ordnen Purzelwörter (ihre Namen) mit Pfeilen und schreiben den Namen auf.

Den Anlaut betrachten und benennen:

- Nur der Anlaut ist zu sehen – *Wer könnte das sein?*
- Namen mit gleichem Anlaut untereinander schreiben
- Gleiche Anlaute mit durchscheinender Farbfolie überziehen
- Sprechen der Namen mit gleichem Anlaut, dabei Vokale und Dauerkonsonanten (wie F, M, R) leicht gedehnt, Explosivlaute (wie K, P, T) wiederholend sprechen. Diese Übung bietet auch die Möglichkeit zur Korrektur für Kinder, die bereits gewöhnt sind, den Buchstaben mit dem Alphabet-Namen zu bezeichnen.
- Karten mit Anfangsbuchstaben zeigen, benennen und auf die Anfangsbuchstaben die Namen legen, bzw. die einzelnen Kinder dazu stellen lassen
- Die Kinder gestalten den Anlaut mit Stäbchen, Knetmasse, Buntpapier und Wolle, mit Elementstempeln (aus der Fundgrube des vpm-Verlags)

Den gleichen Anlaut an anderen Personen/Dingen entdecken:

- Die Kinder bringen „passende" Gegenstände zu ihrem Namen mit, also Gegenstände mit dem gleichen Anlaut. (Schwierig bei Namen mit J oder bei türkischen Namen mit Y, das als J gesprochen wird: hier könnte man sich nach der Aussprache richten, also Jogurtbecher oder Jojo für Yüksel oder Yasim. Für Namen mit Ö wie Özlem: Öl, Öse oder Öffner)
- Die Kinder malen Gegenstände mit dem gleichen Anlaut zu ihrem Namen oder schneiden passende Bilder aus Katalogen etc. aus.

DIE ANLAUTTABELLE

Die Kinder lernen die Anlauttabelle kennen und üben den Umgang mit ihr

In der Fibel ist die Anlauttabelle abgebildet, die wir in Form einer Rakete gestaltet haben. Dem Wörter- und Geschichtenheft liegt eine farbige Anlauttabelle bei. Da die Kinder lange Zeit die Anlauttabelle täglich benutzen werden, ist es sinnvoll, sie zu laminieren oder in eine Folienhülle zu stecken.
Eine große Anlauttabelle kann im Klassenzimmer ausgehängt werden.

Für den Schriftspracherwerb mit „Start frei" ist die Anlauttabelle das zentrale Arbeitsmittel für das 1. Schuljahr. Sie bietet den Kindern die Möglichkeit, von Anfang an alle Laute, die sie in einem Wort hören, als Buchstaben wiederzugeben und damit Wörter aufzuschreiben. Dies kann auch für andere Fächer, z.B. im Sachunterricht hilfreich sein.

Hinweise, didaktische Überlegungen

Auf der Anlauttabelle ist für jeden Buchstaben ein Begriff dargestellt, der mit dem betreffenden Anlaut beginnt. (Für -ch, -ng, -ß wurden Begriffe mit den fraglichen Buchstaben im Auslaut verwendet.)

Ch wurde als Anlaut nicht dargestellt, weil z.B. Chinese oder Chemie in verschiedenen Dialekten verschieden ausgesprochen werden und Wörter mit dem Anlaut Ch phonetisch richtig dem C (Computer) zugeordnet werden können.

Folgende Prinzipien wurden bei der Auswahl der Begriffe beachtet.

- Die Begriffe der Anlauttabelle sind eindeutig, kindgemäß und für Kinder bedeutungsvoll, leicht darzustellen und weitgehend lautgetreu zu verschriften.
- In der Anlauttabelle ist der große Buchstabe links angeordnet, der kleine rechts daneben. Kinder, die schon Schreiberfahrungen mitbringen, kennen meist den großen Buchstaben, da er in seiner Form prägnanter ist. Viele Lehrer finden es sinnvoll die Gewohnheit der Kinder aufzugreifen, ihren Namen und erste Wörter nur mit Großbuchstaben zu schreiben. In diesem Fall kann den Kindern eine Kopie der Anlauttabelle zur Verfügung gestellt werden, die nur die Großbuchstaben enthält. (Kopie Anlauttabelle S. 52)
- Für die Vokale werden jeweils zwei Begriffe angeboten: Einmal wird der Selbstlaut am Wortanfang lang gesprochen (geschlossener Selbstlaut), einmal kurz (offener Selbstlaut). Diese Unterscheidung in der Artikulation ist besonders deutlich bei der Aussprache der Selbstlaute e und o in ihrer kurzen oder in ihrer langen Form. Ein Bewusstmachen der unterschiedlichen Aussprache erleichtert in der 2. Jahrgangsstufe die Einführung der Rechtschreibregel: Nach einem kurzen Selbstlaut folgt oft ein doppelter Mitlaut.
- In der Rakete stehen die Vokale in der Spitze, da sie worttragend sind. Im Raketenkörper sind die Konsonanten untergebracht, die Seitenflügel enthalten die Doppel- und die Umlaute, in den „Triebwerkauslässen" sind die besonderen Laute ch, ß und ng als Endlaute dargestellt.
- Im Raketenkörper sind ähnliche, bzw. leicht zu verwechselnde Laute/Buchstaben nebeneinander angeordnet, z.B. N und M, G und K.
- Der dunklere Untergrund im unteren Teil der Rakete markiert die seltener gebrauchten Laute/Buchstaben. Es ist möglich, den unteren Teil der Anlauttabelle anfangs nach hinten wegzuknicken, um den Umgang mit der Anlauttabelle an einer begrenzten Anzahl der häufigsten Buchstaben einzuüben.

Im Umgang mit der Anlauttabelle lernen die Kinder in relativ kurzer Zeit alle Buchstaben kennen, doch müssen sie verschiedene Grundlagen beherrschen.

Ziele, Inhalte

- Sich in der Anlauttabelle rasch orientieren und die Begriffe sicher kennen
- Die Anlaute nennen (R wie Rakete, H wie Herz) und die Buchstaben zuordnen
- Wörter nach ihrem Anlaut abhören und dem passenden Begriff aus der Anlauttabelle zuordnen

Anregungen zur Unterrichtsgestaltung

Sich in der Anlauttabelle rasch orientieren und die Begriffe sicher kennen

Die Kinder müssen alle Bilder der Anlauttabelle genau bezeichnen können, also Jacke und nicht Mantel, Ordner und nicht Mappe, ebenso sind Unterhemd, Vogel und Öl eindeutig zu benennen. Durch vielfältige Übungen und Spiele lernen die Kinder die Begriffe kennen und ihre Darstellung immer schneller in der Anlauttabelle auffinden.

Bei den folgenden Spielformen kommt es darauf an, auf der Tabelle rasch die Abbildungen zu finden und zu markieren. Das Markieren kann auf der Anlauttabelle der Kinder z.B. mit Muggelsteinen, Holzscheibchen oder Rechenplättchen geschehen. Zur Kontrolle werden

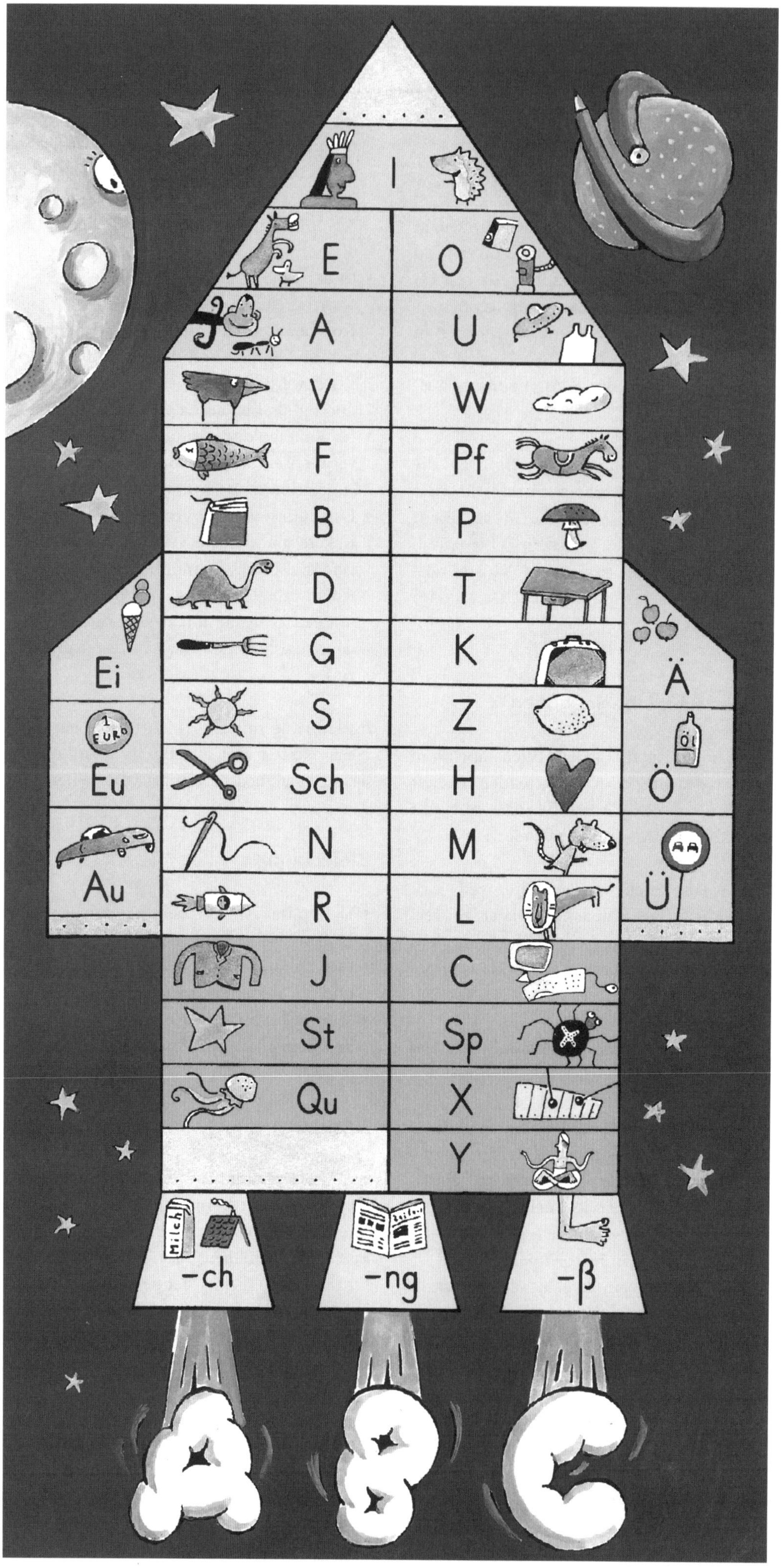
I
E
O
A
U
V
W
F
Pf
B
P
D
T
G
K
S
Z
Sch
H
N
M
R
L
J
C
St
Sp
Qu
X
Y
Ei
1 EURO
Eu
Au
Ä
ÖL
Ö
Ü
Milch
-ch
-ng
-ß

Scheibchen auf eine Folie der Anlauttabelle gelegt oder in Streifen geschnittene Post-it-Zettel an der großen Anlauttabelle angeheftet.

Steckbrief
„Mich findest du, wenn du von der Gabel nach rechts gehst und dann drei Schritte nach oben. Wer bin ich?" „Du findest mich, wenn du vom Herz zwei Schritte nach unten und dann nach links gehst." „Gehe vom Dino einen Schritt hoch, dann nach rechts und dann fünf Schritte nach unten. Lege ein Scheibchen auf mich. Wer bin ich?"

Versteckte Wörter
Der Lehrer erzählt den Kindern eine kurze Geschichte, in der er Wörter aus der Anlauttabelle versteckt hat. Beispiel: *„Heute ist ein schöner Tag, die Sonne scheint warm. Ich ziehe meine Jacke aus."* Die Kinder, die ein Wort aus der Anlauttabelle gehört haben, rufen „Stopp". Dann haben alle Kinder die Aufgabe, das entsprechende Bild auf der Anlauttabelle zu markieren. Danach werden in der Reihenfolge alle Bilder noch einmal benannt, bzw. das Ergebnis an der Folie markiert. Nach einigen Beispielen können die Kinder selbst Geschichten mit versteckten Wörtern erzählen.

Ich sehe was, was du nicht siehst
Die Bildkarten zur Anlauttabelle (aus „16 Spiele zum Schriftspracherwerb") liegen verdeckt auf einem Haufen. Ein Kind zieht eine Karte und formuliert ein Rätsel. „Ich sehe was, was du nicht siehst, und das ist schon ausgestorben." Die Kinder markieren das entsprechende Bild auf ihrer Anlauttabelle. Am Ende werden von den Kindern zur Kontrolle nur noch die Bilder genannt, die frei geblieben sind.

Kim-Spiel
Sechs bis zehn Bildkarten zur Anlauttabelle (aus „16 Spiele zum Schriftspracherwerb") liegen aufgedeckt in der Kreismitte. Die Kinder haben 30 Sekunden Zeit, sich alle Abbildungen einzuprägen. Danach schließen die Kinder ihre Augen, der Lehrer nimmt ein Bild weg. *Wer weiß, was fehlt? Wer zeigt es auf der Anlauttabelle?*

Rätsel von der Partnerklasse
Wenn die Erstklässler eine Partnerklasse haben, können die Kinder dieser Klasse Rätsel zu den Begriffen aus der Anlauttabelle schreiben und den Kindern dann vorlesen. Die Kinder nennen die Lösung und zeigen das Bild auf der Anlauttabelle.

Alle Vögel fliegen hoch
Es wird vereinbart, dass nur Dinge hoch fliegen können, die auf der Anlauttabelle zu sehen sind. „Alle Jacken fliegen hoch." Die Kinder heben die Arme. „Alle Mäntel fliegen hoch." Die Arme müssen jetzt natürlich unten bleiben.

Ich gehe sammeln
Die Kinder erhalten den Auftrag, bestimmte Dinge zu „sammeln", z.B. nur Dinge, die man essen kann, die im Haushalt zu finden sind, die lebendig sind, die man nicht anfassen kann, ... Die „gesammelten" Dinge werden auf der Tabelle markiert und benannt.

Die Anlaute nennen können (R wie Rakete, H wie Herz) und die Buchstaben zuordnen

Die Kinder müssen wissen, dass mit dem dargestellten Buchstaben nur der erste Laut des Namens wiedergegeben ist. Hier ist die Aussprache des Lautes wichtig, also nicht em, sondern mmm, nicht ka, sondern k. Viele Kinder kennen von zu Hause den Buchstabennamen. Für sie muss der Unterschied zwischen dem Namen und dem Klang eines Buchstabens geklärt werden. „Der Buchstabe heißt eM, aber im Wort klingt er nur Mmm."
Die Kinder müssen die Verbindung des Anlauts mit dem Begriff automatisieren: M wie Maus, R wie Rakete, A wie Affe, usw. Dies gelingt durch Übungen und Spiele sowie durch häufige Wiederholungen.

Die Materialien „16 Spiele für den Schriftspracherwerb" bieten hierfür folgende Spielmöglichkeiten:

- Bild- und Buchstabenkarten
- Anlaut-Domino I
- Angelspiel I
- Klammerkarten I

Wo ist heute mein Platz?
Die Kinder bekommen beim Betreten des Klassenzimmers eine Bildkarte (aus den Spielen zum Schriftspracherwerb) in die Hand. Auf jedem Stuhl im Stuhlkreis liegt eine Buchstabenkarte. Die Kinder müssen den passenden Buchstaben zu ihrem Bild finden und sich dann auf diesen Platz setzen.

Wer ist heute mein Partner?
Die Kinder erhalten wieder Bild- und Buchstabenkarten. Die entsprechenden Paare müssen sich zur Partnerarbeit zusammenfinden.

Wörter nach ihrem Anlaut dem passenden Begriff aus der Anlauttabelle zuordnen

Der eigentliche Einsatz der Anlauttabelle beginnt, wenn die Kinder zu neuen Wörtern zunächst den passenden Anlaut, später alle gehörten Laute suchen, um sie dann durch den passenden Buchstaben wiederzugeben.

Die Kinder müssen die Suchstrategie auf der Anlauttabelle einüben: „Ich suche L, also fahre ich mit dem Finger am linken unteren Rand der Rakete (oder der durch Wegklappen verkürzten Rakete) entlang hoch über die Raketenspitze und auf der rechten Seite abwärts. Ich spreche mir die Namen der Bilder leise vor und suche den Namen, der mit L beginnt. Löwe beginnt mit L, also muss ich für den Laut *l* das L schreiben. Beim nächsten Laut mache ich es genauso.

Die meisten Kinder hören zu Beginn des Lernprozesses vor allem die Konsonanten in einem Wort und überhören die Vokale. Der Hinweis, dass in jedem Wort mindestens ein Buchstabe aus der Raketenspitze dabei sein muss, kann die Kinder zu aufmerksamem Abhören anregen.

Die Materialien „16 Spiele für den Schriftspracherwerb“ bieten hier folgende Spielmöglichkeiten:
- Anlaut-Domino II
- Lotto-Spiel
- Angelspiel II
- Klammerkarten II

Was hat er/sie dabei?
Die Lehrerin erzählt, dass in einem besonderen Land alle Schüler immer einen Gegenstand mitbringen müssen, der mit dem gleichen Laut beginnt, wie ihr Name. *„Kevin kommt in die Schule. Was hat er dabei?“ „Einen Koffer.“* Nachdem alle Namen der Kinder aus der Klasse genannt wurden, werden mit anderen Namen auch die passenden Bilder aus der Anlauttabelle abgefragt.

ELTERNARBEIT

Elternabend: Vom Schreiben zum Lesen

Dem ersten Informationsabend für die Eltern der Schulanfänger kommt besondere Bedeutung zu. Nahezu alle Eltern zeigen aufmerksames Interesse und Neugierde. Für die Lehrerin ist es die beste Gelegenheit, alles an die Eltern heranzutragen, was ihr wichtig ist. Sie kann zeigen, dass sie

- bereit ist, alle Kinder in ihrer Eigenheit anzunehmen,
- versuchen wird, alle Kinder je nach ihrem Wissensstand zu fördern,
- auf die positive Mithilfe der Eltern angewiesen ist,
- sicher in den Methoden des Erstunterrichts ist.

Begrüßung

Die Lehrerin begrüßt die Eltern der Schulanfänger und fragt nach mit welchen Gefühlen die Kinder und die Eltern die ersten Schultage erlebt haben.
Nun schildert die Lehrerin kurz ihre eigenen Gefühle, Erwartungen und Ängste am neuerlichen Schulanfang. Sie erzählt, dass sie wieder erfreut und überrascht war, wie viele unterschiedliche kleine Persönlichkeiten in ihrer Klasse versammelt sind: Kinder, die eher zurückhaltend sind, und solche voller Selbstvertrauen, Kinder, die schon vieles können, was man in den ersten Schulwochen lernt, und andere, die aus verschiedenen Gründen noch nicht wissen, welche Anstrengungen ihnen in der Schule abverlangt werden, ... aber alle blicken voller Erwartung dem Lernen entgegen.

■ Die Lehrerin zeigt eine Folie (s. u.), auf der viele fröhliche Kinder zu sehen sind. (Das zweite Bild ist abgedeckt!)

Mit den Eltern macht sich die Lehrerin Gedanken darüber, welche Erwartungen die verschiedenen Schüler wohl an die Schule haben.

Wie kann die Lehrerin allen Kindern nun gerecht werden? Wie kann sie ihnen Freude am Lernen und Erfolgserlebnisse vermitteln? Wie kann sie alle nach Kräften fordern und fördern? Immerhin geht es ja darum, die Kinder zu Lesern und Schreibern zu machen und sie in die Grundlagen der Mathematik einzuführen.

■ Die Lehrerin deckt das zweite Bild auf der Folie auf.
„Das ist wohl nicht der richtige Weg."

Die Lehrerin betont, dass es für sie wichtig ist, dass alle Kinder mit Freude mitarbeiten können, unabhängig davon, wie viel sie schon wissen und können.

Für das Lesen- und Schreibenlernen gibt es viele verschiedene Methoden. Ob die Eltern sich noch daran erinnern können, wie *sie* lesen und schreiben gelernt haben?

Auf eine ungewöhnliche Weise hat der Franz aus einer beliebten Kinderbuchreihe das Lesen gelernt – oder vielleicht doch nicht gelernt?
Die Lehrerin liest die Geschichte „Wie der Franz das Lesen lernte" vor. (siehe S. 56)
Ergebnis: Franz hat selbst gemerkt, dass man mit dieser Methode nur für einige Zeit Erfolg haben kann. Das Lesen- und Schreibenlernen scheint also gar nicht so leicht zu sein.

Nun berichtet die Lehrerin, dass sie sich mit einer Methode vertraut gemacht hat, die auf den ersten Blick ungewöhnlich erscheint. Aber gerade mit dieser Methode möchte sie ihr Ziel erreichen, nämlich jedes Kind so zu fördern, wie es gerade dieses Kind nötig hat.

Tafelanschrift: | Vom Schreiben zum Lesen |
Zuerst Schreiben, dann Lesen – wie kann das gehen? Vielleicht hilft es uns, wenn wir überlegen, wie die Kinder vor etlichen Jahren das Sprechen gelernt haben.

Wie der Franz lesen lernte

Der Franz ist sechs Jahre und sechs Monate alt.
Einmal, im Sommer, gingen die Gabi und der Franz in den Park zum Kinderspielplatz. Aber den Wippschaukeln fehlten die Schaukelbretter und der Kletterturm war überhaupt weg. Am Gitter vom Ballspielplatz hing ein weißes Schild mit schwarzen Buchstaben.
„Da sind drei a drauf", sagte der Franz.
„Und neun e", sagte Gabi.
„Und der erste Buchstabe ist ein W", sagte der Franz.
Und dann sagte die Gabi: „Wenn jetzt schon Weihnachten wäre, dann könnten wir das lesen! In vier Monaten Schule lernt man das sicher."
Der Franz ging zu einem großen Buben, den fragte er: „Bitte, was steht auf der Tafel?"
Der große Bub las ihm vor: „Wir bitten um Verständnis, die Spielgeräte werden frisch lackiert."
Der Franz pfiff vor sich hin, ging zur Sandkiste und setzte sich auf den Sandkistenrand.
„Du, Gabi", rief er. „Ich kann jetzt schon lesen!"
„Kannst du nicht", sagte die Gabi.
„Doch", sagte der Franz. „Auf dem Schild steht, dass die Schaukeln und der Kletterturm lackiert werden, und wir sollen Verständigung haben."
„Das hast du gefragt", sagte die Gabi.
„Gar nicht wahr, echt nicht! Ich kann lesen!", rief der Franz.
„Du bist ein Lügenbolzen, ein dummer!", rief die Gabi.
Der Franz lief nach Hause. Zu Hause beim Franz war nur die Lilli.
„Lilli, Lilli", piepste der Franz, als ihm die Lilli die Wohnungstür aufmachte. „Du musst mir ganz schnell lesen lernen!"
Er rannte in sein Zimmer und kam mit einem Stoß Bilderbücher zurück.
„Bis zum Mittag muss ich lesen können!"
„Das ist unmöglich", sagte die Lilli. „Und außerdem hab ich überhaupt keine Ahnung, wie ich dir das Lesen beibringen soll. Ich bin ja keine Lehrerin."
Zuerst war der Franz deswegen sehr traurig, doch dann hatte er eine gute Idee. Der Franz suchte das Buch vom Bauernhof. Auf jeder Seite vom Buch war ein Bild, darunter standen zwei Zeilen Buchstaben.
Das wusste der Franz genau! Die Mama hatte ihm das Bilderbuch schon sehr oft vorgelesen. Diese zwei Zeilen wusste der Franz auswendig.
Er blätterte das Bauernhof-Bilderbuch von der ersten bis zur letzten Seite durch. Dabei nickte er immer wieder.
Der Franz suchte ein anderes Bilderbuch aus dem Stoß heraus. Er schob es der Lilli hin.
„Lies mir das bitte hundertmal vor", sagte er.
Der Franz erklärte der Lilli, dass er das Bilderbuch unbedingt auswendig lernen müsse. Und dass einmal vorlesen dafür nicht reiche.
Das sah die Lilli ein. Sie holte den Rekorder vom Josef, legte eine Kassette ein und las dem Rekorder das Bilderbuch vor.
Der Franz drückte auf „Start" und hörte zu und murmelte mit und drückte auf „Rücklauf" und wartete und drückte auf „Start" und hörte zu und murmelte mit und drückte auf „Rücklauf" und wartete und drückte auf „Start" und hörte zu und murmelte mit.
Dann ließ sich der Franz noch ein drittes Bilderbuch auf das Tonband sprechen. Und dann marschierte er wieder in sein Zimmer.
Zum Nachtmahl kam der Franz mit den drei Bilderbüchern unter dem Arm. Diesmal musste ihn die Mama abfragen. Der Franz hatte alle Bilderbuch-Verse richtig im Kopf. Die vom Bauernhof-Bilderbuch, die vom Zehn-kleine-Negerlein-Buch und die vom Mäuse-Geburtstags-Buch auch.
„Ich geh jetzt zur Gabi rüber", sagte der Franz.
Der Franz klingelte an der Wohnungstür der Gabi.
„Es ist wichtig", sagte der Franz.
„Die Gabi sitzt im Schaum", sagte die Mama von der Gabi.
In der Badewanne war ein riesiger Schaumberg. Aus dem Schaum schaute der Kopf von der Gabi heraus.
„Weil du mir nicht geglaubt hast", sagte der Franz.
„Jetzt lese ich dir vor!"
„Mutti, komm", rief die Gabi. „Er lügt schon wieder so! Du musst schauen, ob er wirklich lesen kann!"
So stellte sich die Mama von der Gabi zum Franz.
Und der Franz fing zu lesen an. Er machte das sehr schlau. Er tat so, als müsste er sich viel Mühe geben beim Lesen. „Ar-m-m-es Schw-wwww-ein", las er.
Als der Franz das dritte Bilderbuch zugeklappt hatte, sagte die Mama von der Gabi: „Er hat nicht gelogen. Er kann lesen. Echt!"
Seither muss der Franz der Gabi viel vorlesen. Der Franz tut das gern. Sehr schwer ist das ja auch nicht, wenn niemand daneben steht, der wirklich lesen kann.
Nur vor dem Herbst, vor dem Schulanfang, hat der Franz ein bisschen Angst. Er hat der Gabi nämlich schon das Lesebuch für die erste Klasse vorgelesen. Von der ersten Seite bis zur letzten Seite.
Und der Franz ist sich nicht ganz sicher, ob die Geschichten, die er zu den Buchstabenzeilen erfunden hat, auch wirklich die Geschichten sind, die im Lesebuch stehen.

Christine Nöstlinger

in: Christine Nöstlinger, Neues vom Franz, Verlag Friedrich Oetinger, Hamburg 1996

Wie haben die Kinder eigentlich sprechen gelernt?

Das Sprechen, also die gesprochene Sprache haben die Kinder nach und nach gelernt, es war eine Entwicklung. Es ging eigentlich von alleine und ohne große Planung. Und trotzdem haben die Eltern ihren ganz wesentlichen Anteil an der Sprachentwicklung ihres Kindes geleistet. Wir versuchen, diesen Lernweg noch einmal nachzugehen.
Die Lehrerin fragt die Eltern nach lustigen Beispielen für „Kleinkinderwörter".

Wie haben die Eltern reagiert?

Die Eltern haben das Kind verstanden und haben ihm gezeigt, dass seine Mitteilung angekommen ist. „Ja, du möchtest das Feuerwehrauto haben." Die Eltern haben auf das reagiert, was ihnen ihr Kind mit seinen noch unvollständigen und fehlerhaften Worten mitteilen wollte. Sie haben nicht gesagt. „Das Wort ist ja ganz falsch, übe es so lange, bis du es kannst." Oft haben die Eltern geschickt gehandelt, indem sie in ihrer Antwort das fehlerhafte Wort noch einmal richtig ausgesprochen haben, vor allem hatten sie aber keinen Zweifel daran, dass ihr Kind das Wort später richtig beherrschen wird. Deshalb konnte sich das Kind weiterhin über viele fehlerhafte Versuche an die richtige Klanggestalt eines Wortes herantasten. Dem Kind wurde immer vermittelt, dass es zwar noch nicht die vollendete Form des Wortes gebraucht, aber dennoch verstanden wird.

Und das kann beim Schreiben auch so gehen?

Die Kinder werden sicherlich am Anfang die Wörter unvollständig oder falsch aufschreiben. Sie werden ebenso darauf angewiesen sein, dass ihre ersten Schreibversuche mit Lob bedacht und möglichst verstanden werden. Die stärkste Motivation, sich der Mühe des Schreibens zu unterziehen, liegt in der Erfahrung, dass ein anderer die Mitteilung lesen kann. (Und hier sind die Lehrer und Eltern gefordert, denn oft ist dies gar nicht leicht!)
Aber: Die Schreibentwicklung schreitet auch hier weiter fort. Die Lehrerin wird in der Schule viele Übungen anbieten, durch die die Kinder immer weitere Einblicke in den Aufbau unserer Sprache und Schrift gewinnen. Und die Erwachsenen können helfen und ermutigen, wenn sie das Geschriebene so weit wie möglich verstehen und anerkennen, wenn Fehler übersehen werden. So haben die Kinder Erfolg, sind motiviert und können unbelastet weiterarbeiten.

Woher wissen die Kinder, welche Buchstaben sie schreiben müssen?

Bevor die Kinder anfangen können, selbstständig Wörter aufzuschreiben, müssen sie den Klang der gesprochenen Sprache bewusst wahrnehmen. Dies ist ein Entwicklungsschritt, den die Eltern durch spielerische Übungen quasi nebenbei fördern können.
Beispiele für Übungen zum Hören:

Wir machen Rätsel
Ich weiß etwas, was du auch weißt .... es fängt genauso an wie Mond ... man kann es trinken

Welches Wort ist länger?
Zug oder Streichholzschachtel

Wir reimen
Haus - Maus, Schuh - Kuh, Hund - Mund, Wanzen - tanzen

Sprechen von Kinderreimen, Auszählversen
Eine kleine Dickmadam fuhr mal mit der Eisenbahn, Dickmadam, die lachte, Eisenbahn, die krachte.

Nicht zuletzt ist das Vorlesen von Kinderbüchern und das Sprechen darüber ein wunderbares Mittel, Kinder zur Sprache und zur Wertschätzung von Geschriebenem hinzuführen.

Wie fangen die Kinder in der Schule mit dem Schreiben an?

In der Schule werden immer wieder Übungen zum Abhören der „Lautkette" gemacht, d.h. die Kinder sollen lernen, im gesprochenen Wort die Anzahl der verschiedenen Laute und später auch ihre genaue Reihenfolge abzuhören. Um die Anzahl der Laute sichtbar zu machen, legen die Kinder zu jedem gehörten Laut einen Stein auf den Tisch. (Beispiel: Schule, Unterscheidung Laut-Buchstabe). Am Anfang können die Kinder nur einen oder wenige Laute unterscheiden, besonders schwer fällt es die Selbstlaute zu erkennen. Endungen werden so gehört, wie wir sie sprechen. (Mesa, Gabl, Wagn)

Müssen die Kinder am Anfang gleich alle Buchstaben kennen?

Beim Aufschreiben eines Wortes muss für jeden gehörten Laut ein Buchstabe geschrieben werden. Als Hilfsmittel dazu bekommen die Kinder eine Anlauttabelle an die Hand. Auf dieser Anlauttabelle ist zu jedem Buchstaben ein Begriff dargestellt, der mit diesem Buchstaben beginnt. Das ist der Anlaut.

■ Die Lehrerin legt eine Folie mit einer Fantasieanlauttabelle auf. (Kopiervorlage s. S. 58)

Ich möchte mit Ihnen nun ausprobieren, wie Sie mit der Anlauttabelle in einer für Sie natürlich fremden Schrift schreiben können.
Als Wort, das Sie schreiben müssen, schlage ich „Schulhaus" vor.

1
EURO
ÖL
Milch

Die Eltern überlegen, wie viele verschiedene Laute zu hören sind (sechs) und suchen als erstes den Begriff, der mit Sch beginnt. Dieser „Buchstabe" wird dann aufgeschrieben. Am Ende ist den Eltern sicherlich auch klar, warum die Kinder anfangs ein Wort schreiben, aber dann nicht mehr lesen können.

Wie sieht die Anlauttabelle für die Kinder aus?

■ Die Lehrerin legt die Original-Anlauttabelle als Folie auf und erklärt die Einteilung:

- Mitlaute im Raketenrumpf
- Selbstlaute in der Raketenspitze
- Zwei Anlautbilder für jeden Selbstlaut (kurz oder lang gesprochen)
- Endlaute als Ausnahme am unteren Rand der Rakete.

Die Lehrerin gibt den Hinweis, dass die Eltern ab jetzt bitte auch den Lautnamen, nicht den Buchstabennamen (M nicht eM, K nicht Ka) verwenden sollen, um die Kinder nicht zu verwirren.
Ebenso können die Eltern mit dem Schreibplan (s. S. 72) vertraut gemacht werden, am Besten durch das gemeinsame Verschriften eines Wortes.

Und wie ist es mit dem Lesen?

Leseübungen sind nicht vorgesehen, also bitte auch nicht zu Hause üben!
Die Kinder werden beim häufigen Schreiben schon nach relativ kurzer Zeit die am meisten gebrauchten Buchstaben kennen. Das Lesen kommt von selbst, wenn die Kinder viel schreiben und dabei immer wieder überlegen müssen, bis zu welcher Stelle sie das Wort schon geschrieben haben. Meist entdecken die Kinder ganz spontan, dass sie lesen können.
Wenn ein Kind die Lesetechnik verstanden hat, dann braucht es viel gutes Material zum Lesen, damit die Lesefreude geweckt wird.

Wie können die Eltern helfen?

Eltern möchten so gerne ihre Kinder beim Lernen unterstützen - und nun sollen sie mit den Kindern nicht lesen üben? Aber schreiben!

- Geben Sie Ihrem Kind kleine Schreibaufträge! (Einkaufszettel, Merkzettel, Brief an Oma, Glückwunsch, Lösungen von Rätseln aufschreiben)
- Übersehen sie konsequent die Fehler und loben Sie die Leistung! (Bitte auch Großeltern auf den Sinn der Methode hinweisen!)
- Helfen Sie nur, wenn die Kinder Sie nach der „Erwachsenenschrift" fragen!
- Zeigen Sie Geduld und Zuversicht und versuchen Sie das Geschriebene zu verstehen, genauso wie beim Sprechenlernen.

Und was ist mit der Rechtschreibung?

„Schreibe, was du hörst" ist der erste Schritt. Viele Wörter sind Hörwörter, d. h. sie werden so geschrieben, wie man sie hört. Rechtschreibkenntnisse kommen im Lauf der nächsten Schuljahre dazu. Für den Aufbau der Rechtschreibsicherheit steht die gesamte Grundschulzeit zur Verfügung.

Was bietet die Methode?

Die Möglichkeit

- zum individuellen Lernen für das einzelne Kind je nach Vorkenntnissen,
- zum kreativen Lernen,
- zum selbstständigen Entdecken der Schriftsprache,
- zum freudvollen, motivierten Lernen,
- zum Wachsen an Erfolgserlebnissen.

Ausgabe des Elternbriefes (s. Kopiervorlage S. 60)

Den Brief durchsprechen und mögliche Fragen klären.

Vorstellen des Buches „Start frei"

Die Eltern haben nun die Gelegenheit die Fibel durchzusehen. Sie werden noch einmal darauf hingewiesen, dass die Texte erst dann zu lesen sind, wenn das Kind lesen kann.

Ebenso können die Arbeitshefte vorgestellt werden. Beim „Wörter- und Geschichtenheft" sollte noch einmal der Hinweis erfolgen, dass hier keine Fehlerberichtigung vorgenommen wird. Am Ende wird das „Wörter- und Geschichtenheft" ein Dokument für die persönliche Schreibentwicklung des Kindes sein.
Im „Buchstabenheft" wird auf die richtige Schreibung geachtet.
Auf die Rückseite des Elternbriefes kann die Anlauttabelle kopiert werden (s. Kopiervorlage auf der Rückseite des Deckblattes). Zu den Bildern werden klein die Begriffe geschrieben. Das kann für ausländische Eltern eine Hilfe sein.

Liebe Eltern,

Sie haben heute gehört, dass Ihr Kind nicht Buchstabe für Buchstabe zum Lesen hingeführt wird, sondern dass es sich selbst in seinem eigenen Tempo das Schreiben und Lesen aneignen darf. Die wichtigsten Punkte, die wahrscheinlich für Sie neu sind, habe ich hier noch einmal zusammengefasst:

- Ihr Kind lernt im Unterricht **nicht lesen**, sondern es lernt, wie die gesprochene **Sprache aufgeschrieben** wird.
- Als Hilfsmittel bekommt Ihr Kind die **Anlauttabelle**. Zu jedem Buchstaben ist hier ein Begriff gezeichnet, der mit diesem Buchstaben (= Anlaut) beginnt. Mit vielen Übungen und Spielen lernt Ihr Kind die Bilder sicher zu benennen.
- Ihr Kind **schreibt immer wieder selbstgewählte Wörter** und Texte und lernt durch die Arbeit mit der Anlauttabelle alle Buchstaben mit der Zeit sicher kennen.
- In vielen Übungen lernt Ihr Kind, **gesprochene Wörter immer genauer abzuhören** und dann die gehörten Laute mit Buchstaben **aufzuschreiben**. Am Anfang kann Ihr Kind möglicherweise erst wenige Laute heraushören und aufschreiben. Das ist ein normaler Entwicklungsschritt. Wie beim Sprechenlernen wird Ihr Kind durch häufige Versuche die Wörter immer vollständiger wiedergeben können.
- Beim Aufschreiben von Wörtern lernt Ihr Kind **das Lesen** wahrscheinlich **„von selbst“**. Eines Tages wird es überrascht feststellen, dass es lesen kann.

Sie möchten wissen, wie Sie als Eltern Ihrem Kind beim Lernen helfen können.

- **Drängen Sie Ihr Kind nicht zum Lesen!** Es lernt in der Schule zuerst schreiben, nicht lesen.
- **Regen Sie Ihr Kind zum Schreiben an!** (z.B. der Einkaufszettel für die Mutti, ein Gruß an die Oma, ein Bild zu einem Buch und ein Satz oder ein Wort dazu,...)
- **Loben Sie Ihr Kind für jede Schreibleistung!** Natürlich macht Ihr Kind am Anfang viele „Fehler“, beachten Sie diese bitte nicht! Freuen Sie sich über die selbstständige Leistung Ihres Kindes. Wenn Ihr Kind sie danach fragt, dann können Sie ihm das Wort in der „Erwachsenenschrift“ aufschreiben, ohne zu betonen, dass das Wort nur so „richtig“ ist.
- **Helfen Sie nur, wenn es gar nicht anders geht!** Was man selbst entdeckt hat, bringt mehr Freude und Erfolgsgefühl und bleibt auch länger im Gedächtnis.
- Wenn Ihr Kind Sie um Hilfe bittet, **benennen Sie bitte die Buchstaben als Laute**, also B statt Be, K statt Ka, M statt eM.
- **Drängen Sie Ihr Kind nicht zum lauten Vorlesen**, sondern warten Sie darauf, bis Ihr Kind Ihnen etwas vorlesen möchte.

Zum Schluss möchte ich Sie ganz persönlich noch um etwas bitten:

Vergleichen Sie nicht die Leistungen Ihres Kindes mit denen der Nachbarkinder.
Sollten Sie Zweifel, Bedenken, Fragen oder Unsicherheiten wegen des Lernens Ihres Kindes haben, so lassen Sie dies Ihr Kind nicht spüren, sondern nehmen Sie Kontakt mit mir auf.
Ich stehe Ihnen für eine kurze Auskunft vor oder nach dem Unterricht oder für eine längere Aussprache in meiner Sprechstunde zur Verfügung.

Ich hoffe, dass Ihrem Kind mit der Fibel „Start frei“ der Weg vom Schreiben zum Lesen leicht gelingt und dass ihm so die Schule zur Freude wird. Außerdem danke ich Ihnen für Ihr Vertrauen zu einer Methode, die Ihr Kind ernst nehmen und seine Selbstständigkeit und seine Selbstverantwortung stärken will.

GESTALTUNG DES KLASSENZIMMERS

Wir erwarten von unseren Kindern und trauen ihnen auch zu, dass sie sich mit den Lerninhalten selbstständig auseinandersetzen. Entsprechend müssen wir die äußeren Bedingungen schaffen, um eine Arbeit in wechselnden Gruppen, an wechselnden Aufgaben und mit wechselnden Materialien zu ermöglichen. Eine starre Klassenzimmerordnung kann hierfür nicht die Lösung sein. Klassenzimmer, in denen Kinder entdeckend und selbsttätig an die Unterrichtsinhalte herangehen, müssen folgende Anforderungen erfüllen:

- Die Sitzordnung ist flexibel.
- Im Klassenzimmer sind bestimmte Bereiche mit hohem Aufforderungscharakter für bestimmte Tätigkeiten eingerichtet.
- Die Lernmaterialien sind übersichtlich und griffbereit präsentiert.
- Organisationsformen für die Benutzung des Materials sind eingeschult.

Wie kann eine flexible Sitzordnung aussehen?

Auf wechselnde Unterrichtssituationen und Arbeitsformen kann man reagieren:

- Die Tische können einzeln gestellt oder zu kleinen Gruppen zusammengeschoben werden, an zwei Tischen können kurzfristig sechs Kinder arbeiten.
- Im Sinne einer „Bewegten Grundschule" ist es durchaus erlaubt, dass die Kinder auf dem Boden, auf den Tischen, rücklings auf den Stühlen sitzen.
- Im Klassenzimmer sind einige Teppichläufer vorhanden, die ausgerollt werden können, wenn die Kinder Legespiele o.Ä. machen.

Welche Arbeitsbereiche können eingerichtet werden?

Vorschläge für eine Spielecke

Am Schulbeginn ist die Spielecke der erste Bereich, in dem die Kinder selbstständig Kontakte suchen und sich ihre „Tätigkeit" selber wählen; entsprechend erinnert die Ausstattung anfangs noch an den Kindergarten. Bekannte Spiele müssen nicht mehr erklärt werden, die Kinder können sich auf neue Partner und neue Arbeits- und Organisationsformen konzentrieren. Auf Kinderflohmärkten sind oft preiswert Spiele, Puzzles, etc. zu erwerben.

- Kinderspiele (Memory, Domino, erste Lese- und Rechenspiele, Puzzles)
- Kasperlfiguren oder Fingerpuppen
- Bausteine oder Kugelbahnen zum Selbstbauen
- Material zur Förderung basaler Fertigkeiten:
  - Gläser zum Zuschrauben
  - Schrauben und Flügelmuttern in einem Holzbrettchen (Förderung der Handgelenksdrehung)
  - Perlen zum Auffädeln auf eine Schnur
  - Knete
  - Perlen, die mit der Pinzette gegriffen und auf die Noppen eines Seifenuntersetzers aus Kunststoff aufgelegt werden müssen (Förderung der Feinmotorik)
  - Geräuschedomino, Geräuschkassetten mit passendem Bildmaterial (Förderung des Hörens)
  - Brettchen mit verschiedenen Bezügen als Tastmemory (Förderung der taktilen Fähigkeiten)

Vorschläge für eine Bastelecke

In der Bastelecke liegen Bastelbücher, Bastelanleitungen und -vorlagen aus Kinderzeitschriften aus. Außerdem:

- verschiedene Papiersorten, Scheren, Kleber
- Knete
- Pfeifenreiniger
- Faltpapiere
- Flechtstreifen
- Federn, Schnüre, Bänder, Klebepunkte, etc.

Vorschläge für eine Leseecke

Die Leseecke ist besonders verlockend, wenn sie durch Regale oder bunte Tücher vom übrigen Klassenraum abgetrennt ist. Ein Teppich, ein Sessel, einige Sitzkissen am Boden, einige Poster an den Wänden schaffen Atmosphäre und Rückzugsmöglichkeiten.

- Die Bücher werden in Kisten oder in Regalen angeboten, möglichst einzeln aufgestellt. Für kleine Büchlein eignet sich ein Wandbehang aus klarer Kunststofffolie mit angeschweißten Taschen (gibt es als Magazin für Fotos oder Postkarten in Einrichtungsgeschäften).
- Den Bücherbestand kann man preisgünstig beschaffen durch Einkäufe auf Kinderflohmärkten, in Gemeindebibliotheken (Verkauf von ausgemusterten Exemplaren) und durch Spenden der Eltern.
  Bitte alle Bücher auf ihre Brauchbarkeit überprüfen!
  Probeexemplare von Kinderzeitschriften sind ebenfalls leicht zu organisieren und ergänzen das Leseangebot.
- In die Leseecke werden auch Bücher gestellt, die von der Lehrerin, von den Kindern oder aus der Gemeindebibliothek zu einzelnen Unterrichtsthemen mitgebracht werden.
- Nicht zuletzt stehen in der Leseecke alle von der Klasse in den Schreibzeiten hergestellten Bücher. Sie sind ein besonders begehrter Lesestoff.

Vorschläge für eine Schreibecke

Folgende Materialien sollen zum Schreiben verlocken:

- Vorrat an Papier verschiedener Größe und Farbe
- Briefumschläge (Eltern fragen)
- Stempel und Aufkleber zum Gestalten von Briefpapier
- Verschiedene Schreibgeräte
- Stempelkästen

- Schreibmaschinen
- PC
- Pinnwände zum Ausstellen der Schreibergebnisse
- Briefkasten (z.B. gelber Postversandkarton mit Schlitz, Leerungszeit angeben!)
- Wörterbücher
- Sand- oder Linsenkiste mit kleinen Gegenständen
- „Schnippelkiste“ mit vielen Bildern
- Bilder aus Zeitschriften, evtl. in einer Fotosteckmappe gesammelt.

Wie können die Materialien übersichtlich und griffbereit präsentiert werden?

- Die Lernmaterialien müssen getrennt und sortiert aufbewahrt werden.
- Sie müssen leicht von einem Platz zum anderen transportiert werden können. In vielen Lernmittelverlagen gibt es Kunststoffschachteln verschiedener Größe zu kaufen. Es hat sich bewährt, durchsichtige Kunststoffschalen zu sammeln, wie sie beim Verkauf von Obst, Salaten etc. verwendet werden. Diese Schalen können mit Folienstiften beschriftet werden. Sie sind in verschiedenen Ausmaßen und Höhen leicht zu beschaffen.
- An den Regalen werden einzelne Fächer durch farbige Klebebänder nach den Lernbereichen markiert (entsprechend den für die verschiedenen Fächer verwendeten Heftumschlägen), zusätzlich können der besseren Übersichtlichkeit wegen für die einzelnen Fächer Klebeetiketten mit einem elektronischen Beschriftungsgerät, z.B. DYMO Tag hergestellt werden.

Wie kann die Arbeit mit den Materialien organisiert werden?

- Die Einführung des Materials kann gemeinsam im Sitzkreis geschehen. An einem vergrößerten Exemplar „spielen“ einige Kinder die Arbeit mit dem Material vor.
- Die Einführung kann immer sehr kurz sein, wenn auf bekannte Spielformen zurückgegriffen wird, z.B. Domino, Lotto, Memory.
- Im Stationenbetrieb kann die Arbeit eingeschult werden. Hierbei werden die einzelnen Stationen bei einem „Spaziergang“ erklärt.
- Für manche Materialien werden „Experten“ ernannt, die in Zweifelsfällen Auskunft geben können.
  Die Namen der Experten werden mit einer Klammer am Material/Spiel vermerkt.
- Die Ausgabe der Materialien ist zu Beginn des Unterrichtsvormittags am günstigsten. (Entzerrung durch gleitenden Unterrichtsbeginn)
- Bei der Ausgabe wird schon das richtige Aufräumen vorbereitet: *„Merke dir genau, wo das Lernspiel seinen Platz hat.“*
- Die Zeit zum Aufräumen wird deutlich vorgegeben durch ein Musikstück, das Beginn und Ende der Aufräumphase markiert (immer das gleiche Musikstück).
- Die Klasse wird für ordentliches Aufräumen gelobt.
- Es hat sich bewährt, den einzelnen Materialien Klassenlisten beizulegen, auf denen die Kinder ankreuzen, wenn sie ein Spiel/eine Übungsaufgabe durchgeführt haben.
- Motivierend für die Kinder ist es ebenfalls, „Sammelkarten für den Schreib- oder Leseführerschein“ herzustellen. Auf diesen Karten bestätigt der Lehrer durch einen Stempel, dass das Kind eine Aufgabe bearbeitet hat.
- Die Kontrolle der Arbeitsergebnisse steckt oft im Material selbst, bei Arbeitsblättern hat es sich bewährt, im Klassenzimmer ein Blatt mit den richtigen Lösungen auszuhängen (evtl. versteckt hinter einer Schranktüre, an der Seitenwand des Lehrerschreibtisches). Die Kinder werden aufgefordert, am Ende ihre Arbeit mit dem Lösungsblatt zu vergleichen und danach zu berichtigen, sie werden auch ermutigt, bei auftretenden Schwierigkeiten sich Hinweise vom Lösungsblatt zu holen.
- Mit zunehmender Kompetenz kann die Kontrollfunktion auch auf einzelne Kinder übertragen werden. Damit können leistungsstarke Kinder eine zusätzliche Aufgabe für die Gemeinschaft übernehmen, denn neben der Kontrolle sind sie ja auch aufgefordert, ihren Mitschülern in Zweifelsfällen etwas noch einmal zu erklären. Ein angeklammertes „Experten“-Schild macht die Kinder als Helfer erkennbar.
- Am Ende einer selbstständigen Arbeitsphase versammelt die Lehrerin die Kinder im Sitzkreis. Einzelne Kinder zeigen die Ergebnisse ihrer Arbeit, berichten von ihrer Vorgehensweise (und wiederholen dadurch noch einmal die Arbeitsanweisung) oder von eventuell aufgetretenen Schwierigkeiten. Die Kinder werden für ihre Mühe, ihre Sorgfalt und ihr Durchhaltevermögen gelobt. Dieses Bewusstmachen einer gelungenen Arbeit erhöht die Motivation und die Anstrengungsbereitschaft aller Kinder.

Ein nach diesen Vorschlägen eingerichtetes Klassenzimmer wird zur „Werkstatt“ für die lernenden Kinder. Es muss ehrlicherweise gesagt werden, dass die Pflege der Materialien, die ständige Durchsicht und Ordnung vom Lehrer viel konsequentes Handeln und auch viel zusätzliche Arbeitszeit erfordert. Der Lohn dafür sind die Stunden, in denen (fast) alle Kinder selbstständig arbeiten, sich gegenseitig helfen und auf verschiedene Weise aktiv werden. Hier schafft sich der Lehrer Freiraum für individuelles Arbeiten mit einzelnen Kindern, seien diese nun besonders leistungsschwach oder -stark.

DIE SCHREIBERGEBNISSE DARSTELLEN

Schreiben Sie gerne für den Papierkorb? Sicher nicht. Wer sich der Mühe des Schreibens unterzieht, möchte am Ende ein schönes Ergebnis in Händen halten. Das gilt auch für die Schulanfänger.

Im „Wörter- und Geschichtenheft" schreiben die Kinder auf gestaltete Vorlagen, so dass ansprechende Ergebnisse erreicht werden können. Und am Ende des Jahres ist ein ganzes persönliches Buch entstanden, das für Kind und Eltern die Entwicklung des Schreibens dokumentiert.

In einem schreiborientierten Unterricht werden aber noch viel mehr schriftliche Arbeiten anfallen. Manche sind sicher nur im Augenblick interessant, andere aber sind es wert, gestaltet, „veröffentlicht" und aufbewahrt zu werden.

Die Arbeiten aller Kinder können auf Postern oder Wandzeitungen ausgestellt werden. Hier empfiehlt es sich, die Texte noch einmal „in Erwachsenenschreibweise" auf dem PC zu schreiben und zu den Vorlagen der Kinder zu kleben. So werden sie für die anderen lesbar und interessant und die Kinder erkennen ohne weitere Hinweise, dass Wortlücken und Rechtschreibung der Lesbarkeit dienen.

Aus Schreibarbeiten können aber auch Büchlein entstehen, entweder als persönliches Buch von jedem Kind oder als gemeinsames Buch der Klasse, das dann in die Leseecke gestellt wird.

Bei der Gestaltung der Bücher schreiben die Kinder mit verschiedenen Stiften, sie stempeln oder drucken, sie malen oder kleben ausgeschnittene Bilder oder Fotos dazu.

Je nach dem zu erwartenden Umfang der Schreibarbeiten können verschiedene Buchformen hergestellt werden. Anregungen dazu sollen die folgenden Beispiele geben.

Leporello

Ein DIN-A4-Blatt wird wie dargestellt gefaltet und dann längs in drei gleich breite Streifen geschnitten. Die Streifen werden aneinander geklebt und das Leporello ist fertig.

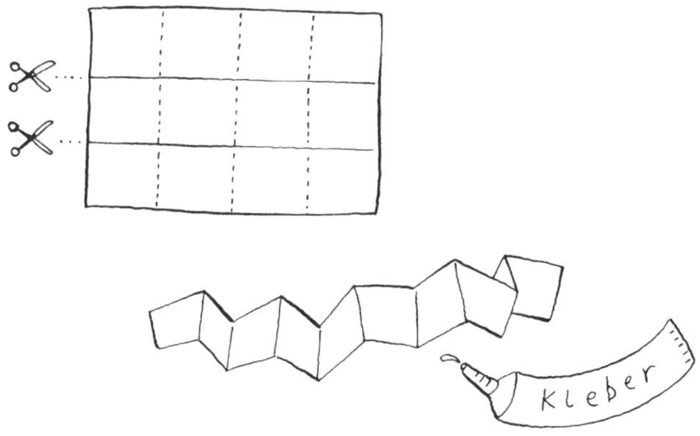

Für ein Mini-Leporello aus der Streichholzschachtel (etwa mit den Namen von Freunden, mit den Buchstaben des ABC, mit den Lieblingswörtern) darf der Streifen nur knapp 3 cm breit sein, er wird nach der Schachtellänge wie eine Ziehharmonika gefaltet und ein Ende am Boden der Streichholzschachtel festgeklebt.

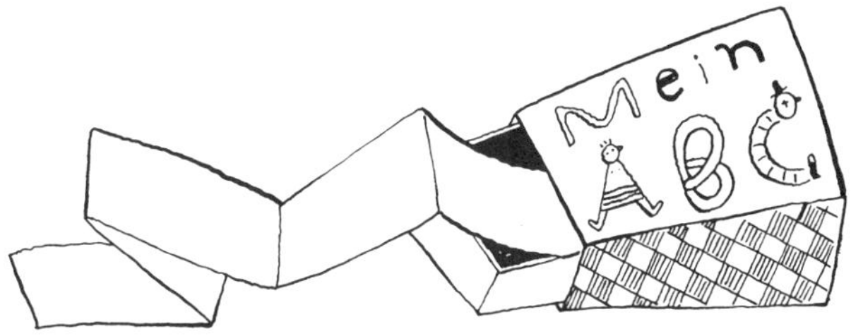

Origami-Büchlein

Ein DIN-A4-Blatt (oder auch DIN A3) wird wie angegeben gefaltet und geschnitten. Danach wird das Blatt längs zusammengelegt, aufgestellt und zusammengeschoben. Die Seiten werden der Reihe nach umgelegt und ein Büchlein mit 8 Seiten ist entstanden.

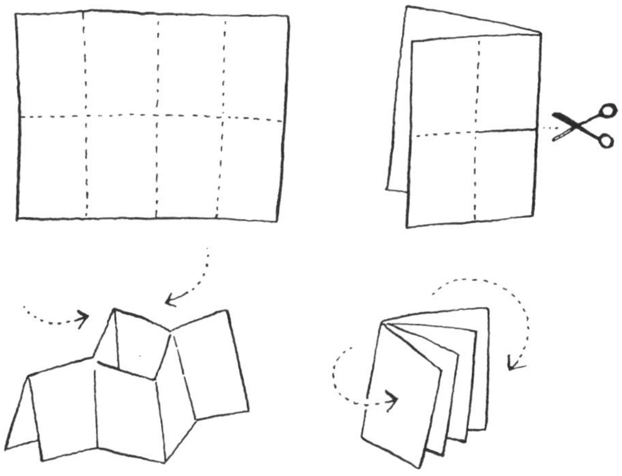

Aufstellbücher

Aufstellbücher sind Klappbücher (evtl. aus Tonpapier oder leichtem Karton hergestellt), die so gestaltet sind, dass schon ein Hinweis auf die Geschichte im Inneren gegeben wird: als Haus, als Schrank, als Fenster, als Paket.

Themenbücher

Themenbücher zeigen schon durch ihre Form den Inhalt des Buches. Die gewünschte Anzahl von Seiten wird zusammengeheftet und dann entsprechend ausgeschnitten. Für den Umschlag kann Tonpapier genommen werden.

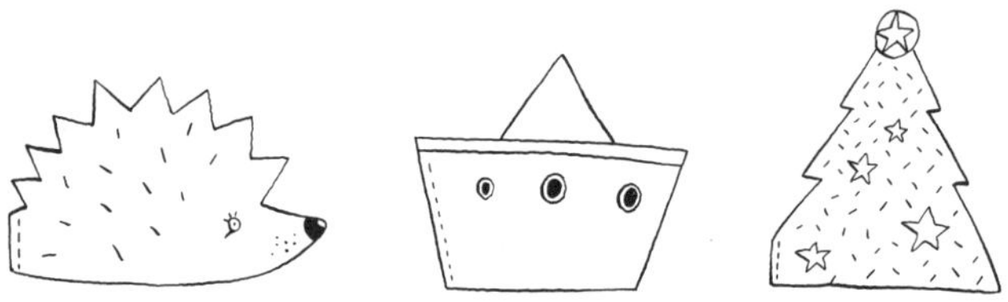

Aufstellkarten

Die Aufstellkarten werden wie dargestellt gefaltet und eingeschnitten, die Laschen dann nach innen geholt. An die Lasche kann ein ausgeschnittenes Tierbild o.Ä. geklebt werden. Davor ist Platz für ein kurzes Tiererlebnis oder eine Beschreibung.

Bilderbücher

Für umfangreichere Arbeiten (etwa ein Dino-Buch) können schnell Bücher im Querformat hergestellt werden. Ein DIN-A5-Heft (blanko oder mit Lin. 4) wird quer halbiert. Nun sind zwei Büchlein mit 16 Seiten entstanden. Der Umschlag wird entfernt und durch einen Umschlag aus Tonpapier ersetzt: DIN A4 längs halbieren, beschriften und bemalen, evtl. laminieren und mit einem großen Hefter um das Büchlein klammern.

Große Bilderbücher entstehen, wenn DIN-A4-Blätter aufeinandergelegt, gelocht und mit einem schönen Band zusammengebunden werden. Haltbarer sind diese Bücher natürlich, wenn sie eine Spiralbindung bekommen. Wenn dann noch der Umschlag aus einem stabileren Papier hergestellt und vielleicht sogar laminiert wird, können die Bücher in die Leseecke der Klasse gestellt werden.

Werden die Blätter gefaltet zu einem Buch im DIN-A5-Format können die Seiten auch mit der Nähmaschine zusammengenäht werden.

Und noch ein Tipp zur Aufbewahrung:

Viele Kinder nehmen gerne die Bücher gleich mit nach Hause. Schön ist es aber auch, wenn jedes Kind seine Werke in einer „Schatzkiste“ (beklebter und bemalter Schuhkarton) sammelt und erst am Jahresende nach Hause trägt.

UNSERE NAMEN

Fibel S. 2 / 3
Mein Wörter- und Geschichtenheft S. 1

Sachhintergrund, didaktische Überlegungen

Der Name ist für jeden Menschen ein Teil seiner Persönlichkeit, durch den Namen unterscheidet er sich von den anderen. Eltern drücken durch die Namenswahl ihre Wünsche, Vorstellungen und Erwartungen für das Kind aus. Früher wurden die Vornamen oft aus Gründen der Familientradition gewählt oder waren Ausdruck der religiösen oder konfessionellen Bindung. Heute sind die Vornamen sehr von Modetrends abhängig. Eine aktuelle Hitliste der Vornamen lässt sich jedes Jahr aufstellen. Vorbilder für die Namensgebung sind Stars, Sportler oder Figuren aus Filmen und Fernsehsendungen. So kommt es, dass viele Kinder ausländische Vornamen tragen, auch wenn sie aus einer deutschen Familie kommen. Diese Namen entsprechen nicht immer unserem Lautprinzip. Auch für deutsche Namen gibt es unterschiedliche Schreibweisen.

Schulanfänger kennen ihren Vornamen, oft auch in einer Verkleinerungs- oder Koseform; ihren Familiennamen kennen die meisten Kinder auch. Schon frühzeitig wollen Kinder ihren Vornamen schreiben, meist verwenden sie dazu die leichter zu schreibenden und in ihrer Form markanteren Großbuchstaben. Manche Kinder schreiben ihren Namen von rechts nach links oder auch in Spiegelschrift.
Der eigene Name unterscheidet den Schulanfänger von seinen Klassenkameraden, mit dem Namen kann der Sitzplatz, der Garderobenhaken, können die Schulsachen markiert werden. Der eigene Name ist auch das, was die Kinder den neuen Klassenkameraden als Erstes bei Kennenlernspielen mitteilen.

Die Doppelseite 2 und 3 greift die Arbeit an den Namen der Kinder auf und zeigt den dritten Schwerpunkt der ersten Schultage und -wochen: Die Anlauttabelle kennen lernen und damit umgehen.

Im Mittelpunkt des Raumes steht die „Rakete", an der das Namensschild „Ali" beim Aa schon befestigt wurde, wahrscheinlich von dem Jungen, der nun am Boden sitzt und Memory spielt. Mehrere Kinder sind mit verschiedenen Arbeiten und Spielen beschäftigt. Einige Kinder haben große Namensschilder geschrieben, wobei manche noch ausschließlich mit Großbuchstaben, andere schon mit gemischter Antiqua schreiben. Alle Kinder bringen ihre Namensschilder zur großen Rakete, um sie dort an dem richtigen Platz anzuhängen. Auch Frosch und Ferkel haben ihr Namensschild geschrieben und halten es in der Hand. Sie stellen fest, dass sie beide zum „Fisch" auf der Rakete gehen müssen. Dem Beispiel folgend sollen nun die Schulanfänger ebenfalls ihre Namen an den richtigen Platz auf der Anlauttabelle hängen. So wird das Prinzip der Anlauttabelle deutlich.
Wenn Kinder in der Klasse englische, französische oder türkische Vornamen (Jennifer, Jacqueline, Yvonne oder Cem, Cihan) haben, wird der Lehrer auf die besondere Schreibweise eingehen müssen, da diese Namen nicht eindeutig zugeordnet werden können.
Die vielen Vornamen mit Ch am Anfang (Christian, Christoph, Christine) können auf der Anlauttabelle beim C wie Computer ihren Platz finden, da Ch als Anlaut auf der Anlauttabelle nicht aufgeführt ist.

Die Illustrationen zeigen weitere Spiel- und Übungsformen als Anregung für die Schulklasse.

Auf dem Tisch liegen Bildkarten, die vielleicht von den Kindern selbst von der „Rakete" abgemalt wurden. Mia und Tim haben Klammern mit Buchstaben an die Bilder gesteckt. Mia steckt die T-Klammer an Tims Pullover.
Auf dem Boden sitzen ein Junge und ein Mädchen, sie haben ein Memory-Spiel vor sich liegen: Zu einem Bild aus der Anlauttabelle muss immer das passende Buchstabenpaar gefunden werden.

Ziele, Inhalte

- Die Anlauttabelle genau betrachten
- Den eigenen Namen in die Anlauttabelle einordnen
- Die Begriffe der Anlauttabelle kennen lernen und durch vielfältige Übungen sichern
- Die Verknüpfung Anlaut/Buchstabe und dazugehöriger Begriff in vielerlei Übungs- und Spielformen fertigen
- Gleiche Anlaute an den Namen anderer Personen, von Dingen oder Tieren entdecken

Anregungen zur Unterrichtsgestaltung

Hinführung:

- Spiele zum Kennenlernen der Kinder in der neuen Klasse (s. S. 46)
- Übungen und Spiele mit dem eigenen Namen (s. S. 49 f.)
- Betrachten der Anlauttabelle im Klassenzimmer einzeln oder in Gruppen
- Austeilen der persönlichen Anlauttabelle für jedes Kind
- Spielen und Üben mit der Anlauttabelle (s. S. 51 ff.)

Material:

Raketen-Poster im Klassenzimmer, kleine „Rakete" für jedes Kind, evtl. Material zur Herstellung des Klammerspiels (Wäscheklammern aus Holz und Klebepunkte, Filzschreiber)

Arbeit mit dem Buch:

- Betrachten der Bilder S. 2 und 3
  Was haben die Kinder heute gemacht?
  Kannst du schon einen Namen lesen?
  Was steht wohl auf dem Schild von Frosch und Ferkel?
  Was sollen sie jetzt tun?
  Ein Kind ist schon fertig, hat es alles richtig gemacht?
  Was haben die Kinder am Tisch zu tun? Wie geht die Arbeit weiter? Was macht das Mädchen?
  Welches Spiel spielen die beiden Kinder am Boden?
- Suchen des richtigen Platzes an der „Rakete" für die Namensschilder
- Suchen des richtigen Platzes für den eigenen Namen an der großen Rakete und an der persönlichen Anlauttabelle bzw. im Buch (großes, bzw. kleines Namensschild dazulegen)
- Betrachten der Sprechblasen und erste Leseversuche (Sprechblasen als Tafelanschrift, Erkennen und Markieren des gleichen Wortes „Ich", vorwegnehmendes Erkennen des Wortes „Fisch" aus dem Sinnzusammenhang und durch Vergleich mit der Anlauttabelle, Markieren des gleichen Anfangsbuchstabens bei Frosch, Ferkel, Fisch und betontes Sprechen)
- Herstellen eines Klammerspiels und Formulieren der Spielanleitung (Bilder aus der Anlauttabelle auf Karten malen, Wäscheklammern mit einem Klebepunkt versehen, diese mit den passenden Anlauten beschriften)
- Formulieren einer Spielanleitung für das Memory-Spiel und Spielen mit den Bild- und Buchstabenkarten aus den „Spielen zum Schriftspracherwerb".

Weitere Aktivitäten:

Im Kapitel IV. „Die Kinder lernen die Anlauttabelle kennen und üben den Umgang mit ihr" (s. S. 51 ff.) sind viele Übungen und Spiele zum Sichern der Begriffe, zum Benennen der Anlaute und zur raschen Orientierung auf der Anlauttabelle beschrieben. Sie kommen hier und in den folgenden Wochen immer wieder zum Einsatz.

Folgende „Spiele zum Schriftspracherwerb" werden jetzt den Kindern erklärt und für die nächste Zeit zum Spielen und Üben bereitgestellt:

- Anlaut-Domino I
- Klammerkarten I
- Angelspiel I

Wenn die Kinder einen großen Teil der Begriffe sicher beherrschen, die Bilder rasch auf der Anlauttabelle auffinden und den Anlaut benennen können, kommt eine neue Aufgabe:
Wörter nach ihrem Anlaut dem passenden Begriff aus der Anlauttabelle zuordnen (s. S. 53).

Übungsmöglichkeiten:

- Zu Bildern aus der Anlauttabelle werden Gegenstände (oder Bilder) gesucht, die den gleichen Anlaut haben.
- Vier Gegenstände / Bilder werden gezeigt, nur drei beginnen mit dem gleichen Anlaut. Was gehört nicht dazu?
- Kopiervorlage S. 39: Die Kinder streichen das Bild mit dem abweichenden Anlaut aus. Differenzierung: Leistungsstärkere Kinder schreiben den passenden Anfangsbuchstaben zu jedem Bild oder das ganze Wort.
- Kopiervorlagen S. 68 - 71: Die Kinder schreiben die Buchstaben zu den entsprechenden Anlautbildern und kleben dann die ausgeschnittenen Bilder dazu.

Das Angebot aus den „Spielen zum Schriftspracherwerb" kann erweitert werden:

- Anlaut-Domino II
- Lottospiel
- Angelspiel II
- Klammerkarten II
- Raketenspiel „Was muss raus?"

Hinweise zu den Schreibanlässen

Auf der Seite 1 im Wörter- und Geschichtenheft schreiben die Kinder ihren Namen in verschiedener Größe und auf beliebige Art. Verschiedene Ausführungen sind denkbar: nur Großbuchstaben oder schon gemischte Antiqua (vom Namensschild abgeschrieben). Die Kinder probieren ihre neuen Stifte aus. Auch für eine fantasievolle Ausgestaltung der Namen ist hier Platz.

Weitere Vorschläge

- Gedichte vorlesen

Ich heiße Rosemarie

Mutter nennt mich kleiner Schatz,
Liebling, Süße, frecher Fratz.
Vater sagt: Rosine,
Mücke, Maus und Biene.

Oma ruft: mein Schätzchen
oder: Schmeichelkätzchen.
Alle finden, das macht Spaß.
Schrecklich find ich das.

Warum sagt denn nie
einer Rosemarie?

Margret Rettich

aus: Saus und Braus, der Wind weht um das Haus, Loewe Verlag, Bayreuth 1976

Ich heiße Fritz.
Unser Hund heißt Spitz.
Papa heißt Papa.
Mama heißt Mama.
Meine Schwester
heißt Ottilie.
Das ist die Familie. *Emil Weber*

- Bilderbuch zum Vorlesen:
  Mira Lobe, Das kleine Ich bin ich, Verlag Jungbrunnen / HEROLD, Wien, 17. Aufl. 1992
- Vorlesegeschichte

Christine Nöstlinger

Tomas

Tomas ist fünf Jahre alt.
Seine Mutter nennt ihn: *Kleiner Tomas.*
Sein Vater nennt ihn: *Großer Tomas.*
Seine Schwester sagt zu ihm: *Blöder Tomas.*
Die Großmutter nennt ihn: *Tomi-lein-lein.*
Die Tante sagt zu ihm: *Dick-Tom.*
Die Nachbarin sagt zu ihm: *Tomas.*
Die Mutter will, dass der *kleine Tomas* den Teller leer ist.
Der Vater will, dass der *große Tomas* nicht weint, wenn er traurig ist.
Die Schwester will, dass der *blöde Tomas* unter dem Bett liegen und bellen soll, weil sie einen Hund braucht.
Die Großmutter will, dass *Tomi-lein-lein* zu allen Leuten brav „guten Tag“ sagt.
Die Tante will, dass *Dick-Tom* Buchstaben auf ein Blatt Papier malt.
Die Nachbarin will überhaupt nichts von *Tomas.*
Die Mutter stört es, dass der *kleine Tomas* in der Nase bohrt.
Den Vater stört es, dass der *große Tomas* die Erbsen aus dem Teller holt und auf den Tisch legt.
Die Schwester stört es, dass der *blöde Tomas* mit dem Filzstift einen roten Strich in ihr Rechenheft macht.
Die Großmutter stört es, dass *Tomi-lein-lein* nur einschlafen kann, wenn die Nachttischlampe brennt.
Die Tante stört es, dass *Dick-Tom* singt, wenn sie der Mutter etwas erzählen will.
Die Nachbarin stört überhaupt nichts an *Tomas.*
Tomas sagt: „Ich möchte, dass die Nachbarin meine Mutter und mein Vater und meine Schwester und meine Großmutter und meine Tante wird!“
Die Mutter und der Vater und die Schwester und die Großmutter und die Tante rufen im Chor: „Dann geh doch zur Nachbarin, *Klein-Groß-Blöd-Dick-Tomi-lein-lein!*“
Aber die Nachbarin will den Tomas überhaupt nicht haben.

Christine Nöstlinger, Thomas, in: H.-J. Gelberg (Hrsg.), Am Montag fängt die Woche an, Beltz Verlag, Weinheim u. Basel 1973, Programm Beltz & Gelberg, Weinheim

- Namenslied lernen

Ich schreibe meinen Namen

Text: mündlich überliefert
Musik: Rainer Ibe

2. Wir kennen unsre Namen und stehen Hand in Hand.
So knüpfen wir zusammen von Mensch zu Mensch ein Band.
Gott sind all unsre Namen von Anfang an bekannt.
Er selbst hält uns zusammen. Wir sind in guter Hand.
Es kann zum Tanzen weitergesungen werden:
Wir kennen unsre Namen und gehen Hand in Hand...
(dann weiter wie im 2. Vers)
oder und tanzen Hand in Hand ...
oder und singen Hand in Hand ...
Anstelle des abgedruckten Refrains (la-la-la ...)
können die Namen einiger Kinder aufgenommen werden.

Das Klassenlied

Es gibt ein Klassenlied mit vielen Namen. Das geht so:

Text und Musik: Martin Geck

1. Wir sind jetzt eine Klasse und sagen, wer wir sind.

2. Ich bin die Emine,
   jetzt sag mir, wer bist du.
3. Ich bin der Michael,
   jetzt sag mir, wer bist du.
4. Ich bin die Eva,
   jetzt sag mir, wer bist du.
5. Wir gehen auf die Bühne
   und führen euch was vor.
6. Als Erster kommt der
   und spricht euch etwas vor.
7. Als Zweite kommt die
   und tanzt euch etwas vor.
8. Als Dritter kommt der
   und singt euch etwas vor.
9. Als Letzte kommt die . . . /
   Als Letzter kommt der . . .
   und macht uns alles nach.

Martin Geck, Das Klassenlied, in: Gerlind Belke / Martin Geck, Rumpelfax. Handreichung mit Kopiervorlagen, Cornelsen Verlag, Berlin 1996 (Copyright: Autor)

Name: ______________________________

Schreibe die passenden Buchstaben in die Schilder.
Klebe die Bilder dazu.

S s	T t	L l	E e	M m	A a

Name: ______________________________

Schreibe die passenden Buchstaben in die Schilder.
Klebe die Bilder dazu.

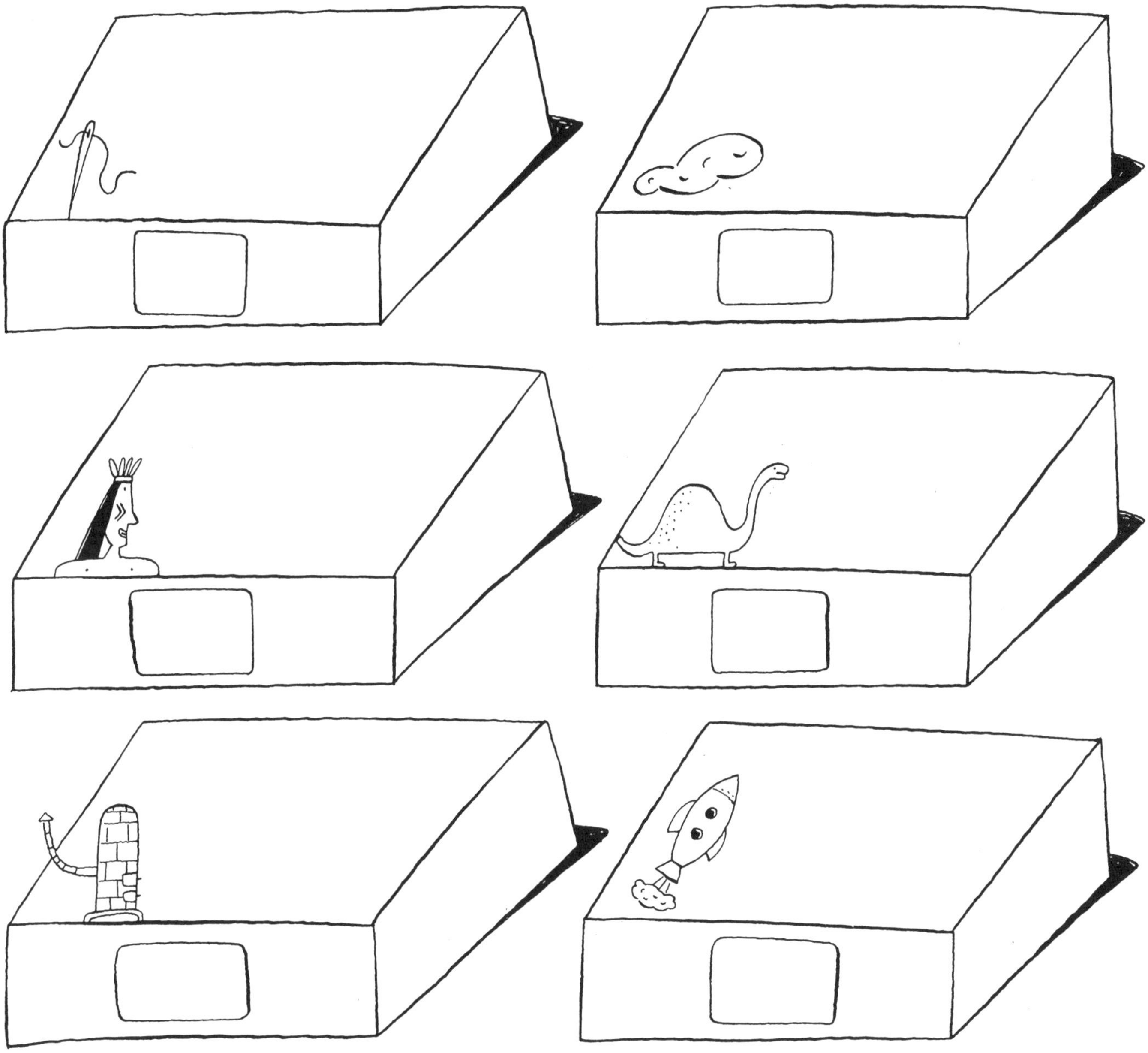

Dd	Ww	Nn	Ii	Rr	Oo

Name: ______________________________

Schreibe die passenden Buchstaben in die Schilder.
Klebe die Bilder dazu.

Kk	Pp	Uu	Ei ei	Zz	Sch sch

Name: ______________________________

Schreibe die passenden Buchstaben in die Schilder.
Klebe die Bilder dazu.

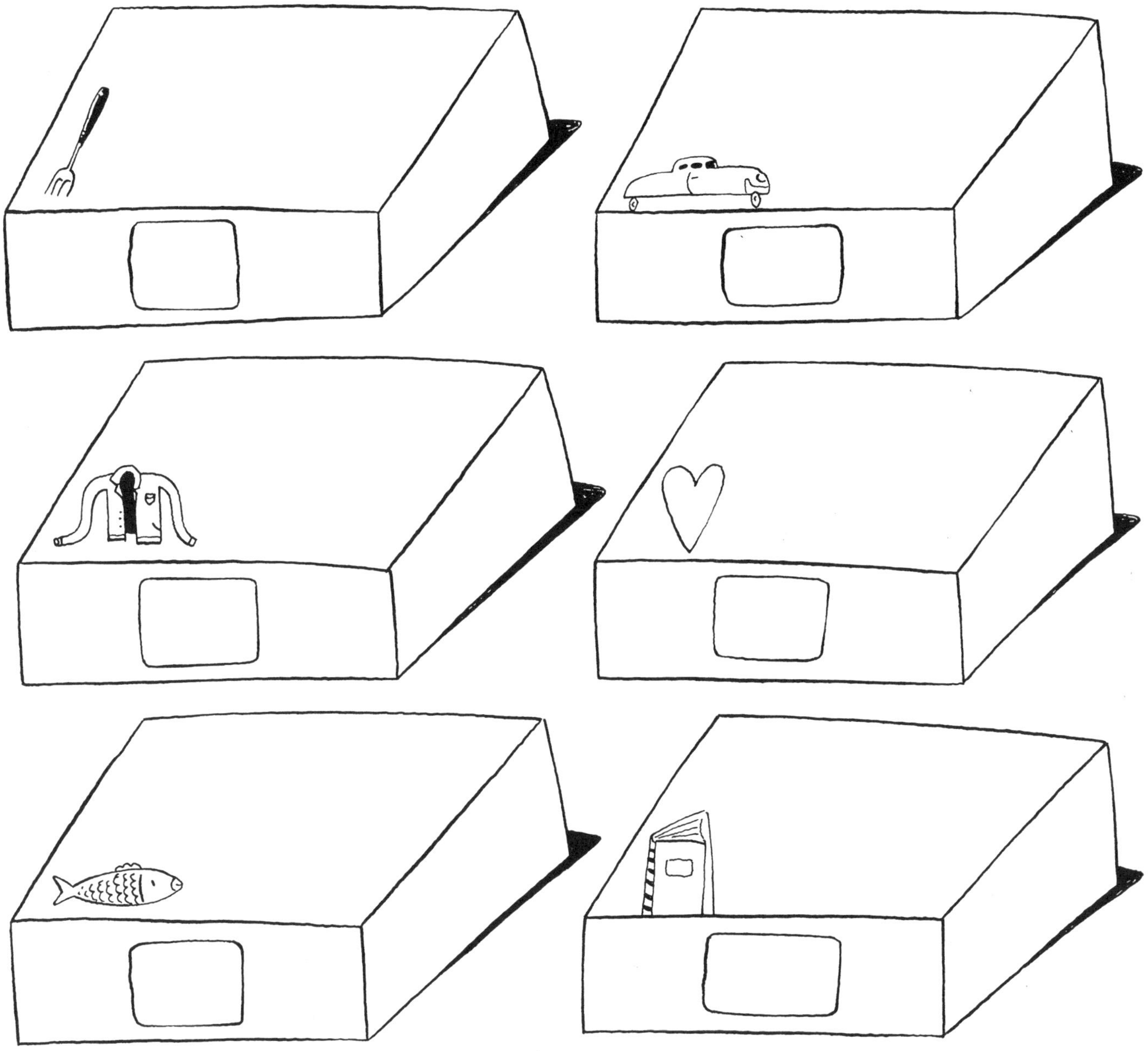

Au au	G g	F f	H h	B b	J j

SO SCHREIBE ICH WÖRTER AUF

Fibel S. 4 / 5
Mein Wörter- und Geschichtenheft S. 2

Hinweise, didaktische Überlegungen

Die Erfahrungen, die Kinder in ihrer Umwelt mit schreibenden Mitmenschen machen, sind vom Umfeld abhängig, in dem diese Kinder aufwachsen. Während ein Kind seine Eltern beim Beschriften von Fotoalben, beim Lösen von Kreuzworträtseln, beim Notieren gelesener Spruchweisheiten, beim Schreiben von Briefen und Glückwunschkarten oder auch beim Aufschreiben oder Verfassen von Texten aus beruflichen Gründen beobachten kann, wird das andere Kind seine Eltern möglicherweise nur beim Notieren eines Einkaufszettels oder beim ungeliebten Ausfüllen von Formularen schreibend sehen. Die unterschiedlichen Vorerfahrungen bedingen auch unterschiedliche Lernvoraussetzungen.

Beim Schreiben geht es darum, die flüchtige Klanggestalt eines Wortes sichtbar zu machen durch Schriftzeichen, die dauerhaft sind und mit deren Hilfe die Klanggestalt wieder reproduziert werden kann. Phoneme sind also in Grapheme umzusetzen. Grundlage dafür ist die Einsicht in die Korrespondenz von Laut und Buchstabe. Diese Einsicht ist bei Schulanfängern in sehr unterschiedlichem Maße vorauszusetzen.

Beim Erlernen der Technik des Verschriftens, also des Umsetzens von gesprochener in geschriebene Sprache, müssen vom Lernenden folgende Schritte bewältigt werden:

1. Die Klanggestalt eines Wortes wird bewusst wiedergegeben durch deutliches Sprechen.
2. Beim gedehnten Sprechen wird das Wort auf die Anzahl und Abfolge der Einzellaute abgehört und im günstigsten Fall in die vollständige L-au-t-k-e-tt-e zerlegt.
3. Die Anzahl der Laute wird sichtbar gemacht durch aufgelegte Steinchen oder durch gemalte Punkte. Die einzelnen Laute werden dabei benannt.
4. Danach müssen die gehörten Laute möglichst vollständig in die jeweils korrespondierenden Buchstaben umgesetzt werden. Das Bindeglied zwischen dem gehörten und dem geschriebenen Laut stellt die Anlauttabelle dar, so lange die Schüler dem jeweiligen Laut den Buchstaben noch nicht sicher zuordnen können.
5. Das Aufschreiben der Buchstaben schließt den Vorgang des Verschriftens ab.

Auf den Seiten 4 und 5 sollen die Schüler bekannt gemacht werden mit der Strategie des Verschriftens. Diese muss zunächst mit den Kindern besprochen und schrittweise gemeinsam durchgeführt und eingeübt werden. Wenn in den nächsten Wochen täglich einige Wörter gemeinsam aufgeschrieben werden, wobei die Strategie immer wieder verbalisiert wird, gewinnen die Kinder rasch Sicherheit.

Als optische Merkhilfe dient der Schreibplan. Er kann vergrößert im Klassenzimmer aufgehängt und auch den Kindern an die Hand gegeben werden (s. Kopiervorlage unten, evtl. laminieren). Neben den Piktogrammen des Schreibplans sind in der Fibel auch Fotos wiedergegeben, die ein Kind bei den verschiedenen Schritten zum Aufschreiben eines Wortes zeigen.

1. Ich spreche das Wort.
2. Ich spreche das Wort gedehnt.
3. Ich lege für jeden gehörten Laut einen Stein auf.
4. Ich suche nach und nach jeden Laut in der Rakete.
5. Ich schreibe das Wort Buchstabe für Buchstabe auf.

Die Kinder markieren beim Schreiben mit einer kleinen Klammer jeweils den eben zu vollziehenden Arbeitsschritt an ihrem Schreibplan. So wird rasch die Strategie als Struktur verinnerlicht..
Zur Verdeutlichung des Dehnsprechens hat sich bei uns das Theraband bewährt, ein dehnbares farbiges Gummiband, das in Sport- und Sanitätsgeschäften erhältlich ist. Wenn das Band mit einem Wort beschriftet wird, kann das Dehnen des Wortes augenfällig dargestellt werden.

Auf den Buchseiten sind verschiedene Formen und Anlässe des Verschriftens im Unterricht zu sehen: zwei Kinder üben mit einem Lernprogramm am PC, bei dem

Kopiervorlage

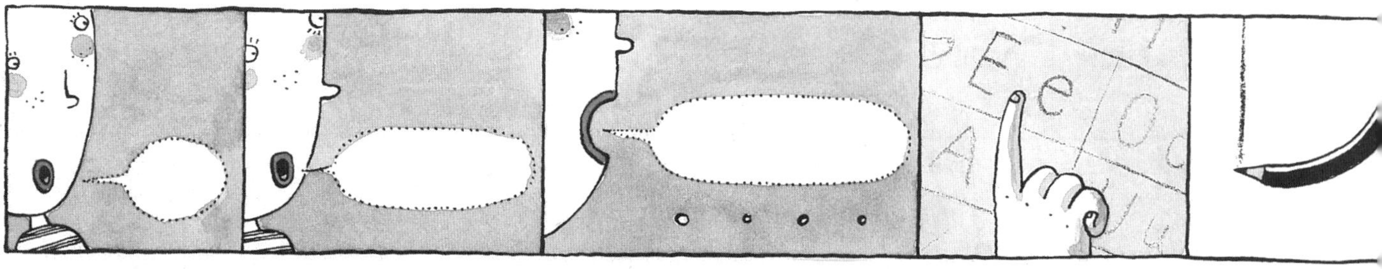

zu einem Bild die entsprechenden Buchstaben eingegeben werden müssen, zwei Kinder haben sich für das Angelspiel entschieden, bei dem die geangelten Bilder verschriftet werden müssen, ein Kind stellt ein Leporello mit Tierbildern und -namen her.

Wegen der Unterschiede in den Lernvoraussetzungen zu Beginn des selbsttätigen Schriftspracherwerbs darf nicht von einem einheitlichen Stand ausgegangen und dieser auch nicht als Standard vorgeben werden. Vielmehr werden alle Formen der beginnenden oder schon weiter fortgeschrittenen Fähigkeiten im Umgang mit Schrift gleichberechtigt nebeneinander dargestellt und betrachtet. Deshalb zeigen die Darstellungen auch rudimentäre Formen der Verschriftung (MS für Maus), wie sie bei vielen Kindern sicherlich vorhanden sind. Bei der Besprechung wird die Lehrerin vermeiden, die Begriffe „richtig" und „falsch" zu verwenden, sondern das bereits vorhandene Wissen positiv vermerken. (Beim Tier-Leporello ist für die Maus „schon der erste und der letzte Buchstabe richtig gefunden" worden.)

Daraus folgt, dass alle Formen der Verschriftung (nur der erste Buchstabe, nur ein prägnanter Buchstabe, Reihung von Konsonanten, fast vollständige Buchstabenkette) gleichberechtigt nebeneinander stehen dürfen. Es wäre für die künftige Arbeit äußerst schädlich, würde der Lehrer zu diesem frühen Zeitpunkt bereits gelungene Beispiele als Musterlösungen herausstellen oder andere Kinder auf die fehlenden Buchstaben hinweisen oder sie zu einer Ergänzung zwingen. Gerade jetzt ist es wichtig, den Kindern Freude am Schreiben und Erfolgserlebnisse zu vermitteln. Deshalb sollten alle Ergebnisse beachtet und angenommen werden. Auf die Frage der Kinder „Ist das so richtig?" könnte der Lehrer antworten: „Ja, für dich ist es jetzt richtig." Oder „Du hast schon viel gehört." Bei einem Kind mit großen Vorkenntnissen kann natürlich der Hinweis auf einen noch fehlenden (und hörbaren) Buchstaben erfolgen. Der Lehrer wird nach kurzer Zeit die Leistungsfähigkeit seiner Schüler beim Aufschreiben so gut kennen, dass er mit pädagogischem Takt und Geschick bestätigt, lobt und evtl. auch durch Korrekturhinweise weiterbringt.

Ziele, Inhalte

- Die Piktogramme und die dazugehörigen Fotos verbalisieren
- Die Strategie an verschiedenen lautgetreuen Wörtern gemeinsam anwenden und einüben
- Eigene Schreibversuche (analog den in der Fibel dargestellten) unter Anwendung der Strategie ausführen
- Feste „Schreibzeiten" als Bestandteil des Unterrichts kennen lernen

Anregungen zur Unterrichtsgestaltung

Hinführung:

Die Kinder erzählen, ob sie schon einmal „geschrieben" haben. Dabei ist der Kritzelbrief an die Oma, evtl. noch ergänzt durch ein Bild und das Wort „Oma" durchaus schon als „Brief" zu bezeichnen. Die Kinder sollen des weiteren überlegen, wann geschrieben wird und wen sie schon beim Schreiben beobachtet haben.
Es ist auch denkbar, von den Kindern verschiedene Schreibgeräte mitbringen und benennen zu lassen, evtl. sogar eine kleine „Ausstellung" zu organisieren. Die Kinder können „Geschriebenes" von zu Hause mitbringen, die verschiedenen Schriften werden betrachtet: Ein Brief von Oma, eine Ansichtskarte, ein Zeitungsausschnitt, Mamas Einkaufszettel, ein Faksimile einer alten Urkunde, ...
Das Unterrichtsgespräch kann folgende Fragen klären:
*„Viele Kinder schreiben auch schon vor der Schule.
Hast du auch schon geschrieben? Wer hat deinen Brief bekommen? Hat er/sie sich darüber gefreut?"
„Schreiben Erwachsene auch? Wen hast du schon schreiben gesehen? Gibt es Menschen, die gar nicht schreiben (können)?"
„Schreiben kann man mit vielen verschiedenen Geräten.
Was hast du schon ausprobiert?"*

Material:

- Eine vergrößerte Kopie des Schreibplans für das Klassenzimmer
- Ein Schreibplan für jedes Kind (siehe Kopiervorlage S. 72), der noch laminiert werden kann
- Kleine Klammern zum Markieren auf dem Schreibplan
- Ein etwa 50 cm langes Stück Theraband zur Verdeutlichung des Dehnsprechens
- Muggelsteine, bzw. Holzscheibchen zum Darstellen der abgehörten Lautanzahl
- Angelspiel siehe Kopiervorlage S. 75
- Schreibmaterialien in der Schreibecke

Arbeit mit dem Buch:

- Pantomimerätsel als Einstieg: Schreiben mit einem Stift, auf der Schreibmaschine oder am PC
- Betrachten der Fibelseiten, Benennen und Bewerten der einzelnen Aktivitäten
- Betrachten und Deuten der Piktogramme auf dem Schreibplan, Vergleichen mit den Fotos
- Betrachten und Ausgestalten des persönlichen Schreibplans
- Schrittweises Nachvollziehen des Schreibplans beim gemeinsamen Verschriften lautgetreuer Wörter, Markieren durch Aufstecken einer Klammer am Plan
- Ausprobieren aller in der Fibel dargestellten Schreibmöglichkeiten
- Herstellen eines Angelspiels mit lautgetreuen Wörtern

- Betrachten der vorhandenen Schreibgeräte und -materialien in der „Schreibecke", Besprechen des Umgangs damit, Formulieren von Regeln für die Schreibecke
- Würdigung aller geschriebenen Wörter durch Beachtung, Lob, „Ausstellung"

Hinweise zu den Schreibanlässen

Die Strategie des Verschriftens wird in den nächsten Wochen immer wiederholt und geübt werden. Jeden Tag wird die Lehrerin einige momentan bedeutsame Wörter (evtl. aus dem Sachunterricht, aus dem Unterrichtsalltag oder aus Erzählungen der Kinder) gemeinsam mit den Kindern aufschreiben. Dabei wird das Arbeiten nach dem Schreibplan eingeübt und für die Kinder automatisiert. Zugleich werden aber auch den Kindern vielfältige Möglichkeiten zum Abhören und selbstständigen Aufschreiben von Wörtern in Einzel- oder Partnerarbeit geboten.

- Das Wörter- und Geschichtenheft bietet auf der Seite 2 vier lautgetreue Wörter, die zu schreiben sind (Dino, Ufo, Kanu und Rakete). Zur Wiederholung ist auch hier der Schreibplan noch einmal abgebildet.
- Die Kopiervorlagen S. 77 bis S. 80 sind so gestaltet, dass hierbei die Strategie des Verschriftens an lauttreuen Wörtern noch einmal bewusst vollzogen wird: Die Kinder sprechen das Wort zum Bild deutlich vor, sprechen es gedehnt und legen auf die Fenster der Rakete bei jedem Laut einen Stein oder ein Plättchen auf. Dann werden die Steine nach und nach wieder weggenommen und das jeweilige Fenster „beleuchtet", also gelb ausgemalt. In einem letzten Schritt werden die Buchstaben einzeln in die Fenster geschrieben. Zwei Kopiervorlagen zeigen kürzere Wörter, eine dritte für leistungsstärkere Schüler bereits längere. Mit der Blankovorlage kann der Lehrer rasch Arbeitsblätter mit Wörtern aus der Klassensituation gestalten.
- Die Kopiervorlagen S. 93, 100, 101 erfordern ebenfalls jeweils das Aufschreiben einzelner Wörter. Teilweise sind diese Wörter nicht lautgetreu, die Aufgabe wäre deshalb vollständig gelöst, wenn ein Kind alle hörbaren Laute mit gleichlautenden Buchstaben wiedergegeben hat, z.B. Schwain, Kaze, Esl.

Aus den „Spielen zum Schriftspracherwerb" sind jetzt einzusetzen:

- Klammerkarten „Wie viele Laute?"

Weitere Vorschläge

Für das Aufschreiben von Wörtern können vielerlei Anregungen (auch für die freien Schreibzeiten) gegeben werden.

- Lieblingswörter, Gruselwörter und lustige Wörter werden von den Kindern in die passenden „Bilderrahmen" geschrieben (s. Kopiervorlage S. 76)
- Eine „Schatzkiste" (Schuhschachtel, die mit Linsen gefüllt ist) steht für die Schreibzeiten bereit, in der kleine Gegenstände oder Nachbildungen von Dingen vergraben sind, die weitgehend lautgetreu zu verschriften sind. (Muschel, Schal, Pirat, Hase, Baum, Apfel, Maus, Pilz). In dieser Schatzkiste können auch die aus Karton ausgestanzten Abbildungen aus dem „Blinde Kuh"-Spiel (Ravensburger Verlag) versteckt werden.
- In einer Bilderkiste befindet sich eine Sammlung kleiner Bilder (evtl. aus alten Arbeitsheften), die ins Heft geklebt werden, um dann den Namen dazu zu schreiben.
- Kim-Spiele: Gegenstände oder bildliche Darstellungen (Figuren aus dem „Blinde-Kuh-Spiel" auf dem OHP) werden gezeigt, eine davon wird entfernt und muss nun aufgeschrieben werden
- Die Kinder lassen einen Rätselsack mit einem Gegenstand herumgehen, der durch Betasten des Sackes oder blindes Hineingreifen zu erraten ist. Wortlos schreiben die Kinder den Namen des ertasteten Gegenstandes auf.
- In Partnerarbeit lassen sich Tastspiele auch ausführen. Dazu wird ein Schuhkarton mit zwei Eingrifflöchern an den beiden Schmalseiten versehen. In diesen Karton legt ein Kind einen Gegenstand, das andere muss ihn erraten und den Namen aufschreiben.
- Für eine „Tastrallye" werden vier oder fünf Kaffeedosen mit einer Manschette aus dem Stulp eines Sockens überzogen (als „Eingriff", der ein Hineinschauen verhindert) und nummeriert. In die Dosen werden verschiedene Gegenstände gelegt. Die Kinder müssen blind den Gegenstand ertasten und auf einem Arbeitsblatt den Namen in die passende Dose schreiben.

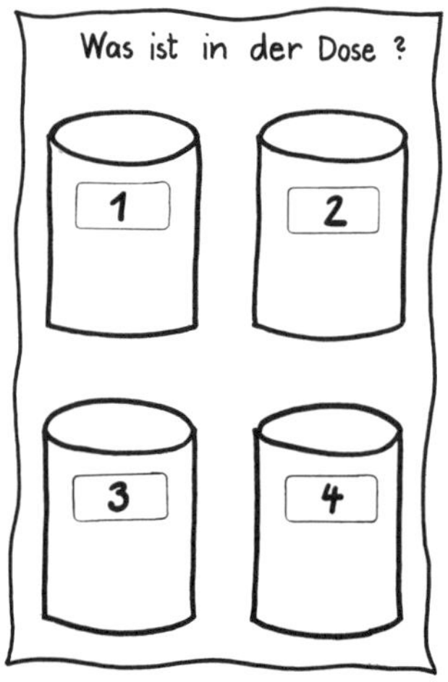

ANGELSPIEL

(auf stärkeren Karton kopieren, die leeren Fische mit eigenen Bildern bemalen, ausschneiden)

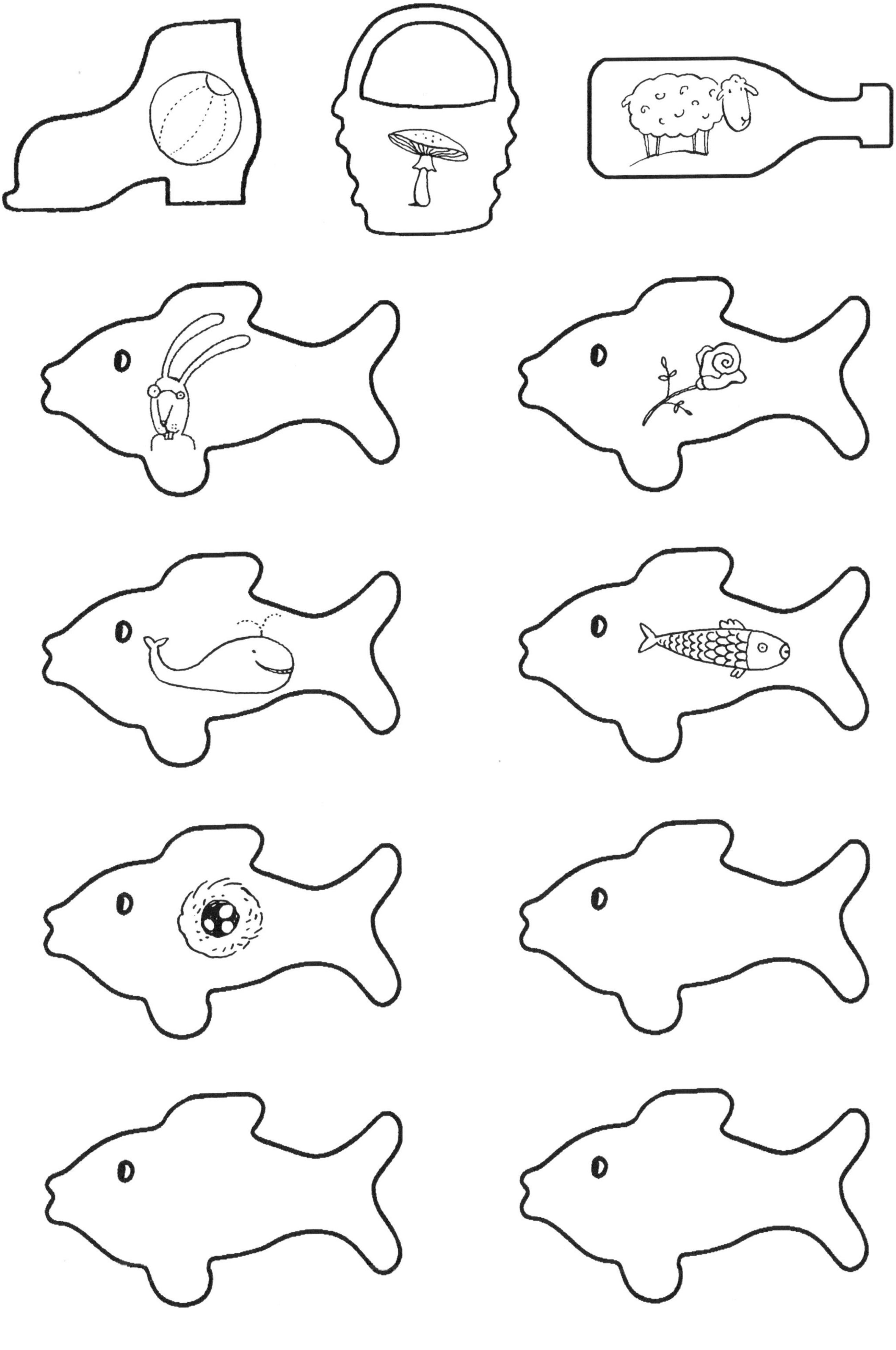

Name: ______________________________

Schreibe passende Wörter.

Lieblingswörter

Gruselwörter

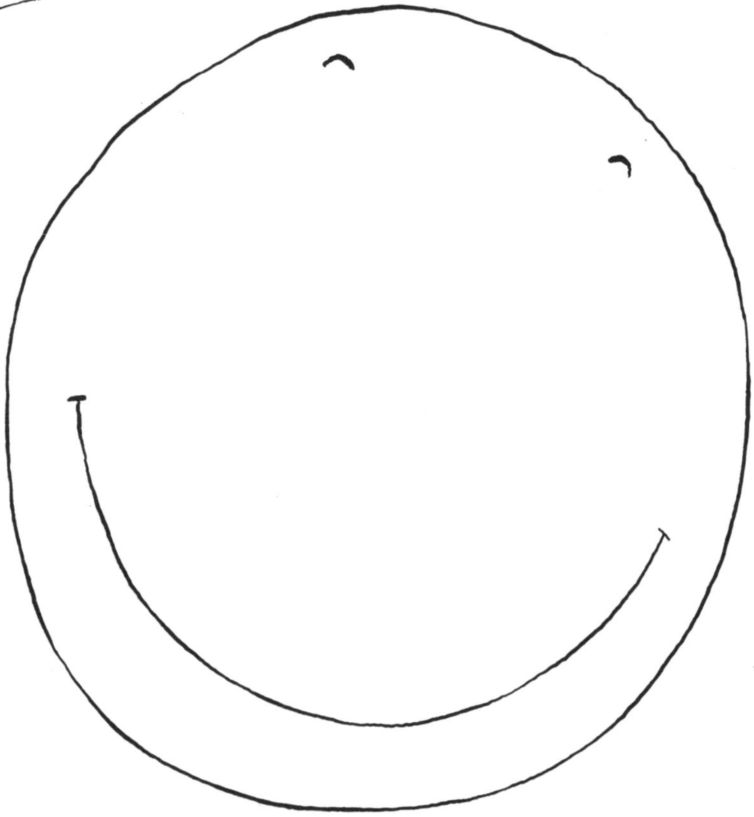

lustige Wörter

Name: ______________________________

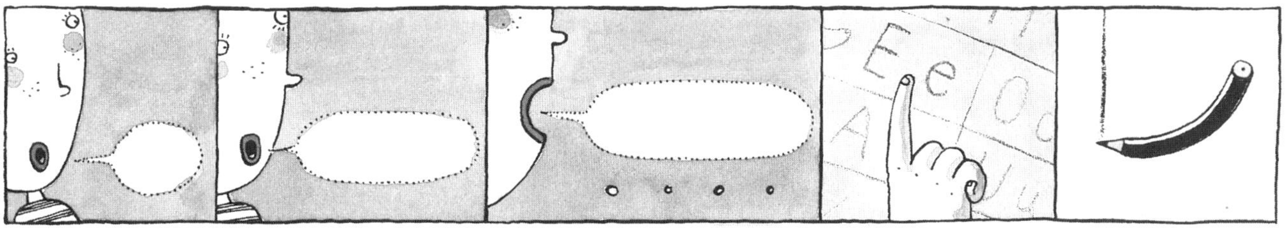

1. Das Wort deutlich sprechen.

2. Für jeden Laut einen Stein auf ein Fenster legen.

3. Diese Fenster gelb ausmalen.

4. Das Wort in die Fenster Buchstabe für Buchstabe eintragen.

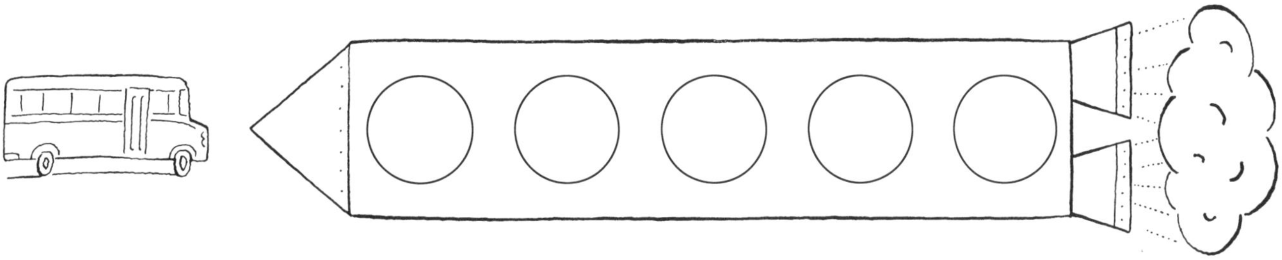

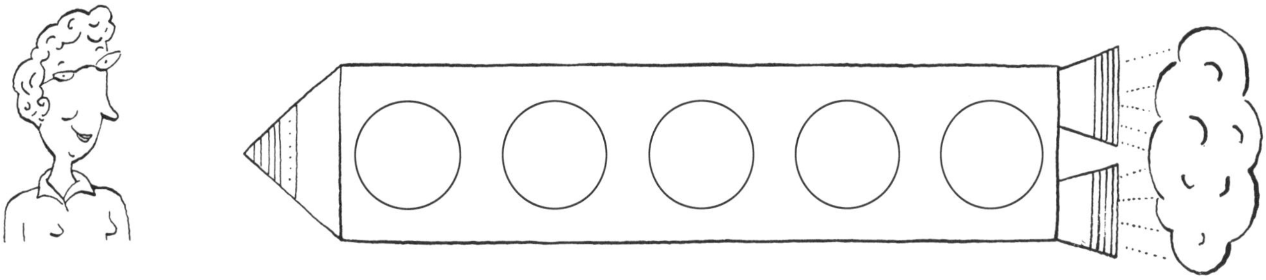

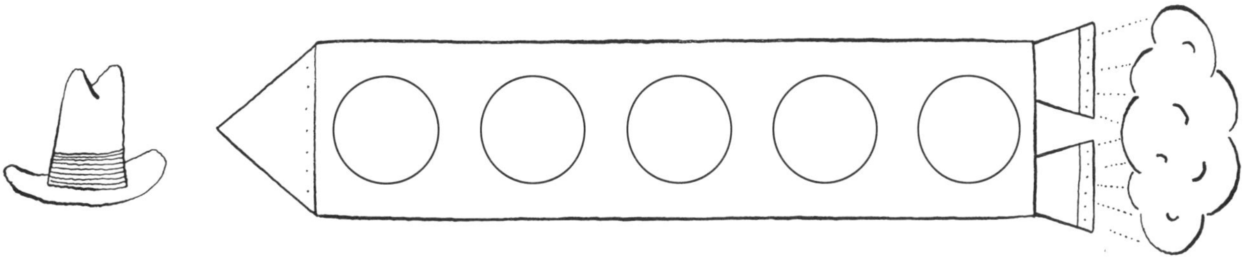

Name: ____________________________________

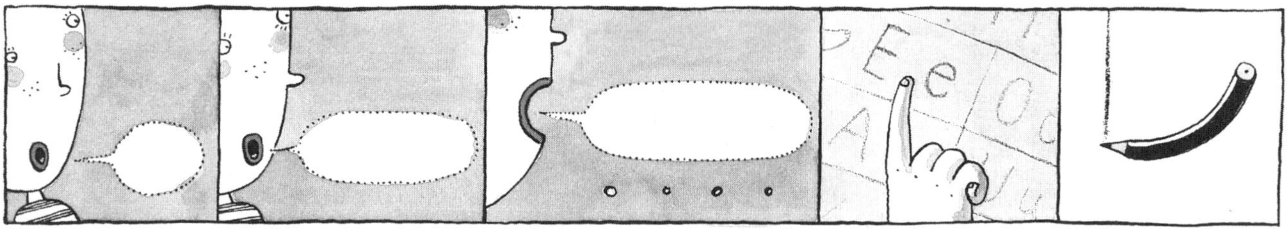

1. Das Wort deutlich sprechen.

2. Für jeden Laut einen Stein auf ein Fenster legen.

3. Diese Fenster gelb ausmalen.

4. Das Wort in die Fenster Buchstabe für Buchstabe eintragen.

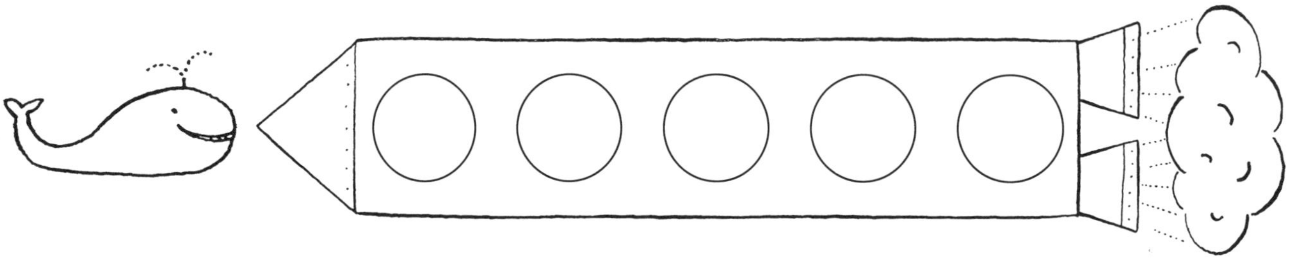

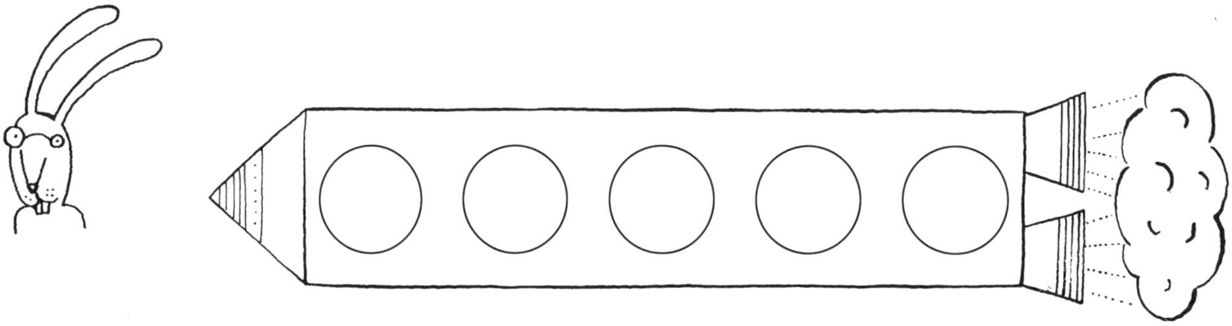

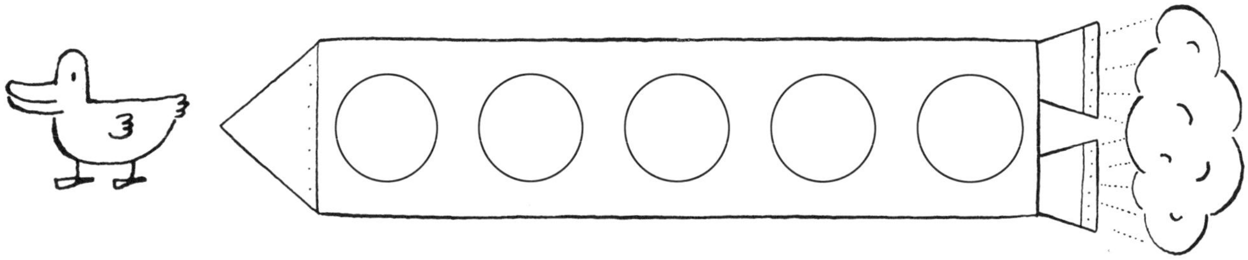

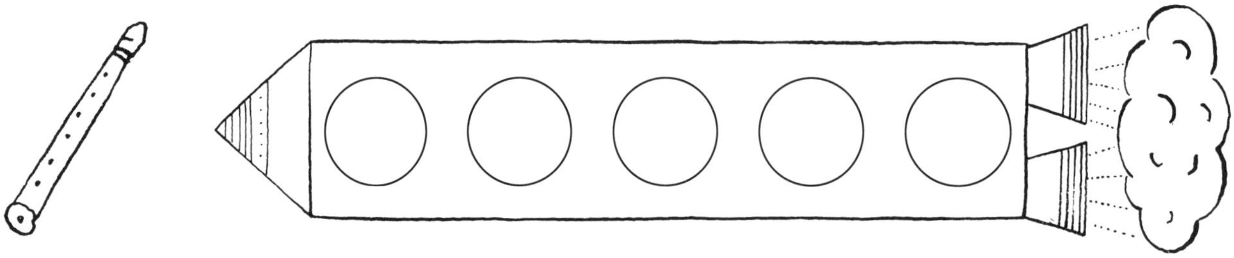

Name: ____________________________________

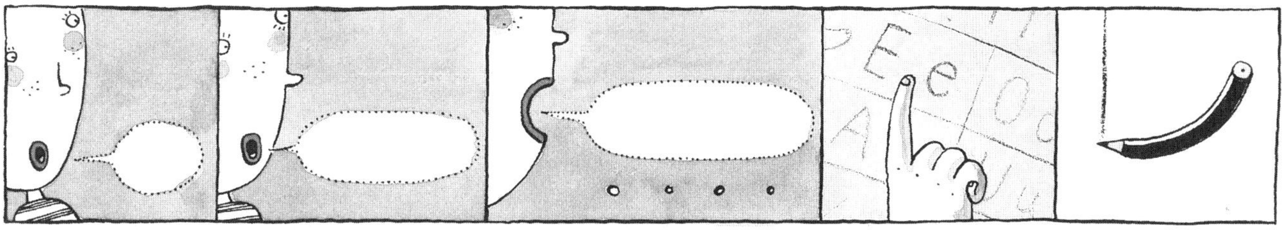

1. Das Wort deutlich sprechen.

2. Für jeden Laut einen Stein auf ein Fenster legen.

3. Diese Fenster gelb ausmalen.

4. Das Wort in die Fenster Buchstabe für Buchstabe eintragen.

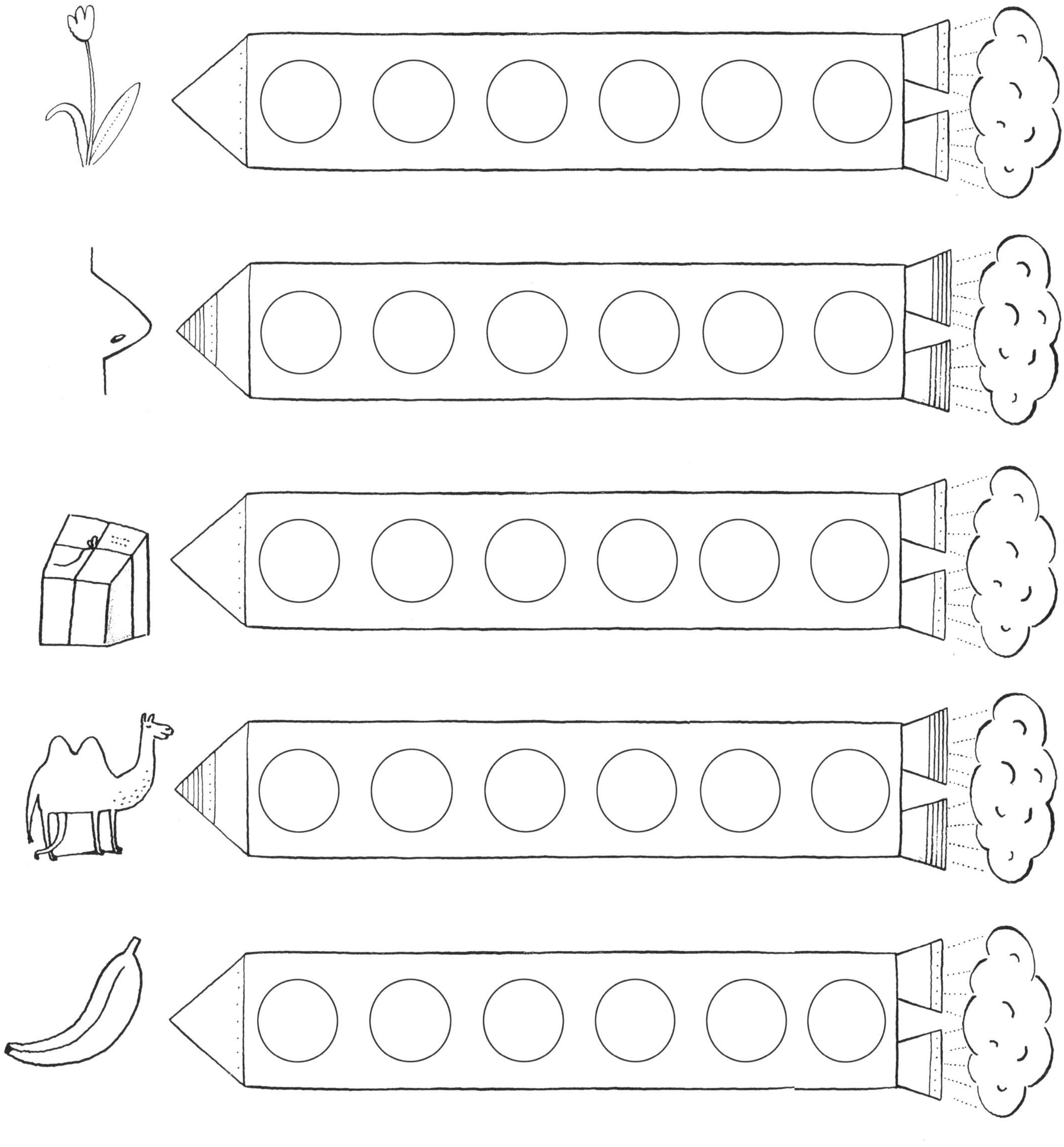

Name: ______________________________

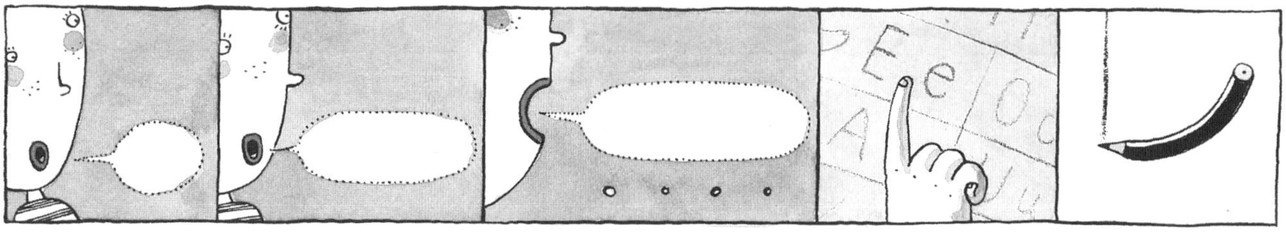

1. Das Wort deutlich sprechen.
2. Für jeden Laut einen Stein auf ein Fenster legen.
3. Diese Fenster gelb ausmalen.
4. Das Wort in die Fenster Buchstabe für Buchstabe eintragen.

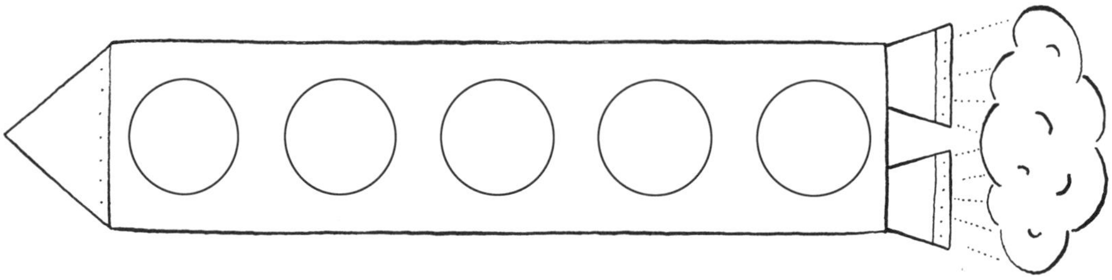

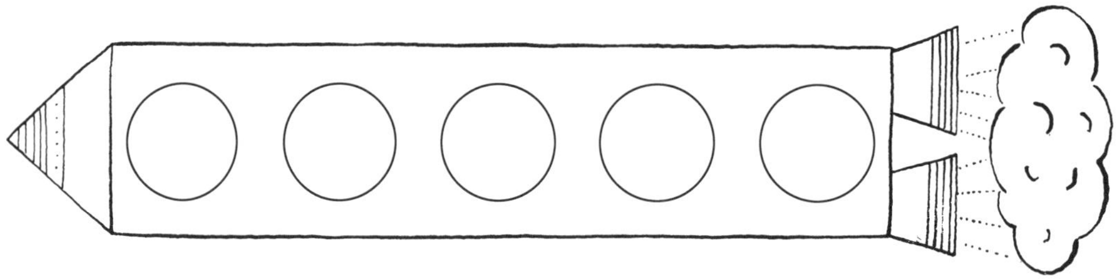

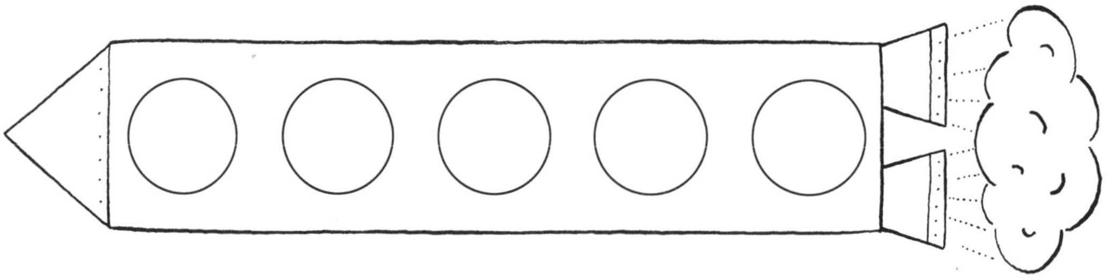

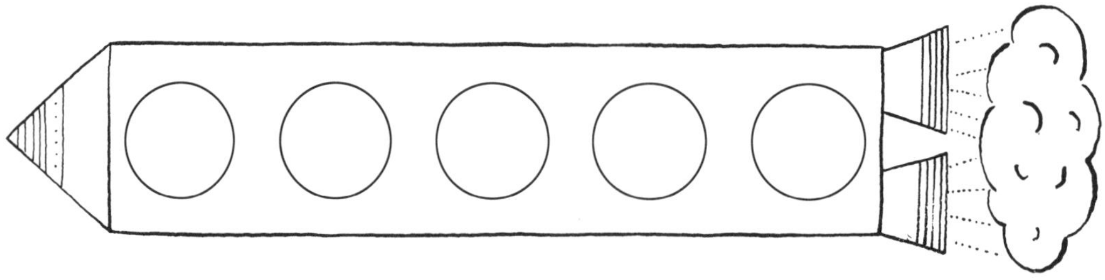

BUCHSTABENTAG

Fibel S. 6 / 7

Hinweise, didaktische Überlegungen

Der Buchstabentag wurde als Doppelseite in die Fibel aufgenommen, weil er ein wichtiger Bestandteil des Schriftspracherwerbs ist, wie wir ihn in der Fibel vertreten. Dabei lernen die Kinder nicht den Buchstaben neu; die geläufigen Buchstaben kennen sie durch den Umgang mit der Anlauttabelle nach ungefähr sechs Wochen. Wichtig ist für die Kinder das Ritual, auf das sie sich immer wieder freuen. (In meiner Klasse fragten die Kinder, ob wir nicht auch Buchstabentage zu den Schreibschriftbuchstaben feiern könnten!)
Am Buchstabentag soll der Buchstabe mit möglichst vielen Sinnen kennen gelernt werden. Dazu gehört:

- Den Buchstaben genau anschauen
- Wörter mit dem Laut finden
- Hören, ob der Laut am Anfang, im Wort oder am Ende zu hören ist
- Spüren, was im Mund bei der Lautbildung passiert
- Etwas riechen, in dessen Namen der Laut zu hören ist
- Etwas essen oder trinken, in dessen Namen der Laut zu hören ist
- Eine Aktion durchführen passend zum Buchstaben
- Einen günstigen Bewegungsablauf beim Schreiben finden
- Den Buchstaben künstlerisch gestalten
- Wörter und Sätze zum Buchstaben schreiben
- Als vorbereitende Hausaufgabe einen Gegenstand mit dem Laut im Namen mitbringen. Manchmal bringen Kinder einen „falschen" Gegenstand mit. Zusammen mit der ganzen Klasse kann man dann überlegen, ob ein Begriff zu dem Gegenstand passt, in dem der Laut zu hören ist. Auf der Fibelseite hat z. B. ein Kind eine Maus für *l* dabei. Möglich wäre es, der Maus einen Namen mit L (Lola) zu geben, die lila Schnauze herauszuheben oder ähnliches.

Der Buchstabentag dient zur Festigung eines Buchstabens und unterstützt die offene Fibelarbeit mit Elementen eines gebundenen Lehrgangs zur Einführung aller Buchstaben. Um vielfältige Übungen zu jedem Buchstaben ausführen zu können, sollte pro Woche ein Buchstabentag stattfinden, später vielleicht zwei, weil viele Übungen aus der Anfangsphase entfallen können. Bei der Planung kann man sich an die vorgeschlagene Reihenfolge im Arbeitsheft „Mein Buchstabenheft" halten. (Begründung der Reihenfolge s. Vorbemerkungen zum Buchstabenheft S. 11)

Aus der Fülle von möglichen Übungen und Aktivitäten sollte der Lehrer eine Auswahl treffen, die er im Sinne eines individualisierenden Unterrichts auch als Lernen an Stationen anbieten kann.
So könnten die Stationen zu einem Buchstaben aussehen:

- Verschriften der mitgebrachten „Geschenke"
- Verschriften von Gegenständen aus dem Fühlsäckchen
- Abbildungen, die den Laut beinhalten, verschriften
- Künstlerische Gestaltung des Buchstabens (aus verschiedenen Dingen wie z. B. Linsen aufkleben, Buchstaben kneten)
- Buchstaben ausschneiden
- Aufgaben aus „Mein Buchstabenheft"
- Schreibanlass (z. B. Geschichte zum Elefanten beim E e)

Solch ein Lernen an Stationen würde ich allerdings erst nach ca. 6 Buchstabentagen einführen, weil den Kindern dann die einzelnen Arbeitsweisen schon bekannt sind.

Vorschläge zu den einzelnen Buchstaben finden sich im Teil VI. Die Arbeit mit dem Buchstabenheft (S. 234 ff.)

Bei den ersten Buchstaben liegt das Hauptaugenmerk auf der optischen und vor allem auf der akustischen Analyse. Vielfältige Übungen zum Heraushören des Lautes sind wichtig, um die phonologische Bewusstheit der Kinder zu fördern, die eine Voraussetzung für den Schriftspracherwerb ist.
Die akustische Analyse zieht sich durch das ganze Schuljahr, da die Schüler ständig Wörter abhören müssen, um sie aufschreiben zu können.
Als Angebot zur Differenzierung können bei den Buchstabentagen auch schon in Ansätzen Grundlagen für die Rechtschreibung gelegt werden:

- Bei den Vokalen wird den Schülern der Unterschied zwischen lang und kurz gesprochenen Vokalen bewusst gemacht.
- Den Unterschied zwischen gesprochenem Laut und geschriebenem Buchstaben erfahren sie z. B. bei ei, äu, eu, st, sp.
- Bei den Buchstaben v, c, y, x lernen die Kinder, dass es Buchstaben gibt, die genauso klingen wie andere, aber seltener vorkommen.
- Bei einigen Buchstabentagen kann man häufig verwendete Ganzwörter einführen, z. B. „ich" beim Buchstaben i.

Auf der Doppelseite ist links ein Klassenzimmer abgebildet mit der Anlauttabelle, dem Löwen als Anlautbild aus der Anlauttabelle und einem Regal, in dem ein Ball, Pinsel, eine Spielesammlung, Legosteine, ein Zylinder, und ein Würfel zu sehen sind (alles Dinge mit einem *l* im Namen!). Ferkel hält einen Luftballon in der Hand.

Auf der rechten Seite sieht man Kinder im Kreis sitzen. Vor sich haben sie Dinge liegen mit einem *l* im Namen: eine Blume, Nagellack, ein Lama, ein Blatt, ein Seil, ein Luftballon, eine Lampe, eine Schokolade, ein Lineal, ein Löwe, eine Limo, ein Lippenstift, Murmeln, ein Liegestuhl und eine Karte mit Ll.
Die Kinder schreiben die Namen der Dinge auf ihren Block oder ins Heft. Ein Junge hört den Namen genau ab. Ein Mädchen hat einen Elefanten in der Hand und überlegt, ob er in die Mitte darf. Rechts unten in der Ecke liegt eine Maus. Sie wurde mitgebracht, darf aber nicht in die Mitte, weil sie kein *l* im Namen hat.

Ziele, Inhalte

- Wörter deutlich sprechen und abhören
- Entscheiden, ob der Laut *l* zu hören ist
- Auf der Abbildung Dinge suchen, in deren Namen ein *l* zu hören ist
- Im Klassenzimmer Dinge suchen, in deren Namen ein *l* zu hören ist
- Dinge mitbringen, in deren Namen ein *l* zu hören ist
- Wörter mit L l nach dem Schreibplan aufschreiben
- (Antizipierend) lesen, was auf der Wortkarte „Löwe" steht

Anregungen zur Unterrichtsgestaltung

Die im Folgenden aufgeführten Vorschläge sollen nicht alle an einem Tag durchgeführt werden. Es bietet sich an über eine ganze Woche immer wieder Übungen zu einem Buchstaben aufzugreifen.

Hinführung:

- Ring mit Geburtstagskerzen. *Morgen feiern wir einen besonderen Geburtstag. Ich schreibe dir das Geburtstagskind an die Tafel.*
  Tafelanschrift: L l
  Du weißt, was zu einem Geburtstag gehört!
  (Aufzählen: *Geschenke, essen, feiern, ...*)
  Lehrer: *Morgen wollen wir das l feiern. Du sollst ein Geschenk mitbringen. Es soll ein besonderes Geschenk sein: ein Geschenk, in dem du ein l hörst.*
  (Gemeinsam überlegen, was sich als Geschenk eignet)
- Am nächsten Tag eine Geburtstagsdecke in die Kreismitte legen
- Im Kreis zeigen und benennen, was jedes Kind mitgebracht hat
- Überprüfen, ob der Laut tatsächlich zu hören ist
- Limonade, Lollis oder Lachgummis schmecken (da es an einem Geburtstag immer etwas zu essen gibt)
- Die Geschenke malen und ins Heft schreiben, da sie wieder mit nach Hause genommen werden sollen

Arbeit mit dem Buch:

- Den „Buchstabentag" im Buch betrachten und beschreiben: *Was ist genauso wie bei uns? Was ist anders? Warum liegt die Maus nicht auf der Decke?*
- Die Überschrift „Buchstabentag" vorlesen durch einen Schüler, der schon lesen kann, oder durch den Lehrer.
- Die Wortkarte „Löwe" unter dem Löwenbild lesen oder vermuten, was darauf stehen könnte: *Am Anfang hat das Wort ein L. Es hängt unter dem Löwen.*
- Den Inhalt der Sprechblase vorlesen durch die Handpuppe Ferkel (ein Schüler, der schon lesen kann, oder der Lehrer)
- Das Anlautbild in der Anlauttabelle suchen
- Lavendel riechen
- In einem Fühlsack einen Löffel spüren
- Mundstellung beim *l* betrachten
- Spüren, was beim *l* im Mund mit der Zunge passiert
- Ausprobieren, wie das Ll am besten vom Bewegungsablauf zu schreiben ist
- Betrachten, wo L l im „Zeilenhaus wohnen"
- Aktionen zum *l* machen: lila Lack auf linken kleinen Fingernagel / laut oder leise laufen
- L und l kneten
- Spruch zum *l* lernen (s. Mein Buchstabenheft)
- Lautgebärde zum *l* einführen
- Überlegen, welche Sachen im Klassenzimmer auf der Abbildung im Buch ein *l* im Namen haben
- Überlegen, welche Sachen im eigenen Klassenzimmer ein *l* im Namen haben
- Mein Buchstabenheft S. 3 und 4 bearbeiten

Die Wörter auf den Fibelseiten sind Leseanreiz, sie müssen nicht geübt werden, auch nicht als Hausaufgabe.

Hinweise zu den Schreibanlässen

Zu jedem Buchstabentag sollen die Schüler die Namen der mitgebrachten Dinge schreiben und dazu malen. Das Malen dient zum Einen zur Ausgestaltung der Heftseite, zum Anderen auch als Lesehilfe für den Lehrer, wenn erst wenige Laute beim Schreiben herausgehört werden. Meine Schüler haben dazu ein eigenes Heft (DIN A4, blanko oder Lineatur 4), in dem für jeden Buchstaben eine Seite verwendet wird. In ihm dokumentiert sich im Laufe eines Schuljahres sehr deutlich der individuelle Lernfortschritt eines jeden Kindes.

Differenzierungsmöglichkeiten bieten sich in der Anzahl der zu verschriftenden Wörter. Darüber hinaus können Schüler, die schon alle Laute aus einem Wort heraushören, einen ganzen Satz aufschreiben.

Einen besonderen Anreiz zum Verschriften bietet der Fühlsack. Die Kinder schreiben auf, was sie darin fühlen, ohne dass es vorher besprochen wurde.

Manche Kinder freuen sich, wenn Bilder zu einigen Sachen vorhanden sind, so dass sie nicht alles selber malen müssen.

Bei den ersten Buchstabentagen bietet es sich an, mindestens ein lauttreues Wort (z.B. Limo) gemeinsam zu verschriften, um die Vorgehensweise dabei immer wieder ins Bewusstsein zu holen.

Weitere Vorschläge

- Eine lila Laterne basteln
- Ein Bild mit L und l ausgestalten (s. Vorschläge im Buchstabenheft, Umschlag vorne innen)
- L l aus Pfeifenreinigern biegen
- Lied: Lirum, larum, Löffelstiel, in der Schule lernst du viel!, in: Irmgard Schwarzl (Text) und Gerhard Wanker (Musik), Edition Helbling, Rum / Innsbruck

Literatur:

- Ute Andresen, ABC und alles auf der Welt, Beltz Verlag, Weinheim und Basel 2002, Programm Beltz & Gelberg, Weinheim
- Dieter Stanik, Wenn Buchstaben Geburtstag feiern, in: Grundschulunterricht 1999
- Christina Buchner, Lesen lernen mit links, VAK Verlag für Angewandte Kinesiologie, Freiburg 1993

GUTE NACHT

Fibel S. 8 / 9
Mein Wörter- und Geschichtenheft S. 3

Hinweise, didaktische Überlegungen

Fast alle Kinder haben Kuscheltiere. Sie können Gefährten und Freunde der Kinder sein, für Mädchen wie für Jungen. Manches Lieblingstier begleitet sie, zum Teil recht abgegriffen, über einen großen Zeitraum ihrer Kindheit. Kinder erzählen ihnen Geschichten, sie machen mit ihnen Rollenspiele, alleine und auch mit anderen Kindern. Kuscheltiere oder auch Puppen, eine Kuscheldecke oder Ähnliches spielen auch bei den Einschlafriten vieler Kinder eine wichtige Rolle. Sie geben ihnen das Gefühl nicht alleine zu sein.
Die unterschiedlichen Gewohnheiten, die die Kinder beim Zu-Bett-Gehen haben, können zum Gesprächsthema werden: Vater oder Mutter lesen noch eine Geschichte vor, ein Lied wird gesungen, die Türe bleibt noch einen Spalt offen,...
Die Buchseite 8 zeigt einen Blick in ein Kinderzimmer. Der Junge ist gerade eingeschlafen, das Buch, das er gelesen hat, liegt noch offen auf der Bettdecke. Vielleicht hat er es seinem Bären, den er im Arm hält, vorgelesen. Seine Katze schläft auf dem Teppich vor dem Bett. An der Wand hängen Bilder mit den ersten Schreibergebnissen. Ferkel läuft mit seiner Bettdecke zu Frosch, um ihn zu trösten. Die Wörter machen neugierig aufs Lesen: Von den Anlauten, zum Teil auch von den Bildern her, können die Kinder über die Bedeutung der Wörter nachdenken und versuchen, sie zu „lesen“ (antizipierendes Lesen).
Das Gedicht eignet sich zum Vorlesen, Nachspielen und auch zum selbst Lesen (Differenzierung).

Ziele, Inhalte

- Einander erzählen und einander zuhören: Aus dem Familienalltag erzählen
- Über Gewohnheiten beim Zu-Bett-Gehen sprechen
- Kuscheltiere der anderen Kinder kennen lernen
- Versuchen, einzelne Wörter (z.B. die Überschrift) antizipierend zu lesen
- Durch Vorlesen neugierig werden
- Namen von Tieren aufschreiben

Anregungen zur Unterrichtsgestaltung

Hinführung:

- Das Lieblingskuscheltier darf mit in die Schule kommen.
- Die Kinder erzählen von ihm und wie und was sie mit ihm spielen. Zu bedenken ist allerdings, dass manche Kinder hier nichts preisgeben wollen, vielleicht aus Sorge, ausgelacht zu werden.
- Die Kinder spielen mit den Tieren.

Arbeit mit dem Buch:

- Die Kinder betrachten die S.8 im Buch und erzählen von der Situation: Tim ist eingeschlafen, er hat seinen Bären im Arm, er hat noch mehr Spielzeugtiere, er malt gerne Tiere, hat Tierbilder an der Wand und ein Tierbuch auf dem Bett, ...
- Die Kinder sprechen über die Wörter auf S. 8, z.B.: *Der Junge hat sich gemalt und seinen Namen aufgeschrieben. Wer kann herausfinden wie er heißt? (Sein Name beginnt mit T wie Tisch, er ist kurz, hat nur drei Buchstaben ...)*
- Die Kinder erzählen von ihren Gewohnheiten beim Zu-Bett-Gehen.
- Die Kinder betrachten die Bilder auf der S. 9 im Buch. Die Lehrerin liest das Gedicht vor. Kinder, die bereits lesen können, können natürlich auch selbst lesen oder es Mitschülern in der Leseecke vorlesen. Das Gedicht kann nachgespielt werden.

Hinweise zu den Schreibanlässen

- Wörter- und Geschichtenheft S. 3:
  Die Kinder malen oder schreiben auf, wen oder was sie beim Schlafengehen in den Arm nehmen.
  Sie erzählen von den Tieren, der Puppe und der Kuscheldecke auf dem Regalbrett.
  Sie schreiben auf und malen, wer zu Frosch und Ferkel kommen darf.
- Mein Kuscheltier: Die Kinder malen zuerst ein Bild von ihrem Kuscheltier und schreiben dann einen „Steckbrief“ dazu: Wie heißt es, welche Farbe hat es, von wem habe ich es bekommen, was kann es, ...
  Hier ist Differenzierung möglich.
- Gestalten eines Tierbuches: Bücher über Tiere schauen Kinder sehr gerne und mit viel Interesse an oder lassen sich daraus vorlesen. Nun können sie auch die Namen von Tieren selbst aufschreiben, auch wenn das nicht vollständig gelingt.
  Sie arbeiten dabei mit ihrer Anlauttabelle und üben die Technik des Aufschreibens von Wörtern. Ein Tiername, vielleicht „Frosch“, kann gemeinsam verschriftet werden.

Weitere Vorschläge

- Ein Tierbuch als Leporello erstellen (s. Kopiervorlage S. 86)

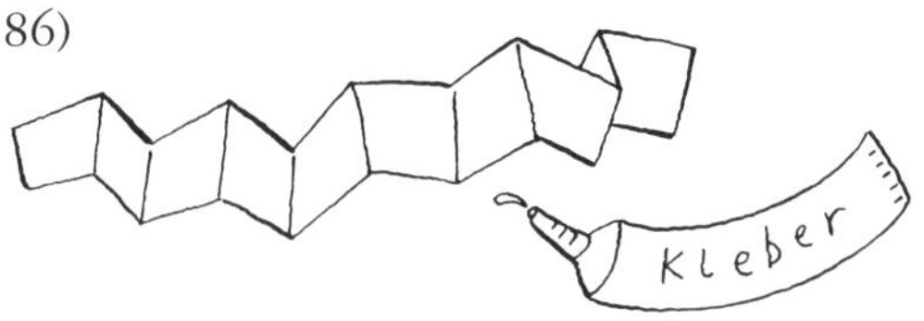

Aus den Papierstreifen wird ein Leporello gefaltet. Die Kinder schneiden immer ein Tierbild aus, kleben es in ein Kästchen und schreiben darunter den Tiernamen. Die Streifen können beliebig verlängert werden.

- Musik:

Wenn der Tag zu Ende geht

Text: Gertrud Schmalenbach — Melodie: Hella Heizmann

2. Hast so herrlich weiches Fell,/ ich schmuse gern mit dir./ Du, mein liebes Kuscheltier, gehörst zu mir./ Wenn der Tag...
3. Mami kommt zu uns ans Bett/ und sagt ganz leis: "Gib acht./ Sandmann hat vom Träumeland dir was mitgebracht."/ Wenn der Tag...
4. Laß uns beten vor der Nacht,/ mein liebes Kuscheltier./ "Lieber Gott, beschütze uns, wir danken dir."/ Wenn der Tag...

Das ist ein Kuscheltier

T & M: Meinhard Ansohn

aus: Musik in der Grundschule 4/97, Schott Musik International, Mainz

- Kunst: Das Kuscheltier mit Fingerfarben drucken. Der Fingerdruck ergibt eine „kuschelige" Struktur.

- Zum Vorlesen:

Lisa ist sonst nicht so

Es ist ganz still im Kinderzimmer. Mucksmäuschenstill. So still, dass Lisas Stofftiere anfangen zu reden.

„Ich fühle mich gar nicht gut", sagt der Hase. Seine Stimme klingt traurig. „Lisa hat mich heute in beide Ohren gekniffen."

„Und mich in den Rüssel", trompetet der Elefant. „Einfach so im Vorbeigehen." Er rülpst vor Entrüstung.

Der Affe kratzt sich am Hinterkopf, bevor er etwas sagt.

„Mich hat sie in den Bauch gepikst", erklärt er dann. „Und ‚blöder Affe' hat sie gesagt", fügt er hinzu und steckt beleidigt seinen rechten großen Zeh ins Maul.

„Mich hat sie überhaupt nicht beachtet", schnauft das Nilpferd. „Wie Luft hat sie mich behandelt. Komisches Mädchen!"

Der Löwe schüttelt seine Mähne. „Rotzfrech war sie, nicht komisch. Fünf Haare hat sie mir ausgerissen. Mir, dem König der Tiere!"

„Gib bloß nicht so an", piepst die kleine Maus. Sie ist immer sehr mutig. „Lisa hat uns heute alle mies behandelt. Warum sollte sie gerade dich bevorzugen? Als sie aus der Schule kam, hat sie mich beinahe zerquetscht. Weil sie ihre Schultasche durch die Gegend gepfeffert hat. Ich hätte mausetot sein können." Die kleine Maus seufzt einmal laut auf.

Der alte Bär sieht aus, als ob er angestrengt nachdenkt. Alle schauen zu ihm hin und warten auf seine Meinung. Er kennt Lisa schon lange. Länger als alle anderen.

„Tja", sagt er bedächtig. „Mich hat sie heute auch nicht angeguckt, und geredet hat sie auch nicht mit mir. Es muss etwas passiert sein. Lisa ist sonst nicht so. Das wisst ihr doch genau so gut wie ich. Vielleicht müssen wir ein bisschen Geduld mit ihr haben ..."

Da springt Lisa mit einem Satz aus dem Bett. Sie hat alles gehört und gesehen. Blitzschnell sammelt sie ihre Stofftiere ein. Zuerst den alten Bären, dann die kleine Maus und den Löwen, das Nilpferd, den Elefanten, den Affen und den Hasen ... Alle dürfen heute in Lisas Bett schlafen.

„Ich hatte großen Ärger in der Schule", sagt Lisa. „Darum war ich so schlimm. Aber jetzt machen wir es uns gemütlich. Jetzt bin ich wieder nett!"

Anne Steinwart

aus: Anne Steinwart, Leselöwen Schlaf-gut-Geschichten, Loewe Verlag 1996

TIERLEPORELLO

(Bilder und Leporello-Vorlage kopieren, ggf. vergrößern, ausschneiden. Die Bilder werden auf die Vorlage geklebt und beschriftet)

GEBURTSTAGSKALENDER

Fibel S. 10 / 11

Hinweise, didaktische Überlegungen

Für jedes Kind ist der eigene Geburtstag ein wichtiger Tag. Um die Bedeutung dieses Tages auch in der Schule zu betonen, erstellen die Schüler einen Geburtstagskalender. Dabei wird die Reihenfolge der Geburtstage optisch dargestellt und jedes Kind mit seinen Vorlieben gezeigt.
Wenn Beziehungen zu einer Partnerklasse einer höheren Jahrgangsstufe bestehen, können die Schüler über die Erstellung des Kalenderblattes näher in Kontakt miteinander kommen. Die Älteren zeichnen häufig differenzierter und helfen den Erstklasskindern beim Verschriften ihrer Vorlieben.
Auf der Buchseite sind links Kinder zu sehen, die mit der Erstellung eines Geburtstagskalenders beschäftigt sind. Am hinteren Tisch zeichnet ein Mädchen das Portrait eines Jungen. Am vorderen Tisch ist das Portrait schon fertig. Der Junge hilft dem Mädchen mit der Anlauttabelle beim Verschriften. Auf der Tafel ist zu sehen, nach welchen Vorlieben die Kinder auf dem Geburtstagskalender gefragt werden.
Auf der rechten Seite ist ein fertiges Bild für den Geburtstagskalender zu sehen.

Ziele, Inhalte

- Für den Geburtstagskalender ein persönliches Blatt erstellen
- Lieblingsessen, -farbe, -spiel, -freund oder Ähnliches aufschreiben
- Jedes Kind in seiner Besonderheit schätzen

Anregungen zur Unterrichtsgestaltung

- Das Kalenderblatt auf S.11 auf Folie anschauen
- Vermuten oder lesen, was auf dem Blatt zu sehen ist
- Das Bild auf S. 10 betrachten und beschreiben, was die Kinder tun
- Die Tafelanschrift auf dem Bild besprechen (Wörter auf der Tafel durch die Lehrerin oder schon lesende Schüler vorlesen lassen), auf die Tafel im Klassenzimmer übertragen
- Die Schüler von eigenen Vorlieben erzählen lassen
- Die Schüler mit Hilfe eines Partners ein Kalenderblatt erstellen lassen
- Fertige Bilder anschauen, vorlesen lassen und würdigen (Die Kinder können auch antizipierend lesen: *Bei „Freund" steht Anna. Das muss Anna heißen, weil es am Anfang und/oder am Ende ein A hat. Das sieht genau so aus wie auf dem Namensschild von Anna.)*
  oder: Alle fertigen Bilder sammeln und dann vermuten lassen, wer abgebildet ist

Hinweise zu den Schreibanlässen

Die Kinder können selber entscheiden, ob sie nur die Wörter von der Tafel abschreiben, die eigenen Vorlieben selber dazuschreiben oder von einem Partnerkind notieren lassen.
Darüber hinaus dürfen sie auch zusätzliche Vorschläge machen, was noch auf ihrem Blatt stehen soll.
Da die Kalenderblätter im Klassenzimmer aufgehängt werden, notiere ich das, was die Kinder geschrieben haben, rechtschriftlich richtig darunter.

Weitere Vorschläge

- Wenn es keine Partnerklasse einer höheren Klassenstufe gibt, können die Kinder sich selbst oder gegenseitig zeichnen und dazu schreiben.
- In diesem Fall besteht die Möglichkeit zur besseren Lesbarkeit einen Rahmen mit Wörtern vorzugeben (s. Kopiervorlage S. 88)
- Musik: Einführung eines Geburtstagsliedes, z. B.: „Wie schön, dass du geboren bist" oder:

Wer hat heut' Geburtstag

Text und Melodie: © Herrmann Handerer

- Sachunterricht: Sich selbst wertschätzen
- Religion/Ethik: Das bin ich
- Kunst: Schattenprojektion (Die Silhouette des Kindes mittels OHP auf ein Papier an der Wand projizieren und nachfahren, auf schwarzes Tonpapier übertragen und ausschneiden)

Literatur:

Almuth Bartl, Geburtstag feiern in der Schule, München 1999

Name: ______________________________

Essen:

Freund:

Farbe:

Name:

Spiel:

Geburtstag:

HÖRGESCHICHTEN

Fibel S. 12 / 13

Hinweise, didaktische Überlegungen

In vielen Lehrplänen für die 1. Jahrgangsstufe wird der Themenbereich Sinnesleistungen für den Sachunterricht angeführt, auf jeden Fall aber ist die Fähigkeit des Hörens und Zuhörens eine wesentliche Voraussetzung für den Aufbau einer Gesprächskultur innerhalb der Klasse. In unserer Zeit werden die Informationen weitgehend über das Sehen aufgenommen (Lesen in der Zeitung, am PC, Zuschauen beim Fernsehen). Unsere Augen haben sich an eine Bilderflut von ungeahnter Vielfältigkeit und mit unheimlich raschem Wechsel gewöhnt.
Unsere Ohren scheinen in der Fülle der Geräusche, die uns umgeben, die Fähigkeit zu konzentriertem, aufmerksamem und wissbegierigem Zuhören allmählich zu verlieren. Wir vertrauen unseren Augen bei der Orientierung in der Umwelt mehr als unseren Ohren. Dabei können die Ohren oft das Bild, das die Augen empfangen, erweitern oder korrigieren.

Mit den Kindern, die sich nun beim Erwerb der Schriftsprache zuerst am gesprochenen Wort orientieren sollen, ist die Fähigkeit des konzentrierten, bewussten Zuhörens zu üben. Nur so sind sie in der Lage, das vergängliche Klangbild in ein dauerhaftes Schriftbild umzusetzen.

Besondere Bedeutung kommt dem Hören in der Verkehrserziehung zu. Hier kann die akustische Wahrnehmung einen diffusen optischen Eindruck verstärken oder ergänzen. Der Motorradfahrer, der um die Ecke rast, ist eher hör- als sichtbar, die warnende Hupe eines Autofahrers, das Starten der Autos an der Ampel, das Klingeln der Straßenbahn, das Quietschen von Bremsen oder Reifen, all dies kann unseren mehr oder weniger aufmerksamen Blick auf das Verkehrsgeschehen ergänzen und zu unserer Sicherheit beitragen. Für die Schulanfänger ist es deshalb wichtig, sich mögliche Geräusche auf dem Schulweg bewusst vorzustellen und zu beschreiben.
Die Unterrichtseinheit „Hörgeschichten" hat zwei Anliegen: Die Schulung des Gehörs zum bewussten Abhören der Wörter und das Bewusstmachen der Geräusche auf dem Schulweg zur Unfallverhütung im Straßenverkehr.

Die Doppelseite 12/13 zeigt den Ablauf des „Projekts" Hörgeschichten in zwei aufeinanderfolgenden Teilen. Auf Seite 12 malen die Kinder zum Auftrag: Male, was du auf dem Schulweg gehört hast. Man sieht drei Kinder bei der Arbeit, auf der rechten Seite erkennt man die Bilder nach deren Fertigstellung wieder. Als Text bietet die Doppelseite nur kurze Kindernamen und das Wort „malt", das von den meisten Kindern zu diesem Zeitpunkt schon selbst aufgeschrieben und durch die Wiederholung wiedererkannt werden kann.
Auf der rechten Seite ist zu sehen, dass die Bilder der Kinder in einer Reihe an der Tafel oder an der Wand aufgehängt wurden. Sie dienen nun als „Partitur" für die „Aufführung" der Hörgeschichten. Die Kinder haben sich mit verschiedenen kleinen Schlaginstrumenten vor die Bilder gesetzt und haben darüber hinaus natürlich auch noch ihre Körperinstrumente (Stimme und Klatschen, Patschen, Stampfen, etc.) zur Verfügung. Das Kind mit dem „Taktstock" ist der Dirigent. Es läuft an der Bilderreihe mit dem senkrecht gehaltenen Stab entlang und zeigt so an, was vertont werden soll.

Ziele, Inhalte

- Auf Geräusche innerhalb und außerhalb des Klassenzimmers bewusst hören
- Höreindrücke verbalisieren oder lautmalerisch wiedergeben
- Situationsbilder malen, die die „Schallquelle" darstellen
- „Hörgeschichten" nacherzählen
- „Hörgeschichten" mit passenden Geräuschen gestalten
- Höreindrücke schriftlich wiedergeben

Anregungen zur Unterrichtsgestaltung

Material:

- Verschiedene Gegenstände, die Geräusche erzeugen (Wecker mit Alarm, raschelndes Papier, pfeifende Flöte, Schere, beim Schneiden ...)
- Geräusche-Memory: Zehn oder zwölf Filmdöschen werden gefüllt, jeweils zwei mit den gleichen Gegenständen in der gleichen Menge, z.B. Sand, kleine Nägel, Mais, Murmeln, Mehl, Erbsen, ... Zur Kontrolle werden auf die Unterseite der Döschen farbige Klebepunkte geklebt, immer der gleiche Farbpunkt für die beiden Döschen mit gleichem Inhalt.
- Geräusche-CD: Zur Vertonung eigener Video-Aufnahmen werden im Internet und im Handel CDs mit verschiedenen Geräuschen angeboten. Der Lehrer kann sich hieraus geeignete Geräusche (Regen, Donner, Polizeisirene, Vogelzwitschern) auswählen und diese in einer von ihm gewählten Reihenfolge mit dem CD-Player abspielen oder auf eine Kassette überspielen.

Hinführung:

- Ein Geräusche-Memory herstellen
- Ein Hörlied singen
- Als „Hördetektiv" Geräusche im Klassenzimmer,

im Schulhaus und vor dem Schulhaus bewusst wahrnehmen
- Von Geräuschen auf dem Schulweg erzählen

Arbeit mit dem Buch:

- Die Kinder betrachten die Doppelseite und besprechen mit der Lehrerin zunächst, dass auf der linken Seite die Kinder bei der Vorbereitung der Hörgeschichten zu sehen sind: Sie malen Dinge, die auf dem Schulweg zu hören sind.
- Die Kinder betrachten die rechte Seite und erkennen, dass die Bilder aufgehängt wurden. Sie vermuten das weitere Vorgehen.
- Die Kinder vergleichen die Zeichnungen auf den beiden Seiten und beschreiben die noch vorgenommenen Ergänzungen.
- Die Kinder führen entsprechend dem Vorbild in der Fibel die Darstellung der Hörgeschichten aus. Bilder malen, aufhängen, wie oben beschrieben „vertonen".
- Die Kinder schreiben die gehörten Geräusche lautmalerisch auf und hängen ihre Wortstreifen unter die entsprechenden Bilder.
- Die Kinder berichten vom Schulweg eines Kindes: Es hört die Polizeisirene, dann bellt ein Hund und ein Baby schreit, ... und ahmen die genannten Geräusche nach.

Hinweise zu den Schreibanlässen

- Der im Buch genannte Schreibanlass kann auf verschiedene Weise von den Kindern, je nach ihrem Vermögen, gelöst werden:
  Die Kinder schreiben auf, welche „Geräuschquellen" dargestellt sind, sie formulieren lautmalerisch die Geräusche (wau wau, bim bam, tatü tata, brumm brumm ...) oder sie schreiben Sätze: Die Sirene heult, die Glocke schlägt, das Flugzeug brummt, ...
- Als Hörquiz können verschiedene leicht erkennbare Geräusche von einer CD oder MC abgespielt werden und die Kinder schreiben auf, welche „Geräuschquellen" sie erkannt haben (Polizei, Regen, Donner, Vogel, Kinder, Wasserfall, Löwe usw.).

Weitere Vorschläge

Bei dem Lied „In einem großen Haus" können die Strophen auch von den Kindern „umgedichtet" werden, z. B.: „In uns'rer Straße ist nur selten Ruh".

1. Manchmal heult die Polizei ...
2. Manchmal bellt der Hund ...
3. Manchmal quietschen Bremsen ...
4. Manchmal klingeln Räder ...
5. Manchmal brummen Laster ...
6. Manchmal schreien Kinder ...
7. Manchmal singen Vögel ...

In einem grossen Haus

Text und Musik: Dorothe Schröder

STROPHE 2 In einem großen Haus ist nur selten Ruh,
sperr die Ohren auf und hör gut zu.
Manchmal trampeln laute Füße ohne Unterlass,
das probieren wir jetzt auch! Na, wie klingt denn das?

STROPHE 3 ... Manchmal reden viele Stimmen ohne Unterlass ...

STROPHE 4 ... Manchmal knallen Türen ohne Unterlass ...

STROPHE 5 ... Manchmal schlafen Kinder ohne Unterlass ...

aus: Buch/CDs „Klasse(n) Hits" © KONTAKTE Musikverlag, 59557 Lippstadt

Das Lied vom Hören

Verschiedene Kinder: (rasch hintereinander)
Ich habe einen Vogel gehört.
Ich habe ein Auto gehört.
Ich habe Schritte gehört.
Ich habe meinen Atem gehört ...

Text und Melodie: Reinhard Schuhmann, aus: Wolf-Schülerbuch Musik 1/2, Wolf Verlag, Regensburg

Literatur:

Ruth Dolenc/Karola Valdix, Die Sinne erleben und begreifen, Sachkartei Grundschule, Oldenbourg Schulbuchverlag, München 2000

WAS IST DENN DAS?

Fibel S. 14 / 15
Mein Wörter- und Geschichtenheft S. 4

Hinweise, didaktische Überlegungen

Es ist für Kinder eine aufregende Sache die Umgebung bei Nacht zu erleben. Auf der einen Seite mögen sie es gerne im Dunkeln, vielleicht bei Kerzenlicht, mit anderen zusammen zu sein, sich etwas zu erzählen oder etwas vorgelesen zu bekommen. Auf der anderen Seite macht Dunkelheit auch ängstlich und unsicher, da die Welt ganz anders aussieht.
Mit dem Fortschreiten des Jahres erleben die Kinder, dass es auf dem Schulweg jeden Morgen dunkler ist. Sie müssen lernen, auch bei zunehmender Dunkelheit sicher in die Schule zu kommen und die Gegenstände ihrer Umwelt richtig wahrzunehmen.
Sie lernen auch, dass sie selbst im Dunkeln nur dann gut gesehen werden, wenn die Büchertasche Reflektoren und Leuchtstreifen hat und wenn sie helle Kleidungsstücke tragen. Sie müssen auch erkennen, ob Fahrzeuge auf der Straße auf sie zukommen oder sich von ihnen entfernen.
Auf den Buchseiten ist viel zu entdecken: Ein Fahrrad kommt von der Seite, der Kürbis steht vielleicht auf einem Zaun, ein Polizeiauto blinkt, die Ampel zeigt rot, das Kind mit der Büchertasche wartet an der Ampel, vom Taxi ist nur das Schild zu sehen, eine Reklameschrift leuchtet, das Auto ist von hinten zu sehen, die Katze schaut den Betrachter an, das Motorrad kommt direkt auf ihn zu, Frosch zeigt stolz drei reflektierende Anhänger und Ferkel beleuchtet mit seiner Taschenlampe den Weg.

Ziele, Inhalte

- Genaues Hinschauen üben, Dinge in neuem Zusammenhang erkennen können
- Wörter aufschreiben
- Wörter an ihrem Anlautbuchstaben oder an Buchstabenkombinationen zu erkennen versuchen (antizipierendes Lesen)
- Verschiedene Sinnesbereiche erfahren und gezielt einsetzen
- Auf dem Schulweg gefährliche Situationen erkennen

Anregungen zur Unterrichtsgestaltung

Hinführung:

- Im verdunkelten Klassenzimmer zwei Kinder gehen lassen, eines mit heller, eines mit dunkler Kleidung
- Bei Dunkelheit gemeinsam einen Spaziergang machen (Laternenumzug)

Arbeit mit dem Buch:

- Die Kinder sind "Detektive" und versuchen, durch genaue Betrachtung die einzelnen Gegenstände zu erkennen. (Fahrrad, Kürbis, Polizeiauto, Ampel, Büchertasche, Taxi, Glühwürmchen, Reklameschrift, Auto, Katze, Motorrad, reflektierende Anhänger).
- Sie schreiben mit Hilfe der Anlauttabelle, je nach Fähigkeit, die Namen eines oder mehrerer Dinge in ihrem Wörterheft auf.
- Sie erzählen, was sie gefunden haben und begründen ihre Entscheidung.
- Spiel: Ich sehe was, was du nicht siehst. Es hat drei Sterne, vier Streifen und zwei Klappen.
- Sie sprechen über die Situation: Das Motorrad kommt auf den Betrachter zu, das Kind mit der Büchertasche ist von hinten zu sehen und wartet an der Ampel ... Lehrerin: *Woran erkennst du, dass das Motorrad auf dich zu kommt?*
- Die Kinder malen zu ihren geschriebenen Wörtern, wie der Gegenstand bei Tag aussehen könnte.
- Arbeit mit den Wörtern:
  Die Lehrerin liest die Wörter vor, die Kinder versuchen den Gegenstand zu finden.
  Die Lehrerin legt Wortkarten mit Namen der gefundenen Gegenstände in die Tischgruppen. Die Kinder sprechen die Namen gedehnt, versuchen die Wörter am ersten Buchstaben, an der Wortlänge oder an markanten Buchstaben zu erkennen und legen sie im Buch auf die Abbildungen. Die Lehrerin hilft in den Gruppen.
  Kinder, die bereits lesen können, arbeiten selbstständig.

Hinweise zu den Schreibanlässen

- Detektivspiel: Die Kinder schreiben die Namen der Dinge auf, die sie im Dunkeln entdecken können. Sie malen, wie die Dinge bei Tag aussehen.
- Die Aufgaben im Wörter- und Geschichtenheft S. 4 können die Kinder selbstständig bearbeiten (Auto, Büchertasche, Katze, Motorrad, Ampel, Kürbis, Laterne, Taxi). Ein Wort kann gemeinsam verschriftet werden.
- Kopiervorlage: Wer kommt denn da? (s.S. 93)
  Die Kinder betrachten die abgebildeten Tiere genau. Sie versuchen herauszufinden, in welchen Bildern sie versteckt sind und schreiben den Namen auf.
  Sie begründen: *Vom Kamel sind die zwei Höcker zwischen den Pyramiden zu sehen ...*

Weitere Vorschläge

- Musik :

Leuchte, leuchte, kleine Laterne

Text und Melodie: Rudolf Nykrin

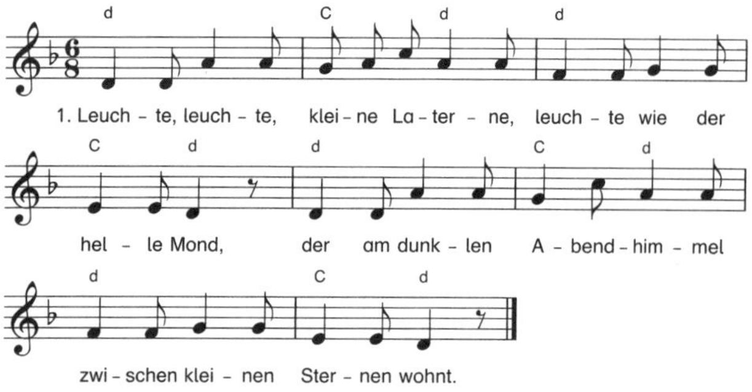

2. Blinke, blinke, kleine Laterne,
   blinke wie ein heller Stern.
   Leute schauen aus dem Fenster.
   Sterne haben alle gern.

3. Glänze, glänze, kleine Laterne,
   glänze hell in dieser Nacht.
   Zwischen großen grauen Häusern
   strahlt heut eine Lichterpracht.

4. Wiege, wiege, kleine Laterne,
   wieg dich sanft in dunkler Nacht.
   Kleines Schiff aus Lichterschein,
   sollst mein Weggefährte sein.

aus: Musik und Tanz für Kinder. Lehrerkommentar I, Mainz 1984, mit Genehmigung des Verlages Schott Musik International

- Kunst: Mit hellen Zuckerkreiden auf schwarzem Papier malen: Kind im Dunkeln auf dem Schulweg, leuchtende Laternen o.Ä.
- Eine Tischlaterne basteln

Wer kommt denn da?

WIR FRÜHSTÜCKEN GEMEINSAM

Fibel S. 16 / 17

Hinweise, didaktische Überlegungen

Kinder, die nicht gefrühstückt haben, lassen in der Schule schnell in ihrer Konzentration nach. Deshalb ist es wichtig, sehr bald gemeinsam über die Bedeutung eines gesunden Frühstücks und Pausenbrots zu sprechen. Im Lehrplan wird dieses Thema auch im Sachunterricht aufgenommen.
Neben dem Inhalt „gesundes Frühstück" spielt bei diesem Thema das gemeinsame Tun eine wichtige Rolle. Auf der Buchseite ist auf der Tafel notiert, was für das Frühstück mitzubringen ist und wer dies mitbringen möchte. Melissa will Brot mitbringen, Ali will Butter mitbringen,...
Im Vordergrund ist zu sehen, wie die Kinder notieren, was sie beisteuern wollen. Der Junge ganz links (Ali) schreibt und malt Butter vollständig von der Tafel ab. Für Teller steht die Zeichnung und der Anfangslaut T. Ali denkt sich noch selber Oliven aus. Dieses Wort notiert er unvollständig. Mia daneben malt die Marmelade und ein M dafür. Das Mädchen ganz rechts schreibt selbstständig Müsli mit Rosinen und Teller. (Letzteres schreibt sie evtl. auch richtig von der Tafel ab).

Auf dieser Seite sollen die Kinder erfahren, dass Notizen eine Gedächtnishilfe sein können. Wichtig dafür ist natürlich, dass man lesen kann, was man sich aufgeschrieben hat. „Lesen" kann zu diesem Zeitpunkt auch so aussehen: *„Da steht, ich will Marmelade mitbringen."*

Zum Vorlesen und Besprechen ist das Gedicht „Entwischt" von Josef Guggenmos als Beispiel für konkrete Poesie abgedruckt.

Ziele, Inhalte

- Besprechen, dass ein gesundes Frühstück wichtig für die Leistungsfähigkeit in der Schule ist
- Wissen, was zu einem gesunden Frühstück gehört
- Ein gemeinsames Frühstück planen
- Einen Notizzettel schreiben
- Schrift als Gedächtnisstütze erfahren
- Gemeinsam frühstücken

Anregungen zur Unterrichtsgestaltung

- Betrachten und beschreiben, was auf der Seite zu sehen ist
- Lesen, was auf der Tafel steht: Einige der Wörter wie z.B. Teller, Tasse, Messer und Löffel auf der rechten Tafelseite eignen sich zum vermutenden Lesen (in Zusammenhang mit der Zeichnung). Was so nicht „erlesen" werden kann, wird durch den Lehrer oder ein schon lesendes Kind vorgelesen.
- Vermuten oder lesen, was die Kinder aufschreiben
- Besprechen, warum sie etwas aufschreiben
- Besprechen, wie sie etwas aufschreiben (Bild, Anfangsbuchstaben, Wort, ...)
- Herausfinden, wie die Kinder am linken Tisch heißen. (Ali – bringt Butter mit; Mia – bringt Marmelade mit)
- Vorhaben „Gemeinsames Frühstück" besprechen
  Es empfiehlt sich einige Eltern als Helfer bei der Frühstücksaktion einzubeziehen.
- Frühstücken
- Das Gedicht „Entwischt" vorlesen
- Besprechen, dass dieses Gedicht aufgeschrieben aussieht wie eine Treppe

Hinweise zu den Schreibanlässen

Wie auf den Buchseiten zu sehen ist gibt es viele Möglichkeiten etwas zu notieren. Das beginnt mit einem Bild bis hin zu einem ausformulierten Satz. Zu diesem Zeitpunkt sind den Kindern alle Möglichkeiten erlaubt.

Im Buch wird auf der Tafel festgehalten, was jedes Kind für das gemeinsame Frühstück mitbringen soll. Trotzdem gestalten die Kinder ihre Notizen individuell. Dies entspricht den Erfahrungen in unseren Klassen, da wir unseren Schwerpunkt nicht auf das Abschreiben von Wörtern legen. Selbstverständlich ist aber nichts dagegen einzuwenden, wenn ein Kind in diesem Fall von der Tafel (oder vom Buch) abschreibt. Auch diese Leistung (wiederfinden, genau kopieren) darf nicht unterschätzt werden.

Als zusätzliches Schreibangebot dient die Kopiervorlage „Der Obstsalat-Baum" (s. S. 95).
Hier schreiben die Kinder die Namen verschiedener Früchte auf. Die Produkte, die aus den Früchten entstehen können, werden von den Kindern nur gemalt oder mehr oder weniger vollständig aufgeschrieben.

Weitere Vorschläge

- Sachunterricht: Warum brauchen wir ein gesundes Frühstück? Was gehört zu einem gesunden Frühstück? Wie frühstücken Kinder in anderen Ländern?
- Einladen der Partnerklasse oder der Eltern zum gemeinsamen Frühstück
  Dafür einen Einladungsbrief gestalten
- Kunst: Schmücken einer Frühstückstafel
- Gestalten von Namenskärtchen für Frühstücksspezialitäten
- Sich in einem Brief bei den Eltern für Mithilfe bedanken

Name: ______________________________

Der Obstsalat-Baum

So einen Baum gibt es nicht.
Welche Früchte findest du?

Was kann man aus den Früchten machen?

SCHAU GENAU

Fibel S. 18 / 19
Mein Wörter- und Geschichtenheft S. 5

Hinweise, didaktische Überlegungen

Genau hinzuschauen und Details zu erkennen ist wichtig beim Lesen und Schreiben lernen, da sich manche Buchstaben und Wörter oft nur durch Kleinigkeiten unterscheiden. Die Fähigkeit zur genauen Wahrnehmung muss grundlegend geschult werden.

Die Buchseite zeigt Kinder während der Pause. Zwei Kinder sitzen auf der Bank und essen ihr Pausenbrot, drei andere spielen mit dem Hüpfgummi, eines bindet gerade seine Schuhe, zwei weitere spielen Kästchenhüpfen. Ein Junge passt auf, dass sich das Mädchen, das gerade auszählt, auch wirklich die Augen zuhält. Fünf Kinder haben ein Versteck gefunden, hinter der Bank, dem Baum, der Mülltonne, der Tür, dem Busch. Ein Mädchen erschrickt, weil es seine Kette verloren hat, die neben der Bank liegt.
Die Sprechblasen machen neugierig zu erfahren und zu lesen, was die Kinder und der Frosch sagen. Von den Anlauten und anderen bekannten Buchstaben her versuchen die Kinder die Bedeutung der Wörter zu erschließen oder sie zu erlesen.

Auszählverse kennen alle Kinder und es macht ihnen Spaß, rhythmisiert in Silben zu sprechen. Sie üben hier, die Sprechsilben beim Auszählen genau zuzuordnen. Beim Lesen und Mitlesen der Auszählverse helfen die Bilder, die Wörter ersetzen.

Bei der Ausführung des Schreibauftrags schreiben die Kinder in sinnvollem Zusammenhang. Jeder sucht für sich die Verstecke und schreibt die Lösung, je nach Fähigkeit, auf.

Für das Entstehen einer Klassengemeinschaft ist es wichtig, Gemeinschaftsspiele zu kennen und sie unter Einhaltung der Regeln zu spielen. Die Pausenzeit sinnvoll und mit Freude auszufüllen, hilft Konflikte zu vermeiden.

Ziele, Inhalte

- Sprachspiele kennen, Abzählverse sprechen, Wörter in Sprechsilben gliedern
- Zu einem Bild erzählen und mit der eigenen Pausensituation vergleichen
- Die Sinne schärfen, genaues Hinschauen üben
- Wörter schreiben

Anregungen zur Unterrichtsgestaltung

Hinführung:

- Die Kinder erzählen, wo und mit wem sie schon Verstecken gespielt haben.
- Die Spielregeln für das Spiel „Verstecken" werden besprochen.
- Die Kinder sagen Auszählverse vor, die sie bereits kennen.
- Im Pausenhof / im Klassenzimmer wird gespielt.

Arbeit mit dem Buch:

- Die Kinder betrachten die Buchseiten und sprechen über die Spiele der Kinder.
  Was hast du schon gespielt? Was spielst du gerne?
- Die Kinder versuchen herauszufinden, was die Kinder und der Frosch sagen. Die Sprechblasen werden gelesen oder vorgelesen und Antworten gesucht.
- Die Kinder lernen neue Abzählverse kennen. Die Bilder helfen beim Mitlesen und beim Einüben der Leserichtung.

Hinweise zu den Schreibanlässen

- Die Kinder schreiben auf, wo sich die Kinder versteckt haben. (*Ob du alle Verstecke findest?*) Die Kinder arbeiten je nach ihren Fähigkeiten. Kinder, die bis jetzt nur wenige Laute hören und aufschreiben, können die Lösung ergänzend auch malen.
- Wörter- und Geschichtenheft S. 5:
  Die Lehrerin bringt einige verpackte Gegenstände mit (Geschenke für Frosch), z.B. ein Buch, einen Stift, ein Lineal, eine Banane, einen Apfel. Die Kinder versuchen zu erraten, vielleicht auch durch Befühlen, was hier verpackt ist. Sie malen und schreiben auf, was sie in der Verpackung vermuten. Dann wird ausgepackt.
  Auf der Arbeitsblattseite können die Kinder nun selbstständig die Lösungen suchen. Manche Bilder lassen verschiedene Deutungen zu.
- Die Kopiervorlagen (s. S. 98 - 100) schulen die genaue Wahrnehmung.

Weitere Vorschläge

- Spiele: Ein Kind steht vor der Klasse, die anderen betrachten es genau. Dann geht es mit einem anderen Kind kurz aus dem Klassenzimmer. Dort wird an ihm etwas verändert (Jacke ausziehen, Hosenbein hochkrempeln, die Uhr abnehmen, ...). Die Veränderung wird erraten. Die Kinder können auch aufschreiben, was sich verändert hat.
  - Ich sehe was, was du nicht siehst:
    Die Kinder beschreiben den Gegenstand genau oder nennen den Anfangsbuchstaben.
  - Brettspiel: „Schau genau" in Gruppen spielen

- Sachunterricht: Spiele für die Pause besprechen und spielen, Kiste für Pausenspiele anlegen
- Sport: Der schlaue Fuchs geht um
- Musik:

Abzähllied

M und T: aus Slowenien

Der slowenische Text bedeutet:
Wir haben ein Häschen,
es hat vier Füße, die nie still sind.
Eins, zwei, drei,
Häschen jetzt bist du.

aus: Jo - Jo, Liederbuch für die Grundschule, Cornelsen Verlag, Berlin 2002

Sinn - liches

Text: Anne Nasse

Musik: Hans Peter Sorger
Bearbeitung: Paul Veliss

2. Mit den Ohren kann ich hören,
Riesenkrach kann mich nicht stören.
Nur im Wald, da bin ich still,
weil ich die Vögel hören will.

3. Mit der Nase kann ich riechen,
Düfte, die aus der Küche kriechen.
Auch die süße Blumenpracht,
die im Frühling stets erwacht.

4. Mit der Zunge kann ich schmecken
und die süßen Sachen lecken.
Lutscher, Eiskrem schön gemischt,
nur Spinat, den mag ich nicht.

2. Mit den Fingern kann ich fühlen,
in dem Spielzeug richtig wühlen,
streicheln meine Kuschelmaus,
und mal kneifen den blöden Klaus.

Die zweite Zeile in der dritten Strophe kann auch so verändert werden: Gase, die aus Autos kriechen.

Schulhoflied

2.
Gummitwist und Fußball spielen wir, auch Fangen und Versteck.
Das macht uns so viel Freude hier. Der Schulstress ist jetzt weg.
Ja, in der Schulhofpause …

3.
Auf der Wiese steht ein Turngerüst mit Kletterseilen dran.
Damit schwingen wir, wie schön das ist, noch besser als Tarzan.
Ja, in der Schulhofpause …

4.
An der Malwand ist auch viel Betrieb. Was ist denn da so toll?
Jeder kritzelt dort, wie's ihm beliebt, mit Kreide alles voll.
Ja, in der Schulhofpause …

5.
Gerne tricksen wir die Lehrer aus; das ist ein Riesenjux.
Flitzen heimlich durch das Treppenhaus, ganz leise wie ein Luchs.
Ja, in der Schulhofpause …

6.
So vergeht die Pause wie im Flug. Wie schade, dass es schellt!
Denn vom Spielen krieg'n wir nie genug, weil uns das gefällt.
Ja, in der Schulhofpause …

aus: In die Schule geh ich gern. Eine Liederfibel für die Grundschule, Laumann Verlagsgesellschaft, Dülmen 1991

- Weitere Abzählverse:

Itzli – pitzli – Rabenfuß
Rate mal, wer suchen muss!
Itzli – pitzli – buh,
Nämlich du!

© Janosch

Himmel Hölle
Wurst mit Pelle
Pustekuchen –
du musst suchen.

Janosch

Hokuspokus Kokosnuss
Hexenzwirn und Löwenfuß
Entenschwanz und Nudelmann –
der – ist – dran.

Janosch

Janosch Texte aus: Hans-Joachim Gelberg (Hrsg.), Die Stadt der Kinder (Gulliver Tb), 1999 Beltz Verlag, Weinheim und Basel, Programm Beltz & Gelberg, Weinheim

Ene, bene, subtrahene,
divi, davi, domino,
Eck, Speck, Dreck
und du bist weg.

Volksgut

Auf dem Berge Sinai
wohnt der Schneider Kikriki,
guckt mit seiner Brill heraus,
1, 2, 3 und du bist aus!

Volksgut

Name: ______________________________

Was ist gleich? Male aus.

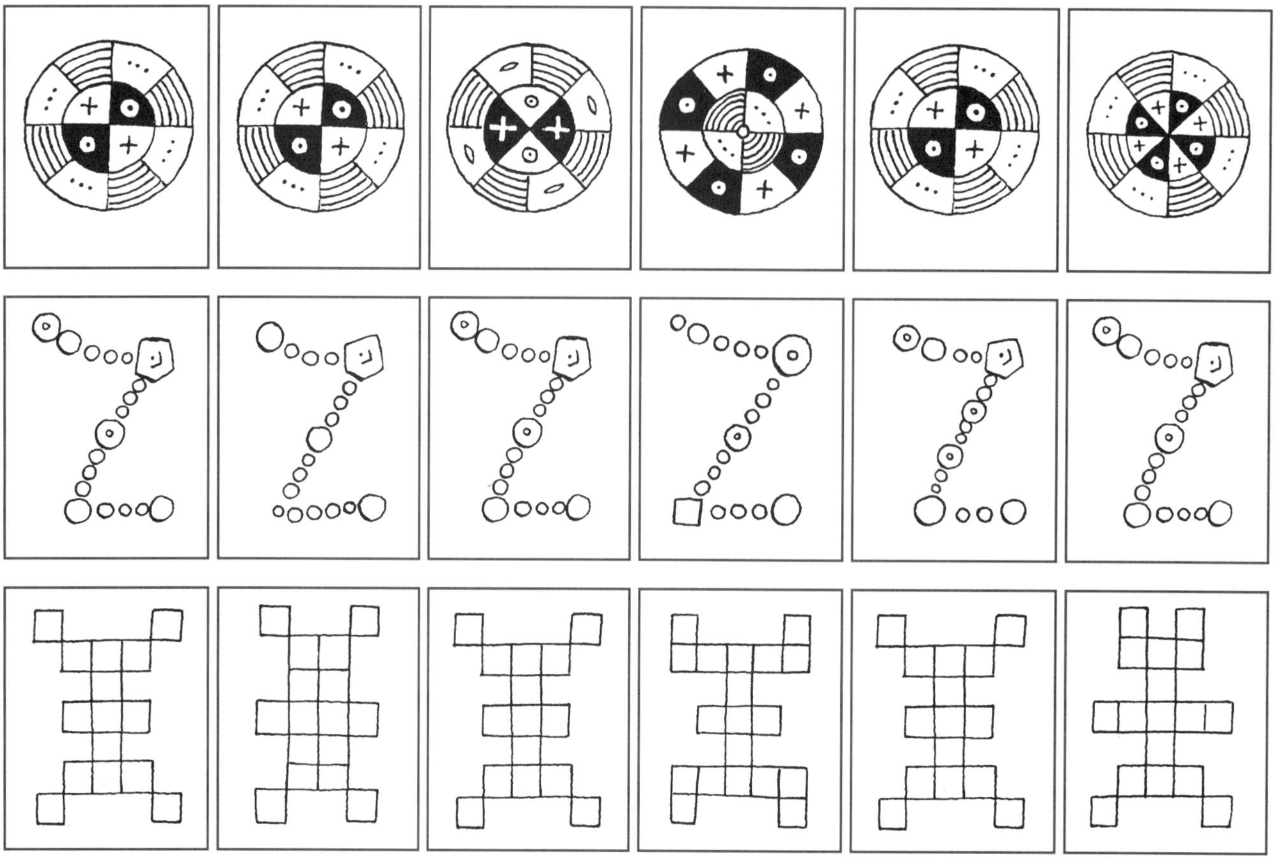

Was hat sich verändert? Schreibe auf.

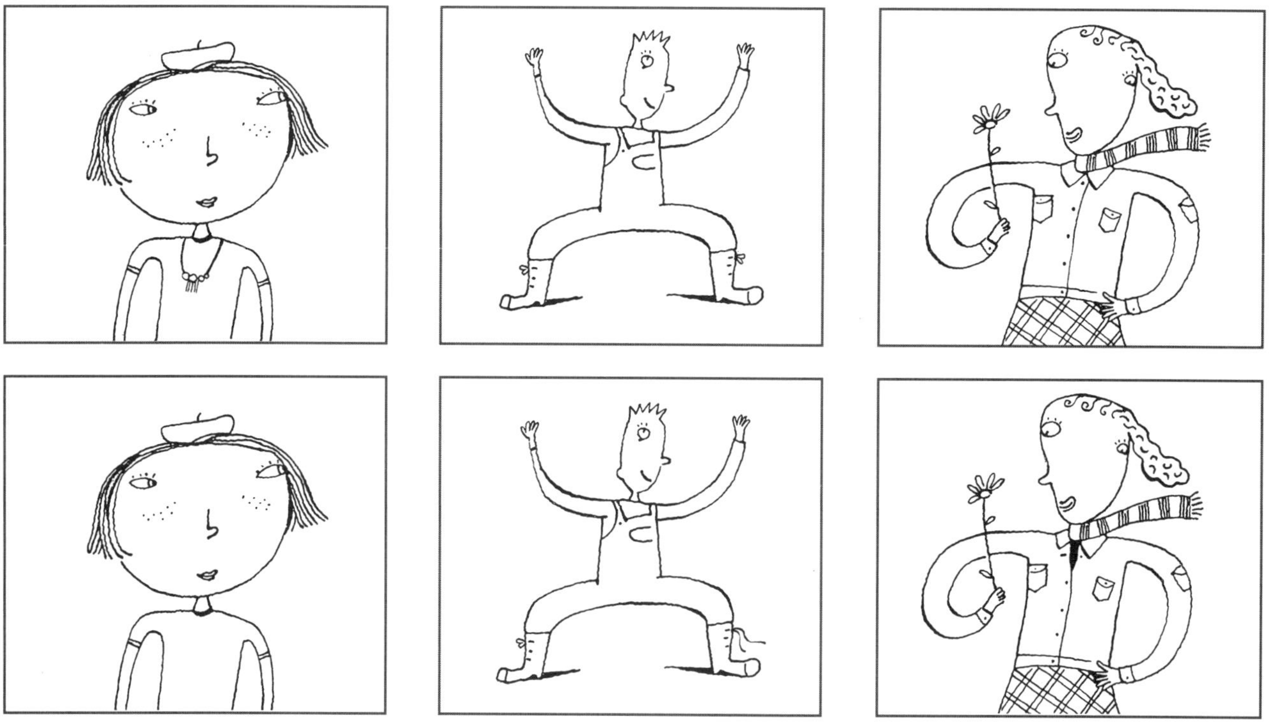

Name: ______________________________

Wem gehört das?

Name: ______________________________

Wer bin ich?

Findest du alle Tiere, die in mir versteckt sind? Schreibe.

EMINE SCHREIBT AM COMPUTER

Fibel S. 20 / 21
Mein Wörter- und Geschichtenheft S. 6

Hinweise, didaktische Überlegungen

Der Computer geht auf den deutschen Physiker Konrad Zuse zurück, der mit dem Z3 im Jahre 1935 die erste Maschine zur automatischen Durchführung von Berechnungen baute. Sein Computer konnte etwa 15 bis 20 Additionen pro Sekunde durchführen. Bereits zehn Jahre später entwickelten amerikanische Forscher den Rechner ENIAC, der etwa 5.000 Additionen pro Sekunde schaffte. Heutigen Computern bereiten selbst mehrere Millionen Berechnungen pro Sekunde keine Probleme.
Der Computer ist heute aus der Welt der Kinder kaum noch wegzudenken. Auch in vielen Klassenzimmern finden sich heute Computer. Sie werden vor allem für Spiel- und Übungsprogramme benützt, die meist allein mit der Maus und ohne Tastatur funktionieren. Der Computer eignet sich aber auch gerade für das Schreibenlernen und das freie Schreiben. Beim Tippen der Wörter muss das Kind das Wort genau auf die enthaltenen Laute abhören und die Buchstaben auf der Tastatur suchen und eingeben. Verbesserungen sind jederzeit möglich. Das Schreibergebnis ist auch für andere Kinder leicht lesbar.

Die Buchseiten zeigen eine Möglichkeit, spielerisch den Umgang mit der Computertastatur zu erlernen. Je besser sich das Kind auf der Tastatur auskennt, desto lieber und natürlich schneller wird es diese Form des Schreibens für sich nutzen können. Die Übungen, die zu dieser Seite möglich sind, bahnen beim Kind den sicheren Umgang mit dem Computer an. In Klassenzimmern, in denen sich noch kein Computer befindet, können diese Seiten auch als erste Übung zum Umgang mit der Schreibmaschinentastatur genutzt werden. Die abgebildete Tastatur entspricht der realen Tastatur. Die Anordnung der Buchstaben ist wie bei der Schreibmaschine genormt. Auf der rechten Buchseite finden sich einzelne Ausschnitte aus der Tastatur. Jeweils eine Taste wird von einem Finger verdeckt. Den verdeckten Buchstaben kann man mit Hilfe der vollständigen Tastatur herausfinden.

Ziele, Inhalte

- Üben und Einprägen der Buchstaben
- Kennenlernen der Computer- bzw. Schreibmaschinentastatur
- Schreiben von Wörtern

Anregungen zur Unterrichtsgestaltung

Hinführung:

- *„Emine hat zum Geburtstag einen Computer geschenkt bekommen. Neugierig schaltet sie ihn ein."*
- Die Buchseiten werden besprochen und die abgebildeten Teile benannt (Monitor, Tastatur, Maus)

Arbeit mit dem Buch:

- *„Emine fängt sofort an zu arbeiten. Kannst du entdecken, welches Wort sie schreibt?"*
- Schüleräußerungen (Blume, Rose), evtl. Hinweis auf die ersten Buchstaben
- *„Welche Buchstaben hat Emine schon geschrieben? Finde sie auf der Tastatur."*
- *„Das R liegt zwischen dem E und dem T." – „Das O liegt links neben dem P."*
- *„Das Wort ist aber noch nicht fertig. Welche Buchstaben muss Emine noch schreiben?"* – Schüleräußerungen
- *„Findest du die entsprechenden Tasten?"*

Auf der vollständig abgebildeten Tastatur kann der Schüler Buchstaben suchen, den Laut nennen, ggf. mit Hilfe der Bilder auf der Anlauttabelle überprüfen, Orientierungsübungen machen (das E liegt zwischen dem W und dem R) oder die benötigten Tasten von Wörtern suchen. Wenn man die verdeckten Buchstaben der S. 21 aneinander reiht, so entsteht ein Wort. Die Kinder können nun den Prozess der Wortentstehung auf der Tastatur nachmachen, die Buchstaben suchen und ins Heft schreiben. *Welches Wort ist wohl entstanden?* (Lösung: ROT, DINO, SONNE)

Hinweise zu den Schreibanlässen

Nach dem oben genannten Schema können die Kinder weitere Wörter aufschreiben (s. Kopiervorlage S. 104, Lösung: LUPE, PILZ, LÖWE, NUDEL, RAKETE)

Im Wörter- und Geschichtenheft S. 6 sind auf acht Monitoren verschiedene Bilder zu sehen, die von den Kindern verschriftet werden. Dabei gehören die jeweils nebeneinander liegenden Bilder zusammen (Maus – Loch, Hexe – Haus, Indianer – Zelt, Eskimo – Iglu). Leistungsstarke Kinder können hier evtl. schon erste Übungen mit zusammengesetzten Namenwörtern machen (Mauseloch, Hexenhaus, ...).

Weitere Vorschläge

- An der abgebildeten Tastatur können viele Übungen durchgeführt werden:
  - Der Lehrer nennt einen bekannten Laut. *Wie heißt sein rechter / linker Nachbar auf der Tastatur? Findest du ihn auf der Anlauttabelle?*

Übung zunächst in der Klasse, anschließend als Partnerarbeit durchführen.

- *Findest du das S auf der Tastatur? Lege einen Spielstein darauf und überprüfe auf der Anlauttabelle.* Nach Möglichkeit hier durchsichtige, leicht eingefärbte Plastikchips verwenden, damit der gefundene Buchstabe lesbar bleibt. Kontrolle durch den Partner.
- *Welche Tasten musst du drücken, wenn du das Wort „Bus" schreiben willst? Lege auf diese Tasten einen Spielstein. Drücke diese Tasten mit deinen Fingern.* (Kurze Wörter verwenden.)
- *Wie heißt das Wort? Drücke die Taste rechts neben dem E. Drücke die Taste links neben dem S. Drücke die Taste rechts neben dem S.* R-A-D. *Schreibe das Wort in dein Heft.* *Kannst du das malen?* Voraussetzung ist hier die Kenntnis von Lagebeziehungen und -begriffen (siehe unten „Fördermaßnahmen Lagebeziehungen").

- *Wer ist das?* Gleiche Übung wie oben, aber nun mit Namen aus der Klasse (auch mit Tieren etc. durchführbar).
- Musik: Lied „Computer können leben" (s. rechts)

Fördermaßnahmen Lagebeziehungen:
(nach Elisabeth Zapke, Erkennen der Lage im Raum und der Beziehungen im Raum, in: Handreichungen zu präventiver Hilfe beim Erlernen des Schreibens, Ansbach 1998, S. 63 ff)
Alle Kinder formen eine lockere Kugel aus Alufolie und stellen sich richtungsorientiert mit Blick auf die Tafel auf. Der Lehrer zeigt die Richtung und spricht dazu: *„Ich halte die Kugel nach oben!"* Die Kinder machen nach und sprechen ebenso. Nach jeder Übung wird die Kugel mit beiden Händen vor die „Mitte" (Bauch) gehalten.

- oben - unten
- links - rechts
- schräg oben - schräg unten
- schräg links oben - schräg rechts oben - schräg links unten - schräg rechts unten

Nun wird die Alufolie auf einen Bleistift gesteckt und die oben genannten Übungen auf das entstandene Männchen übertragen (das Männchen zeigt mit seinem Kopf nach oben, unten, links, rechts, etc.). Abschließend werden die Übungen mit dem Männchen wiederholt, das Männchen liegt jetzt auf einer waagerechten Fläche (Bank). *Wo ist jetzt oben / unten?*.

Musik:

Computer können leben
Melodie: „Ich kenne einen Cowboy"

Melodie: volkstümlich

Einleitung: Computer, Computer, Computer,
Computer, Computer, Computer, Computer,
Computer, Yeah!

1. Ich saß mal vor'm Computer
und spielt mein neu'stes Spiel.
Ich spielte eine Stunde,
das war ihm dann zuviel.

2. Da wuchsen ihm zwei Augen.
Mund und Nas' bekam er auch.
Er schaute mich ganz grimmig an.
Da kribbelt's mir im Bauch.

Refrain: Computer können leben!
Ihr könnt es glauben mir.
Sie können mit euch reden.
Ich sage es zu dir!

3. Er schimpfte mit mir böse.
„Was tust du mit mir hier?
Ich bin ja schon ganz müde.
Entschuldig' dich bei mir!"

4. Ich hatte große Angst.
Und tat, was er mir sagt'.
Da lachte das Gesicht mich an,
verschwand schnell im Computer dann.

Refrain: Computer können leben! ...

5. Doch plötzlich kam ein heller Blitz. Ich rieb mir meine Augen. Ich lag nun neben meinem Bett und konnte es kaum glauben.

6. Zum Glück war's nur ein Traum.
Der Mama musst' ich's sagen.
Die Freunde glaubten's kaum.
Ihr könnt sie ja mal fragen.

Refrain: Computer können leben! ...
Abschlussruf: Yeah!

Text: Kinder der Klasse 4.3 Schuljahr 2000 / 01 der Grundschule Wahlen, Musiklehrer C. Breinig (http://www.losheim.de/losheim/Bildung/02_Schulen/01_wahlen/)

© MEV

Name: ______________________________

Was schreibt Emine am Computer?

© MEV

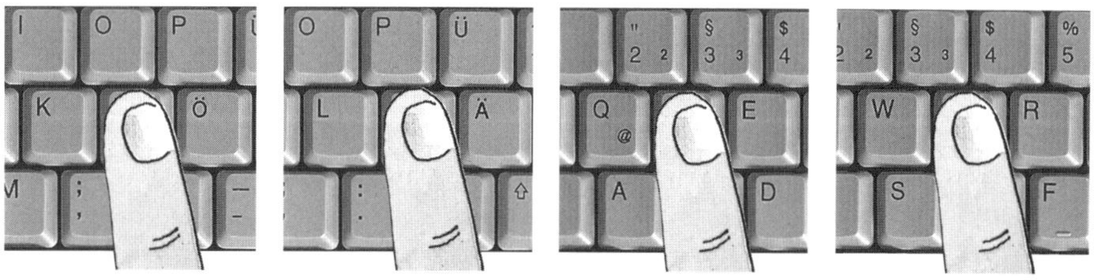

REIME-MEMORY

Fibel S. 22 / 23
Mein Wörter- und Geschichtenheft S. 7 und S. 8

Hinweise, didaktische Überlegungen

Beim Umgang mit Reimen betrachten die Kinder die Sprache losgelöst von ihrem Inhalt. Zweizeiler merken sie sich schon in einem sehr frühen Alter, sie wiederholen diese auch immer wieder gerne, es scheint, dass sie sich hiermit die Herrschaft über die Sprache beweisen. Über die Freude an Reimen, an Auszählversen und an so genannten Witzen (Ich kenn den Witz vom Onkel Fritz, der hat ein Auto ohne Sitz) hinaus erfüllt das Bilden, Erkennen und Zusammenführen von Reimwörtern auf verschiedenen Stufen des Schriftspracherwerbs eine wichtige Funktion:

- Beim Erwerb der phonologischen Bewusstheit lenken Reimwörter die Aufmerksamkeit auf die phonetische Gestalt eines Wortes, unabhängig vom Inhalt.
- Beim Erwerb der Lesetechnik unterstützt das Wiedererkennen gleicher, häufig vorkommender Bauteile eines Wortes die Lesegeschwindigkeit.
- Beim Erwerb der Rechtschreibung ist das Übertragen eines Rechtschreibfalles auf alle möglichen Reimwörter eine nützliche Strategie, wenngleich sie auch nicht immer zuverlässig ist.

Bereits auf den Fibelseiten 18/19 wurden die Kinder mit Abzählreimen bekannt gemacht. Diese werden in der Vorbereitung auf die Fibelseite 22/23 durch weitere Verse nach Vorschlägen der Kinder oder der Lehrerin ergänzt. Im Morgenkreis können wiederholt Reimübungen durchgeführt werden: Finden von Reimwörtern zu vorgegebenen Wörtern, Ergänzen von Sätzen durch ein Reimwort, Heraussuchen des Reimworts aus einer Auswahl von Wörtern. (Vorschläge s. S. 106 und S. 107)
Nach wiederholtem spielerischen Umgang mit Reimen sollten die Kinder die Eigenschaft von Reimwörtern etwa folgendermaßen formulieren können: „Reimwörter sind Wörter, die sich hinten fast gleich/gleich/ähnlich anhören."

Die Doppelseite 22/23 ist den Reimwörtern gewidmet. Es sind Kinder dargestellt, die bei einem Memory-Spiel jeweils ein Bild dem passenden Reimwort zuordnen. Die zu erlesenden Wörter sind durch die vorgegebenen Bilder fast vorgegeben, es ist jeweils nur der erste Buchstabe zu verändern. Wal - Tal, See – Tee, Dose – Rose, Rest – Nest wurden von den Kindern schon als Reimpaare erkannt. Nase und Hase, Sand und Hand, Wanne und Tanne sind noch richtig zuzuordnen. Ein Kind zeigt das Bild der Sonne und hat das geschriebene Wort zu sich umgedreht, um es zu lesen. Was könnte auf dieser Karte stehen?

Bei dem Gedicht „Wenn Hasenkinder rechnen üben" erkennen die Kinder sicher beim Vorlesen oder beim Lesen, dass hier um des Reimes willen das Wort „sieben" abgewandelt wurde zu „süben".

Ebenso werden die Kinder beim Zweizeiler von Paul Maar den gleichen Wortteil in den Wörtern Badewanne und Kaffeekanne bemerken (akustisch und möglicherweise auch optisch).

Ziele, Inhalte

- Reimwörter zuordnen, die in Bild und Wort dargestellt sind
- Eine falsche Zuordnung erkennen
- Das Gedicht „Rechnen" hören oder lesen
- Den Zweizeiler „Kaffeekanne" hören oder lesen

Anregungen zur Unterrichtsgestaltung

Material:

„Reime-Domino" und „Reimwörter-Memory" aus den „Spielen zum Schriftspracherwerb"
Reimwörter-Memory analog zur Buchseite (s. Kopiervorlage S. 107)

Hinführung:

Spielerischer Umgang mit Reimen (s. S. 34 und 106 f. Übungen zum Reimen)

Arbeit mit dem Buch:

- Herausfinden und Formulieren des Spielprinzips „Reimwörter-Memory"
- Gemeinsames Nachspielen des Memory-Spiels in Partner- oder Gruppenarbeit mit den ausgeschnittenen Karten der Kopiervorlage (s. S. 107)
- Überprüfen und Ergänzen der von den Kindern im Buch angebotenen Lösungen (Berichtigen der falschen Lösung: Wanne-Hase zu Nase-Hase und Wanne-Tanne). Betrachten der umgekehrten Reimkarte zur Sonne. *Welches Wort könnte auf der Rückseite der Karte stehen?*
- Anschreiben der Reimwortpaare an der Tafel (untereinander) und Markieren des jeweils gleichen Wortteils
- Lesen der Reimwortpaare
- Betrachten des Hasen: *Was macht er mit den Rüben?*
  Lesen/Vorlesen des Textes (differenziert)
  Vergleich des Textes mit der Abbildung
  Klären: *Warum heißt es hier „süben"?*
  Wie müsste es richtig heißen?

- Betrachten der Illustration zum Zweizeiler von Paul Maar
- Lesen/Vorlesen (differenziert)
- Markieren des gleichen Wortteils an Badewanne und Kaffeekanne (Tafelanschrift)
- Finden des Reims in der Illustration von Frosch und Ferkel: Gießkanne – Pfanne
- „Reimwörter-Domino" und „Reimwörter-Memory" aus den „Spielen zum Schriftspracherwerb" spielen

Hinweise zu den Schreibanlässen

- Mein Wörter- und Geschichtenheft S. 7:
Hier sind „Memorykarten" zu vervollständigen, d.h. die Bilder sind aus der Vorlage auf S. 39 auszuschneiden und richtig einzukleben („Schal" passt nicht). Dazu sollen die Kinder den passenden Begriff schreiben. Erfahrungsgemäß werden viele Kinder hier schon den Vorteil für das Schreiben durch das vorgegebene erste Wort nützen können.
- Mein Wörter- und Geschichtenheft S. 8:
Zum Gedicht „Rechnen" bietet das Wörter- und Geschichtenheft einen weiteren Schreibanlass, bei dem es um die passenden „Rechenhilfsmittel" für beginnende Rechner geht. Mit Rüben üben die Hasen das Rechnen. Wer übt mit Bananen, Froschfingern, Körnern, Gummibärchen und Würstchen? Der Name des „Rechners" wird jeweils unter dem Bild eingetragen. Zuletzt können die Kinder selbst „Rechenhilfsmittel" aufmalen und den „Rechner" dazuschreiben.
- Für leistungsstärkere Schüler bietet die Kopiervorlage S. 108 die Möglichkeit, einen Zweizeiler zu lesen und mit einem Reimwort zu ergänzen. Die Illustrationen bieten eine inhaltliche Hilfe.

Weitere Vorschläge

Um die Freude an Gedichten, die bei vielen Kindern vorhanden ist, auszunützen und zu erhalten, werden die Kinder aufgefordert, Gedichte mitzubringen. Diese werden in einer Gedichtekartei gesammelt und stehen zur Verfügung für Leseübungen, für Übungen zum Abschreiben, zum Auswendiglernen und zum Vortragen.

Literatur:

Kindergedichte finden sich in vielen Jahrbüchern, u.a. auch in „Überall und neben dir", Gedichte für Kinder, Herausgeber Hans-Joachim Gelberg, Verlag Beltz & Gelberg, Weinheim und Basel, 1989
Paul Maar, Dann wird es wohl das Nashorn sein, Beltz Verlag, Weinheim und Basel, 1988

Übungen zum Reimen

Auszählverse und Kinderreime sprechen

Liebe Sonne, komm heraus,
komm aus deinem Wolkenhaus.
Schick den Regen weiter,
mach den Himmel heiter.
Liebe Sonne, komm heraus,
komm aus deinem Wolkenhaus.

Ein Huhn, das fraß
– man glaubt es kaum –
ein Blatt von einem Gummibaum.
Dann ging es in den Hühnerstall
und legte einen Gummiball.

Ich bin die kleine Hexe
und habe rote Schuh,
ich reit auf einem Besen
und sing ein Lied dazu.

aus: 1-2-3 ritsche, ratsche, rei, Susanne Stöcklin-Meier, Kösel Verlag, München 1999

Ich red nicht mit dir,
dein Hemd ist aus Papier,
deine Hosen sind aus Blech –
du bist viel zu frech.

Eins, zwei, drei, vier,
hinter dem Klavier
sitzt eine Maus,
du bist raus.

Ene, mene, miste,
es rappelt in der Kiste,
ene, mene, meck
und du bist weg.

Es war einmal ein Männchen,
das kroch in ein Kännchen,
dann kroch es wieder raus
und die Geschichte ist aus.

Reimwörter finden

Die Lehrerin gibt ein Wort vor, die Kinder nennen passende Reimwörter und erhalten für jedes gefundene Wort einen Chip. Anfangs werden auch nicht existierende Wortbildungen zugelassen, sofern sie erkennen lassen, dass das Prinzip des Reimens verstanden wurde.

Haus (Maus, Laus, aus, ...)	Baum (Traum, Schaum, ...)
Mutter	Kind
Hut	bauen
Kuh	lieben
Mauer	Schaf
Kuchen	Sand
Hose	Fisch

See		Tal	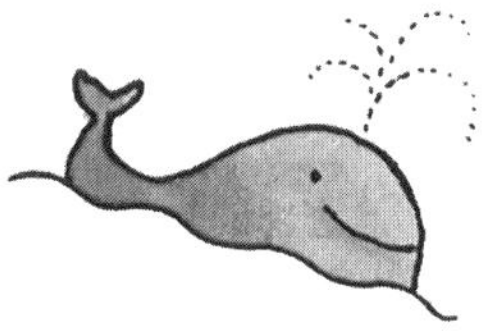
Nase		Sand	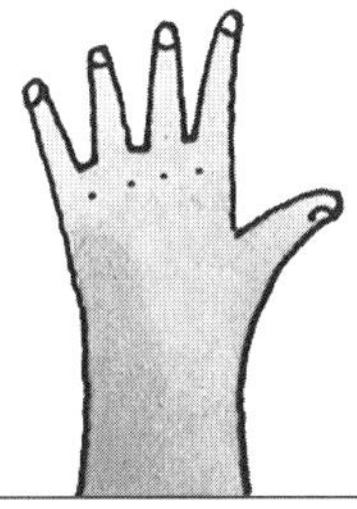
Wanne		Dose	
Rest		Tonne	

Tierreime ergänzen

Jeder Satz wird nach der Ergänzung durch ein Reimwort gemeinsam gesprochen.

Katzentatzen können ______________. (kratzen)
Eine Kuh ruft ganz laut ______________. (Muh)
Ein Schwein ist nicht gern______________. (allein)
Das Lamm braucht keinen______________. (Kamm)
Die Eule nimmt Abschied mit ______________. (Geheule)
Ein Wurm kroch auf den______________. (Turm)
Der Uhu macht die Fensterläden ______________. (zu)
Eine Schnecke kroch um die______________. (Ecke)
Die Meise singt ganz______________. (leise)
Ein Hund ist niemals ______________. (rund / bunt)
Das Huhn hat nichts zu ______________. (tun)
Der Hase hat eine rote ______________. (Nase)

Reimwörter erkennen

Die Lehrerin nennt ein Wort und danach zwei andere Wörter, von denen eines in sachlichem Zusammenhang steht, das andere ist ein Reimwort. Das Reimwort muss genannt werden.

Baum	Traum / Erde
Haus	Dach / Maus
Wind	Kind / Sturm
Ball	Stall / Tor
Schrank	Stuhl / Bank
Hund	Katze / Mund
Rose	Dose / Vase
Butter	Brot / Mutter
Buch	Tuch / Bilder

Ideen aus: Phonologietraining Institut für Psychologie, Lehrstuhl für Psychologie IV, Universität Würzburg

Name: ______________________

Schreibe die Gedichte fertig.

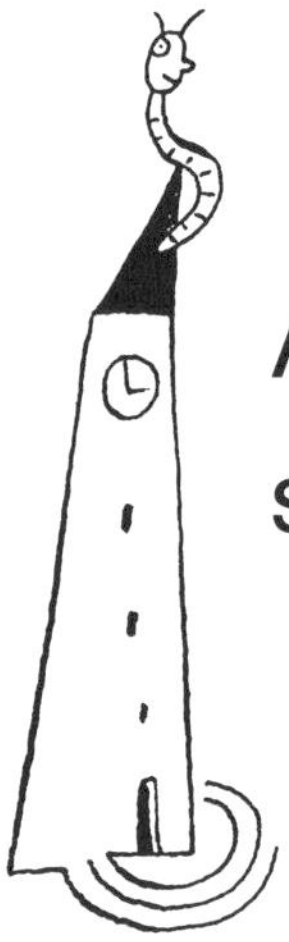

Auf dem Turm
sitzt ein ________.

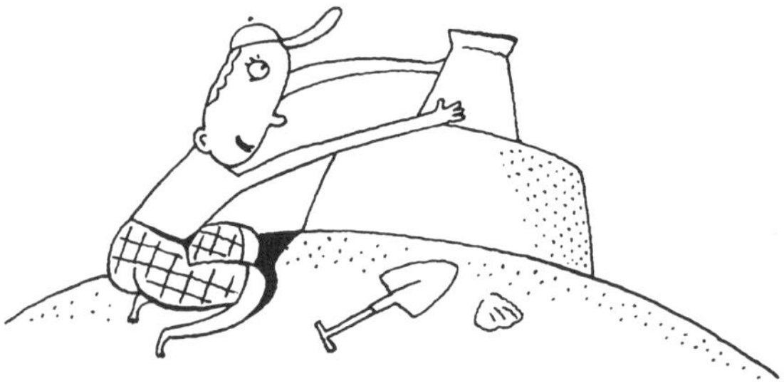

Timo baut am Strand
eine Burg aus ________.

Der Hase, der Hase
hat eine Blume auf der ________.

Hinter dem Haus
sitzt eine ________.

Ich sehe im Kino
einen Film vom ________.

Das ist Lisas Hose
mit der roten ________.

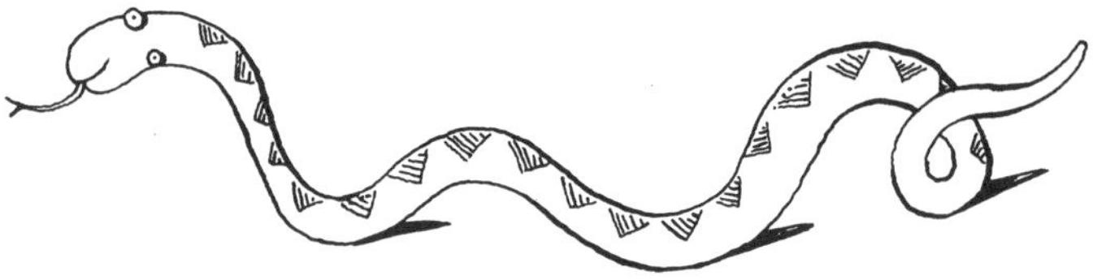

Ich male eine lange
dunkelgrüne ________.

IM MUSEUM

Fibel S. 24 / 25
Mein Wörter- und Geschichtenheft S. 9

Hinweise, didaktische Überlegungen

Kinder lieben Tiere. Insbesondere große Tiere wie Elefanten, Wale, Dinosaurier oder Haustiere haben es ihnen angetan. Dagegen finden kleine Lebewesen wie Ameisen kaum das Interesse der Kinder. Dabei begegnen sie uns fast überall, auf dem Land genauso wie in der Stadt.
Die Buchszene gibt einen Besuch in einem Museum wieder. Zwei Kinder stehen vor dem riesigen Bild eines „Monsters" und rätseln, was dies für ein Tier sein könnte. Links unterhalb des Bildes findet sich ein Hinweis auf das Dargestellte. Rechts neben den Kindern gibt es einfache Hintergrundinformationen zu den Ameisen (als Lese- oder Vorlesetext). Frosch und Ferkel demonstrieren, wie das Bild entstanden ist (Lupe als Hinweis auf extreme Vergrößerung).

Sachinformationen:

Es gibt über 20.000 Ameisenarten auf der Erde. Die meisten davon leben in den Tropen. In Deutschland kommen nur 70 Ameisenarten vor, davon sind sieben Waldameisenarten. Ameisen bilden gut organisierte Staaten mit Arbeiterinnen und Königinnen. Viele Arten produzieren ein Gift, das sie aus dem Hinterleib spritzen, z.B. die Rote Waldameise. Die Arbeiterinnen sind geschlechtlich verkümmerte Weibchen. Sie kümmern sich um Bau und Schutz der Nester (Soldaten), Futtersuche und Brutpflege. Dabei schleppen sie Lasten, die das 20fache ihres eigenen Körpergewichts übersteigen. Ameisen ernähren sich von Kleintieren, Nektar, Pflanzensaft und Samen, manche auch von zuckerreichen Ausscheidungen z.B. der Blattläuse.
Ameisen, insbesondere die Waldameisen, sind überaus nützliche Insekten. Ein Ameisenvolk, das aus bis zu 850.000 Tieren besteht, kann pro Tag 100.000 Waldinsekten, überwiegend Schädlinge, vernichten. Daneben sorgen sie für die Beseitigung von Tierkadavern. Daher stehen sämtliche hügelbauende Waldameisen seit über 200 Jahren unter Naturschutz. Trotzdem gehen durch die Einwirkung des Menschen (Baumaßnahmen, Einsatz von Insektiziden, Abholzung, mutwillige Zerstörung der Nester) die Waldameisenbestände in Deutschland in den letzten Jahrzehnten immer stärker zurück.

Ziele, Inhalte

- Ameisen als nützliche Insekten kennen lernen
- Einfache Verhaltensweisen der Ameisen beobachten und beschreiben
- Zu einem selbsterstellten Bild schreiben
- Lesen von Informationen zur Ameise durch einige Kinder

Anregungen zur Unterrichtsgestaltung

Arbeit mit dem Buch:

Nach dem ersten Erstaunen der Kinder über das „Monster" wird die Seite genauer angesehen.

- Besprechen des Bildes – *Was kann das sein?* – Die Kinder äußern ihre Vermutungen
- *Was meinen die Kinder auf dem Bild?* – Vorlesen der Sprechblasen
- Entdecken der Bildunterschrift „Ameise"
- *Ist eine Ameise wirklich so groß?* – Hinweis auf Frosch und Ferkel mit der Lupe
- *Was weißt du über Ameisen?* – Schüleräußerungen – Vorlesen des Sachtextes neben dem Bild
- Unterrichtsgang in den Pausenhof – Suchen von Ameisen – Beobachten des Verhaltens, evtl. in Gruppen (*Was transportieren Ameisen? Wie werden die Gegenstände transportiert? Wie werden Hindernisse überwunden? Wo führen die Ameisenstraßen hin?*)
- Durchführen einfacher Experimente zur Ameisenstraße
  Ameisen orientieren sich anhand unterschiedlicher Faktoren wie markanten Gegenständen, Lichtquellen, der Schwerkraft, etc. Zur Markierung der Ameisenstraßen werden Duftspuren verwendet, die den Insekten den Verlauf anzeigen.
  Experiment 1: Über eine Ameisenstraße wird ein Blatt gelegt. Nachdem die Ameisen eine Weile darüber gelaufen sind, wird es etwas gedreht.
  Die Ameisen folgen der Duftspur und laufen in die falsche Richtung.
  Experiment 2: Man legt in eine Ameisenstraße eine starke Duftquelle, z.B. Tomatenblätter oder Majorankraut. Die Ameisen finden die ursprüngliche Duftspur nicht mehr und laufen eine Weile ziellos umher.
- Sammeln der Ergebnisse im Klassenplenum – Hinweis auf Nützlichkeit dieser Insekten (Artenschutz)

Hinweise zu den Schreibanlässen

Nach einem Erkundungsgang, auf dem die Kinder Ameisen beobachtet haben, zeichnen sie ein Bild vom Gesehenen (z.B. Ameisenstraße, Transport von Materialien, Experimente) und schreiben Wörter oder einen kurzen Text dazu. Die gesammelten Bilder werden zu einem Ameisenbuch geheftet. Alternativ können auch Fotos von Ameisen beschriftet werden.

Im „Wörter- und Geschichtenheft" S. 9 finden sich weitere Tiere, die erkannt werden sollen. Die Kinder schreiben zu jedem Bild den richtigen Tiernamen (Qualle, Biene, Spinne, Raupe) auf. Wer möchte, kann auch einen kurzen Text zum Tier aufschreiben, in dem er sein Wissen über das entsprechende Tier niederlegt.

Auf der Kopiervorlage (s. S. 111) werden Tiere der Größe nach geordnet und ihre Namen aufgeschrieben.

Weitere Vorschläge

- Ein Ameisengedicht kennen lernen, z. B.:

Zwei Meisen fanden ein A

Zwei Meisen
fanden ein A.
Jede wollte es haben.
Hört, was geschah.

Die eine hat's an sich gerissen.
Juchhe, ihr ist es geglückt!
Drauf hat die Meise ohne A
die Ameise aufgepickt.

Man soll nicht alles haben wollen,
das ist's, was wir uns merken sollen.

Josef Guggenmos

in: Josef Guggenmos, Sonne, Mond und Luftballon, Beltz Verlag, Weinheim und Basel 1991, Programm Beltz & Gelberg, Weinheim

 **– Gekrabbel**
 krabbeln im hohen Gras
 krabbeln in jedes Glas
 krabbeln auf Kekse und Kuchen
denn genau das ist es, was  suchen
 krabbeln, um Süßes zu trinken
drum lassen sie sich ins Limo sinken
 krabbeln in deine Socken
aber sie bleiben nicht drin hocken
 krabbeln dir hoch an den Beinen
und krabbeln und kribbeln – es ist zum Weinen
Doch heute krabbeln sie dicht an dicht
und machen für dich dies Krabbel-Gedicht! 

Erika Zahn

in: Das Lesebuch 3, Bayerischer Schulbuchverlag, München

Die Kinder markieren das Wort „krabbeln" und malen zu Signalwörtern wie „Limo" und „Socken" ein kleines Bild als Lesehilfe.
- Sachunterricht: Tiere der Wiese – Unterscheiden einzelner Wiesenbewohner, Feststellen des bevorzugten Lebensbereiches einer Ameise, etc.
- Kunst: „Die Ameise im Mikroskop" – Zeichnen einer Riesenameise

Software:

Lilly und die aufregende Welt der Bäume, A1-Software
Oskar und die Geheimnisse des Waldes, Tivola Verlag

Literatur:

Steve Parker, Tagebuch einer Ameise, Verlag Sauerländer
Antoon Krings, Anna Ameise, Tivola Buchverlag

Name: ______________________________

Wie groß sind die Tiere wirklich?

Ordne nach der Größe.

Das kleinste Tier 1

Das größte Tier 6

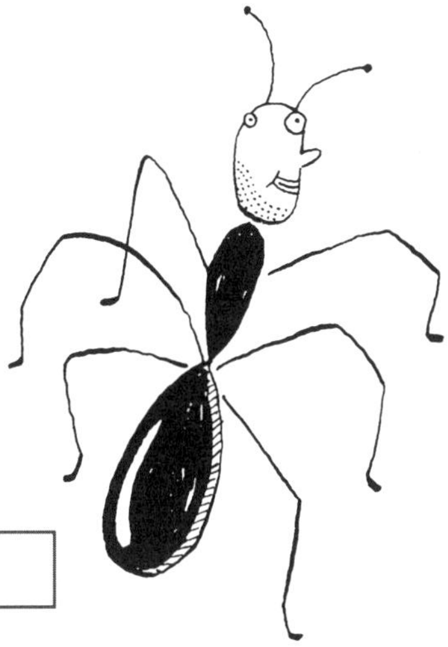

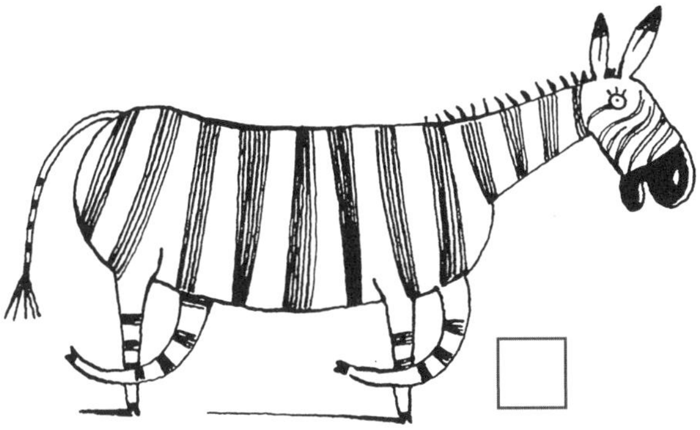

1		2	
3		4	
5		6	

DAS WAR SCHÖN

Fibel S. 26 / 27

Hinweise, didaktische Überlegungen

Heutzutage wird der Begriff der Familie in erster Linie unter einem psychologischen Aspekt gesehen. Familie ist ein System, das auf Intimität und Emotionen aufbaut. So gibt es viele verschiedene Familienformen, von der klassischen Familie (Vater, Mutter und Kinder) über Patchwork-Familien (entstanden durch Scheidung und erneute Partnerfindung der Eltern) und nichteheliche Lebensgemeinschaften bis hin zu Ein-Eltern-Familien. Daneben wird der Begriff Familie auch unter genealogischen Aspekten verwendet. Familie ist dabei eine Gruppe von verwandten, verheirateten oder verschwägerten Menschen, egal in welcher emotionalen Bindung sie zueinander stehen. Der rechtliche Aspekt der Familie wird immer dann herangezogen, wenn es um das Sorgerecht für die nachfolgende Generation geht.
Für Kinder ist der psychologische Familienbegriff von herausragender Bedeutung. Dabei ist die Familie der zentrale Lebensmittelpunkt der Kinder. Er ist Ort für Schutz, Geborgenheit und Fürsorge. Die Erfahrungen, die Kinder in ihrer Familie machen, haben grundlegenden Einfluss auf Verhalten und Zukunft der Schüler. Daher ist es so wichtig, dass diese Erfahrungen überwiegend als positiv empfunden werden.

Die Buchseiten sind als Ausschnitt eines Fotoalbums gestaltet. Die einzelnen Fotos geben Szenen aus dem Leben eines Mädchens wieder, die sie als schön empfunden hat. Zu jedem der Fotos wurde von dem Kind eine kleine Erläuterung geschrieben. Außer den Fotos gibt es noch ein gemaltes Bild, das die ganze Familie vorstellt. Neben sehr persönlich-emotionalen Darstellungen („In Mamas Arm") finden sich auch Bilder zu Erlebnissen, die Spaß gemacht haben („Mit Papa im Wasser"). Ein Bruder des Mädchens sitzt im Rollstuhl. Dieser Aspekt wird nicht besonders hervorgehoben, denn der Junge ist als gleichwertiges Mitglied in die Familie integriert.
Der Text „Lukas Familie" wurde von einem siebenjährigen Jungen geschrieben.

Ziele, Inhalte

- Die eigene Familie vorstellen
- Unterschiedliche Familienformen kennen lernen
- Von positiven Erlebnissen innerhalb der Familie berichten
- Zu Familienerlebnissen schreiben

Anregungen zur Unterrichtsgestaltung

Hinführung:

- Das Bild einer Familie aus einer Zeitschrift wird an die Tafel geheftet, Klassengespräch über das Bild
- *In unserem Buch stellt ein Mädchen ihre Familie vor.*

Arbeit mit dem Buch:

- *Wer gehört zur Familie des Mädchens?* – große Familie mit vier Kindern, ein Kind behindert
- *Wer gehört zu deiner Familie?*
- Vorlesen der Überschrift – Besprechen der einzelnen Bilder – Warum empfindet das Mädchen die Situationen als „schön"?
- Erzählen von selbst erlebten Situationen der Nähe, der Freude, der Geborgenheit, etc.
- Zum Abschluss wird der Text „Lukas Familie" auf S. 27 vorgelesen.

Hinweise zu den Schreibanlässen

Die Kinder bringen Fotos ihrer Familie mit. Darauf zeigen sie Situationen, die von den Kindern als positiv empfunden werden. Einige Kinder stellen ihre Fotos den Klassenkameraden vor. Anschließend schreiben die Kinder eine Bildunterschrift zu den Fotos. Diese kann, je nach Schreibvermögen der Kinder, aus den Namen der abgebildeten Personen, aber auch aus kleinen Erzählungen zur abgebildeten Situation bestehen. Mit den Texten und Fotos wird eine „Das war schön" – Wandzeitung gestaltet.

Weitere Vorschläge

- Religion/Ethik: „Miteinander leben" – Familie als Ort der Geborgenheit
- Kunst: „Ich und meine Familie" als Fotocollage oder Zeichnung
- Sachunterricht: „Lebensgemeinschaft Familie" – Auch so kann eine Familie aussehen

Literatur:

Jamie Lee Curtis / Laura Cornell, Erzähl noch mal, wie wir eine Familie wurden, Edition Riesenrad
Werner Färber / Julia Drinneberg, Vorsicht, große Schwester, Loewe Verlag
Jutta Langreuter / Vera Sobat, Der kleine Bär bekommt ein Geschwisterchen, ars Edition München

WENN ICH GROSS BIN

Fibel S. 28 / 29
Mein Wörter und Geschichtenheft S.10

Hinweise, didaktische Überlegungen

Hier geht es um Vorstellungen, die Kinder von ihrer Zukunft haben. Da sind zum einen Berufswünsche, die mehr oder weniger mit der Realität zu tun haben. Zum anderen stellen sich die Kinder vor, wie sie ihren Alltag gestalten wollen. Diese Wünsche sind geleitet von den Interessen, die sie haben, von Einschränkungen, die sie erleben, oder von Bedürfnissen, die sie haben.
Für den Jungen im Rollstuhl ist es wichtig, dass er Autofahren lernt. Das Mädchen, das gerne liest, möchte gerne alle Bücher auf einmal lesen können. Das dritte Kind möchte nicht mehr so früh ins Bett geschickt werden, die Augen bleiben offen. Ein kleiner Junge möchte endlich einmal so richtig groß sein, um sogar von oben in den Basketballkorb hineinsehen zu können und ein anderer möchte ganz oft seine Lieblingsspeise bekommen. Ein Bild von einem Mädchen, das Astronautin werden möchte, ist bereits fertig und an der Wand befestigt. Nur Ferkel möchte klein bleiben.

Ziele, Inhalte

- Sich Gedanken zur Zeit und zu den Veränderungen der eigenen Person machen
- Von den Zukunftsvorstellungen erzählen
- Wünsche und Bedürfnisse formulieren

Anregungen zur Unterrichtsgestaltung

Hinführung:
- Zeit erleben – Das bin ich: Kleinkind, Kindergartenkind, Schulkind, ...
- Erstellen einer persönlichen Zeitleiste mit Fotos, Erinnerungsstücken, ...
- Aufhängen eines Pfeils und eines leeren Zeichenblatts mit Abstand zum gegenwärtigen Zeitpunkt
- Lesen der Tafelanschrift: Wenn ich groß bin

Arbeit mit dem Buch:
- Die Kinder sitzen im Stuhlkreis. In der Mitte liegen vergrößerte Bilder aus der Fibel oder aus dem Wörter- und Geschichtenheft, z.B.

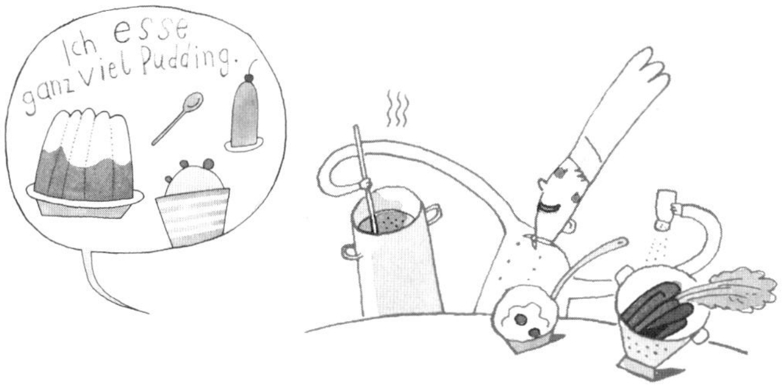

Ich arbeite
in einer großen Küche.

- Die Kinder sprechen über die Bilder.
- Sie erzählen von ihren Wünschen für die Zukunft.
- Sie erzählen davon, was sie einmal werden wollen.
- Sie gehen an ihren Platz zurück und betrachten die Bilder im Buch S.28/29 und lesen, was die Kinder denken und was sie geschrieben und gemalt haben. Sie lesen alleine, mit einem Partner oder mit der Lehrerin.
- Sie überlegen, warum die Kinder diese Wünsche haben.

Hinweise zu den Schreibanlässen

- Die Kinder malen und schreiben ihre Zukunftswünsche und ergänzen ihre persönliche Zeitleiste. Hier kann sehr differenziert gearbeitet werden.
- Die Kinder können ein „Ich-Buch" herstellen, das über das ganze Jahr geführt wird und in dem sie für sie wichtige Dinge festhalten, aufschreiben und malen.
- Im Wörter- und Geschichtenheft S.10 muss herausgefunden werden, welche Berufswünsche zu den Bildern passen. Die Berufe werden unter das Bild geschrieben.
- Es kann auch eine Plakatwand unter dem Thema „Wenn wir groß sind" erstellt werden.

Weitere Vorschläge

• Musik:

Wir werden immer größer

Text: Volker Ludwig
Musik: Birger Heymann

2. Wir werden immer größer, das merkt jedes Schaf.
Wir werden immer größer, sogar im Schlaf.
Ganz egal, ob's regnet, donnert oder schneit.
Wir werden immer größer und auch gescheit.

aus: Mal sehen, ob unsere Füße hören können (Beltz praxis). 1990 Beltz Verlag, Weinheim und Basel

• Zum Vorlesen:

Wir Kinder aus Bullerbü

Ich heiße Lisa. Ich bin ein Mädchen. Das hört man übrigens auch am Namen. Ich bin sieben Jahre alt und werde bald acht. Manchmal sagt Mutti: „Du bist ja Muttis großes Mädchen, du kannst mir also heute beim Abwaschen helfen." Und manchmal sagen Lasse und Bosse: „Kleine Mädchen dürfen nicht mit Indianer spielen. Du bist zu klein." Daher weiß ich nicht, ob ich eigentlich groß oder klein bin. Wenn die einen finden, dass man groß ist, und andere, dass man klein ist, so ist man vielleicht gerade richtig.

aus: Astrid Lindgren, Wir Kinder aus Bullerbü, Friedrich Oetinger Verlag, Hamburg 1972

ALS OMA KLEIN WAR

Fibel S. 30 / 31

Hinweise, didaktische Überlegungen

Zwei Kinder sind mit ihrer Mutter bei den Großeltern zu Besuch, man sitzt gemütlich beieinander. Oma und Opa zeigen den Kindern Fotos und Bilderalben aus ihrer Kindheit. In Opas Album ist ein Bild zu sehen, wie er eine Schiefertafel hält, Oma zeigt ein Bild von ihrem Geburtstag, an dem sie nur ein Geschenk bekommt. Mutter freut sich über ein Bild. Einige ältere Gegenstände sind zu sehen: die Spieluhr zum Aufziehen auf dem Tisch und die Pendeluhr an der Wand. Auch die Schreibmaschine ist noch in Betrieb.
Auf der Bildleiste unten sind Gegenstände aus der Welt der Kinder vor etwa 50 Jahren dargestellt. Es wäre schön, wenn die Kinder einige dieser Gegenstände ausprobieren und z.B. auf einer Schiefertafel mit Griffel schreiben könnten.
Kinderspielsachen haben sich in den letzten 50 Jahren stark geändert. Es gab z.B. kein Plastikspielzeug, keine Computerspiele.
Nicht alle Kinder können ihre Großeltern dazu befragen. Sie können sich auch bei ihren Eltern oder evtl. älteren Leute in der Nachbarschaft informieren.
Es gibt viel zu lesen: die Überschrift, die Sprechblasentexte und die Namen der Gegenstände auf der Leiste. Hier arbeiten die Kinder je nach Fähigkeit. Mit den schwächeren Schülern arbeitet die Lehrerin in der Gruppe.

Ziele, Inhalte

- Veränderungen beispielhaft wahrnehmen
- Spiele und Alltagsgegenstände aus der Kindheit der Großeltern kennen lernen
- Einfache Informationen durch Erfragen einholen und richtig weitergeben
- Befragen von Zeitzeugen und Notieren des Gehörten

Anregungen zur Unterrichtsgestaltung

Hinführung:

- Besuch in einem Museum, in dem altes Spielzeug zu sehen ist
- Einige alte Spielsachen (z.B. Kreisel) oder Fotos von Spielsachen mitbringen

Arbeit mit dem Buch:

- Die Kinder betrachten die beiden Buchseiten und erzählen dazu.
- Die Sprechblasen werden gelesen (alleine, mit einem Partner, mit der Lehrerin), der Inhalt wird geklärt.
- Einige der Dinge, mit denen sich Oma und Opa als Kinder beschäftigt haben könnten, sind auf der Leiste unten abgebildet. Die Bilder werden auf den Projektor gelegt, die Wörter begründend zugeordnet.
  Mögliche Fragen: *Wie heißen die Dinge? Was macht man damit? Wie spielt man damit?*

Hinweis zu den Schreibanlässen

Die Lehrerin gibt den Kindern den Auftrag daheim nachzufragen, womit ihre Großeltern oder Eltern gespielt haben (s. Kopiervorlage S. 118).
Die Kinder schreiben zu Hause auf, was sie erfragt haben. Sie malen ein Bild dazu. Vielleicht gibt es ja zu Hause noch ein altes Spielzeug, das die Kinder evtl. mitbringen können.
Die Notizen und Bilder der Kinder können auf einem Plakat zusammengestellt werden.

Weitere Vorschläge

- Ein Text aus „Omas Fibel" wird gelesen und besprochen (s. S. 116 / 117)
- Sachunterricht: Spiele der Eltern, Großeltern und früherer Generationen vorstellen
- Werken/Textiles Gestalten: Ein einfaches Spielzeug herstellen, z. B. Wurfbecher, Himmel und Hölle

. Die Kerzen brennen.
Die Kugeln glänzen.
.. Die Nüsse funkeln.
Die Äste biegen sich.
∴ Die Kinder freuen sich.

Kerzen Kerze Kerz Ker Ke K Ke Ker Kerzen
Kugeln Kugel Kuge Kug Ku K Ku Kug Kugeln

. Auf dem reichen Gaben-Tisch
liegen Farben, Ball und Fisch,
.. Wagen, Pferd und Kegel,
Kugel, Schiff und Segel,
∴ Schusser, Auto, Eisen-Bahn,
Enten, Hennen und ein Hahn,
∘ Hase, Bär und Schaf und Kuh,
Federn und ein Heft dazu.

Tisch Kegel Kerzen Pferd Hase Ball
Fisch Segel Herzen Herd Nase Stall

aus: Hans Brückl, Mein erstes Buch, R. Oldenbourg Verlag und Bayerischer Schulbuch Verlag, München, 10. Auflage 1959

Weihnachts-Wünsche.

Pferd
Pferd-chen

Puppe
Püpp-chen

Büchse
Büchs-lein

Wagen
Wäg-lein

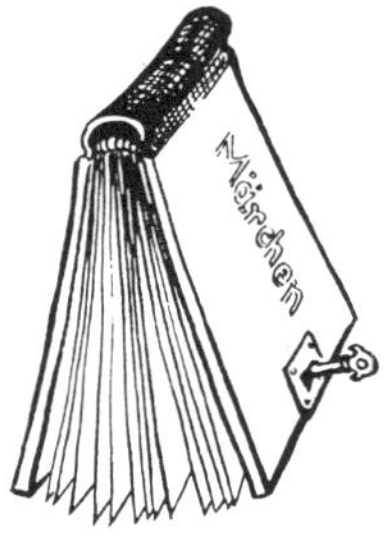

Buch
Büch-lein

Küche
Küch-lein

Stein
Steine

Apfel
Äpfel

Glocke
Glöck-lein

Meine Spiel-Sachen.

Das Pferdchen kann ich reiten;
das Püppchen kann ich kleiden.
Jm Büchslein kann ich sparen;
das Wäglein kann ich fahren.
Jm Büchlein kann ich lesen;
im Küchlein kann ich essen.
Mit den Steinen kann ich bauen;
die Äpfel kann ich kauen.
Das Glöcklein laß ich klingen;
das Liedlein kann ich singen.

Steine	Stein	Stei	St	Stei	Stein	Steine
eine	ein	ei	ein	nein	mein	rein

aus: Hans Brückl, Mein erstes Buch, R. Oldenbourg Verlag und Bayerischer Schulbuch Verlag, München, 10. Auflage 1959

Name: ___________________________________

Früher und heute

Womit haben deine Großeltern und Eltern gespielt?

Was ist dein Lieblingsspielzeug? Schreibe und male.

WAS ICH SPÄTER WERDEN WILL

Fibel S. 32 / 33

Hinweise, didaktische Überlegungen

„Was ich später werden will" ist dem Buch „Wenn ich groß bin" von Erhard Dietl entnommen. Näheres zu Erhard Dietl s. Fibel S. 88/89 und Lehrermaterialien.

Das Buch handelt von einem Mädchen und einem Jungen, die auf einem Baum sitzen und versuchen sich gegenseitig damit zu übertrumpfen, welch außergewöhnliche Berufe sie später ergreifen wollen und was sie dann alles tun. In dem Ausschnitt, der in der Fibel abgedruckt ist, beschreibt das Mädchen, dass es gerne Dompteurin werden möchte und dabei Löwen, Goldfische und Fliegen dressiert.

Als weitere Berufswünsche sind im Buch noch zu finden: Seefahrerin, Weltraumfahrer, Erfinder, Gärtnerin und Bademeister.

Ziele, Inhalte

- Der Geschichte entnehmen, welche Tiere dressiert werden
- Überlegen, wozu man Tiere dressieren kann
- Einen Schluss für die Geschichte finden

Anregungen zur Unterrichtsgestaltung

- Tafelanschrift: [Was ich später werden will]
  Vorlesen durch Lehrer oder lesenden Schüler, Schüler äußern sich dazu
- Das erste Bild zeigen
- Die Begriffe „Dompteurin" und „dressieren" klären (Wortkarte [Dompteurin] an der Tafel. *Darauf steht der Beruf des Mädchens.* Schüler vermuten oder lesen. Wortkarte [dressieren] an der Tafel. *Darauf steht, was sie als Dompteurin macht.*)
- Die weiteren Bilder als Erklärung dafür betrachten
- Die Bildunterschriften lesen (Vorlesen durch Lehrer oder lesenden Schüler)
- Überlegen, was die Fliegen dem Mädchen beibringen können
- Als weitere Leseübung evtl.: *Unter welchem Bild findest du das Wort „ich"? Wie oft findest du das Wort „ich" in der Geschichte? Welche Tiernamen findest du in der Geschichte?*

Hinweise zu den Schreibanlässen

Die Vorschläge der Kinder können im Umfang sehr unterschiedlich ausfallen. Der Satzanfang im Buch bietet eine Hilfe gerade für schwächere Kinder. Folgende Lösungen wären denkbar:
Dafür zeigen sie mir das Fliegen.
Dafür zeigen sie mir, wie ich die Wände hochgehen kann.
Dafür zeigen sie mir, wie ich meinen Bruder auf der Nase kitzeln kann ...

Zusätzlich oder zur Differenzierung kann auch eine der Kopiervorlagen (s. S. 120) eingesetzt werden. Auf ihnen sollen die Aussagen fortgeführt werden.

Weitere Vorschläge

- Das Buch von Erhard Dietl vorlesen oder in die Klassenbücherei stellen
- Aufschreiben, welche Tiere man wozu dressieren könnte
- Berufswünsche der Kinder sammeln und aufschreiben
- Musik:

SELTSAME LEUTE

Text: Margarete Jehn • Melodie aus England • Melodiefassung: **WMW**

2 Kennst du den Flieger Hochhinaus,
Hochhinaus, Hochhinaus,
kennst du den Flieger Hochhinaus,
der kratzt die Wolken an!

3 Kennst du Herrn Weiß aus Düsseldorf,
Düsseldorf, Düsseldorf,
kennst du Herrn Weiß aus Düsseldorf,
der hält nen Bär im Schrank!

4 Kennst du Frau Lopez aus Madrid,
aus Madrid, aus Madrid,
kennst du Frau Lopez aus Madrid,
die putzt die Sterne blank!

5 Kennst du Frau Doktor Sagmal-A,
Sagmal-A, Sagmal-A,
kennst du Frau Doktor Sagmal-A,
die guckt dir in den Hals!

6 Kennst du den Zahnarzt Bohrnichttief,
Bohrnichttief, Bohrnichttief,
kennst du den Zahnarzt Bohrnichttief,
der tut es ebenfalls!

7 Kennst du den Kaufmann Bohnensack,
Bohnensack, Bohnensack,
kennst du den Kaufmann Bohnensack,
der hat nur Geld im Sinn!

8 Kennst du den König Kronenzack,
Kronenzack, Kronenzack,
kennst du den König Kronenzack,
der lacht nur vor sich hin!

9 Kennst du die Hexe Besenflink,
Besenflink, Besenflink,
kennst du die Hexe Besenflink,
die wirbelt durch die Luft!

10 Kennst du den Nachtgeist Kettenkling,
Kettenkling, Kettenkling,
kennst du den Nachtgeist Kettenkling,
der wohnt in einer Gruft!

Text und Musik: Margarete Jehn, aus: Lasst uns zusammen im Kreis rumgehn, © 1984 by Autorenverlag Worpsweder Musikwerkstatt

Literatur:

Erhard Dietl, Wenn ich groß bin, Verlag Friedrich Oetinger, Hamburg 1993

Name:______________________________

Wenn ich groß bin, werde ich Erfinder!

Dann______________________________

____

____

Name:______________________________

Wenn ich groß bin, werde ich Seefahrerin!

Dann______________________________

____

____

ABENTEUER IM WELTRAUM

Fibel S. 34 / 35
Mein Wörter- und Geschichtenheft S. 11

Hinweise, didaktische Überlegungen

Das Weltall fasziniert Kinder und Jugendliche. Zahlreiche Spielfilme und Serien beschäftigen sich mit diesem Raum, da hier alles möglich scheint. Doch wie sieht das nähere Umfeld unseres Heimatplaneten wirklich aus?
Die Buchseiten zeigen die Planeten des Sonnensystems auf ihren Umlaufbahnen. Deutlich ist erkennbar, dass die Sonne im Zentrum den weitaus größten Himmelskörper darstellt. Dagegen gehört die Erde eher zu den kleineren Planeten.

Sachinformationen:

Unser Sonnensystem besteht aus neun Planeten. Alle Planeten bewegen sich auf einer Umlaufbahn um einen zentralen Stern, die Sonne, und rotieren um die eigene Achse. Das Sonnensystem befindet sich innerhalb einer Galaxis, der Milchstraße, die einen Durchmesser von 100.000 Lichtjahren und eine Höhe von 15.000 Lichtjahren hat (1 Lichtjahr = 9.460.800.000.000 km = 9,5 Billionen km).

Größenvergleich der Körper unseres Sonnensystems: im Hintergrund die Sonne, dann von links nach rechts Merkur, Venus, Erde, Mars, Jupiter, Saturn, Uranus, Neptun und Pluto.

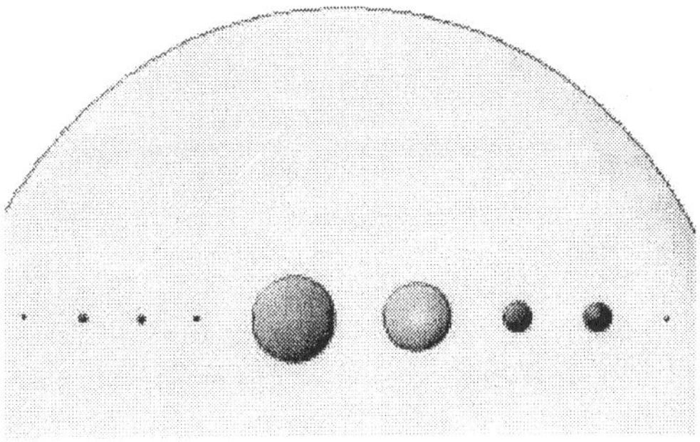

Gute weiterführende Informationen zu unserem Sonnensystem finden sich im Internet unter http://www.blinde-kuh.de/weltall/.

	Durchmesser (km)	Umlaufzeit um die Sonne	Mittl. Entf. von der Sonne (Mill. km)	Rotation	Temperatur an der Oberfläche	Monde	100 kg wiegen dort
Merkur	4.880	88 Tage	58	58,6 Tage	-170° bis +400°	-	35 kg
Venus	12.104	25 Tage	108	250 Tage	+200° bis +400°	-	87 kg
Erde	12.757	1 Tage	149	24 Stunden	-70° bis +56°	1	100 kg
Mars	6.787	1,88 Jahre	228	24 Stunden 37 Minuten	-85° bis +15°	2	38 kg
Jupiter	142.800	11,86 Jahre	778	9 Stunden 55 Minuten	-130°	17	265 kg
Saturn	120.000	29,46 Jahre	1.426	10 Stunden 14 Minuten	-90°	23	114 kg
Uranus	51.800	84,02 Jahre	2.868	10 Stunden 49 Minuten	-183°	5	96 kg
Neptun	49.500	164,80 Jahre	4.494	15 Stunden 14 Minuten	-160°	2	152 kg
Pluto	3.000	247,60 Jahre	5.899	6,4 Tage	-236°	1	81 kg

Ziele, Inhalte

- Die Planeten unseres Sonnensystems kennen lernen und deren Namen schreiben
- Die Sonne als zentralen Stern und größten Himmelskörper in unserem Sonnensystem kennen lernen
- Eine kurze Weltraumgeschichte schreiben
- Sammeln und Aufschreiben von Weltraumwörtern

Anregungen zur Unterrichtsgestaltung

Anhand der Buchseiten werden die grundlegenden Gegebenheiten im Weltraum besprochen:
- Vorlesen / Erlesen der Planetennamen
  Wie heißen die Nachbarn der Erde?
  Wie viele Planeten gibt es insgesamt?
  Welcher ist der größte, welcher ist der kleinste Planet?
- Vorlesen des Textes über die Sonne auf Seite 35, Gespräch über die Sonne

Hinweise zu den Schreibanlässen

Das Thema Raumfahrt ist für erste selbsterfundene Geschichten gut geeignet. Alle Kinder werden durch die Vorstellung fremder Welten angeregt. Im Weltraum ist alles möglich. Außerdem sind die Namen der Himmelskörper mit den bisherigen Schrifterfahrungen der Kinder zu schreiben. Nahezu alle Planetennamen sind lauttreu und auf die enthaltenen Laute gut abzuprüfen. Bei einigen Himmelskörpern ist bei freier Verschriftung trotz intensivsten Abhörens mit kindlichen Schreibvariationen zu rechnen (Venus – Wenus, Mars – Mas, Erde – Eade, Mond – Mont). Auch bei dem Wort Sonne ist wegen des doppelten Konsonanten zum jetzigen Zeitpunkt keine rechtschriftlich richtige Form zu erwarten. Allerdings können die Kinder beim Schreiben der Geschichten ja auf die Wörter im Buch zurückgreifen. Auch andere Begriffe, die im Zusammenhang mit dem Weltraum stehen, lassen sich gut verschriften (Rakete, Flug, Reise, etc.).

Das Schreiben kann vorbereitet werden durch eine Fantasiereise:
„Wir reisen nun gemeinsam in den Weltraum! Starten wir unsere Rakete. Berühre dazu mit der Nasenspitze den kleinen Stern neben der Rakete und drehe langsam das Buch. Unser Flug beginnt!"
Gemeinsames Zählen: *„5 – 4 – 3 – 2 – 1 – Start frei!"*

„Deine Rakete fliegt schnell durch das Weltall. Du fliegst vorbei am Mars und am Jupiter. Als du zum Saturn kommst, entdeckst du unten in einem Tal ein Raumschiff. Es sieht ganz seltsam aus. Es hat überall grüne Punkte, rote Streifen und blaue Flecken."

Die Kinder denken sich nun eine kleine Geschichte aus. Die Lehrerin hilft den Schülern durch das Setzen von Impulsen:

Woher kommt das Raumschiff?
Warum ist es auf dem Saturn gelandet?
Triffst du andere Weltraumbewohner? Wie sehen sie aus?
Was entdeckst du noch auf deinem Flug?
Wie lange bist du unterwegs?
Wirst du jemals wieder auf die Erde kommen?

Die Kinder schreiben ihre Ideen in kurzen Geschichten oder Stichpunkten auf und erläutern diese mit Zeichnungen. Anschließend werden die Geschichten vorgelesen.

In den drei Wolken der S. 11 im „Wörter- und Geschichtenheft" sammeln die Kinder möglichst viele „Weltraumwörter". Dabei sollten sie diese den richtigen Wolken zuordnen:
- Wolke mit Planet: Namen von Himmelskörpern (z.B. Mond, Sonne, Erde, etc.)
- Wolke mit Rakete: Raumfahrtwörter (z.B. Rakete, Flug, Astronaut, etc.)
- Wolke mit Ufo: Science-Fiction-Wörter (z.B. Alien, Ufo, Roboter, etc.)

Da diese Unterscheidung nicht allen Kindern geläufig ist, sollte das Arbeitsblatt zunächst gemeinsam besprochen werden. Im Anschluss steht die Lehrerin für evtl. Fragen der Kinder zur Verfügung.

Weitere Vorschläge

- Die Geschichten werden zu einem Weltraumbuch gebunden.
- Die Geschichten werden von der Lehrerin in rechtschriftlich richtiger Form zusammengeschrieben und als Weltraumlesebuch verwendet.
- Die Geschichten werden an der Weltraumwand präsentiert. Dabei sollte die Wand mit den Planeten unseres Sonnensystems ausgestaltet werden.
- Kopiervorlage S. 124: Die Namen der Planeten sind in einem Buchstabengitter zu finden und einzukreisen. Sie stehen waagerecht oder senkrecht.
- Kunst: „Rakete im Weltraum" in Reservertechnik (Papierbatik)
- Kunst: Bildbetrachtung „Paul Klee – Kosmische Komposition" mit anschließender Erarbeitung in Wachsschabtechnik
- Musik: Lied „Die Maus auf Weltraumreise" („Ich habe eine Maus gesehn") und „Raumschiff Orbi" s. S. 123

Die Maus auf Weltraumreise

Text und Musik: Volker Rosin

STROPHE 2

Das Mikrofon, -fon, -fon für guten Ton, Ton, Ton,
das Mikrofon, -fon, -fon für guten Ton.
Den Raumanzug, -zug, -zug für guten Flug, Flug, Flug ...

STROPHE 3

Die Batterie, -rie, -rie für Energie, -gie, -gie,
Die Batterie, -rie, -rie für Energie.
Das Mikrofon, -fon, -fon für guten Ton, Ton, Ton ...
Den Raumanzug, -zug, -zug für guten Flug, Flug, Flug ...

STROPHE 4

Auch einen Helm, Helm, Helm braucht unser Schelm, Schelm, Schelm,
auch einen Helm, Helm, Helm braucht unser Schelm.
Die Batterie, -rie, -rie für Energie, -gie, -gie ...
Das Mikrofon, -fon, -fon für guten Ton, Ton, Ton ...
Den Raumanzug, -zug, -zug für guten Flug, Flug, Flug ...

STROPHE 5

Eier und Speck, Speck, Speck sind im Gepäck, -päck, -päck.
Eier und Speck, Speck, Speck sind im Gepäck.
Auch einen Helm, Helm, Helm braucht unser Schelm, Schelm, Schelm ...
Die Batterie, -rie, -rie für Energie, -gie, -gie ...
Das Mikrofon, -fon, -fon für guten Ton, Ton, Ton ...
Den Raumanzug, -zug, -zug für guten Flug, Flug, Flug ...

STROPHE 6

Ein bisschen Saft, Saft, Saft, denn das gibt Kraft, Kraft, Kraft,
ein bisschen Saft, Saft, Saft, denn das gibt Kraft.
Eier und Speck, Speck, Speck sind im Gepäck, -päck, -päck ...
Auch einen Helm, Helm, Helm braucht unser Schelm, Schelm, Schelm ...
Die Batterie, -rie, -rie für Energie, -gie, -gie ...
Das Mikrofon, -fon, -fon für guten Ton, Ton, Ton ...
Den Raumanzug, -zug, -zug für guten Flug, Flug, Flug ...

SPIELIDEE

Hier könnt ihr euer Gedächtnis trainieren und außerdem zeigen, was ihr gerade singt:

„ich"	:	auf sich zeigen
„gesehn"	:	Hände wie ein Fernglas
„Weltraumreise"	:	Hände zeichnen einen riesigen Kreis
„Sachen packen"	:	mit spitzen, kleinen Fingern Sachen in einen winzigen Koffer
„Raumanzug"	:	mit dem Körper hin und her pendeln, als hätte man einen Raumanzug an
„Mikrofon"	:	mit zugehaltener Nase das Wort sprechen
„Batterie"	:	schnelles, gebücktes Laufen auf der Stelle
„Helm"	:	pantomimisch Helm aufsetzen
„Speck"	:	sich auf das eigene Hinterteil klopfen
„Saft"	:	trinken pantomimisch darstellen

aus: Volker Rosin, Turnen macht Spaß, © Moon-Records-Verlag, Düsseldorf

Das Lied kann auch zum „Weltraumfrosch" umgedichtet werden.

Raumschiff Orbi

Musik u. Text: B. Hering/W. Hering/B. Meyerholz
© Trio Kunterbunt

Gesprochen:
"Achtung, Achtung! Hier Bodenstation! Eine wichtige Durchsage für alle Nachwuchsastronauten – eine Gelegenheit für alle, die mitfliegen wollen. Raumschiff Orbi ist startbereit zur großen Abenteuerfahrt."

C
Raumschiff Orbi steht zum Start bereit.
G
Raumschiff Orbi geht auf große Fahrt.
C
Raumschiff Orbi startet heut ins All.
F C G C
Orbi ist schneller als der Schall, als der Schall.

Alle Astronauten geh'n an Bord.
Wenige Sekunden bis zum Start.
O. K. Alles klar! Die Motoren laufen schon.
Achtung, fertig, los - sie fliegen davon, fliegen davon.

Die Astronauten lehnen sich zurück.
Die Astronauten halten sich gut fest.
Mit Volldampf geht die Fahrt ins Weltall los.
Die Kraft, die so ein Raumschiff hat, ist riesengroß, riesengroß.

Die Weltraumfahrt geht zum Planeten Summ.
Da summen alle Wesen nur herum.
Das summt und brummt auf Schritt und Tritt.
Die Astronauten summen einfach mit, einfach mit.

Weiter geht die Fahrt zum stillen Mond.
Auf diesem Mond, da hört man keinen Ton.
Die Astronauten fliegen alle stumm
um den stillen Mond herum, Mond herum.

Die Astronauten geh'n im All von Bord.
Die Astronauten sind ganz schwerelos.
Die Astronauten schweben durch den Raum,
umkreisen ihr Raumschiff wie im Traum, wie ein Traum.

Gesprochen:
"Achtung, Achtung! Hier Bodenstation, Raumschiff Orbi, bitte kommen, Raumschiff Orbi bitte melden."

(wir schweben so schön)

Kopiervorlage **Name:** ______________________________

Die Sonne und die neun Planeten

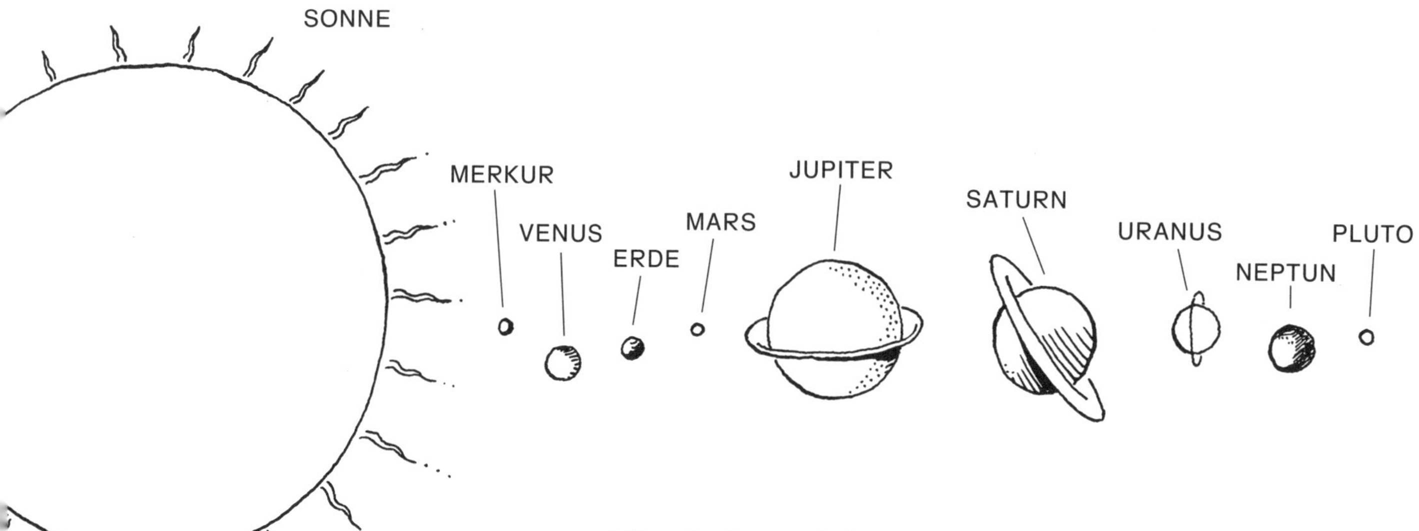

Hier haben sich die neun Planeten versteckt. Findest du sie? Kreise sie ein.

P	A	H	A	H	O	F	A	U	S	E	N
L	D	J	I	N	K	I	N	O	A	A	S
U	R	A	N	U	S	O	S	T	A	E	W
T	A	P	H	U	A	S	B	E	S	G	A
O	K	A	S	T	T	N	G	E	N	E	S
N	N	L	E	J	U	P	I	T	E	R	S
K	W	I	I	M	R	S	B	I	P	D	E
E	L	Z	V	E	N	U	S	R	T	E	R
N	U	E	T	R	U	F	E	L	U	R	W
O	G	I	G	K	S	C	H	Ä	N	T	E
A	R	I	T	U	E	G	T	E	K	B	R
I	E	M	A	R	S	L	E	N	L	N	K

REISE ZUM MOND

Fibel S. 36 / 37

Hinweise, didaktische Überlegungen

Sachinformationen:

Der Mond ist ein natürlicher Satellit der Erde, er umkreist sie auf einer Umlaufbahn. Unser Mond hat einen Durchmesser von rund 3480 Kilometern; das entspricht rund einem Viertel des Erddurchmessers. Die Entfernung des Mondes zur Erde schwankt zwischen 356 410 km und 406 740 km. Sein Volumen beträgt ungefähr zwei Prozent des Erdvolumens.
Da die Masse des Mondes wesentlich geringer als die der Erde ist, herrschen auch wesentlich geringere Anziehungskräfte. Dadurch „verringert" sich das Gewicht von Dingen auf dem Mond auf ein Sechstel des Gewichtes auf der Erde. Der Mond hat keine Atmosphäre. Daher gibt es auf ihm auch kein Wettergeschehen, das auf das Gestein einwirken könnte. Durch die fehlende Erosion sind so noch heute die vielen Meteoriteneinschläge erkennbar, die den Mond im Laufe von Jahrmillionen heimgesucht haben. Der Mond ist nach der Erde der am besten erkundete Himmelskörper und bisher der einzige, zu dem sich Menschen vorgewagt haben.
Der Mond übt schon seit der Steinzeit eine Faszination auf die Menschen aus. Er war Bestandteil wichtiger Religionen und hat bis auf den heutigen Tag viele Künstler inspiriert.

Dieses Thema schließt gut an das Thema der Fibelseiten 34/35 an.

Ziele, Inhalte

- Einen Text erlesen
- Informationen aus einem Sachtext und aus Bildern entnehmen
- Fragen zum Text beantworten
- Mondwörter aufschreiben

Anregungen zur Unterrichtsgestaltung

Hinführung: (Anknüpfung an die Buchseiten 34/35):

„Nachdem wir kreuz und quer durch das Weltall geflogen sind, steuern wir zurück zur Erde. Aber vorher wollen wir noch dem Mond einen Besuch abstatten. Ganz sanft setzt unsere Rakete auf. Wir ziehen unsere Raumanzüge an und steigen aus. Aber was ist das? Da sind ja Schuhspuren im Sand!"

Schüleräußerungen (Außerirdische, andere Menschen, etc.)

Arbeit mit dem Buch:

- Gemeinsames Lesen des Textes auf S. 36, Betrachten des Bildes – Neil Armstrong war der erste Mensch auf dem Mond.
- *Als die ersten Menschen auf dem Mond landeten, haben sie interessante Sachen herausgefunden.*
  Betrachten der Bilder, Gespräch über das neue Wissen
- Abschnittweises Lesen der Texte auf S. 37
- *Können Menschen auf dem Mond leben?* – Kinder begründen ihre Meinung.
- *Warum reisen Astronauten in Raketen zum Mond? Warum fliegen sie nicht in einem Flugzeug?*
  Schüleräußerungen (*Flugzeuge können nicht ins Weltall fliegen, Flugzeuge sind zu langsam,* etc.)
- Gemeinsames Betrachten der „Reisezeiten" am unteren Buchrand. Die Lehrerin ergänzt diese Angaben, z.B. Reisezeit zu Fuß: 42 Jahre, auf die Reise müssen genügend Luft und Lebensmittel mitgenommen werden, etc.

Hinweise zu den Schreibanlässen

Die Kinder schreiben möglichst viele „Mond" – Wörter auf (z.B. Mondauto, Mondflug, Mondrakete, Vollmond ...).

Weitere Vorschläge

- Besuch eines Planetariums

EIN ZETTEL MIT PUNKTEN

Fibel S. 38 / 39
Mein Wörter- und Geschichtenheft S. 12

Hinweise, didaktische Überlegungen

„Ein Zettel mit Punkten" heißt eine Serie von acht Bildern, die Bernd Hennig gezeichnet hat. Bernd Hennig wurde 1952 in Heilbronn geboren, er lebt heute in Neuenburg. Er ist als Bildhauer und Illustrator tätig und veröffentlichte auch Texte zu Bildern für Kinder.

In der Bilderserie „Ein Zettel mit Punkten" folgt Bernd Hennig einem alten Erzählmuster, z.B. wie in dem bekannten bayrischen Volkslied „Drunt in der grünen Au". Dieses Lied beginnt beim Kleinen mit „Ei im Nest, Nest am Ast, Ast am Baum, ..." Der Erzählgedanke ist, dass man vom Kleinen zum Großen geht, dass man sich sozusagen immer weiter von dem ursprünglichen Gegenstand entfernt und deshalb einen immer größeren Überblick gewinnt.

Die Bilderserie beginnt mit einem Zettel mit Punkten, auf einem Tisch, in einem Haus, in einer Stadt, in einem Land, auf einem Kontinent, auf einem Planeten, in einem Universum. Auch hier geht es also vom Kleinen zum Großen, man betrachtet den Gegenstand aus immer größer werdender Entfernung. Das Überraschende an dieser Bilderserie ist, dass das letzte Bild „In einem Universum" praktisch das Negativ des ersten Bildes „Ein Zettel mit Punkten" darstellt. Im Universum sind die Punkte hell, sie stellen Sterne und Planeten dar, auf dem Zettel mit Punkten waren sie noch dunkel.

Für die Kinder dieser Altersstufe, die beginnen, sich eine Vorstellung von der Unendlichkeit des Universums zu erwerben, erscheint diese Bilderfolge sicher reizvoll. Die Vorstellung, dass sie sich immer weiter von einem Gegenstand entfernen, also quasi mit einer Rakete den Flug ins Weltall wagen und dabei immer neue Ausblicke genießen, ist für sie nachvollziehbar. Deshalb werden sie den Schreibauftrag, etwas aus immer größerer Entfernung zu betrachten und immer unbedeutender werden zu lassen, nach unserer Erfahrung auch gerne ausführen.

Ziele, Inhalte

- Eine Fantasiereise unternehmen
- Mit den Bildern in der Fibel die Reise nachvollziehen
- Das erste und das letzte Bild vergleichen (Negativ)
- Die Bildüberschriften an der Tafel nach der Entfernung vom Ausgangspunkt ordnen
- Einen neuen Startplatz für eine Reise suchen und dazu malen und schreiben

Anregungen zur Unterrichtsgestaltung

Material:

- Ein Zettel mit Punkten
- Satzstreifen analog den Bilderüberschriften für die Tafel
- DIN-A3-Blätter, die nach Anweisung in acht Felder gefaltet werden

Hinführung:

Die Lehrerin legt auf ihren Schreibtisch deutlich sichtbar einen Zettel mit Punkten. *Hier beginnt unsere weite Gedankenreise.* Die Kinder schließen nun die Augen (oder legen ihren Kopf mit geöffneten Augen auf die Arme). Die Lehrerin spricht:
„Wir sitzen alle in einer Rakete in unserem Klassenzimmer und schauen gebannt auf den Zettel mit Punkten. Beim Start erhebt sich unsere Rakete sacht und wir sehen nun den Zettel auf dem Tisch. Nun verlassen wir das Haus und sehen unsere Schule. Wir wissen, hier ist der Zettel mit den Punkten auf dem Tisch. Wir steigen höher und sehen die Stadt mit den vielen Häusern. In einem davon ist unser Zettel. Nun entfernen wir uns noch weiter von unserem Startpunkt. Da ist unser Land, darin die Stadt, darin das Haus, darin der Tisch und darauf unser Zettel mit den Punkten. Wie weit wir schon entfernt sind! Nun sehen wir nur noch den Kontinent Europa und schon bald sehen wir unseren Planeten Erde im Weltall schweben. Aber wir können uns noch erinnern, wo wir unsere Reise begonnen haben. Zuletzt schweben wir im dunklen Universum. Der Himmel ist schwarz wie die Nacht, aber übersät mit Tausenden von hellen Punkten. Und irgendwo auf einem dieser hellen Punkte ..." (Der Lehrer lässt Zeit, dass die Kinder gedanklich die Reise noch einmal durchspielen können.) *„Nun ist es für uns Zeit, zur Erde zurückzukehren. Wir wollen nicht immer im Universum bleiben. Wir nähern uns also wieder dem Planeten Erde, dem Kontinent Europa, unserem Land, unserer Stadt, unserem Haus, dem Tisch, ... und was wir da finden, das wisst ihr sicher alle."*

Arbeit mit dem Buch:

- Die Kinder betrachten die Bilder und äußern sich spontan dazu.
- Die Kinder sprechen die Weltraumreise anhand der Bilder noch einmal nach.
- Sie ordnen die entsprechenden Satzstreifen an der Tafel
- Die Kinder suchen jeweils in einem Bild das vorhergehende Bild, das nun verkleinert ist.
- Sie vergleichen das erste und das letzte Bild und stellen fest, dass die beiden Bilder gleich aussehen, nur „gerade umgekehrt“ (Negativ).
- Die Kinder sprechen die Weltraumreise mit einem anderen, beliebig gewählten Startpunkt (z.B. ein Kind in einem Bett, in einem Kinderzimmer) noch einmal nach.
- Die Kinder suchen sich einen neuen Startplatz und zeichnen und malen ihre eigene Reise auf.
- Die Kinder bearbeiten die Seite 12 im „Wörter- und Geschichtenheft“.

Hinweise zu den Schreibanlässen

Nach der Gedankenreise wird es nicht schwer sein, Kinder auf eine ebensolche Gedankenreise mit einem veränderten Startplatz zu schicken. Sie werden aufgefordert, als Startplatz etwas zu suchen, was ihnen besonders wichtig ist (z.B. der Wellensittich im Käfig, der Teddybär auf dem Bett, die Mama in der Küche, der Computer auf dem Schreibtisch).
Ein DIN-A-3-Blatt wird gemeinsam mit den Kindern gefaltet, sodass acht kleine Felder entstehen, die entsprechend der Aufteilung im Buch nummeriert werden: Die Kinder malen und schreiben die Gedankenreise.

Die Vorlage in „Mein Wörter- und Geschichtenheft“ Seite 12 bietet eine Vereinfachung, weil nur sechs Bilder, also sechs Stationen auf der Reise ins Universum zu zeichnen und zu beschriften sind. Noch dazu sind drei Bilder bereits vorgegeben.

Weitere Vorschläge

- Gedicht:

Ich weiß einen Stern

Ich weiß einen Stern gar wundersam,
darauf man lachen und weinen kann.
Mit Städten, voll mit tausend Dingen.
Mit Wäldern, darin die Vögel singen.
Ich weiß einen Stern, drauf Blumen blühn,
drauf herrliche Schiffe durch Meere ziehn.
Er trägt uns, er nährt uns, wir haben ihn gern.
Erde, so heißt unser lieber Stern.

Josef Guggenmos

aus: Ich will dir was verraten, 1992 Beltz Verlag, Weinheim und Basel, Programm Beltz & Gelberg, Weinheim

Dieses Gedicht kann mit Instrumenten gestaltet werden. Eine Vorlage dazu findet sich in „Musik erleben 1/2“, Wolf Verlag GmbH, Regensburg 2001.

- Ein weiteres Gedicht stellt die Reise in umgekehrter Richtung dar, es kann auf einen der Punkte im Universum bezogen werden.

Stern

Jahrelang reiste
eilig das Licht dieses Sterns.
Jetzt trifft's bei mir ein.

Josef Guggenmos

aus: Hans-Joachim Gelberg (Hrsg.), Überall und neben dir (Gulliver Tb), 1986 Beltz Verlag, Weinheim und Basel, Programm Beltz & Gelberg, Weinheim

ICH SEHE WAS, WAS DU NICHT SIEHST

Fibel S. 40
Mein Wörter- und Geschichtenheft S. 13

Hinweise, didaktische Überlegungen

1998 erschien in den Vereinigten Staaten das Buch „Look-Alikes" von Joan Steiner. Verschiedene Orte und Situationen, z.B. Zug, Bahnhofshalle, Stadt, Gemischtwarenhandlung, Rummelplatz, Hotel, Eiscafé, Zirkus und Hotel wurden modellhaft nachgebaut und dann fotografiert, wobei alle Dinge durch andere Gegenstände des alltäglichen Gebrauchs dargestellt wurden. Lediglich die Menschen bzw. Autos oder andere Fahrzeuge werden durch Püppchen bzw. kleine Modelle repräsentiert. Die 2. Auflage erschien in Deutschland 1999 beim Verlag J.F. Schreiber in Esslingen. Untertitel: „Entdecke mehr als 1000 verborgene Alltagsgegenstände". Auf jeder Doppelseite beschreibt ein Gedicht kurz die Situation und weist auf einige „Doppelgänger" hin. Im Anhang des Buches werden die „Doppelgänger" benannt.

„Also komm mit mir mit – ich zeig dir 'ne Welt,
in der nichts das ist, wofür man es hält."

Das ist das Motto des Buches.

Kinder im Alter der Schulanfänger wenden sich mehr der Realität zu, sie haben deshalb besondere Freude am Entdecken von „Täuschungen". Der Reiz der Bilder liegt darin, dass auf den ersten Blick alles so aussieht, als würde es der Wirklichkeit entsprechen. Erst bei genauerem Hinsehen ist zu entdecken, welche Gegenstände verwendet wurden, um eine wirkliche Situation vorzutäuschen.
Für die Fibel wurde aus der Doppelseite „Park und Zoo" der Spielplatz ausgewählt. Dieser Bereich ist allen Kindern bestens vertraut, die meisten „Doppelgänger" kennen die Kinder aus der Realität. So dürfte es ihnen nicht schwer fallen, viele der folgenden Gegenstände im Bild zu erkennen (Gegenstände, die schwer zu identifizieren sind, sind mit einem Sternchen gekennzeichnet): **Spielplatz:** Mohnsamen (Kies). **Teich und Turm:** Taco-Chip, durchsichtige Malerpalette, Vogelfutterglocke, Toilettenpapierrolle. **Trinkbrunnen**: Muschel, Ohrring, Schachfigur (Läufer), Münze*, runde Hundekuchen. **Sandkasten:** Tamburin, Korken, Garnrolle mit blauem Faden, grüner Plastikfingerhut, Windel-Sicherheitsnadel, Tierkeks, Seestern, Paniermehl (Sand). **Klettergerüst:** Tischtennisschläger, Haarreifen, Streichhölzer, Ohrringe. **Baum links:** Mühle-Steine*, Haarnadeln*. **Schaukeln:** Pinsel, Strumpfhalter, Bleistifte, grüne Kerzen, Büroklammern, Eichel, Korken, Pistazie, Hundekuchen, Schachfigur (Springer), blaues Buch. **Rutsche:** Spielfigur (Hut), Frotteehaargummi, Gemüseschäler*, Magnethufeisen, große Spezialbüroklammern, Tortenverzierung, Schuhlöffel, Schlagballschläger aus Holz. **Umzäunung:** Holzkleiderbügel, Haarklemmen, schwarze Wachsmalstifte, Bohrer, rote Bohnen. **Vorderer Laternenpfahl:** Weihnachtsbaumkugel, Messingtürknauf, Sektkorkendraht.

Das Entdecken macht den Schülern sicherlich am meisten Spaß, wenn sie nur an einigen Beispielen auf die „Doppelgänger" aufmerksam gemacht wurden und dann allein oder mit einem Partner auf die Suche gehen können. Das Aufschreiben der Doppelgänger ergibt sich zwangsläufig aus der Tatsache, dass die Kinder die Ergebnisse ihrer Suche festhalten wollen.
Das Basteln von Tieren mit Kastanien, Eicheln und Streichhölzern ist bekannt. Ob manche Kinder nun anfangen, mit anderen Dingen schöpferisch umzugehen? Vielleicht lassen sich manche Kinder dazu anregen, selbst mit kleinen Gebrauchsgegenständen zu experimentieren.

Ziele, Inhalte

- Bei genauem Hinsehen in einem Bild Gegenstände entdecken, die als „Doppelgänger" für andere reale Gegenstände verwendet wurden
- Aufschreiben, welche Gegenstände entdeckt wurden, evtl. auch, wofür diese stehen
- Eigene Versuche mit verfremdeten Gegenständen machen

Anregungen zur Unterrichtsgestaltung

Hinführung:

Der Lehrer zeigt den Kindern einen Gegenstand, der aus einem anderen hergestellt wurde, also z.B. eine Eule, ein Männchen aus Muscheln (häufig gekaufte Souvenirs) oder eine Maus aus einer Nussschale. Die Kinder formulieren. *„Es sieht aus wie eine Eule, aber es sind Muscheln. Es ist eine Nussschale, aber es soll eine Maus sein."*
Tafelanschrift: Was soll es sein? Was ist es?

Arbeit mit dem Buch:

- Betrachten der Buchseite in Einzel-, Partner- oder Gruppenarbeit
- Entdecken der verwendeten Gegenstände und Aufschreiben
- Bericht über die Entdeckungen: Von der Buchseite eine Folie kopieren, auf OHP auflegen, jeweils einzelne Teile (z.B. Rutsche, Trinkbrunnen, etc.) einkreisen und besprechen
- Reflexion über die Arbeit: *Was hast du besonders lustig gefunden? Was hast du gleich/lange nicht entdeckt? Was hast du erst von den anderen Kindern erfahren?*

Hinweise zu den Schreibanlässen

Die Kinder betrachten die Buchseite in Einzel-, Partner- oder Gruppenarbeit. Sie entdecken die abgebildeten Dinge und notieren, was sie entdeckt haben. Bei diesem Notieren können die Kinder auf verschiedenem Niveau arbeiten. Es ist denkbar, dass sie nur das aufschreiben, was sie als Doppelgänger entdeckt haben (Pinsel und Stifte), aber auch die Gegenüberstellung von abgebildetem und gemeintem Gegenstand, z.B. „Schaukel aus Stiften und Pinsel" oder „Pinsel und Stifte als Schaukel".

Im „Wörter- und Geschichtenheft" bietet die Seite 13 eine ähnliche, aber etwas leichter zu lösende Schreibaufgabe:
Nach Art der bekannten Suchbilder sind zwei fast gleiche Bilder zu vergleichen, die auf dem unteren Bild fehlenden Gegenstände sind aufzuschreiben.

Folgende Gegenstände fehlen:

Buch	Auge (Esel)	Hose (Teddybär)
Malkasten	Pinsel	Katze
Zeiger (Wecker)	Schleife (Puppe)	Apfel

Literatur:

Joan Steiner, Ich sehe was, was du nicht siehst (Entdecke mehr als 1000 verborgene Alltagsgegenstände), Esslinger Verlag J. F. Schreiber, Esslingen, Wien 1999

RÄTSEL

Fibel S. 41

Hinweise, didaktische Überlegungen

Die Rätsel dieser Seite sind kurz und einfach zu lesen. Für manche Rätsel gibt es mehrere Lösungen. Die Lösungen sind bildlich vorgegeben.

- Was hat vier Beine und kann nicht laufen? (Stuhl, Bett, Tisch)
- Wo du stehst, da steht er, ... (Schatten)
- Zwei Eingänge hat das Haus ... (Hose)
- Was geht über Wasser und wird nicht nass? (Brücke)
- Welche Schuhe trägt man nicht an den Füßen? (Handschuhe)
- Wer hat Zähne und kann nicht beißen? (Löwenzahn, Briefmarke, Zahnräder)

Ziele, Inhalte

- Die Rätsel lesen
- Die Lösungen aufschreiben
- Eigene Rätsel vortragen

Anregungen zur Unterrichtsgestaltung

Die Kinder lesen die Rätsel (je nach Lesevermögen einzeln, mit einem Partner, in einer Gruppe mit dem Lehrer): *„Aber nichts verraten!"*

- Die Kinder schreiben die Lösungen zu den Rätselnummern auf.
- Die Lösungen werden verglichen.
- Die Kinder stellen eigene Rätsel vor, die sie kennen.

Hinweise zu den Schreibanlässen

Der Schreibanlass ergibt sich hier zwanglos daraus, dass alle Kinder ihre Lösungen anbringen wollen. Deshalb darf keiner sie laut nennen. Besonders motivierend ist es sicher für die Kinder, wenn die gefundenen Lösungen eingesammelt, ausgewertet und eventuell mit einem kleinen Rätselpreis gekürt werden.
Ein weitergehender Schreibanlass ist es, von den Kindern ihnen bekannte Rätsel aufschreiben zu lassen.
Einfache Rätsel können auch zu den Begriffen der Anlauttabelle geschrieben werden.

Weitere Vorschläge

Gemeinsam mit den Kindern kann eine Rätselkartei angelegt werden. Erfahrungsgemäß ist diese ein häufig genutzter Lesestoff.

IM GEISTERSCHLOSS

Fibel S. 42 / 43
Mein Wörter- und Geschichtenheft S. 14

Hinweise, didaktische Überlegungen

Geister und Gespenster sind ein Thema, das die Fantasie der Kinder immer wieder anregt. Sie wissen, dass Gespenster eigentlich gar nicht existieren, in ihrer Vorstellungswelt sind sie aber dennoch vorhanden. Sowohl die Medien als auch die Kinderliteratur machen sie mit diesen Wesen bekannt. Das Unbekannte, Geheimnisvolle und Schauerliche übt einen gewissen Reiz aus, auf den sich Kinder gerne einlassen. Sie hören gerne Gruselgeschichten und haben ihren Spaß daran andere zu erschrecken. Es ist nicht beabsichtigt Kindern Angst zu vermitteln, sondern sie durch das motivierende Thema zu neuen Ideen anzuleiten. Die nächsten Seiten vertiefen das Thema noch, sodass man es in eine Sequenz über Geister, Hexen und Gespenster einbetten kann, entweder im Herbst, wenn die Tage kürzer werden, oder zur Faschingszeit.
Zur Buchseite:
Einzelheiten aus dem Gedicht von Claudia Toll sind illustriert. Die Kinder können diese Dinge entdecken, wenn sie das Bild genau betrachten. So erkennt man zum Beispiel das quietschende, geöffnete Tor an der Mauer, Katze und Eule, den sprechenden Sessel, den Schrank, der sich verbiegt, die Rüstung, den Besen, die Uhr sowie viele andere gespenstische Details.
Zur Bastelanleitung:
Man benötigt: eine Styroporkugel, ein Stück weißen Stoff oder einfach ein Papiertaschentuch, ein Stück Wolle und einen schwarzen Stift. Zunächst wird das Tuch auf die Kugel gelegt und der Kopf abgebunden. Es sollte ein etwas längeres Stück Wolle sein, damit man das Gespenst dann am herabhängenden Faden führen kann. Danach malt man Augen und evtl. einen Mund auf.

Ziele, Inhalte

- Details aus der Illustration benennen und beschreiben
- Erzählen, wie es im Geisterschloss um Mitternacht zugeht
- Das Gedicht von Claudia Toll mit den Illustrationen vergleichen
- Erzählen und aufschreiben, was ein Gespenst um Mitternacht tut
- Die Bastelanleitung für ein Gespenst lesen und verstehen
- Ein Gespenst nach Anleitung basteln
- Für gute Leser: Das Gedicht lebendig vorlesen

Anregungen zur Unterrichtsgestaltung

- Ausgehend von der Überschrift „Im Geisterschloss“ erzählen die Kinder, wie ein Geisterschloss aussieht, wer dort lebt und welche Dinge dort vor sich gehen.
- Die Kinder malen ihr eigenes Geisterschloss und erklären ihre Zeichnung.
- Danach betrachten sie die Buchseite, lesen dazu das Gedicht von Claudia Toll (oder lassen es sich vorlesen) und vergleichen es mit den Illustrationen.
- Im Geisterschloss wohnen Geister und Gespenster, die alles Mögliche um Mitternacht anstellen. Die Kinder überlegen und notieren, was ihr Gespenst treibt. Dazu schreiben die Kinder ihre Ideen auf. Die Seite 14 im Wörter- und Geschichtenheft bietet konkrete Anregungen.
- In der Folgestunde wird die Bastelanleitung gelesen, besprochen und das Gespenst gebastelt. Gerne spielen Kinder nach, was sie vorher aufgeschrieben haben.

Hinweise zu den Schreibanlässen

Zunächst ist es sinnvoll, mit den Kindern im Unterrichtsgespräch einen Gebrauchswortschatz zum Thema zu erarbeiten. Es werden möglichst viele passende Verben gesammelt und diese in kurze Sätze eingebunden. Kinder verwenden dabei hauptsächlich Tunwörter in der 3. Personalform, die mit -t enden. Anregungen dazu bietet auch das Wörter- und Geschichtenheft auf S. 14. (Beispiel: Das Gespenst ... klappert, fegt, fliegt, ruft, ...)
Schreibgeübte Schüler verfassen ihre eigenen Sätze. Schreibschwächeren Kindern und Kindern mit geringen deutschen Sprachkenntnissen hilft es, wenn man Sprachmuster vorgibt, den Satzanfang festlegt und Satzreihen aufschreiben lässt (z.B. Ein Gespenst geht durch die Wand. Ein Gespenst erschreckt einen Ritter. ...). Dabei kann man gut auf den Satz als Sinneinheit und auf Interpunktion eingehen.
Als weiterer Schreibanlass bietet sich an die Illustration des Geisterschlosses im Buch verschriften zu lassen. Gerne übernehmen Kinder Teile aus dem Gedicht. Die wesentliche Aufgabe besteht dann im Umformulieren und evtl. im Hinzufügen von Wörtern und Satzteilen, damit die Sätze vollständig werden, sowie im richtigen Abschreiben der Wörter. (Beispiel: Der Sessel spricht. Der Besen fegt. Die Rüstung klappert. ...)

Weitere Vorschläge

- Ein Gespensterfest feiern:
  - Sich als Gespenst verkleiden
  - Spinnen aus Marzipankugeln und Colaschnüren herstellen und verspeisen
  - Gespensteressen: Popcorn, dazu ein Gedicht von Ursula Barff:

Heute ist Gespensterball
hier in unsrer Küche.
Schrecklich laut ist der Krawall,
und dann – die Gerüche!
Hört! Es prasselt, poltert, kracht!
Kegeln die mit Köpfen?
's ist doch gar nicht Mitternacht!
– Rumpeln tut's in Töpfen.
Langsam haben sie genug.
Niemand spielt mehr Haschen.
Euch verrate ich den Spuk:
Popcorn gibt's zum Naschen!

Ursula Barff, Lauter tolle Sachen, die Kinder gerne machen, Falken Verlag, Niedernhausen 1993

- Gespensterlieder singen, z.B.:

Wer hat so grauslig da gelacht?

2. Sie tanzen den Gespenstertanz,
fuingfuingfuing
der Mond schickt seinen Geisterglanz.
lilanglilanglilang
Gewänder wehn beim Mondscheintanz,
sie spielen mit dem Lichterglanz.

Text und Melodie: Katharina Kemming, aus: Unser Musikbuch, Quartett 3, Ernst Klett Verlag, Stuttgart © Katharina Kemming

- Gespensterklänge erzeugen (mit Luftballons, zerknülltem Papier, Orffinstrumenten, ...)
- Bewegungsspiel: Geisterhände:
  Die Gespenster stehen in einem Kreis hintereinander eng zusammen, so dass sie sich fast berühren können. Gemeinsam sprechen sie:
  „Pack die Schulter, Hüfte, Knie,
  das vergisst du nie.
  Pack das Knie und auch den Fuß,
  huhu, das ist der Geistergruß.“
  Dabei berühren sich die Gespensterkinder gespenstisch an den entsprechenden Körperteilen, zuerst den Vordermann, dann den Hintermann. Bei „huhu“ werfen sie die Hände in die Luft als Geistergruß.
- Eine Geisterbahn im Klassenzimmer bauen und evtl. eine Nachbarklasse einladen
- Ein weiteres Gespenstergedicht mit verteilten Rollen lesen und vorspielen:

Gruselgedicht *Josef Guggenmos*
Als ich einmal spazieren ging,
nachts vor ein paar Wochen,
traf ich plötzlich ein Gespenst,
eins aus lauter Knochen.
Hu, fast wär´ ich angeeckt.
„Mensch“, rief ich, „hast du mich erschreckt!“
Da sprach der Klapperheinrich:
„Das ist mir aber beinlich!“

- Gespensterprojekt: Die beiden Kopiervorlagen (s. S. 132 und 133) auf doppelte Größe kopieren – evtl. als Gespensterbuch zusammenstellen (Faltanleitung s. S. 202)
  - Gespensterrufe/ -geräusche notieren
  - Den richtigen Gespensterweg finden
  - Sp – Dinge finden
  - Einen Brief an ein Gespenst schreiben
  - Anlauttabelle für Gespenster erstellen (Buchstaben reduziert)
    (G/g: Gespenst, R/r: Ritter, U/u: Uhr, Sch/sch: Schloss, B/b: Besen, Eu/eu: Eule, K/k: Katze,...)
  - Ein Gespensterkreuzworträtsel lösen
  - Die Beschreibung von Schlossherrschaften lesen und die Lösung suchen
  - Einen Stundenplan für Gespensterkinder entwerfen

  Oder:
  - Speisezettel für Gespenster aufschreiben
  - Gespenster-Steckbrief: Name des Gespenstes, Alter, Wohnort, Lieblingsessen, Hobby, ...
- Kunst: Burg mit Gespenst (Deckweiß) zeichnen oder Steine stempeln (Moosgummi-Stempel)
- Ein Geisterschloss aus einem Schuhkarton basteln und mit den selbst hergestellten Gespenstern spielen
- Sport: Sich bewegen mit Kopfkissenbezügen
- Fangspiel: Gespenster verhalten sich in der Burg (Kreis in der Mitte der Turnhalle) ruhig, um 12 Uhr (Handtrommel) schwirren sie aus – laufen auf Zehenspitzen – fangen andere, die dann auch zu Gespenstern werden und nehmen sie mit auf ihr Schloss, um 1 Uhr (ein Schlag auf der Handtrommel) ist der Spuk zunächst vorbei, bis er wieder von Neuem beginnt.

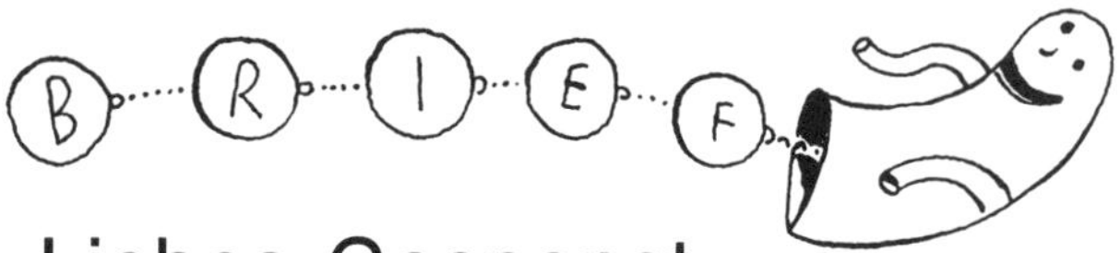

Liebes Gespenst,

____

____

____

____

____

Dein ______________________

4

Was rufen Gespenster?

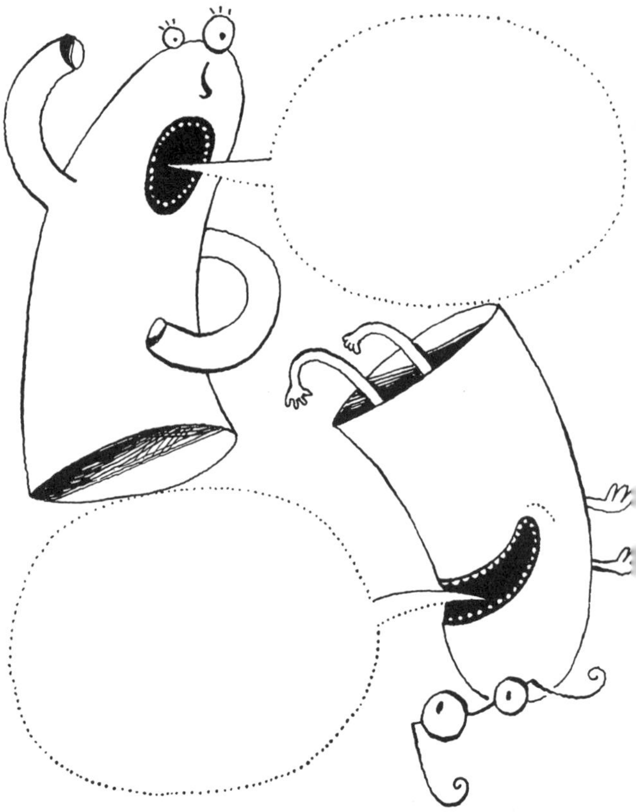

Schlossgespenst Herbi sucht verzweifelt nach Dingen, die mit Sp anfangen. Male sie an und schreibe sie auf.

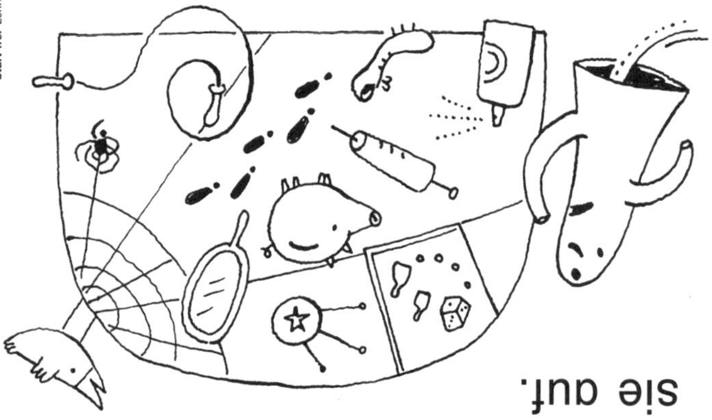

____

____

____

3

Vohin führen die Vege vom Geisterschloss?

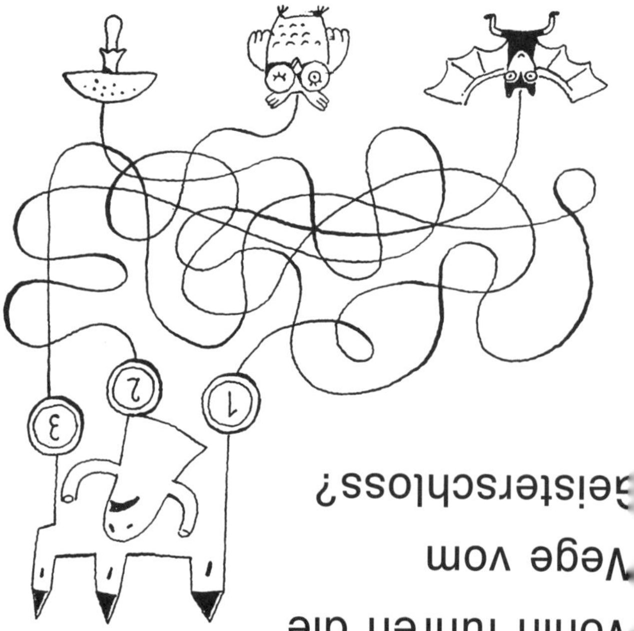

____

____

____

Stundenplan für Gespensterkinder

Zeit	Montag	Dienstag	Mittwoch	Donnerstag	Freitag

Gespenster lernen lesen.

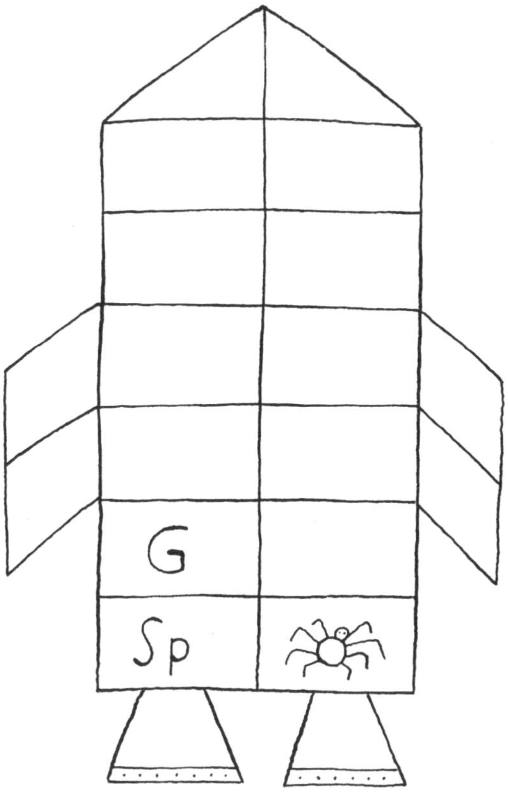

Es sind sechs Wörter.

A	C	K	R	K	G	F	H
G	E	S	P	E	N	S	T
B	X	R	I	T	T	E	R
N	A	C	H	T	H	U	T
D	L	P	G	E	I	S	T

Male jedes Wort in einer anderen Farbe an.

Welcher Hut gehört wem?
Kreise die Namen ein und verbinde.

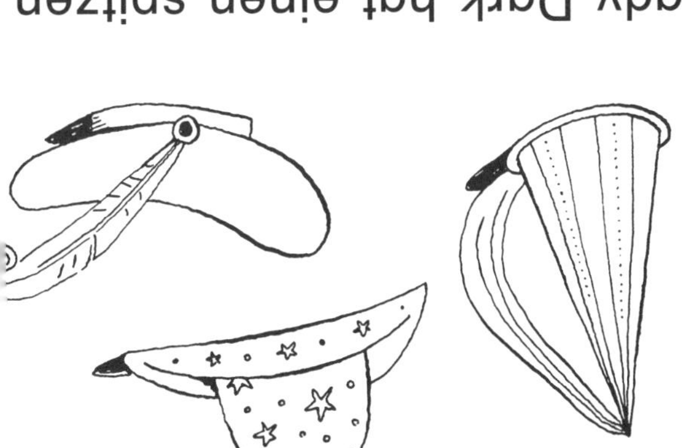

Lady Dark hat einen spitzen Feenhut mit Streifen.

Lord Stein hat einen flachen Hut mit einer Feder.

Lady Zensis Hut hat ein Muster mit Sternen.

HENRI, DAS GESPENST

Fibel S. 44 / 45

Hinweise, didaktische Überlegungen

In einer französischen Kinderbuchreihe erschienen bisher zwei Bände von Jacques Duquennoy, die sich mit dem Gespenst Henri befassen. In Deutschland erschien bisher nur „Die Gespensteroperation".
Folgende Gründe sprachen für eine Aufnahme eines Ausschnitts dieses Buches in die Fibel: Die Kinder dieser Altersstufe befassen sich gerne mit Gespenstern, besonders wenn sie nicht allzu gruselig sind, sondern auch menschliche Züge aufweisen, z.B. „Das kleine Gespenst" von Otfried Preußler. Henri, das Gespenst von Jacques Duquennoy ist ein Gespenst, dem alle Missgeschicke (Krankheiten und Unfälle) ebenso widerfahren wie den Menschen. Das macht es zum einen für die Kinder so sympathisch, zum anderen sind die Illustrationen zum Text comicartig angelegt: Jeweils zu einem kurzen Textteil wird ein Bild geboten, die Bilder sind in ihrer Ausführung sehr vereinfacht, können also von den Kindern auch ohne Hemmschwelle (*„Das kann ich nicht malen"*) nachgezeichnet werden. Besonders witzig ist der Einfall, dass bei dem Gespenst Henri alle Dinge, die in seinem Inneren manifest werden (Einnahme von Tabletten, von Körnchen), ebenso sichtbar dargestellt sind wie die Vorgänge auf seiner Außenhaut (Pflaster, die aufgeklebt werden müssen, Kopfverband und Armschlinge).
Der aus dem Buch gewählte Ausschnitt befasst sich mit den ersten Unglücksfällen, die Henri treffen. Mit dem Satz „Doch das alles war gar nichts im Vergleich zu dem, was Henri nun passierte." endet der Ausschnitt aus dem Buch. Er lässt Ideen von weiteren Missgeschicken aufkommen und leitet über zum Schreibauftrag.
Im Buch wird die Geschichte fortgeführt durch die Schilderung von Henris Operation, bei der ihm ein neuer Wecker eingesetzt wird, denn der alte war defekt; deshalb schlief Henri untypischerweise bei Nacht.

Der Textausschnitt eignet sich zum bewussten Üben des zeilenübergreifenden Lesens, da die meisten Sätze im Fibelsatz getrennt sind. Für die Kinder muss sichtbar gemacht werden, dass der Satz fortgeführt wird. Dies kann z.B. durch einen nach rückwärts gerichteten Pfeil am Zeilenende geschehen.

Beispiel: Zuerst waren es
die Masern.

Da die Kinder nicht ins Buch schreiben dürfen, empfehlen wir für jedes Kind eine Kopie des Textes herzustellen (oder zumindest eine Folie zu ziehen). Auf dieser Kopie markieren die Kinder mit dem Pfeil alle Zeilenenden bei einem unvollständigen Satz oder Satzteil und üben gezielt den raschen, vorausschauenden Blickwechsel zur nächsten Zeile.

Ziele, Inhalte

- Eine Gespenstergeschichte lesen
- Die originelle Darstellungsweise erkennen und beschreiben
- Weitere Missgeschicke erfinden und erzählen
- Ein Missgeschick aufschreiben und dazu malen.

Anregungen zur Unterrichtsgestaltung

Material:

Folie: Henri als gesunder Wanderer

Jacques Duquennoy

Hinführung:

- Die Kinder betrachten und beschreiben die Abbildung eines Gespenstes und erfahren, dass das abgebildete Gespenst Henri heißt (französische Aussprache!).
- Sie mutmaßen, in welchem Land dieses Gespenst sein Unwesen treibt und erfahren, dass es in Frankreich lebt.

Arbeit mit dem Buch:

- Betrachten der Bilder im Buch
- Lesen des Textes und Vergleich mit den Bildern *(Man kann in Henri hineinschauen, z.B. wenn er die Pillen schluckt)*
- Beantworten von Fragen zum Text: *Warum musste Henri so viele Pillen schlucken? Henri wollte seinen Freunden zeigen, wie alles geschehen war. Was passierte dann? Wie musste er behandelt werden? Wie heißen Henris Freunde? Woran kannst du den Doktor erkennen?*
- Tafelanschrift:

  Henri, das Gespenst

  Masern ➡ Pillen

  Sturz vom Baum ➡ Pflaster

  Zweig am Kopf ➡ Verband

  Sturz ➡ Gips am Arm

- Üben des zeilenübergreifenden Lesens (Markieren der unvollständigen Satzteile mit einem Pfeil und mehrmaliges Üben. Die Kinder verbalisieren: *Der Satz geht noch weiter, ich muss schnell zur nächsten Zeile schauen und gleich weiterlesen.*)
- Lesen des letzten Satzes *Was passiert jetzt?*
- Sammeln von Ideen, was Henri nun passiert sein könnte
- Aufschreiben und Malen der Fortsetzung
- Vorlesen und Betrachten der weitergeführten Geschichten

Hinweise zu den Schreibanlässen

Da Henri schon als Pechvogel dargestellt wird, dem alle möglichen Missgeschicke unterlaufen, ist die Richtung, in die die Kinder die Geschichte vermutlich fortführen werden, schon vorgegeben. Die Ideen sollen von den Kindern kurz formuliert und ausgesprochen werden, um auch weniger kreativen Kindern Anregungen zum Aufschreiben der Geschichte zu geben. Die Kinder bekommen ein Blatt Papier und evtl. den Hinweis, dass sie dieses Blatt durch Falten in vier Teile einteilen können. So sind verschiedene Schritte der Fortführung und der bildlichen Darstellung vorgegeben.
Die Kinder erhalten eine ausreichende Schreibzeit, in der sie aufschreiben und auch malen können.
Folgende Ideen sind denkbar: Henri wird es schlecht (Henri sieht ganz grün aus), er trinkt deshalb Tee (sieht ganz braun aus), Henri fällt aus dem Bett und bricht sich ein Bein (Gipsbein auf dem Bild), Henri stößt beim Fliegen an einen Turm, Henri ....

Als weiterer Schreibanlass bietet sich die Kopiervorlage S. 136 mit dem Bild „Gespensteroperation" aus dem Buch an. Hier können die Kinder ihre Vorstellungen von Operationen zu Papier bringen. Trotz des leichten Grauens beim Gedanken an eine Operation beschäftigen Kinder sich gerne damit.

Weitere Vorschläge

Das Buch kann vollständig vorgelesen und in die Klassenbücherei gestellt werden.

Literatur:

Jacques Duquennoy, Die Gespensteroperation, aus dem Französischen von Friedrich Langreuter, ars Edition, München 1999

Name: ____________________________________

Henri ist im Krankenhaus

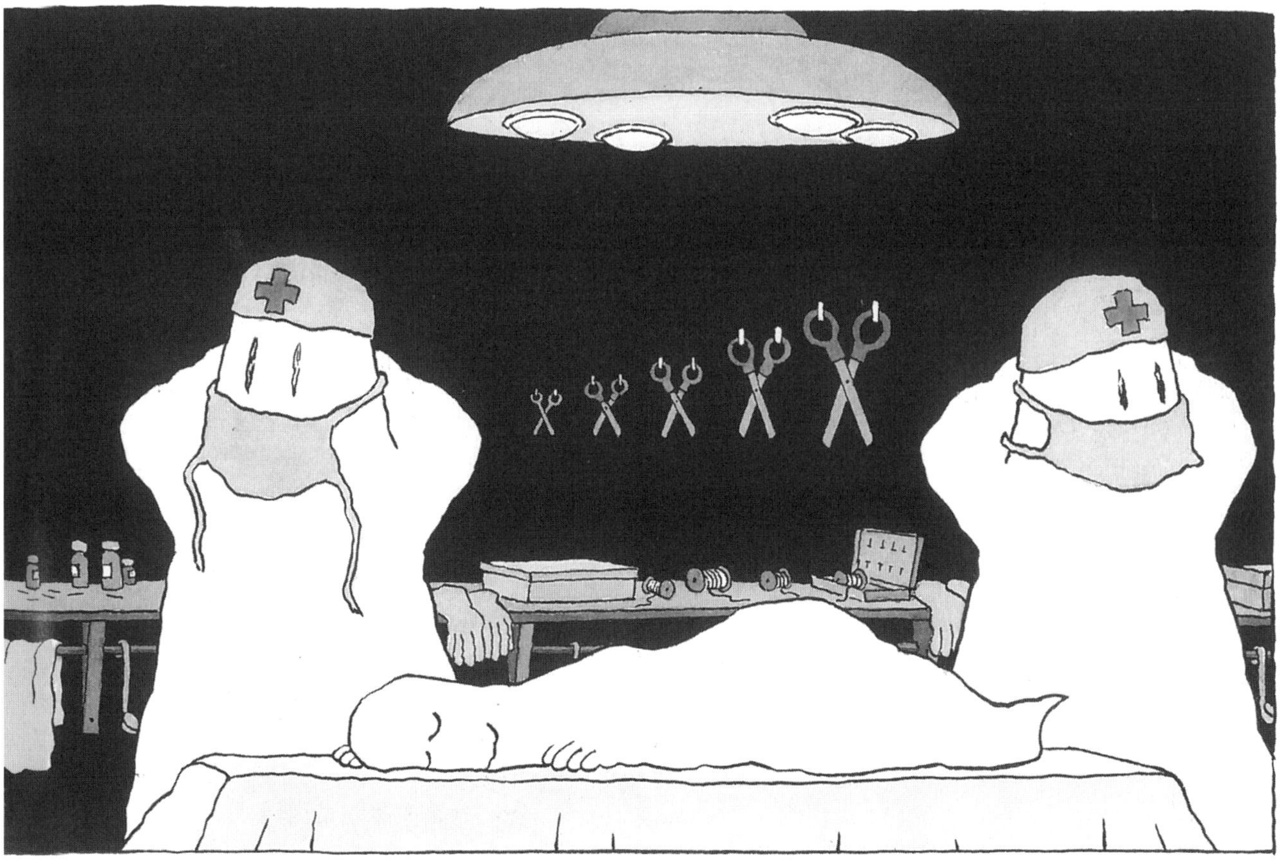

____

____

____

____

____

____

Illustration von Jacques Duquennoy

MEG, DIE HEXE

Fibel S. 46 / 47
Mein Wörter- und Geschichtenheft S. 15

Hinweise, didaktische Überlegungen

Die Kinder werden heute in zunehmendem Maße mit Informationen über Fremdes und Fremde konfrontiert. Die Mobilität (man denke hierbei nur an Urlaubsaufenthalte im Ausland) macht die frühe Beschäftigung mit fremden Sprachen und Kulturen immer selbstverständlicher.
Aufgrund historischer Gegebenheiten hat sich die englische Sprache als die für uns wichtigste Fremdsprache herauskristallisiert. Viele Wörter angloamerikanischen Ursprungs haben Einzug in unsere Sprache gefunden (wie das bei Kindern so beliebte Wort „cool"). Aber auch Feste wie Halloween erfreuen sich steigender Beliebtheit. Daher ist bei den Kindern ein erster Zugang zur fremden Sprache vorhanden. Diesen gilt es im Verlauf der weiteren schulischen Entwicklung der Schüler auszubauen, zu systematisieren und in anwendbares Wissen umzusetzen.
„Meg and Mog" ist ein in Großbritanien sehr beliebtes Kinderbuch, das auch häufig im Fremdsprachenunterricht der deutschen Grundschulen eingesetzt wird. Inzwischen haben die Autoren Helen Nicoll und Jan Pienkowski eine ganze Buchreihe mit „Meg"-Geschichten veröffentlicht, die auf 14 Ausgaben angewachsen ist. Ergänzt werden diese durch Malbücher, Hörspiele und eine TV-Serie. Meg, die Hexe, und Mog, ihre Katze, erleben darin vielfältige Abenteuer. Unterstützt werden sie von Owl, der Eule.
Im ersten Band der Serie, aus dem die hier verwendeten Bilder stammen, machen sich Meg und Mog fein für eine Hexenparty. Nach dem Nachtmahl geht es auf Megs Besen zum Festplatz, wo sie weitere Hexen treffen. Doch beim Brauen des Hexentranks unterläuft Meg ein Fehler, woraufhin sich die anderen Hexen in Mäuse verwandeln, die nun von Mog gejagt werden.

Ziele, Inhalte

- Anbahnung erster Fremdsprachenerfahrungen
- Spielerisch einer fremden Sprache begegnen
- Englische Bezeichnungen für Kleidungsstücke kennen lernen
- Aus Bildern Informationen entnehmen
- Namen von Kleidungsstücken verschriften
- Ein Hexenrezept schreiben

Anregungen zur Unterrichtsgestaltung

Hinführung:

„Überall auf der Welt werden Feste gefeiert" – Kinder benennen bekannte Feste – *„Aber nicht nur die Menschen feiern. In England kenne ich die Hexe Meg. Und sie macht sich fein für die Hexenparty."*

Arbeit mit dem Buch:

- Besprechen der einzelnen Bilder – Benennen der Kleidungsstücke (schwarze Strümpfe, schwarze Schuhe, schwarzer Umhang, schwarzer Hut)
- Den Kindern fällt auf, dass „andere" Wörter bei den Kleidungsstücken stehen – *„Das ist Englisch, denn Meg kommt ja aus England."*
- Die Lehrerin liest die englischen Begriffe vor. Zusätzlich zeigt sie die entsprechenden Kleidungsstücke (echte Kleidung verwenden) – die Kinder sprechen die deutschen und die englischen Namen.
- Ein Kind darf sich als Meg verkleiden. Die Lehrerin gibt die Anweisungen zum Anziehen der Kleidungsstücke auf Englisch (siehe Buchseiten). Anschließend zieht sich das Kind nach Anweisung wieder aus. (Formulierung *„She puts off ..."*)

Hinweise zu den Schreibanlässen

- *„Weil du schon so gut Englisch verstehst, kannst du die Wörter bestimmt ins Deutsche übersetzen."* – Die Lehrerin zeigt die Kleidungsstücke und sagt deren englische Namen, die Kinder benennen diese in Deutsch und schreiben die Wörter auf (siehe Kopiervorlage S. 139).
- *„Nachdem sich Meg nun für die Hexenparty fein gemacht hat, möchte sie noch etwas essen. Deshalb geht sie in die Hexenküche und bereitet ihre Lieblingsspeise zu."*
  Die Kinder denken sich Megs Lieblingsspeise aus und schreiben die Zutaten oder das Rezept im „Wörter- und Geschichtenheft" auf. Dabei ist wichtig, möglichst „eklige" Zutaten wie Würmer, Schnecken, u.a. zu verwenden. Als Hilfestellung befinden sich in der Hexenküche schon drei mögliche Zutaten (Spinne, Käfer und Fledermaus).

Weitere Vorschläge

- Feiern einer Hexenparty (siehe Spielideen für eine Hexenparty, S. 138)
- Eine Anlautrakete für Hexen (A-Abraxas, B-Besen, C-clever, D-Drachen, etc.)
- Gedicht „Heinrich möchte Hexe werden" siehe S. 138
- Fremdsprachenunterricht: Storytelling „Meg and Mog"
- Sachunterricht: Feste und Feiern
- Werken/Textiles Gestalten: Gestalten mit Papier, z.B. „Hexenhut", s. S. 138

Spielideen für eine Hexenparty:

Hexentanz
Es ist schon lange nach Mitternacht, Hexen und Vampire tanzen zu Musik durch den Raum. Auf einmal geht die Sonne auf (Taschenlampe) und die Musik verstummt. Nun müssen sich die Kinder in den Truhen und Särgen verkriechen (unter den Tischen und Stühlen). Nach einer Weile geht die Sonne wieder unter und der Tanz beginnt von neuem.

Spinnen aufrollen
Spinnen aus Pappe werden an einem Faden festgebunden. Das andere Ende des Fadens wird an einem Stöckchen befestigt. Wer seine Spinne zuerst aufgerollt hat, darf sich etwas nehmen, z.B. ein Gummitier.

Mumienwickeln
Wer kann mit Toilettenpapier ein anderes Kind so einwickeln, dass von der „Mumie" nichts mehr zu sehen ist?

Frankensteins Augen
Das Spiel funktioniert wie „Eierlaufen". Anstelle von Eiern werden Tischtennisbälle verwendet, die mit einem Auge bemalt sind.

Die Hexe im Spukkreis
Alle Kinder setzen sich im abgedunkelten Zimmer in einen großen Kreis. Ein Kind sitzt als „Hexe" mit verbundenen Augen im Spukkreis. Nun versucht eines der anderen Kinder als „Gespenst" auf die Hexe in der Mitte zuzuschleichen und sie zu berühren. Wenn die Hexe merkt, dass sich um sie herum etwas rührt, zeigt sie in die entsprechende Richtung und ruft: *„Verschwinde Geist!"* Gelingt es einem Gespenst trotzdem, sich erfolgreich anzuschleichen und das Kind in der Mitte zu berühren, so darf es selbst in der Mitte sitzen und Geister abwehren!

Gruselgeschichte
Die Lehrerin liest eine Gruselgeschichte vor. Bei einem vorher festgelegten Wort (z.B. Hexe) dürfen sich alle Kinder etwas Süßes aus der Mitte des Kreises holen.

Heinrich möchte Hexe werden

Heinrich möchte Hexe werden,
kann schon prima hexen.
Kennt das Hexen-Einmaleins
und auch das mit Sechsen.

Heinrich möchte Hexe werden,
kann schon fließend lesen.
Liest das Hexen-ABC,
reitet auf dem Besen.

Heinrich möchte Hexe werden,
weiß nur noch nicht, wie.
Womöglich wird er Hexerich.
Hexe wird er nie!

Ingrid Uebe

aus: Ingrid Uebe, Serafina Siebenschön, Ein Hexen-ABC, Kinderbuchverlag, Berlin 1996

Der Hexenhut

(1) Zuerst schneidet man aus schwarzem Tonpapier einen großen Halbkreis aus und rollt diesen wie eine Eistüte zu einem spitzen Hut zusammen.

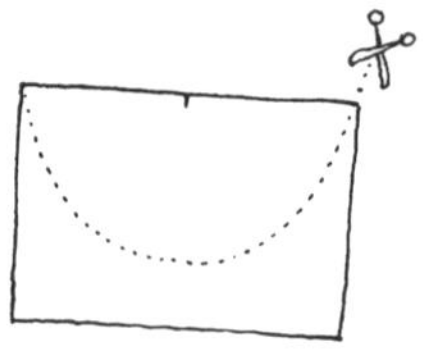

(2) Die Hutöffnung dem Kopf des Kindes anpassen (genau anprobieren) und dann seitlich mit Heftklammern zusammentackern. Diesen Teil des Hexenhutes kann man jetzt mit Sternen aus Alufolie verzieren.

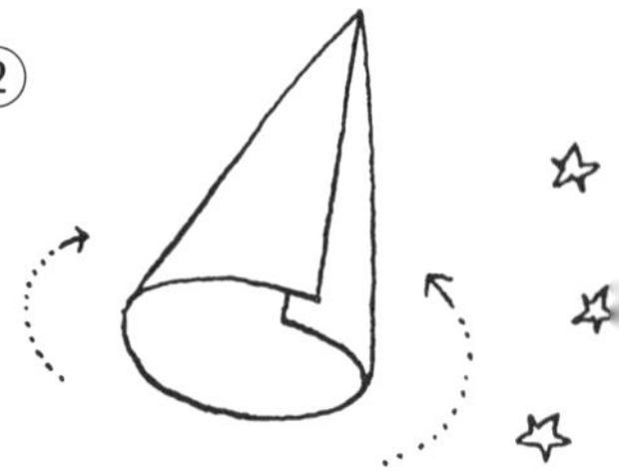

(3) Für die Hutkrempe das fertige Oberteil auf einen zweiten Bogen Tonpapier stellen und die Hutöffnung mit Bleistift auf das Tonpapier übertragen. Der so gezeichnete Kreis ist nur eine Hilfslinie.
Innerhalb und außerhalb dieser kreisrunden Hilfslinien zeichnet man nun zwei weitere Kreise: Der innere ist etwas kleiner, der äußere wesentlich größer als die Hutöffnung. Der so gezeichnete Ring wird ausgeschnitten und ergibt die Hutkrempe.

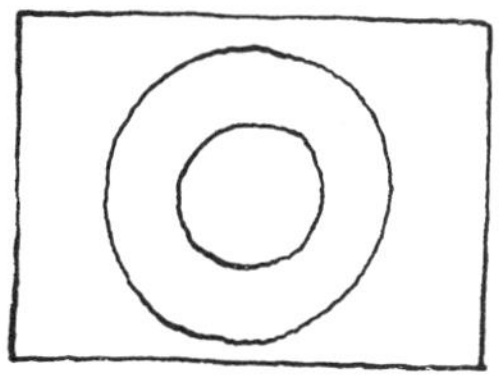

(4) Die Hutkrempe an der Innenseite mehrmals einschneiden, nach oben biegen und von unten am Hexenhut festkleben.

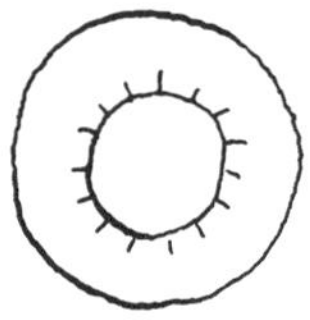

(5) Zuletzt kann man den Hut originell verzieren, indem man mit Paketband von innen Stroh oder Ostergras anklebt.

Literatur:

- Helen Nicoll / Jan Pienkowski, Meg and Mog, Puffin Books / Penguin Books, London 1972
- Annelies Schwarz / Sabine Kraushaar, Die Buchstabenhexe im Klassenzimmer, Loewe Verlag
- Ingrid Uebe / Erhard Dietl, Hex mir Farben, kleine Hexe, Ravensburger Buchverlag Otto Maier GmbH, Ravensburg 2000

Name: ____________________________________

Kannst du das übersetzen?

black

stockings

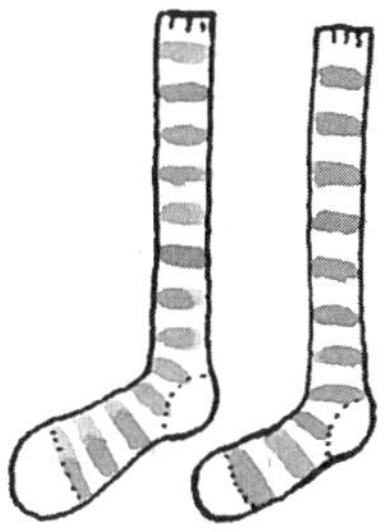

shoes

black shoes

cloak

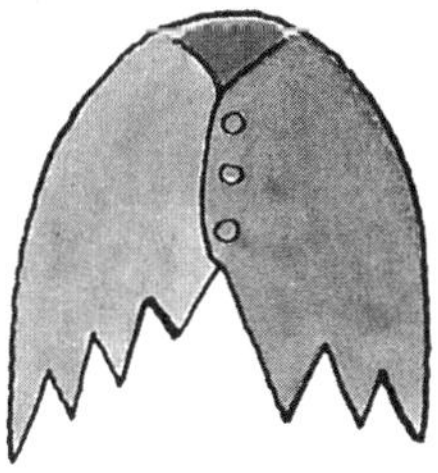

hat

Illustrationen von Jan Pienkowski

DANIEL ZEIGT SEINE DINO-AUSSTELLUNG

Fibel S. 48 / 49

Hinweise, didaktische Überlegungen

Die meisten Kinder kennen Saurier aus vielen Kinderbüchern als liebenswerte Dinos, aber wohl auch als schreckliche Monster („Jurassic Parc"). Eltern und Lehrer sind oft erstaunt, wie sicher die Kinder die schwierigen lateinischen Namen der Saurier beherrschen. Die Motivation zur Beschäftigung mit Sauriern ist groß. Diese kann für den Unterricht gewinnbringend eingesetzt werden. Dabei ist das Lernziel nicht vordergründig die Kenntnis der verschiedenen Saurierarten (obwohl die Dinosaurier sicher auch ein geeignetes eigenes Thema für eine Klasse darstellen könnten), sondern das erste Kennenlernen von vielen verschiedenen Arbeitsmöglichkeiten an einem Sachthema.

Aus dem Lesetext können erste Informationen über Saurier entnommen werden, z.B. die Namen einiger bekannter Saurierarten aus der Beschriftung der abgebildeten Modelle, das Zeitalter der Saurier und die Tatsache, dass diese Tiere nun ausgestorben sind. Des weiteren können erste Vorstellungen über die Größe einiger Saurierarten (aus dem Vergleich mit der Lebenswelt der Kinder) gewonnen werden. Die Anregung zur Gestaltung einer Saurierlandschaft und einer Ausstellung wird sicher gerne aufgenommen. Dies ist wiederum Anlass, in mitgebrachten Saurierbüchern zu blättern, gemeinsam zu lesen und eine einfache Saurierkartei herzustellen, die neben den Namen auch Angaben über die Größe und die Lebensweise (Fleisch- oder Pflanzenfresser) der ausgestellten Saurierarten enthält.

Der Name Dinosaurier bedeutet „Schreckensechse".

Das Zeitalter der Dinosaurier umfasste 140 Millionen Jahre. Im Trias vor 225 Millionen Jahren erschienen die ersten Saurier, sie existierten während des Jura und der Kreidezeit. In dem warmen und feuchten Klima entstanden Wälder aus riesigen Farnen, riesigen Farnpalmen und Nadelbäumen. Erst später erschienen Blütenpflanzen. Mit der sich ständig verändernden Welt veränderten sich auch die Dinosaurier. Nach ihrem Aussterben (vor 60 bis 65 Millionen Jahren) traten die Säugetiere in den Vordergrund.

Einige der bei den Kindern besonders beliebten Saurier sind im Buch abgebildet.

Stegosaurus
Länge: 7 m
Gewicht: 1,5 t
Nahrung: Pflanzenfresser
Besonderheiten: Knochenplatten (bis zu 75 cm hoch) auf dem Rücken, muskulöser Schwanz mit meterlangen Dornen als gefährliche Waffe, Gehirn von der Größe einer Walnuss

Anchylosaurus
Länge: 5 m
Gewicht: 5 t
Nahrung: Pflanzenfresser
Besonderheiten: Knochenplatten, Buckel und Dornen bedecken die Haut

Triceratops
Länge: 9 m
Gewicht: über 5 t
Nahrung: Pflanzenfresser
Besonderheiten: drei scharfe Hörner, Kopf- und Nackenschild

Archaeopteryx
Größe: wie eine Elster
Nahrung: Insektenfresser
Besonderheiten: gefiederter Saurier, konnte wahrscheinlich im Gleitflug von einem Baum zum anderen segeln und seine Laufgeschwindigkeit durch Sprünge erhöhen

Tyrannosaurus Rex
Länge: 14 m
Gewicht: 7 t
Nahrung: Fleischfresser (möglicherweise auch Aasfresser)
Besonderheiten: der größte Fleischfresser, der je auf Erden lebte

Apatosaurus (auch Brontosaurus)
Länge: 21 m
Gewicht: 30 t
Nahrung: Pflanzenfresser mit winzigem Gehirn
Besonderheiten: die größten Tiere, die je auf dem Land lebten

Plesiosaurus
Länge: 13 m
Gewicht: 5 t
Nahrung: Fleischfresser (Fische)
Besonderheiten: Meeresreptil, paddelförmige Gliedmaßen und spitzer Schwanz, kleiner Kopf mit sehr scharfen Zähnen, lebte im Wasser.

Ziele, Inhalte

- Fragen und Vorkenntnisse über Saurier aufschreiben
- Mitgebrachte Saurierfiguren beschreiben
- Informationen aus dem Lesetext entnehmen
- Sauriernamen durch die Gliederung in Silben leichter lesen
- Wissenswertes über Saurier aufschreiben und eine Ausstellung gestalten
- Eine Saurierlandschaft nach dem Vorbild im Buch herstellen
- Ein Saurierbüchlein gestalten oder ein Saurierabenteuer aufschreiben

Anregungen zur Unterrichtsgestaltung

Materialien:

Saurierbücher, Lexika, Modelle von Sauriern, Lotto- oder Dominospiele mit Sauriern, Saurierkarteien, Poster, Bilder

Hinführung:

- Das Thema erraten durch Ertasten von Saurierfiguren im Rätselsack
- Gesprächsrunde über das Vorwissen der Kinder
- Formulieren (mündlich oder schriftlich) weitergehender Fragen der Kinder

Arbeit mit dem Buch:

- Benennen der abgebildeten Saurier und Wiedererkennen an den mitgebrachten Modellen
- Betrachten der abgebildeten Saurierlandschaft, Vermutungen über deren Herstellung
- Lesen des Textes
- Wiedergabe der daraus entnommenen Informationen und Vergleich mit dem Vorwissen der Kinder
- Beantworten von Fragen anhand des Textes („Beleglesen!"): *Wie heißt der Saurier, der auf zwei Beinen lief? Waren alle Saurier groß? Wann haben die Saurier gelebt? Wo sind sie jetzt? Wie heißt der größte Dino? Wie schwer war er?*
- Leseübungen zum silbischen Lesen mit schwierigen Sauriernamen, z.B. Ste go sau rus, Pte ro no don (Bewusstmachen des Vorteils)

Weitere Aktivitäten:

- Bestimmungsbücher mitbringen
- Eine Saurierausstellung aufbauen und beschriften
- Eine Führung durch die Saurierausstellung (evtl. für andere Klassen) gestalten

Hinweise zu den Schreibanlässen

Schreibanlässe im Vorfeld:
- Sätze ergänzen: Saurier sind ...
  Was weißt du über Saurier?
  Was möchtest du noch wissen?

Schreibanlässe:
- „Dinos sind überall", z.B. Dinos auf Tassen, Pflastern, Bettwäsche, Tattoos, in Filmen, auf Postern, ...
- Beschriften und Kommentieren der Saurierausstellung (Namen und weitergehende Informationen zu Größe, Lebensraum, Ernährung, Besonderheiten)
- Gestalten eines Posters über Saurier
- Gestalten eines Saurierbüchleins:
  Ein DIN-A5-Heft (Lin. 4 oder blanco) mit der Schneidemaschine quer halbieren. Die Saurier können in das Büchlein gemalt, geklebt oder gestempelt werden, die Namen der Saurier und Informationen werden eingetragen. Der Umschlag aus Tonpapier wird gestaltet (evtl. mit einer Sauriersilhouette), laminiert und um das Büchlein geheftet.
- Eine Geschichte schreiben, z.B. „Ein Saurierbaby schlüpft aus einem Ei"

Weitere Vorschläge

- Gestalten einer Saurierlandschaft:
  Sand, Tapetenkleister, Obstkiste aus Holz, flache Schalen, schnell keimende Samen (Winden, Kresse, Bohnen), Zweige, Moos, Steine
  Unter dick angerührten Tapetenkleister Sand mischen, „Sandknete" in eine Holzkiste streichen und modellieren, für den Vulkan ein Stück Toilettenpapierrolle einbauen. Flache Schalen einsetzen, die später mit Erde gefüllt werden, Samen von Kresse etc. darin keimen lassen. Vor dem endgültigen Trocknen Äste, kleine Holzstücke, Steine und „Schachtelhalme" in die Landschaft stecken, die Toilettenpapierrolle innen rot anmalen und mit Watte„rauch" verzieren.
- Kunst: Sauriercollage
  Zeitungspapier grün einfärben, in kleine Stücke reißen, diese Stücke auf Packpapier zu einem Saurier anordnen und aufkleben
- Herstellen eines Saurier-Memorys (Bild und Name) für die Freiarbeit

Literatur:

Der Dinosaurier, Bibliopraphisches Institut, Mannheim 1994
Joachim Oppermann, Was ist was? Band 15: Dinosaurier, Tessloff/CVK 1999

WENN EIN LÖWE IN DIE SCHULE GEHT

Fibel S. 50 / 51

Hinweise, didaktische Überlegungen

Das Gedicht „Wenn ein Löwe in die Schule geht" wurde von Friedl Hofbauer geschrieben und von Erhard Dietl illustriert.
Zum Thema Schule und Lernen haben die Kinder nun eigene Erfahrungen gemacht. In den abgedruckten Strophen wird auf fantasievolle Weise beschrieben, was bestimmte Tiere (Löwe, Hase, Floh), Pflanzen (Schnittlauch) oder Dinge (Rasenmäher) in der Schule lernen könnten.

Ziele, Inhalte

- Beschreiben, was die Kinder selbst in der Schule lernen
- Aus dem Text erfahren, was ein Löwe, ein Hase, ein Floh, Schnittlauch oder ein Rasenmäher in der Schule lernen
- Überlegen und aufschreiben, was andere Tiere in der Schule lernen könnten

Anregungen zur Unterrichtsgestaltung

- Zur Tafelanschrift
  [Wenn ein Löwe in die Schule geht]
  (Vorlesen durch Lehrer oder lesenden Schüler)
  sich äußern
- Erste Strophe lesen (Vorlesen durch Lehrer oder lesenden Schüler)
- *An den Bildern kannst du erkennen, dass es hier nicht nur eine Schule für Löwen gibt.*
- Tafelanschrift: Wortkarten [Hase] [Rasenmäher] [Floh] [Kinder] [Schnittlauch]
  Vermuten oder lesen, was darauf steht (in Zusammenhang mit den Bildern); *dieses Wort fängt mit R an, es heißt Rasenmäher.*
- Vermutungen zu einer Hasen-, Rasenmäher-, Floh-, Schnittlauchschule anstellen
- Einzelne Strophen in arbeitsteiliger Gruppenarbeit nachlesen
- Im Klassengespräch mit den Vermutungen vergleichen

Hinweise zu den Schreibanlässen

Die Kinder denken sich selbst ein Tier/einen Gegenstand/eine Person (z.B. Hexe, Zauberer) aus und schreiben auf, was diese in der Schule lernen: Wenn ein/eine... in die Schule geht.
Als Hilfe für schwächere Schüler können gemeinsam Ideen zu einem Tier genannt werden.
Z.B. zur Maus:
Wenn eine Maus in die Schule geht, lernt sie: piepsen, Käse fressen, ins Loch kriechen, vor der Katze davonlaufen,...
Es ist nicht nötig, dass die Schüler sich auch Reime ausdenken.

Weitere Vorschläge

- Beleglesen: einzelne Wörter wie z. B. „stinken" als Wortkarte zeigen und die Kinder der jeweiligen Schule zuordnen lassen
- Sich zusätzliche Aufgaben ausdenken und aufschreiben (siehe auch Kopiervorlage S. 143)
- In der Fibel S. 23 „Rechnen" noch einmal lesen
- Besprechen, welche Schulen es tatsächlich gibt (Musikschulen, Fahrschulen, Baumschule, Tanzschule, Schwimmschule,...)

Literatur:

Friedl Hofbauer, Wenn ein Löwe in die Schule geht, illustriert von Erhard Dietl, in: „spielen und lernen"-Jahrbuch 1995, Velber Verlag im OZ Verlag, Seelze

Name: ______________________________

Wenn ein Igel in die Schule geht,

lernt er:

____

____

____

____

____

____

Wenn eine Hexe in die Schule geht,

lernt sie:

____

____

____

____

____

____

aus: Friedl Hofbauer, Wenn ein Löwe in die Schule geht, illustriert von Erhard Dietl, in: spielen und lernen – Jahrbuch für Kinder 1995, Velber Verlag im OZ Verlag, Seelze

UND WAS KANNST DU?

Fibel S. 52 / 53

Hinweise, didaktische Überlegungen

„Und was kannst du?" ist ein Hosentaschenbuch von Leo Löwe, in dem zunächst die Fähigkeiten verschiedener Tiere (Hund, Pinguin, Eichhörnchen, Schnecke, Giraffe, Huhn, Igel, Löwe und Fuchs) herausgestellt werden. Auf den Fibelseiten berichten Maus, Storch und Katze, was sie gut können. Am Schluss wird schließlich nachgefragt, was der Leser gut kann.

Der Text soll also Anlass für die Kinder sein, über die eigenen Fähigkeiten und die Fähigkeiten anderer nachzudenken und diese damit wertzuschätzen.
Diese Wertschätzung von sich und anderen gehört zu den pädagogischen Leitthemen der Grundschule.

Ziele, Inhalte

- Die Fähigkeiten von Maus, Storch und Katze in dieser Geschichte kennen lernen
- Eigene Fähigkeiten finden, beschreiben und aufschreiben
- Andere nach ihren Fähigkeiten befragen
- Fähigkeiten wertschätzen

Anregungen zur Unterrichtsgestaltung

- Die Bilder betrachten und beschreiben, was die Tiere tun
- Den ersten Absatz vorlesen und die Kinder vermuten lassen, was der Storch kann
- Nachlesen, was der Storch kann
- Die Kinder selbstständig erlesen lassen (evtl. in Partnerarbeit), was die Katze kann
- Berichten, was die Katze kann
- Dem Partner erzählen, was man selber gut kann
- In einer Gesprächskette berichten, was man gut kann. *„Ich kann gut ..., und was kannst du?"*
- Aufschreiben, was man gut kann

Hinweise zu den Schreibanlässen

Die Kinder können das, was sie gut können, in einem „Ich-Buch" darstellen. Für jede Fähigkeit nehmen sie eine neue Seite, um ihren Wert zu unterstreichen. Dieses „Ich-Buch" kann im Laufe der Zeit immer wieder ergänzt werden, sodass die Kinder anhand des Umfanges sehen können, wie viel sie dazu lernen.

Wenn man das Thema nicht so ausführlich behandeln will, kann man die eigenen Fähigkeiten auf einem „Steckbrief" festhalten und ausstellen.

Weitere Vorschläge

- Andere Tiere vorgeben und besprechen, was diese gut können
- Mama, Papa, Bruder, Schwester, Freund, Freundin... nach ihren Fähigkeiten befragen
- Verbindung zum Sachunterricht: Wertschätzung der eigenen Fähigkeiten
- Kopiervorlagen s. S. 145 zum sinnentnehmenden Lesen

Literatur:

Leo Löwe, d. ist: Gabriele Arkenstette, Ich kann was Tolles! Und was kannst Du?, illustriert von Susanne Szesny, Grätz Verlag, Witzenhausen 1995

Name: ______________________________

Ein Tier erzählt Unsinn.
Male dieses Tier an.

Ich kann mein Haus auf dem Rücken tragen.

Ich kann von einem Baum zum nächsten springen.

Ich kann vor Freude mit dem Schwanz wackeln.

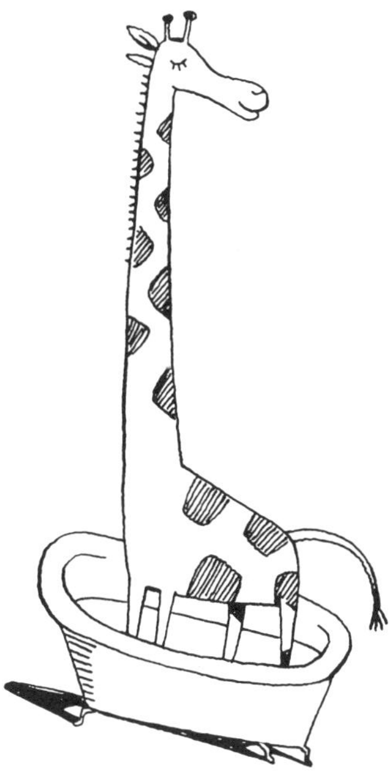

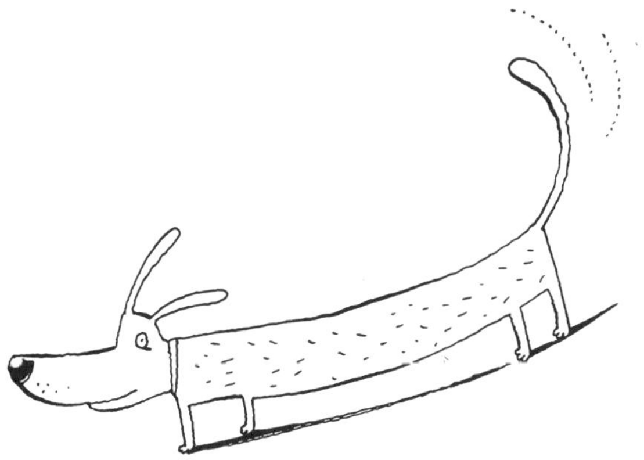

Ich kann meine Flecken abwaschen.

Ich kann kleine weiße Eier legen.

TOMMY IST (K)EIN ANGSTHASE

Fibel S. 54 / 55

Hinweise, didaktische Überlegungen

„Tommy ist (k)ein Angsthase“ ist ein Buch von Klaus Baumgart. Darin wird die Geschichte von Tommy erzählt, der vor allem Möglichen Angst hat. Wenn seine Angst am größten ist, wünscht er sich jemanden, der ihn beschützt.

Zu seinem Geburtstag bekommt Tommy einen „Beschütz-mich-Hund“ geschenkt. Der hilft ihm die Angst zu überwinden. Er traut sich nun viel mehr zu. Nachts im Bett findet er mit seinem Hund heraus, dass nur die Blätter am Fenster rascheln. Gemeinsam mit dem Hund betrachtet er die Spinne genau und verliert dadurch die Angst vor ihr. Das Baden macht ihm zu zweit auch mehr Spaß. Tommy ist jetzt kein Angsthase mehr. Aber niemand kann glauben, dass das an seinem Beschütz-mich-Hund liegt. Denn am Ende erfährt der Leser, dass dieser nur ein Spielzeughund ist.

Zur sozialen Erziehung gehört, mit Gefühlen umgehen zu lernen und bereit zu sein, darüber zu sprechen, z.B. über Angst. Das trägt zur Stärkung der Persönlichkeit bei.

Ziele, Inhalte

- Die Geschichte von Tommy kennen lernen
- Beschreiben, wovor Tommy Angst hat
- Dem Text entnehmen, was an Tommys Geburtstag passiert
- Beschreiben, wie Tommy danach mit Angst machenden Situationen umgeht
- Von eigenen Ängsten erzählen
- Besprechen und gemeinsam überlegen, wie man besser mit Angst umgehen kann

Anregungen zur Unterrichtsgestaltung

- Hinführung: *Tommy ist ein Junge, der so alt ist wie du. Die anderen sagen über ihn: „Tommy ist ein Angsthase.“ Zu ihm sagen sie: „Du brauchst keine Angst zu haben.“ Tommy hat aber Angst.*
- Bilder im Buch oder auf Folie betrachten und Situationen beschreiben, in denen Tommy Angst hat
- Lehrer erzählt weiter: *Da kommt Tommys Geburtstag.*
- Lesen (evtl. in Partnerarbeit) und berichten, wovor Tommy an seinem Geburtstag Angst hat und was tatsächlich passiert
- In Partner- oder Gruppenarbeit die Situationen besprechen, in denen der „Beschütz-mich-Hund“ Tommy hilft
- Nachdenken, was einem selber hilft, wenn man Angst hat

Hinweise zu den Schreibanlässen

Über eigene Ängste können Kinder nur in einer „angstfreien“ Umgebung berichten. Die Motivation über Ängste zu schreiben kann darin bestehen, dass die Texte ohne Namen in einem „Angstkästchen“ gesammelt werden.

Weitere Vorschläge

- Das Buch „Tommy ist (k)ein Angsthase“ vorlesen oder in die Klassenbücherei stellen
- Ein „Sorgenpüppchen“ basteln
- Gedicht:

Was uns die Angst nimmt

Vater und Mutter und vertraute Gesichter,
im Dorf und in der Stadt die Lichter.
Die Sonne, die uns am Morgen weckt,
das Kätzchen, das sich in unserm Arm versteckt.
Im Bett Teddybären und Puppen,
Sterne, die durchs Fenster gucken.
Bruder, Schwester, Neffen und Nichten
und in der Schule die schönen Geschichten.
Alles, was jeden Tag mit uns lebt,
und am Abend das Gutenachtgebet.

Max Bolliger

aus: Weißt du, warum wir lachen und weinen?, Verlag Ernst Kaufmann, Lahr 1977, © Rechte beim Autor: Max Bollinger, CH-Weesen

- Kopiervorlage s. S. 147 zum sinnentnehmenden Lesen
- Musik:

Trau dich

M: Birger Heymann
T: Volker Ludwig

2. Trau dich! Trau dich!
Auch wenn du erst fünfe bist.
Trau dich! Trau dich!
Auch Große machen Mist.
Glaub nicht alles, was du hörst,
wenn du sie mit Fragen störst.
Trau dich! Trau dich!
Bis du was erfährst.

3. Trau dich! Trau dich!
Andern geht's genauso schlecht.
Trau dich! Trau dich!
Kämpft um euer Recht!
Tretet füreinander ein,
dann könnt ihr bald viele sein.
Trau dich! Trau dich!
Du bist nicht allein.

aus: D. Köppen/B. Riess, Mal sehen, ob unsere Füße hören können, 1993 Beltz Verlag, Weinheim und Basel (Beltz Praxis)

Literatur:

Klaus Baumgartner, Tommy ist (k)ein Angsthase, Baumhaus-Verlag, Frankfurt 1997

Name: ______________________________

Klebe die Bilder an die richtige Stelle.

Davor hat Tommy Angst:

Wenn es regnet und er seine Gummistiefel anziehen soll, schaut er erst einmal vorsichtig nach, ob sich nicht irgendetwas in seinen Stiefeln versteckt hat.

Und wenn die Sonne scheint und alle schwitzen, hat er einen Schal um, weil Tommy Angst hat, dass er sich erkältet.

Die kleinste Spinne kann Tommy einen Riesenschreck einjagen.

Wenn es nachts so geheimnisvoll vor seinem Fenster raschelt, kriecht Tommy ängstlich unter seine Bettdecke.

Klaus Baumgart, Tommy ist (k)ein Angsthase, Baumhaus-Verlag, Frankfurt 1997

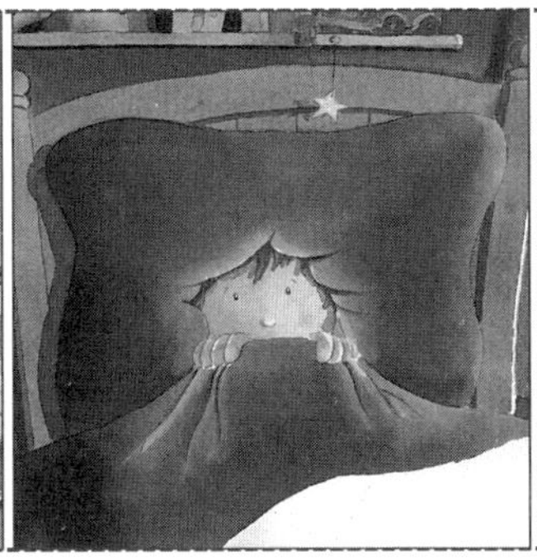
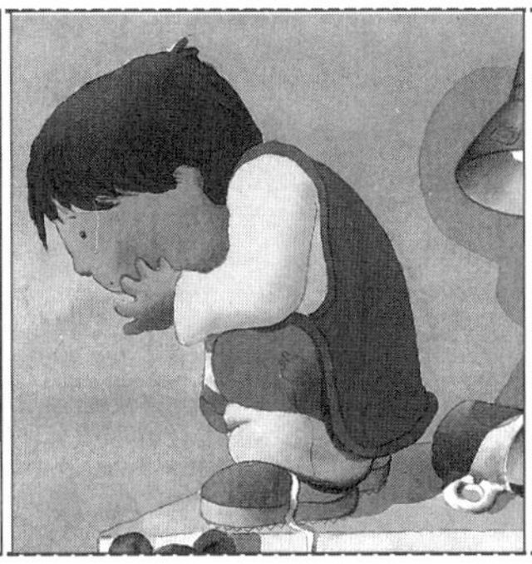

IN DEUTSCHLAND IST ES 8 UHR

Fibel S. 56 / 57
Mein Wörter- und Geschichtenheft S. 16

Hinweise, didaktische Überlegungen

Wie leben die Kinder in anderen Ländern? Wo leben sie? Was tun sie, wenn wir in der Schule sind? Auf diese Fragen gibt die Fibelseite „In Deutschland ist es 8 Uhr" Antworten.
Es ist zunächst erstaunlich für Kinder, dass nicht überall auf der Welt die gleiche Uhrzeit ist. Kinder haben manchmal bereits diese Erfahrung gemacht, wenn sie im Urlaub in ein anderes Land geflogen sind, das nicht in der gleichen Zeitzone liegt wie Deutschland. Die Uhrzeit wird nach dem Sonnenhöchststand bestimmt. Dieser tritt auf der Erde zu unterschiedlichen Zeiten ein und deshalb ist die Uhrzeit an verschiedenen Orten der Erde unterschiedlich. Mit dem Beginn des Eisenbahn-Zeitalters benötigte man eine genaue Uhrzeit, die landesweit gelten musste. 1884 einigte man sich darauf, die Erde in feste Zeitzonen einzuteilen. Da das Observatorium in Greenwich zur damaligen Zeit Weltautorität besaß, beschloss man, die „mittlere Greenwich-Zeit" (Nullmeridian) als Standard für die Weltzeit (WZ oder UT = Universal Time) zu wählen. Die Einteilung des Tages in 24 Stunden beeinflusste die Einteilung der Länder in 24 Zeitzonen. Diese wurden vom Nullmeridian ausgehend jeweils um eine Stunde versetzt. In westliche Richtung haben die Zeitzonen eine negative Verschiebung, es ist noch früher am Tag, von uns aus gesehen in östliche Richtung eine positive Verschiebung, es ist schon später. In Deutschland gilt die mitteleuropäische Zeit (MEZ), das bedeutet „Weltzeit +1 Stunde". Man geht je 15° geographischer Länge von einer Stunde Zeitunterschied aus. Der 180°-Meridian trennt die positive und die negative Zeitverschiebung und ist somit die Datumsgrenze. Eine genaue Auflistung der Zeitzonen sowie weitere Informationen zum Thema Zeitzonen sind im Internet zu finden unter
www.uhrzeit.org
www.weltzeit.de oder www.weltzeituhr.com
www.tkhobby.de

Die Buchseiten thematisieren sowohl die unterschiedlichen Tageszeiten auf der Welt als auch die unterschiedlichen Lebensweisen der Kinder. Während für Kinder in Deutschland um 8 Uhr die Schule beginnt, schlafen Kinder in Alaska, hilft Rani in Indien mittags der Mutter beim Aufräumen des Gewürzstandes oder spielt Epi auf den Fidschi Inseln abends vor seinem Haus mit seinen Freunden. Die Beispiele wurden so ausgewählt, dass von jedem Kontinent ein Kind vertreten ist, dass jede Tageszeit angesprochen wird und möglichst authentische Situationen gezeigt werden.

Ziele, Inhalte

- Erfahren, dass die Uhrzeit an unterschiedlichen Orten der Welt verschieden ist
- Einen Einblick bekommen, wie Kinder in anderen Ländern leben
- Die Texte sinnerfassend lesen können
- Der entsprechenden Uhrzeit Situationen zuordnen können
- Aufschreiben, was zu unterschiedlichen Tageszeiten/Uhrzeiten auf der Erde geschieht

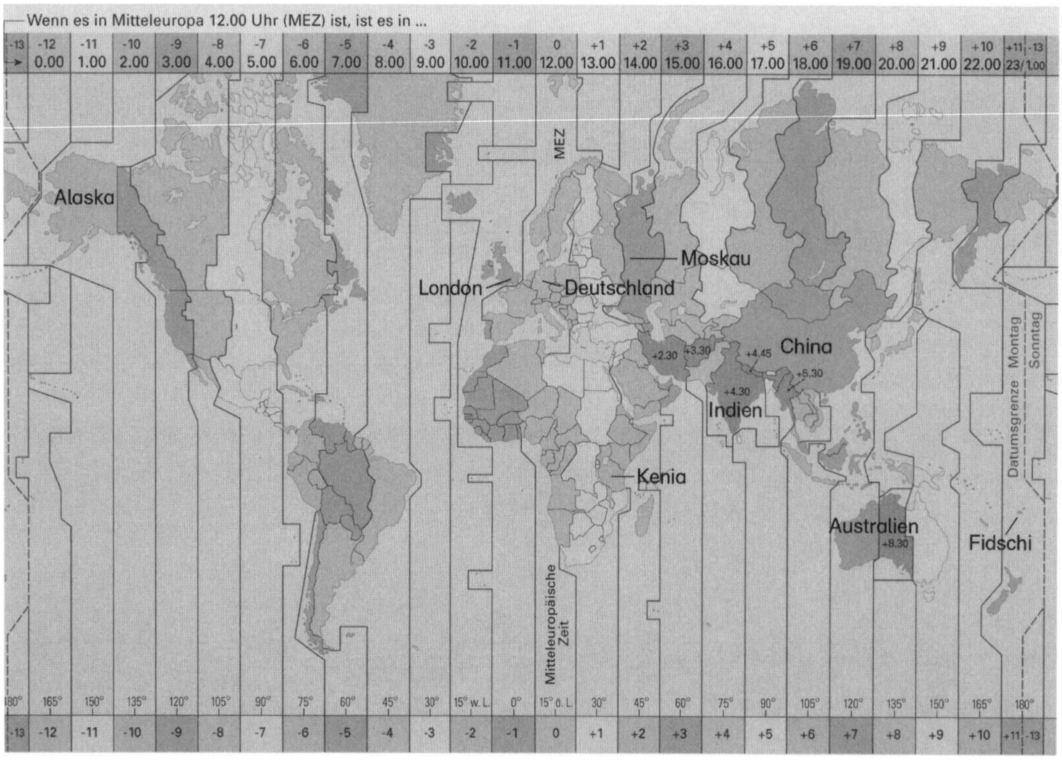

aus: bsv Geografie 7/8, S. 13, Bayerischer Schulbuch Verlag, München 2000

Anregungen zur Unterrichtsgestaltung

- Situation: *Isabell sieht, dass sich ihr Vater öfter abends, wenn sie zu Bett geht, an den Computer/ans Telefon setzt und Geschäftliches erledigt. Er chattet/telefoniert mit seinen Geschäftspartnern in San Franzisko. Isabell fragt, ob Papa den ganzen Tag und auch die ganze Nacht arbeitet. Da erklärt ihr der Vater, dass er nur abends mit den Leuten in Amerika sprechen kann, weil dort eine andere Zeit ist als hier in Deutschland. Isabell fragt, ob es überall auf der Welt eine andere Uhrzeit gibt.*
- Alternativ: *David fliegt in den Ferien mit seinen Eltern nach USA. Sie fliegen nachmittags in Frankfurt los und kommen nachmittags in New York an. David fragt verwirrt, ob im Flugzeug keine Zeit vergeht.*
- Einstiegsfrage: *Was geschieht in anderen Ländern, wenn es bei uns 8 Uhr ist?*
- Situationen im Buch lesen und besprechen, dabei erklären, dass das alles gleichzeitig geschehen kann
- Die genannten Länder auf der Weltkarte zeigen. Vielleicht kommen Schüler aus einem dieser Länder oder haben dort bereits Urlaub gemacht und können etwas dazu beitragen.
- Am Globus mit Taschenlampe (Sonne) erklären, wie die unterschiedlichen Uhrzeiten zustande kommen
- Fragen zu den Texten/Uhrzeiten stellen, die Schüler antworten bzw. befragen sich gegenseitig, z.B.: *Xiao Yü aus China ist noch in der Schule. Wie viel Uhr ist es dort?* Oder: *Es ist gerade 2 Uhr nachts. Welches Land meine ich?*
- Uhren malen und aufschreiben, was zu diesen Zeiten passiert
- „Wörter- und Geschichtenheft" S. 16: Kinder schreiben auf, was auf den Bildern zu sehen ist und was die Kinder in den fremden Ländern tun.

Hinweise zu den Schreibanlässen

- Kinder suchen sich eine Uhrzeit aus, malen die Uhr auf und schreiben dazu, was in welchem Land gerade geschieht. Das kann entweder vom Buch abgeschrieben werden (auch richtiges Abschreiben ist eine notwendige und wichtige Übung) oder die Kinder formulieren es mit eigenen Worten oder Sätzen, je nach Lern- und Leistungsstand. Es müssen nicht unbedingt die Beispiele im Buch gewählt werden.
- Im Wörter- und Geschichtenheft formulieren die Kinder Bildunterschriften, entweder als Sätze oder nur mit Stichworten, z.B. Fahrrad fahren, auf Kamelen reiten, tanzen, Karate.

Weitere Vorschläge

- Sich über einzelne Länder genauer informieren (Land und Leute)
- Ausländische Kinder erzählen von ihren Heimatländern, Familienangehörige werden eingeladen und berichten.
- Kinder bringen Urlaubsfotos von anderen Ländern mit und erzählen.
- Brieffreundschaften mit Kindern aus anderen Ländern beginnen (Im Internet findet man Kontakte.)
- Lied: „In Paule Puhmanns Paddelboot"
- Landkarte anfertigen und Flaggen einzelner Länder malen und befestigen
- Das Kinderbuch „Wieviel Uhr ist es anderswo?" von Hans Baumann und Barbara Moßmann (Thienemann Verlag) zeigt zu jeder Uhrzeit eine Situation, die irgendwo auf der Erde gerade geschieht. Hier kann man weitere Situationen aufgreifen und ein „Weltzeitbuch" anlegen:
  7 Uhr: Deutschland, Bild: Kind steht auf
  8 Uhr: Sankt Petersburg, Bild: Kind geht zur Schule
  9 Uhr: Ägypten: Karawanen und Pyramiden, ...
- Musik:

Begrüßung international

Text und Musik: Volker Rosin

2. Slowenen, Kroaten
schau'n freundlich uns an,
Sanela und Mirko
rufen laut "Dober dan!"

3. Der Ali und Ozgür
sind aus Ankara.
Willst du sie begrüßen,
sag nur: "Merhaba!"

4. Und sind wir in England,
kommt Tom auf uns zu.
Wir sagen "Good morning",
und "How do you do?"

5. Es gibt viele Sprachen,
die man sprechen kann.
Man kann sie erlernen,
komm, fangen wir an!

aus: Volker Rosin, Das ist unsere Welt © Moon-Records-Verlag, Düsseldorf

Die Reise der Sonne

Text: Eva Rechlin
Melodie, Ritornell und Satz: Heinz Lemmermann

2. Liegst du noch in schönsten Träumen,
fängt die Sonnenfahrt schon an,
langsam rollt sie über China
zur Türkei, zum Muselmann,
läßt die Mongolei im Rücken,
war in Rußland, in Tibet,
sah Arabien und Indien,
bis sie hier am Himmel steht.
Lalala ...

3. Und gehst du am Abend schlafen,
reist sie weiter um die Welt,
klettert westwärts hinterm Walde,
hinterm Berge oder Feld,
flugs in einen andern Himmel,
den von Cuba und Peru
und weckt dort die Indianer,
und die niesen dann wie du.
Lalala ...

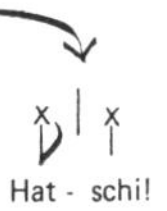

aus: Die Zugabe Bd. 3, Fidula-Verlag, Boppard/Rhein

POSTKARTEN AUS DEN FERIEN

Fibel S. 58 / 59
Mein Wörter- und Geschichtenheft S. 17

Hinweise, didaktische Überlegungen

Postkarten aus den Ferien zu schreiben ist eine schöne, alte Tradition. Es ist zwar mit etwas Mühe verbunden, aber meist freut sich der Empfänger, dass Freunde oder Verwandte auch in den Ferien an ihn gedacht haben.
Die Kinder lernen beim Schreiben von Postkarten, was alles zu einer Adresse gehört: der Name, die Straße, der Ort mit Postleitzahl und, wenn die Karte aus dem Ausland kommt, auch der Name des Landes. Die Post empfiehlt, Ort und Land in Großbuchstaben zu schreiben. Das Voranstellen eines so genannten Länderkürzels vor die Postleitzahl des Bestimmungsortes empfiehlt die Deutsche Post momentan nicht mehr.
Die Kinder lernen auch, was im Text stehen sollte: die Anrede, ein Gruß, der Name des Absenders und ein kleines Erlebnis.
Auf Seite 58 sind drei Postkarten abgebildet, aus dem Allgäu, aus Pisa und von dem türkischen Ort Kusadasi, der an der ägäischen Küste südlich von Izmir liegt. Auf der gegenüberliegenden Seite sind die Rückseiten der Karten mit den originalen, abgestempelten Briefmarken zu sehen. Ein Kind schreibt an seine türkische Freundin aus der Türkei. Die Anrede „Sevgili Hilal" bedeutet „Liebe Hilal", der Gruß „Sevgilerimle" bedeutet „Herzliche Grüße" (wörtlich übersetzt: Mit meiner Liebe).
Gestaltet ist die Seite mit kleinen Szenen aus den Ferien. Auch Frosch und Ferkel machen Urlaub.

Ziele, Inhalte

- An andere eine Karte, einen Brief schreiben können
- Eine Adresse/die eigene Adresse richtig schreiben können
- Wichtige Merkmale eines Karten- oder Brieftextes kennen lernen

Anregungen zur Unterrichtsgestaltung

Hinführung:

- Die Lehrerin schreibt aus den Ferien oder von einem Wochenendausflug eine Postkarte an ihre Klasse.
- Die Kinder erzählen von Karten, die sie selbst (oder ihre Familie) bekommen haben oder von Karten, die sie selbst geschrieben haben.
- Sie bringen evtl. Postkarten von zu Hause mit.

Arbeit mit dem Buch:

- Die Kinder betrachten die Postkarten auf S. 58. Die Texte auf S. 59 werden gelesen und den Bildseiten zugeordnet. Dabei wird geklärt: Wer hat geschrieben? An wen sind die Karten adressiert? Was haben die Schreiber erzählt?
- Frosch und Ferkel haben auch viel erlebt. Sie schreiben auch eine Postkarte aus den Ferien.

Hinweise zu den Schreibanlässen

- Frosch und Ferkel möchten einander auch eine Postkarte aus den Ferien schreiben. Sie wohnen in der Schule. Die Adresse (Schuladresse) wird aufgeschrieben.
  Dabei lernen die Kinder, was alles zu einer Adresse gehört, damit die Karte auch ankommt.
  Sie überlegen, was Frosch und Ferkel erzählen könnten.
  Die Kinder schreiben eine Karte (s. Kopiervorlage S. 151), schneiden sie aus und malen auf der Rückseite.
- „Mein Wörter- und Geschichtenheft" S. 17:
  Die Kinder betrachten die Karte aus dem Freizeitpark. Sie überlegen, was sie in diesem Park am liebsten tun würden.
  Sie überlegen, wer „ihre Postkarte" bekommen soll: die Lehrerin, ein Mitschüler, eine Mitschülerin?
  Die Kinder besorgen sich die „richtige Adresse" und schreiben die Karte. In diesem Zusammenhang könnte auch (mit Einverständnis der Eltern) ein Klassenadressbuch angelegt werden.
- Die Kinder schreiben eine richtige Postkarte, z.B. an die Eltern oder an Kinder einer Partnerklasse.

Weitere Vorschläge

- Die eigene Adresse richtig schreiben können

Meine Adresse:

1. Name: ______________________

2. Straße: ______________________

3. Ort: ______________________
PLZ

4. Land: ______________________

- Kunst: Eine Einladungskarte gestalten, z. B.: Einladung zum Geburtstag

Name: ______________________________

DAS GESCHENK

Fibel S. 60 / 61
Mein Wörter- und Geschichtenheft S. 18

Hinweise, didaktische Überlegungen

Die Bildergeschichte ist ein Ausschnitt aus dem Buch „Gefühle sind wie Farben" von Aliki Brandenberg.
Das Buch handelt von einem Jungen (Markus), der aufgeregt ist, weil er Geburtstag hat.
Er schaut die Geschenke an, die er von seinen Gästen bekommen hat. Zu sehen ist eine Sonnenuhr, die ihm ein anderer Junge (Hans) gebastelt hat. Hans ist zunächst unsicher, ob die Sonnenuhr gefällt, dann stolz, als ihn die anderen dafür bewundern, dass er sie selber gebastelt hat.
Während des Festes spielen die Kinder das Löwenschwanzspiel. Ein Kind wird ungeduldig, weil es nicht an die Reihe kommt.
Dann essen die Kinder die Geburtstagstorte. Dabei regen sie sich über Susanne auf, die drei Stücke isst.
Zum Schluss verabschieden sich die Kinder und bedanken sich für das schöne Fest.
Schließlich liegt Markus im Bett und überlegt, dass das sein allerschönster Geburtstag war.
Der für die Fibel gewählte Ausschnitt thematisiert das selbst gebastelte Geschenk. Auf der rechten Fibelseite können die Kinder anhand einer Bastelanleitung eine Sonnenuhr nachbasteln.

Ziele, Inhalte

- Über Gefühle beim eigenen Geburtstag berichten
- Darüber berichten, welche Gefühle Geschenke beim eigenen Geburtstag ausgelöst haben
- Die Gefühle der Kinder in der Geschichte benennen
- Die Bastelanleitung zur Sonnenuhr lesen
- Selbst eine Sonnenuhr basteln
- Unterschiede aufzeigen zwischen Geschenken, die man kaufen kann, und solchen, die man nicht kaufen kann
- Den Wert von selbst gebastelten Geschenken erkennen

Anregungen zur Unterrichtsgestaltung

- Die ersten drei Bilder betrachten (bis „Ich bin so aufgeregt")
- Die Schüler berichten lassen, warum man am Geburtstag aufgeregt ist
- Die Geschichte lesen
- Überlegen, warum das Geschenk von Hans etwas Besonderes ist
- Die Geschichte nachspielen
- Die Bastelanleitung schrittweise lesen (evtl. in arbeitsteiliger Gruppenarbeit)
- Die Sonnenuhr nachbasteln

Hinweise zu den Schreibanlässen

Mein Wörter- und Geschichtenheft S.18:
In die Denkblasen können die Kinder etwas von ihrem allerschönsten Geburtstag schreiben, z.B. Geschenke, Aktionen, Gäste, Briefe, Spiele.

Weitere Vorschläge

- Verbindung zum Sachunterricht: Tageslauf, verschiedene Uhren kennen lernen
- Kopiervorlage S. 153 zum Zuordnen von Gefühlen
- Kopiervorlage S. 154 für gute Leser zur Differenzierung
- Das Buch „Gefühle sind wie Farben" von Aliki Brandenberg (und andere Bücher von ihr) vorstellen
- Musik:

Das Lied von den Gefühlen — M und T: Klaus W. Hoffmann

2. Wenn ich wütend bin, sag ich dir,
ja, dann stampf und brüll ich wie ein wilder Stier.
Solche Sachen kommen mir so in den Sinn,
wenn ich wütend bin, wütend bin.

3. Wenn ich albern bin, fällt mir ein,
ja, dann quiek ich manchmal wie ein kleines Schwein.
Solche Sachen kommen mir so in den Sinn,
wenn ich albern bin, albern bin.

4. Wenn ich traurig bin, stell dir vor,
ja, dann heul ich wie ein Hofhund vor dem Tor.
Solche Sachen kommen mir so in den Sinn,
wenn ich traurig bin, traurig bin.

5. Wenn ich fröhlich bin, hör mal zu,
ja, dann pfeif ich wie ein bunter Kakadu.
Solche Sachen kommen mir so in den Sinn,
wenn ich fröhlich bin, fröhlich bin.

Literatur:

Aliki Brandenberg, Gefühle sind wie Farben, Beltz Verlag, Weinheim und Basel 1987, Programm Beltz & Gelberg, Weinheim

Name: ________________________________

Wie fühlen sich Markus und Hans?

glücklich mutig ängstlich wütend froh unglücklich traurig stolz einsam zornig

Illustrationen von Aliki Brandenberg

DRITTER TEIL: DAS LÖWENSCHWANZ-SPIEL

VIERTER TEIL: DIE GEBURTSTAGSTORTE

FÜNFTER TEIL: AUF WIEDERSEHEN

SECHSTER TEIL: IM BETT

aus: Aliki Brandenberg, Gefühle sind wie Farben, Beltz Verlag, Weinheim und Basel 1987, Programm Beltz & Gelberg, Weinheim

DER LIEBESBRIEF

Fibel S. 62 / 63
Mein Wörter- und Geschichtenheft S. 19

Hinweise, didaktische Überlegungen

Das Buch von Frosch und Kröte (Frog and Toad) ist in der dtv-junior-Reihe erschienen. Arnold Lobel hat es geschrieben und illustriert. Tilde Michels hat die Geschichte auf Deutsch neu erzählt. Die „Frosch und Kröte"-Serie wurde mit mehreren Preisen bedacht.
Die Geschichte von Frosch und Kröte ist die Geschichte einer Freundschaft. Beide erleben Abenteuer und gehen mit viel Verständnis und Humor auf die Wünsche und Bedürfnisse des anderen ein.
Der in der Fibel abgedruckte Abschnitt mit den dazugehörigen Bildern ist dem letzten Kapitel des Buches mit der Überschrift „Der Liebesbrief" entnommen.

Ziele, Inhalte

- Die Geschichte kennen lernen durch Vorlesen, Lesen mit dem Partner, eigenes Lesen
- Sich in die Wünsche eines anderen hineindenken
- Darüber nachdenken, dass man mit einfachen Mitteln jemandem eine Freude machen kann
- Die Geschichte weiterdenken und weiter schreiben
- Die Überschrift verstehen
- Einen passenden Brief schreiben

Anregungen zur Unterrichtsgestaltung

Arbeit mit dem Buch:

- Das Bild von Frosch und Kröte mit dem Briefkasten wird als Folie aufgelegt.
- Ein Kind/die Lehrerin liest die ersten vier Zeilen der Geschichte vor.
- Die Kinder sprechen darüber und stellen Vermutungen über den Fortgang der Geschichte an.
- Sie lesen die Geschichte im Buch alleine oder mit dem Partner weiter.
- Sie betrachten das Bild am Ende der Geschichte und überlegen, was Frosch wohl Wichtiges zu tun hat: Er schreibt einen Brief an Kröte.
- Die Überschrift wird besprochen.
  Lehrerin: *„Die Überschrift verrät dir schon etwas von dem Brief, den Frosch geschrieben hat."*
- Die Kinder überlegen mit dem Partner, was in dem Brief stehen könnte. Es wird auch darüber gesprochen, wie der Brief enden könnte.

Hinweise zu den Schreibanlässen

- Die Kinder schreiben im „Wörter- und Geschichtenheft" S. 19 ihre eigenen Briefideen für Frosch auf und malen ein passendes Bild dazu.
- Die Kinder überlegen, wem sie selbst mit einem Brief eine Freude machen könnten. Sie suchen sich ein Briefpapier aus oder gestalten selbst eines.

Weitere Vorschläge

- Die Geschichte vom Liebesbrief kann gut mit verteilten Rollen gelesen werden.
- Sie kann auch szenisch dargestellt und weitergeführt werden. Dabei können die Kinder „ihren Brief" vorlesen.
- Die Lehrerin liest die Geschichte vom Liebesbrief ganz vor (s. S. 156).
- Kunst: Ein Schmuckblatt gestalten
- Ein gestaltetes Briefpapier benutzen (s. Kopiervorlage S. 157)

Literatur:

Arnold Lobel, Der Liebesbrief, in: Das große Buch von Frosch und Kröte, aus dem Englischen von Tilde Michels, Deutscher Taschenbuch Verlag, München 1998

Plötzlich sagte Frosch:
„Ich muß schnell nach Hause.
Ich habe was Wichtiges zu tun."
Er sprang auf und rannte heim.
Er nahm einen Bleistift
und ein Stück Papier
und begann zu schreiben.
Das Papier steckte er in einen Umschlag
und schrieb darauf:
EIN BRIEF FÜR KRÖTE.

Frosch lief aus seinem Haus.
Er traf eine Schnecke, die er gut kannte.
„Schnecke", sagte er, „bitte trage
diesen Brief zu Kröte und steck ihn
in den Briefkasten."
„Mach' ich", sagte die Schnecke,
„sofort."

Dann lief Frosch wieder zu Kröte.
Sie lag im Bett und schlummerte.
„Du, Kröte", sagte Frosch.
„Willst du nicht aufstehen
und auf die Post warten."
„Nein, ich hab's satt,
immer auf die Post zu warten."
Frosch schaute aus dem Fenster.
Die Schnecke war aber noch nicht da.

„Du, Kröte", sagte Frosch.
„Es könnte doch sein,
dass dir jemand einen Brief schickt."
„Nein, ich weiß genau,
dass mir keiner einen Brief schickt."
Frosch schaute aus dem Fenster.
Die Schnecke war immer noch nicht da.

„Kröte", sagte Frosch, „vielleicht
bekommst du gerade heute einen Brief."
Die Kröte schüttelte den Kopf.
„Unsinn, mir hat noch nie
jemand einen Brief geschickt.
Und heute wird mir auch niemand
einen Brief schicken."
Frosch schaute aus dem Fenster.
Die Schnecke war immer noch nicht da.

„Warum schaust du ständig
aus dem Fenster?" fragte Kröte.
„Weil **ich** jetzt auf die Post warte",
antwortete Frosch.
„Es kommt aber keine", behauptete Kröte.
„Doch", sagte Frosch, „weil ich dir nämlich
einen Brief geschrieben habe."
„Du?" rief Kröte.
„Was hast du mir denn geschrieben?"

„Ich habe dir geschrieben:
Liebe Kröte, ich bin froh,
dass du meine liebste Freundin bist.
Dein liebster Freund Frosch."
„Was für ein schöner Brief!" rief Kröte.

Dann setzten sich alle beide
vor die Haustür und warteten gemeinsam
auf die Post.
Sie warteten einen Tag.
Sie warteten zwei Tage.
Sie warteten drei Tage.
Nach vier Tagen endlich
kam die Schnecke angekrochen und
brachte den Brief von Frosch.
„Ein Liebesbrief!", rief Kröte,
und sie strahlte vor Glück.

aus: Arnold Lobel, Der Liebesbrief, in: Das große Buch von Frosch und Kröte, aus dem Englischen von Tilde Michels, Deutscher Taschenbuch Verlag, München 1998

Hier ist ein Brief für dich.
Toll, ich kriege so gerne Post!
Was steht denn drin???
Schreib mal wieder.
Was denn?
Na, einen Brief.
Und an wen?
Natürlich an mich...

ES IST POST IM BRIEFKASTEN

Fibel S. 64 / 65
Mein Wörter- und Geschichtenheft S. 20

Hinweise, didaktische Überlegungen

Nach dem Schreiben von Karten (S. 58/59) und Briefen (S. 62/63) zeigt die Fibel auf den Seiten 64/65 die modernste und schnellste Form der schriftlichen Kommunikation, das Schreiben von E-Mails.
Die elektronischen Medien werden zu Hause und in der Schule immer mehr Teil des Alltags. In vielen Klassenzimmern stehen bereits Computer, die zum Einsatz von Lernprogrammen verwendet werden. Immer mehr Schulen haben auch einen Internetzugang und Internetanschluss in den Klassenzimmern. Dass Kinder sinnvoll mit diesen neuen Medien umgehen lernen, ist ein wichtiger Bildungsauftrag der Schule.
Lisa ist zu sehen, die gerade eine E-Mail über ein Erlebnis am Vortag an einen Freund in der Bogenschule verschickt hat. Die Adresse hat sie am Bildschirm befestigt. Ein Blick aus dem Fenster zeigt, dass sie in einer ländlichen Umgebung, vielleicht im Voralpenland, wohnt. Bei Igor ist Lisas Brief gerade angekommen. Das Mailprogramm ist so eingestellt, dass die Antwort unter den gesendeten Text geschrieben wird. Die beiden letzten Zeilen des Briefes, gekennzeichnet durch >, sind auf dem Bildschirm noch zu sehen. Igor, der in einer Großstadt lebt, hat gerade mit seiner Antwort begonnen. Lisa in der Erich-Kästner-Schule wartet schon darauf.
Der Text auf S. 65 gibt eine kurze Sachinformation zum Thema.

Sachinformation:
Die beiden Kinder verwenden leicht unterschiedliche E-Mailprogramme (Macintosh, Microsoft).
Bei beiden ist aber das Wesentliche gleich:

An: Adresse eingeben
Cc: Weitere Adressen eingeben
Betreff: Eingeben, worum es im Brief geht

Nur die Anordnung der übrigen Schaltflächen ist unterschiedlich.
Bei Igor ist zu sehen, dass er zuvor auf die Schaltfläche „Antworten" gedrückt hat. Oben am Bildschirm ist das Symbol für Brief zu sehen mit der Abkürzung AW für Antwort und dem eingefügten Betreff.
Die Adresse des Empfängers wird automatisch eingegeben. Er muss nun nur noch den Brief zu Ende schreiben und dann die Schaltfläche „Senden" anklicken.

Ziele, Inhalte

- Einen Text weiter schreiben können
- Von eigenen Erlebnissen berichten
- Das Schreiben von E-Mails kennen lernen
- Adressen genau schreiben können
- Sachinformationen lesen

Anregungen zur Unterrichtsgestaltung

Mögliche Rahmenbedingen:

- Die Kinder können im Klassenzimmer oder im Computerraum der Schule selbst E-Mails verschicken. Wenn das nicht möglich ist, könnte dies vielleicht auch über den zentralen Rechner der Schule erfolgen (Texte als Anhang verschicken).
- Die Kinder können sich eine Partnerklasse oder Partnerschule suchen, um E-Mails auszutauschen. Dies ist z.B. über das Schulweb des deutschen Bildungsservers www.schulweb.de möglich.
- Zu jedem Arbeitsbereich am PC sollten immer einige Kinder zu „Experten" werden, die den „Noch-nicht-Experten" weiterhelfen. Dies gilt auch für das Schreiben von E-Mails.

Arbeit mit dem Buch:

- Der Buchausschnitt mit Lisas Brief auf dem Computer wird als Folie aufgelegt.
- Die Kinder sprechen darüber und lesen den Text.
- Sie stellen fest, dass Lisa eine E-Mail verschickt.
- Gemeinsam wird geklärt, was eine E-Mail ist.
- Die Kinder erzählen von eigenen Erfahrungen.
- Der Sachtext wird (evtl. als Folie aufgelegt) gelesen.
- Die Kinder betrachten nun die Seiten im Buch und sprechen darüber, dass Lisas Brief bei Igor angekommen ist und dass er gerade eine Antwort zu schreiben begonnen hat.
- Die unterschiedliche Wohnsituation der beiden Kinder wird besprochen.
- Die Kinder überlegen, was Igor wohl schreiben könnte, denn er kann nicht so leicht zu einem Bauernhof gehen wie Lisa.
- Die Kinder ergänzen den Brief.

Hinweise zu den Schreibanlässen

- Die E-Mail von Igor wird weitergeschrieben (s. Kopiervorlage S. 159).
- Die Kinder sprechen darüber, wie der Brief endet, z.B.: Bis bald, dein Igor.
- Die Kinder schreiben Computerwörter auf und malen dazu, z. B. Tastatur, Monitor, ...
- Die Kinder schreiben auf, was man mit dem Computer alles tun kann, z. B. schreiben, spielen, etwas im Internet suchen ...

- Arbeit mit dem Wörter- und Geschichtenheft S. 20:
  In der Klasse wird darüber gesprochen, dass Briefe geschrieben werden, weil man dem anderen etwas mitteilen will und ihn nicht immer direkt erreichen kann. Mitteilungen an andere können aber auch in anderer Form geschehen.
  Die Bilder von Seite 20 werden der Reihe nach als Folie aufgelegt.
  Die Kinder sprechen darüber, wer hier eine Nachricht weitergibt und womit er sie weitergibt.
  - Der Indianer gibt seine Nachricht („Bär erlegt") mit Rauchzeichen weiter.
  - Das Kind schreibt eine Karte zur Geburt eines Geschwisterchens.
  - Die Frau meldet mit dem Handy einen Unfall.
  - Der Reporter berichtet mit dem Mikrofon von einem Wettlauf.

  Die Kinder überlegen, was hier berichtet wird und schreiben ihre Lösung auf. Ein Beispiel kann gemeinsam bearbeitet werden.

Weitere Vorschläge

- Erste Erfahrungen mit dem Internet machen
  Im Internet gibt es zu jedem Thema eine Menge Informationen.
  Eine Suchmaschine durchsucht das World Wide Web nach Internetadressen zu einem Thema.
  Man gibt ein Stichwort ein und die Suchmaschine zeigt die Adresse der Seiten an. Die Suchmaschine **www.blinde-kuh.de** wurde extra für Kinder eingerichtet. Sie listet Internetadressen als Links auf.
  Einen Link klickt man einfach mit der Maus an. So landet man direkt auf der entsprechenden Seite.

Literatur:

Meyers kleine Kinderbibliothek, Das Internet, Bibliographisches Institut & F.A. Brockhaus AG, Mannheim 1999

Kopiervorlage

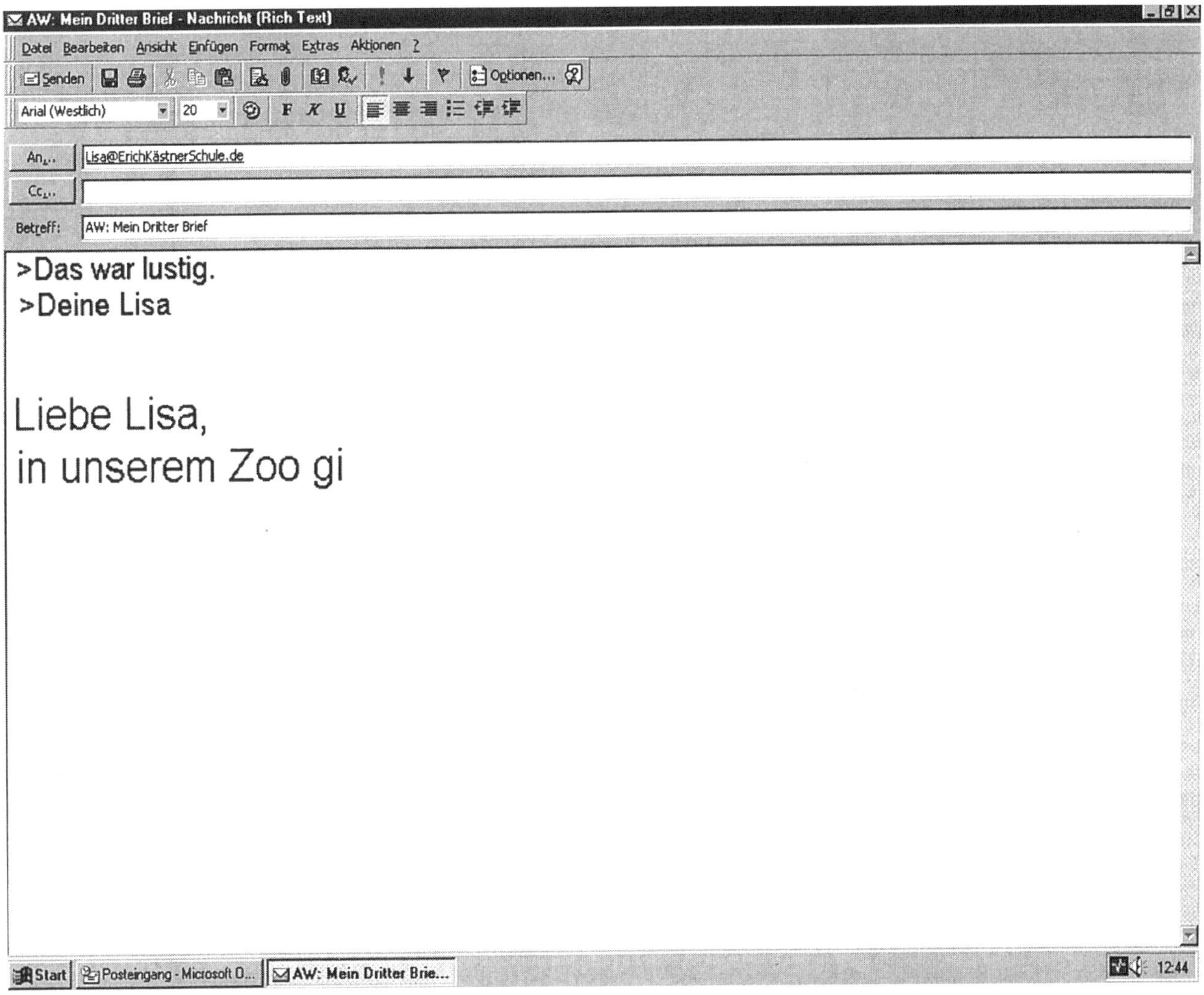

UNSER FUSSBALLSPIEL

Fibel S. 66 / 67
Mein Wörter- und Geschichtenheft S. 21

Hinweise, didaktische Überlegungen

Beim Fußballspielen können Kinder ihrem Bewegungsdrang intensiv nachgehen. Die Regeln sind leicht verständlich. Fußball kann nahezu überall gespielt werden (auch wenn es nicht überall erwünscht ist). Und ist einmal kein Fußballtor da, verwenden Kinder wie selbstverständlich herumliegende Gegenstände als Torersatz. Die Buchseiten zeigen Bilder, die während eines Fußballspiels einer ersten Klasse entstanden sein könnten. Dabei stehen Ereignisse im Umfeld des Spiels im Mittelpunkt, die den Kindern aus eigenen Erfahrungen bekannt sind.

Sachinformationen:
Fußball in seiner heutigen Form geht zurück auf ein Ballspiel des Mittelalters, bei dem ganze Ortschaften versuchten, den Ball querfeldein durch das gegnerische Stadttor zu spielen. In England entstand daraus zur Mitte des 19. Jahrhunderts das moderne Fußballspiel, das vor allem an Schulen gepflegt wurde. Dabei spalteten sich die Anhänger in zwei Lager. Die einen ließen zu, dass der Ball auch mit den Händen getragen werden durfte (Rugby), die anderen verboten dies. Im Jahre 1863 wurde in London die „Football Association" gegründet, die das in den Grundzügen heute noch gültige Regelwerk aus Cambridge übernahm. Fußball nach diesen Regeln fand in Deutschland zuerst an den höheren Schulen in Braunschweig Anhänger, bevor 1878 in Hannover der erste deutsche Fußballverein gegründet wurde. Inzwischen hat sich Fußball zur beliebtesten Ballsportart der Welt entwickelt. Bei Weltmeisterschaftsendspielen sitzt nahezu die halbe Weltbevölkerung vor dem Fernseher.

Ziele, Inhalte

- Erfassen von bildhaft dargestellten Situationen
- Genaues Wiedergeben von Bild- und Textinhalten
- Schreiben von Bildunterschriften

Anregungen zur Unterrichtsgestaltung

Diese Seite sollte im Anschluss an eine Sportstunde (Fußball) bearbeitet werden.

- Gemeinsames Lesen der Überschrift
- Genaues Betrachten und Besprechen der Bilder (Tor besteht aus diversen Gegenständen, warum gibt es kein echtes Tor? – Fifi, der Hund, hat ins Geschehen eingegriffen – Vergleich der Mannschaft vor und nach dem Spiel – Warum jubeln die Kinder? Wer ist Thomas? Warum jubelt er nicht? – Wer könnte Frau Müller sein?)
- Lesen der Bildunterschriften
- Besprechen der Urkunde (Was bedeutet „faires Spiel"?)

Hinweise zu den Schreibanlässen

Im „Wörter- und Geschichtenheft" werden zu den dargestellten Szenen passende Unterschriften gefunden und aufgeschrieben. Auf dem freien Platz könnte ein eigenes Bild oder ein Bild aus der Zeitung eingefügt und beschriftet werden.

Weitere Vorschläge

- Fußballspiel gegen eine andere Klasse, die Lehrkraft fotografiert die Kinder, Dokumentation des Fußballspiels, Verleihung der Urkunde

- Die Kinder schreiben über ihren Lieblingsverein oder ihren Lieblingsspieler. Nichtfußballfans können dabei auch eine andere Sportart wählen.

Literatur:

Werner Färber / Robert Bayer, Geschichten vom Fußballplatz, Loewe Verlag, Bindlach
Donald Gran / James Prunier / Pierre-Marie Vallat, Fußball, Bibliographisches Institut, Mannheim
Erhard Dietl / Frederic Ruillier, Tommis neuer Fußball, Ravensburger Buchverlag Otto Maier GmbH, Ravensburg

BEŞ TAŞ (lautgetreu: *bäsch tasch*)

Fibel S. 68 / 69
Mein Wörter- und Geschichtenheft S. 22

Hinweise, didaktische Überlegungen

Spiele ohne vorgefertigtes Spielmaterial („Himmel und Hölle", „Das goldene Tor", „Mutter, Mutter, wie weit darf ich reisen", Murmelspiele oder Spiele mit Münzen) gewinnen wieder an Beachtung, denn Eltern und Erzieher sind besorgt über den zunehmenden Bewegungsmangel und eine mögliche Vereinzelung unserer Kinder, wenn sie zu viel Zeit vor elektronischen Medien (Fernsehen, Computerspiele) verbringen. Im Sinne einer multikulturellen Erziehung ist es sinnvoll, Spiele aus anderen Kulturkreisen einzubeziehen, in denen die Kinder mit „nichts", d.h. mit allzeit verfügbaren Dingen aus der Umwelt spielen.
Ein in der Türkei weit verbreitetes Spiel heißt Beş Taş (Fünf Steine). Damit ist schon erklärt, dass das Spiel mit fünf kleinen Steinen gespielt wird. Diese werden gleichzeitig in die Luft geworfen, danach wird die Hand schnell umgedreht und der Spieler versucht, mit dem Handrücken möglichst viele Steine wieder aufzufangen. Natürlich erfordert dieses Spiel einige Geschicklichkeit, aber auch Übung, denn ein dosierter Schwung beim Hochwerfen vergrößert die Chancen, einige Steine wieder aufzufangen.
Die Kinder können hierbei nicht nur ein Spiel aus einem anderen Kulturkreis kennen lernen, sondern auch die türkischen Zahlwörter bis 5 oder 10. Kinder sind stolz auf die Kenntnis von Wörtern in einer fremden Sprache und in einer Klasse mit türkischen Mitschülern werden diese gerne als „Lehrer" helfen. Die Schreibweise der Zahlen bietet den Kindern auch die Möglichkeit, Abwandlungen unserer Buchstaben und deren unterschiedliche Aussprache in einer anderen Sprache zu entdecken. Nicht zuletzt werden manche Kinder (auch gelenkt durch den Lehrer) erkennen, welche Leistung Mitschüler zu erbringen haben, die zweisprachig aufwachsen.
Der Lesetext Beş Taş eignet sich besonders gut im Anschluss an den Sachunterricht, der sich mit dem Thema „Spielen" auseinander setzt.
Die Illustrationen zeigen die beiden deutschen Kinder (Melanie und Thomas), die sich langweilen, dann kommen Ayşe (Mädchen) und Onur (Junge), zwei türkische Kinder dazu. Sie üben mit ihnen zuerst die Zahlwörter 1 bis 5 und erklären dann die Spielregel. Das Spiel ist durch die beiden Hände auch noch bildlich dargestellt. (Das Ferkel verwendet gleich die türkischen Wörter, wenn ihm ein Stein auf den Kopf fällt.) Für Kinder, die noch mehr Wörter aus der türkischen Sprache lernen wollen, sind auch die Zahlwörter bis 10 mit den entsprechenden Zahldarstellungen angeboten. Sicher ist es reizvoll, Additionen und Subtraktionen in türkischer Sprache zu nennen und auszurechnen.
Die türkischen Zahlen bis 10 werden in etwa folgendermaßen ausgesprochen:

1	bir	[bir]	6	alti	[alti]
2	iki	[iki]	7	yedi	[jädi]
3	üç	[ütsch]	8	sekiz	[säkis]
4	dört	[dört]	9	dokuz	[dokus]
5	beş	[bäsch]	10	on	[on]

Ziele, Inhalte

- Ein türkisches Spiel kennen lernen
- Die Zahlen bis 5 oder bis 10 in der türkischen Sprache kennen lernen und deren Schreibweise mit der Aussprache vergleichen
- Die Spielregeln aus dem Text entnehmen
- Das Spiel spielen
- Spiele für drinnen und draußen nennen und aufschreiben
- Für ein einfaches Spiel selbst die Spielanleitung ausgestalten

Anregungen zur Unterrichtsgestaltung

Material:

Kleine Steine, die im Schulgelände gesammelt werden können

Hinführung:

Die Kinder haben Spielsachen mitgebracht, der Lehrer schmuggelt fünf kleine Steinchen dazwischen, die Kinder rätseln, was man damit spielen kann.

Arbeit mit dem Buch:

- Tafelanschrift beş taş
- Üben der Aussprache (bäsch tasch)
- Erklären, dass dieses Spiel aus der Türkei kommt, beş taş ist Türkisch, es heißt auf Deutsch fünf Steine (Tafelanschrift).
- Betrachten der Buchseiten 68/69
- Von den Bildern auf den Inhalt schließen
- Lesen des Textes (allein, mit einem Partner, in der Gruppe vorlesen)
- Heraussuchen der deutschen und der türkischen Vornamen (Tobias und Melanie, Ayşe und Onur)
- Beschreiben der Ausgangssituation
- Lesen und Wiederholen der Zahlwörter von 1 bis 5
- Vorlesen der Spielregel und Wiederholung mit eigenen Worten

Weitere Aktivitäten:

- Am nächsten Tag fünf kleine Steine mitbringen oder im Schulgelände suchen

- Das Spiel mit den türkischen Zahlwörtern ausprobieren
- Additionen und Subtraktionen in türkischer Sprache nennen und ausrechnen

Hinweise zu den Schreibanlässen

- Der im Buch angebotene Schreibanlass lässt sich gut in die sachunterrichtliche Bearbeitung des Themas „Spielen" einbauen.
- Auf einem Spieleposter könnten zwei Rubriken dargestellt werden: Spiele für drinnen | Spiele für draußen
  Ebenso können auch im Heft oder auf einem Arbeitsblatt zwei Spalten entsprechend ausgefüllt werden. Zur Kontrolle und zur Auswertung der Ergebnisse bietet sich folgendes Bewegungsspiel an: Ein Kind nennt ein Spiel, die Mitschüler zeigen durch eine Bewegung, ob dieses Spiel für drinnen oder draußen geeignet ist.
  Drinnen: Die Kinder deuten mit ihren Armen und Händen ein Hausdach über ihrem Kopf an. Draußen: Die Kinder zeigen mit einer weit ausholenden Bewegung ihrer Arme die Weite des Himmels.
- Im „Wörter- und Geschichtenheft" geht es darum, eigene Regeln für ein Spiel zu finden und zu notieren. Mit einem Würfel sollen die Kinder abwechselnd würfeln und je nach gewürfelter Augenzahl verschiedene Aufgaben ausführen. Die Auswahl dieser Aufgaben liegt bei den Kindern, sie sollen diese gemeinsam festlegen und aufschreiben. Im Gespräch können Ideen gesammelt werden: Auf einem Bein durch das Zimmer hüpfen – Drei Namen an die Tafel schreiben – Auf den Tisch steigen und jodeln – Ein bestimmtes Tier nachmachen – Fünf Wörter mit einem bestimmten Anfangsbuchstaben nennen…
  (Dieser Schreibanlass erfordert das Notieren von Sätzen, doch können schwache Schüler den Auftrag auch mit einem Wort bearbeiten: hüpfen, singen, heulen, usw.). Natürlich muss den Kindern danach auch Zeit gegeben werden, um das Spiel mit wechselnden Partnern zu spielen.
- Als weiterer Schreibanlass können vom Lehrer Bilder zur Verfügung gestellt werden, die Kinder beim Spielen zeigen. Die Schüler können dazu kurze Erklärungen des Spiels schreiben.

Weitere Vorschläge

Zwei weitere Spiele aus der Türkei:

Anja Manja

Anja manja Kumpanja. Bir schische schampanja! Ben schiktun.	Abzählvers auf Deutsch: Annei, Mannei Kumpanei. Ich geb was zu trinken aus! Und bin raus.

Dazu stellen sich die Kinder im Kreis auf, jedes Kind streckt eine Hand in die Mitte, dabei ist es egal, ob die Handfläche nach oben oder nach unten zeigt.
Nun sagen alle gemeinsam den Abzählvers auf und drehen dabei alle ihre Hände im Takt mal nach oben, mal nach unten. Am Ende zählen sie, wie viele Handrücken und wie viele Handflächen nach oben schauen. Die Kinder, die in der Minderzahl sind, scheiden aus. Die anderen spielen noch eine Auszählrunde. Das geht so lange, bis nur noch ein Kind übrigbleibt. Wenn einmal zwei Kinder zuletzt da sind, müssen sie sich ein drittes Kind zu Hilfe holen. Dieses Kind bleibt aber in jedem Fall frei.

Eckenspiel

Bei diesem Spiel malen die Kinder mit bunten Kreiden ein vier Schritte großes Quadrat auf das Pflaster. Jede Ecke wird mit einer anderen Farbe ausgemalt, z.B. blau, rot, grün und gelb. Ein Kind wird ausgezählt und muss in die Mitte, es ist das „schwarze" Kind, weil auf seinem Platz keine Farbe ist. Die anderen Kinder verteilen sich auf die vier farbigen Ecken. Die Kinder auf den Ecken versuchen miteinander Platz zu tauschen. Dazu geben sie sich heimlich ein Zeichen und rennen dann schnell los, um die Ecken zu wechseln. Das „schwarze" Kind versucht gleichzeitig, eine der für einen Augenblick frei gewordenen Ecken zu besetzen. Gelingt ihm das, muss das Kind ohne Platz in die Mitte.

Illustrationen: Gertie Jaquet, Amsterdam

in: Mathias Mala, Komm mit und spiel mit uns! Das unicef-Buch der Kinderspiele, Arena-Verlag, Würzburg 1993

Literatur:

Mathias Mala, Komm mit und spiel mit uns! Das unicef-Buch der Kinderspiele, Arena-Verlag, Würzburg 1993

JOSCHI TINTENKATZ

Fibel S. 70 / 71
Mein Wörter- und Geschichtenheft S. 23

Hinweise, didaktische Überlegungen

Joschi Tintenkatz ist eine Geschichte, die Erwin Moser geeschrieben und illustriert hat. Als Autor von zahlreichen Kinder- und Bilderbüchern erhielt Erwin Moser mehrere Literaturpreise.
Die Geschichte von Joschi Tintenkatz handelt von einem Kater, der als großer Künstler, Maler und Architekt bekannt ist. Als solcher konstruiert er für jeden ein passendes, individuelles Haus. Die Kinder sollen nun überlegen, welche Vorstellungen und Bedürfnisse Joschi für sein eigenes Haus haben könnte: als Kater, als Künstler, als Architekt. Im Buch von Erwin Moser baut sich Joschi ein Haus mit zwei Hebeln. Wenn er daran zieht, klappt die blecherne Turmspitze auf und ein Propeller fährt aus. Schließlich hebt sein Turmhaus zum Fliegen ab.

Ziele, Inhalte

- Die Geschichte von Joschi Tintenkatz sinnerfassend lesen
- Über die Bilder sprechen, dabei die individuellen Besonderheiten der Häuser hervorheben
- Joschis Haus nach eigener Vorstellung zeichnen
- Die Kinderzeichnung mit Stichpunkten beschriften oder eine Erklärung zu Joschis Haus schreiben

Anregungen zur Unterrichtsgestaltung

- Den Kater Joschi Tintenkatz auf einem Bild vorstellen
- Anhand des zweiten Bildes vermuten lassen, welchen Beruf Joschi ausübt
- Die Geschichte lesen und besprechen
- Erkennen, dass Bild 3 die Umsetzung der Zeichnung von Bild 2 ist
- Über die Ansprüche und Bedürfnisse der anderen Tiere für ihr Haus sprechen
- Überlegen und besprechen, wie Joschis Haus aussehen könnte
- Joschis Haus nach der Vorstellung der Kinder zeichnen und beschriften lassen
- Erklären, wie man eine Zeichnung mit Stichpunkten versieht
- Die Zeichnungen der Kinder vorstellen, erklären lassen und untereinander vergleichen lassen
- Eine Ausstellung zu Joschis Hausplänen machen

Hinweise zu den Schreibanlässen

Zunächst sollten die Kinder dazu angehalten werden, die Zeichnungen möglichst genau und detailliert anzufertigen. Damit die Zeichnung mit Stichpunkten versehen werden kann, sollte sie nicht zu klein gemalt werden. Manche Stichpunkte beschreiben einfach die Teile des Hauses, andere müssen vielleicht mit einem kurzen Satz erklärt werden. Hierbei findet auch eine Differenzierung statt. Es bietet sich an, Eigenschaftswörter als genauere Bezeichnung von Dingen einzuführen, indem man mit den Kindern überlegt, wie das Haus aussehen soll *(Ist das Dach spitz oder rund? Ist es weiß oder blau gestrichen?...)* Man kann auch als weitere Differenzierung schriftlich begründen lassen, warum sich Joschi sein Haus so gebaut hat, wie die Kinderzeichnung es zeigt.

Im Wörter- und Geschichtenheft S. 23 betrachten die Kinder das Haus von Joschi und vergleichen es mit ihren Zeichnungen. *Die beiden Hebel in Joschis Haus haben sicher etwas zu bedeuten.* Die Kinder malen und schreiben, was passiert, wenn Joschi an den Hebeln zieht. Am Schluss erzählt der Lehrer, dass das Turmhaus mit ausgefahrenen Propellern davonfliegt, wenn Joschi an den Hebeln zieht.

Weitere Vorschläge

- Über die Abenteuer Joschis schreiben, wenn er mit seinem Propeller-Haus in die weite Welt fliegt.
- Die Kinder zeichnen und beschriften ein Haus für andere Tiere, z.B. Hans Hase, Friedrich Fliege, Hans Hahn ... Die Kinder können sich auch noch selbst lustige Tiernamen ausdenken.
- Die Kinder zeichnen und beschriften ihr eigenes Traumhaus.
- Fantasiereise zum Thema: Mein Traumhaus
- Sachunterricht: Über das Thema „Wohnen" sprechen
- Rechtschreibung: Bild mit einem Haus, die Teile des Hauses beschriften: Dach, Wand, Fenster, Tür, Zimmer, Kamin ...
- Weitere Bücher von Erwin Moser vorstellen

Literatur:

Erwin Moser, Joschi Tintenkatz, in: Erwin Moser, Die kleine Katzenwelt (Illustr.), Beltz Verlag, Weinheim und Basel 1995, Programm Beltz & Gelberg, Weinheim

TRICKS MIT LUFT

Fibel S. 72 / 73

Hinweise, didaktische Überlegungen

Luft wird von den Kindern unmittelbar erlebt. Sie atmen sie ein, sie erleben sie als Wind, sie erfahren die Eigenschaften der Luft beim Ballspielen, beim Aufpumpen von Fahrradreifen, etc. Dieses Wissen ist den Kindern aber keineswegs bewusst, denn es ist an spezielle Situationen gebunden. Deshalb werden Behälter als leer bezeichnet, und deshalb meinen Kinder auch, Luft sei „nichts“.

Sachinformationen:
Luft ist ein Gasgemisch, das zu 78% aus Stickstoff und zu 21% aus Sauerstoff besteht. Es ist gekennzeichnet durch folgende Eigenschaften:

- Die Moleküle eines Gases sind frei beweglich. Daher füllt die Luft einen Raum vollständig aus und verteilt sich gleichmäßig darin.
- Luft lässt sich stark zusammenpressen. Je stärker der Druck von außen wirkt, desto stärker ist der Gegendruck der Moleküle auf die Gefäßwände.

Physikalische Erläuterungen
zu den Versuchen mit Luft:

- Luftballonrakete: Im Ballon wird die Luft stark komprimiert. Beim Loslassen der Einblasöffnung strömt die Luft schlagartig aus dem Ballon und treibt somit die Rakete vorwärts.
- Papierkugel im Flaschenhals: In der Flasche entsteht durch das Pusten ein erhöhter Luftdruck. Aufgrund der Geschwindigkeit der Luft bildet sich vor dem Flaschenhals ein Unterdruck. Die Papierkugel wird durch den Luftdruckausgleich aus dem Hals gedrückt.
- Tischtennisball im Trichter (siehe Weitere Vorschläge): Der Luftstrom teilt sich am Ball und zwängt sich seitlich vorbei. Durch die Erhöhung der Geschwindigkeit verringert sich der Luftdruck. Die von außen wirkende Luft drückt den Ball durch ihren Luftdruck in den Trichter.

Ziele, Inhalte

- Durchführen spielerischer Experimente
- Notieren von Vermutungen und Beobachtungen
- Eine Tabelle anlegen und ausfüllen

Anregungen zur Unterrichtsgestaltung

Material:

Schnur, Trinkröhrchen, Klebestreifen, Luftballons, Flaschen, Papierkugeln

Hinführung:

Die Lehrkraft stellt sich vor die Klasse und pustet einen Luftballon auf. „Aus Versehen“ lässt sie ihn los. Der Ballon fliegt durch das Klassenzimmer.
„Das ging ja ab wie eine Rakete! – Ich habe da eine Idee.“

Arbeit mit dem Buch:

- Die Fibelseite 72 wird gemeinsam besprochen.
- Demonstration des Versuchs: Die Lehrkraft holt sich drei Kinder zu Hilfe. Zwei Schüler halten die Enden der Schnur. Die Stühle werden als Markierung für die Flugweite in einer Linie aufgestellt. Das Trinkröhrchen wird auf die Schnur gefädelt, der Luftballon aufgepustet und gut zugehalten. Das dritte Kind klebt nun den prallen Ballon mit dem Klebestreifen am Röhrchen fest.
- Gemeinsamer Countdown: *„10, 9, ..., los geht's!“*
- Die Flugweite wird in die Tabelle an der Tafel eingetragen (s. Fibelseite 73).
- Die Kinder wiederholen in Gruppen den Versuch. Eintrag der Ergebnisse in die Tafeltabelle
- Die Siegergruppe erhält ein kleines Präsent (z.B. je Kind einen Luftballon).

Hinweise zu den Schreibanlässen

- Eintragen der Flugergebnisse in eine Tabelle
- Gespräch über das Bild auf Seite 73 (eine Papierkugel liegt im Flaschenhals, das Kind pustet hinein)
- Die Schüler notieren ihre Vermutungen *(Was wird passieren?)*
- Ein Kind oder mehrere Kinder führen den Versuch durch. Der Abstand Mund – Flaschenhals sollte ca. 5 cm betragen.
- Die Kinder schreiben ihre Beobachtungen auf *(Was ist passiert?)*

Weitere Vorschläge

• Gedicht:

Luft

Ohne Luft kann ich nicht sein:
Ich atme aus und atme ein.
Luft ist, wo der Himmel lacht,
ein Vogel kreist, der Donner kracht.
Flugzeug, Drachen, Luftballon,
Wind und Sturm und Radioton,
Blasmusik und Blumenduft –
alles das ist in der Luft.

Wolf Harranth

aus: Mein Bilderbuch von Feuer, Wasser, Luft und Erde, Ravensburger Buchverlag Otto Maier GmbH, Ravensburg

• Musik:

Die Nadel sagt zum Luftballon

Das Lied kann nach Belieben mit Triangelschlägen begleitet werden.

Text: Josef Guggenmos, Melodie: Heinz Lemmermann, aus: Die Zugabe Bd. 3, Fidula-Verlag, Boppard/Rhein

• Sachunterricht: Erfahrungen mit Luft
• Es können auch weitere Versuche durchgeführt werden, z.B. mit einem Haushaltstrichter und einem Tischtennisball. Analoges Vorgehen bei diesem Versuch (Tischtennisball liegt in einem Haushaltstrichter, ein Kind pustet kräftig in die Tülle, der Ball bleibt im Trichter).

Literatur:

Hans J. Press, Spiel – das Wissen schafft, Ravensburger Buchverlag Otto Maier GmbH, Ravensburg 1996

RAUMSCHIFF FF

Fibel S. 74 / 75
Mein Wörter- und Geschichtenheft S. 24

Hinweise, didaktische Überlegungen

Das Abenteuer des Raumschiffs FF ist eine Science-Fiction-Geschichte, die in ihrer Darstellung und Sprache Elemente der Literaturgattung „Comic“ aufgreift. Der Text steht innerhalb der Zeichnung, häufig in Sprechblasen. Die Sätze sind kurz und oft mit Ausrufezeichen versehen. Es gibt kurze Ausrufe und lautmalerische Wörter, wie oink und wow.

Ziele, Inhalte

- Eine spannende Comic-Geschichte lesen
- Sich ein Erlebnis ausdenken und aufschreiben
- Zu Bildern eine Geschichte schreiben
- Das Ende einer Geschichte erfinden

Anregungen zur Unterrichtsgestaltung

Arbeit mit dem Buch:

- Das vierte Bild mit Frosch und Ferkel in der Raumschiffkapsel wird als Folie aufgelegt.
- Die Kinder vermuten, wo sich die beiden befinden, wo sie herkommen und wo sie hinfliegen wollen.
- Die Geschichte wird gelesen.
- Die Kinder spielen die Geschichte mit ganz einfachen Requisiten nach.

Hinweise zu den Schreibanlässen

- Als Frosch und Ferkel wieder auf der Erde gelandet sind, berichten sie noch von anderen Erlebnissen. Die Kinder überlegen sich im Partnergespräch ein weiteres Abenteuer und spielen es vor.
- Sie malen ein Bild nach Comic-Art und schreiben dazu.
- Die Bilder werden auf einer Plakatwand ausgestellt.

Mögliche Ideen:

- Frosch und Ferkel landen auf einem Planeten, auf dem die Blumen groß und die Bäume klein sind.
- Sie haben einen Maschinenschaden und das Raumschiff mit Bär und Tiger schleppt sie ab.
- Sie entdecken einen neuen Planeten.
- Sie entkommen einem Ungeheuer.
- Sie lernen neue Freunde kennen.

- „Mein Wörter- und Geschichtenheft“ S. 24:
  Die Lehrerin legt die Bilder 1, 2 und 3 der Reihe nach auf.
  Die Kinder erzählen zu den Bildern.
  Ein oder zwei Sätze können gemeinsam aufgeschrieben werden.
  Den Schluss denken sich die Kinder selbst aus.
  Im Sitzkreis lesen die Kinder das Ende ihrer Geschichte vor.

Weitere Vorschläge

- Aus Legosteinen o. Ä. ein Raumschiff bauen
- Aus Schachteln einen Roboter bauen
- Zum Lesen: „Kunterbunte Weltraumgeschichten“ von Marliese Arold, s. S. 167
- Lied:

aus: Klaus Patho/Reinhard Schuhmann, Wolf-Schülerbuch Musik 3/4, Regensburg 1984

Eine Lehrerin von der Erde

Heute soll die neue kommen.

„Wie sie wohl aussieht?", überlegt Trapps.

„Vielleicht hat sie zwei und zwei ."

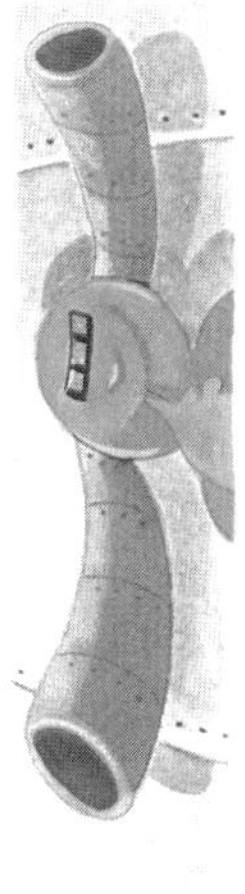

1

„Igitt, wie scheußlich!", sagt der Käferling entsetzt.

„Keine , keine !"

Die kommt zur herein.

„Hallo, ", sagt sie freundlich.

„Ich soll euch unterrichten."

2

„So kleine ", stellt enttäuscht fest.

„Nur ein und ein ", meint erstaunt ein .

3

„Fangen wir an!", sagt die .

„Jetzt wollen wir erst einmal singen.

Kennt ihr schon: , ,

rufts aus dem ?"

Niemand kennt es.

Alle stellen sich im auf.

Die und die

fassen sich an den ,

oder .

4

Die singt vor

und alle summen mit.

Der kann nicht singen.

Er brummt nur.

Dabei macht er lauter bunte .

5

aus: Marliese Arold, Kunterbunte Weltraumgeschichten, illustriert von Carola Holland, ars Edition, München 1998

ISABELLA BLUBBERBAUCH

Fibel S. 76 / 77
Mein Wörter- und Geschichtenheft S. 25

Hinweise, didaktische Überlegungen

Isabella Blubberbauch ist die Hauptfigur des gleichnamigen Bilderbuches von David McKee.
Isabellas Bauch blubbert und nichts scheint zu helfen – bis sie eines Tages mit ihrer Klasse einen Ausflug in den Tiergarten unternimmt. Als der Wärter gerade den Tiger füttern will, rutscht er aus, die Käfigtür steht offen und der Tiger macht einen Sprung vorwärts. Bis dahin wird die Geschichte in der Fibel erzählt. Die Kinder sollen sich überlegen, was nun geschehen wird. Es liegt auf der Hand, dass Isabellas lauter Bauch den Tiger am Ausbrechen hindert. Kinder haben aber auch andere Ideen. Die Geschichte endet im Bilderbuch damit, dass Isabella als große Heldin gefeiert wird und ihr Bauch nun nicht mehr blubbert. Tage später gibt es aber einen lauten Knall in der Klasse und auf die Frage der Klassenlehrerin, ob das wohl Isabellas Bauch war, antwortet sie verlegen: „Nein, das war mein Po."
Für den Schreibanlass bietet sich die Zäsur der Geschichte am Tigerkäfig an. Hier können die Kinder nun frei entscheiden, wie die Geschichte endet. Der gewählte Ausgang der Geschichte gibt unter anderem auch Aufschluss über die Einstellung der Kinder zur Lösung kritischer Situationen. Es bietet sich an, anschließend mit den Kindern darüber zu sprechen, welcher Lösungsvorschlag ihnen gut gefallen hat und warum. Schließlich wollen die Kinder auch wissen, wie die Geschichte wirklich ausgeht.
Die Geschichte macht verständlich, dass Eigenheiten mancher Kinder, wie hier Isabellas lauter Bauch, nicht immer nur negativ sind. Hier gibt Isabellas lauter Bauch der Geschichte die glückliche Wende.

Ziele, Inhalte

- Sätze zeilenübergreifend lesen
- Die Geschichte in Abschnitten sinnerfassend lesen
- Vorschläge sammeln, wie die Geschichte ausgehen könnte
- Die Geschichte zu Ende schreiben
- Isabellas Bauchblubbern mit dem Ausgang der Geschichte in Verbindung bringen

Anregungen zur Unterrichtsgestaltung

- Tafelanschrift: Isabella Blubberbauch
- Vom Namen Isabella Blubberbauch über die Person Vermutungen anstellen *(Was könnte „Blubberbauch" bedeuten? Was passiert, wenn der Bauch blubbert?)*
- Die Geschichte im Buch lesen, dabei überlegen, was Isabella mit ihrem lauten Bauch helfen könnte
- Darüber sprechen, dass die anderen Kinder Isabella wegen ihres lauten Bauches verspotten
- Im Tigerbild Isabella identifizieren (sie steht genau vor dem Tiger) und die Kinder auf Isabellas zentrale Rolle bei der Lösung dieser gefährlichen Situation hinweisen
- Auch alle weiteren Lösungsvorschläge zulassen
- Die Überlegungen aufschreiben lassen
- Kinder lesen sich gegenseitig ihre Vorschläge vor.
- Darüber sprechen, welcher Vorschlag den Kindern gut gefällt und erklären, warum das so ist
- Den Kindern erzählen, wie die Geschichte im Buch von David McKee endet

Hinweise zu den Schreibanlässen

Im „Wörter- und Geschichtenheft" findet sich auf S. 25 das letzte Bild aus der Fibel vergrößert. Darunter ist ein Schreibraum vorgegeben.
In der Fibel wurde für die Fortsetzung der Geschichte bewusst ein Satzanfang gewählt, der den Kindern den Einstieg in die Geschichte erleichtert. Als weitere Hilfe kann man den Kindern auch noch andere Satzanfänge anbieten, z.B. Der Tiger ... Plötzlich ... Dann ... Der vorgegebene Satzanfang kann aber auch weggelassen werden. Der Schwerpunkt liegt auf dem Inhalt. Wichtiger als variierende Satzanfänge ist die richtige Abfolge der Erzählung. Vielleicht finden die Kinder einen schönen Schlusssatz, der die Geschichte abrundet. Schreibstarke Schüler schreiben hier mittlerweile schon kleine Geschichten, schreibschwache Schüler kann man unterstützen, indem man sie in einer kleinen Gruppe zusammenfasst und versucht, gemeinsam einen Schluss zu finden.

Weitere Vorschläge

Musik: Lieder „Tiger-Hit" und „Der verrückte Zoo", siehe S. 169

Literatur:

David McKee, Isabella Blubberbauch, aus dem Engl. von Inge M. Artl, Carlsen Verlag, Hamburg 1994

Tiger-Hit

Musik u. Text: B. Hering/W. Hering/B. Meyerholz

D G
Im Urwald scheint die Sonne
D A
am Morgen durch's Geäst.
D G
Noch schläft die ganze Tiger-
D A D
familie so fest.
G
Der allerjüngste Tiger
D A
wird von der Sonne wach.
D G
Es schleicht sich aus dem dicken Busch -
D A D
was für ein toller Tag.

Refrain:
h A h A h
Uaaah, uah hey, uaaah hey hey hey.

Er weiß, er darf nicht weiter
als bis zur Lichtung geh'n,
doch heut will er mal hinter
die großen Bäume seh'n.
Plötzlich steht ein Löwe da,
der sieht ganz hungrig aus,
verfolgt den kleinen Tiger,
doch der rennt zum Wald hinaus.

Refrain:...

Da kommen ein paar Männer
im Auftrag eines Zoos,
die fangen unsern Tiger ein -
was wollen die Männer bloß?
Der Tiger wird gefesselt
und auf ein Schiff gebracht,
dort jammert er im Käfig
bei Tag und auch bei Nacht.

Refrain:...

Der Chef einer Plattenfirma,
der hört ihn gleich nebenan
und fragt sich, wer so super-
spitzen-prima singen kann.
Der Mann befreit den Tiger
und versteckt ihn im Gepäck
und bringt ihn dann im Hafen
im Gepäck versteckt von Deck.

Refrain:...

Er nimmt den kleinen Tiger
in sein Plattenstudio mit.
Sie nehmen eine Platte auf,
das wird der Tigerhit.

Zwischenspiel:

(Melodie mitsummen und dazu
klatschen.)

Refrain:...

Der Tiger aus dem Urwald,
der wird ein ganz großer Star.
Kommt auf Platz eins
der Hitparade in Amerika.
Er gibt ein Konzert im Urwald
und singt ganz wunderbar.
Da freu'n sich all die Tiger -
der Kleine ist wieder da!

Refrain:...

Der verrückte Zoo

Musik u. Text: B. Hering/W. Hering/B. Meyerholz

E A H7
Sonntags sind wir alle in den Zoo spaziert.
E A H7
Am Eingang saß ein Naßhorn 'rum, hat zwanzig Mark kassiert.
E A E
Wir dachten, das ist wieder so ein Werbegag,
A H7
da nahm uns glatt ein Papagei die Süßigkeiten weg.

Refrain:
E
Was ist im Zoo bloß los?
H7 E
Was ist im Zoo bloß los?

Zwei kleine Zebras badeten zu heiß,
schon war'n die schwarzen Streifen weg,
die Zebras war'n fast weiß.
Da kam ein Maler und der fing zu malen an.
Mit schwarzer Farbe malte er die Streifen wieder dran.

Refrain:...

Wir sah'n den superrosaroten Zoogesangsverein.
Flamingos spielten Tanzmusik - oh year - auf einem Bein.
Am Teich da ging 'ne tierisch gute Party ab.
Die Enten tanzten Rock 'n' Roll und keiner machte schlapp.

Refrain:...

Das Nilpferd war am Jammern, ihm schmerzte so ein Zahn.
Da kam ein Zahnarzt angebraust mit einem großen Kran.
Er sprang mit seiner Spritze in das große Maul.
Es gab 'nen Ruck, der Zahn war raus -
was war der auch so faul.

Refrain:...

An der nächsten Ecke, da stand Jumbo, der Elefant.
Er sah ganz dünn und mager aus, richtig abgespannt.
Und Jumbo sagte uns, er macht grad 'ne Diät,
bloß, daß es ihm im Traum jetzt meist um Schokolade geht.

Refrain:...

Leo Löwe, so ein Quatsch, der saß echt beim Friseur,
nur als die Mähne ab war, da war's kein Löwe mehr.
Er sah ganz harmlos aus - man hat ihn kaum erkannt,
doch als er husten mußte, da sind alle weggerannt.

Refrain:...

Beim Zoodirektor Jacob war'n auch die Tiere los.
Der Mann saß im Papierkorb drin,
drei Äffchen auf dem Schoß.
Und hinter seinem Schreibtisch grinst ein Krokodil.
Da sind wir abgehau'n, denn das, das war uns echt zuviel.

Refrain:... (2x)

SAG NEIN!

Fibel S. 78 / 79

Hinweise, didaktische Überlegungen

Ärger mit Größeren gehört zum Erfahrungsbereich fast aller Kinder. Gerade für Mädchen und auch Jungen, deren Selbstwertgefühl noch nicht sehr ausgeprägt ist, ist es wichtig, über Handlungsmöglichkeiten nachzudenken und sie praktisch zu erproben. Dabei müssen die Kinder zunächst einmal ihre eigenen Bedürfnisse erkennen und auch lernen sie zu äußern. Sie erfahren, dass sie sich nicht alles gefallen lassen müssen, sondern sich wehren dürfen. Im geschützten Rahmen (z. B. im Rollenspiel) können sie spüren, wie es sich anfühlt, seine Meinung zu vertreten und anderen gegenüber zu bestehen. So können sie ihr Selbstwertgefühl stärken und mehr Selbstvertrauen entwickeln.
Genau so wichtig ist es aber, mit den Kindern zu besprechen, dass zu einem verantwortungsvollen Umgang miteinander auch der Respekt vor den Bedürfnissen der anderen gehört.
Die Geschichte „Sag nein" erzählt von Anna, die sich gegen einen größeren Jungen zur Wehr setzt.
Auf der linken Buchseite ist Anna abgebildet, wie sie ihre Gummibärchen isst und wie ihr der große Junge dann die Gummibärchen einfach gegen ihren Willen wegnimmt.
Auf der rechten Seite ist eine wütende Anna zu sehen, die laut und energisch „Nein" sagt. Das wird deutlich durch das immer größer werdende Schriftbild, aber auch durch die Abbildung von Anna, die plötzlich größer ist als der Junge.

Ziele, Inhalte

- Sich den Inhalt der Geschichte über Text und Illustrationen erschließen
- Erkennen, wie Anna sich wehrt
- Überlegen, wie die Geschichte weitergehen könnte
- Besprechen, was man in einer ähnlichen Situation tun könnte
- Die Kinder in ihrem Selbstbewusstsein stärken
- Die Geschichte klanggestaltend lesen
- Nein sagen üben

Anregungen zur Unterrichtsgestaltung

- Das Bild auf der linken Seite unten auf Folie betrachten
- Die Schüler vermuten, wie sich das Mädchen verhalten könnte.
- Rollenspiel dazu
- Nachlesen, wie sich Anna verhält
- Nachspielen, wie sich Anna verhält
- *Warum hat der Junge nicht aufgehört, als Anna das erste Mal „Nein" sagte?*
- Die Geschichte klanggestaltend lesen: Zuerst spricht Anna leise und unsicher. Zum Schluss wird sie immer lauter.

Hinweise zu den Schreibanlässen

- Die Kinder sollen ein Ende für die Geschichte finden. Dabei können die Vorschläge der Kinder im Umfang wieder sehr unterschiedlich ausfallen. Die Bandbreite reicht von einem Satz bis zu einer kurzen Geschichte.
- Ein weiterer Schreibanlass wäre es, sich Sätze zu überlegen, die man zu dem Jungen sagen könnte (s. Kopiervorlage S. 171). Folgende Einträge wären möglich: Lass mich in Ruhe! Geh weg! Ich will nicht!

Weitere Vorschläge

- Das Rollenspiel so abändern, dass ein Junge von einem großen Mädchen (oder Jungen) belästigt wird.
- Besprechen, dass Kinder auch das Recht haben, zu Erwachsenen Nein zu sagen. Zum Beispiel müssen sie nicht auf Befehl Küsschen geben, wenn sie das eigentlich nicht wollen.
- Mit dem Thema der Seite werden die Schüler in der Realität immer wieder konfrontiert. Dann ist es gut, sich jedes Mal erneut ins Gedächtnis zu rufen, wie man reagieren kann.
- Musik: Lieder „Trau dich", siehe S. 146, und „Nein sagen", siehe Seite 171.

Literatur zum gleichen Thema:

Gisela Braun, Das große und das kleine Nein, Verlag an der Ruhr, Mülheim 1991
Paul Maar, Jakob und der große Junge, Verlag Friedrich Oetinger, Hamburg 1993

Das Lied vom NEIN sagen

Nach der Melodie: „Der Cowboy Jim aus Texas"

1. Will einer mich anfassen,
und ich sag, er soll's lassen,
ja wenn er dann nicht hört,
dann bin ich ganz empört.

Refrain: Ich ruf Nein! Lass das sein!
Ich ruf Nein! Nein! Nein!
Nein! Nein!

2. Will einer mit mir schmusen,
und ich kann's nicht verknusen,
dann behalt ich's nicht für mich
und schreie fürchterlich.

Refrain: Ich ruf …

3. Will einer mich bestechen,
ich dürft nicht drüber sprechen,
dann bin ich nicht mehr heiter,
erzähl es trotzdem weiter.

Refrain: Ich ruf …

4. Will einer mich mal küssen,
und ich will davon nichts wissen,
behalt ich's nicht für mich
und schreie fürchterlich.

Refrain: Ich ruf …

Sag nein

Text und Musik: Hoffmann

Sag nein, wenn du dir nicht sicher bist,
ob 'ne Mutprobe nicht zu gefährlich ist,
sag nein, sag nein.
Sag nein, wenn du findest, daß Prügelei'n
für dich nicht die richtigen Spiele sei'n,
sag nein, sag nein.

Refrain

Sag nein, wenn du Abscheu vor Hunden hast,
wenn du sie nun einmal nicht streicheln magst,
sag nein, sag nein.
Sag nein, wenn dir Radfahren nicht behagt,
weil dich Angst vor den rasenden Autos plagt,
sag nein, sag nein.

Refrain

Kopiervorlage

Name: ______________________________

MARIENKÄFER

Fibel S. 80 / 81

Hinweise, didaktische Überlegungen

Kinder beschäftigen sich gern mit dem Leben und der Entwicklung von Tieren. Der Marienkäfer ist ein Insekt, das man häufig im Frühling und im Sommer auf der Wiese und im Garten finden kann. Kinder beobachten Marienkäfer ohne Scheu. Im Sachunterricht kann diese Seite unter dem Aspekt „Tiere auf der Wiese“ ergänzend verwendet werden. Anhand der Fotos und der Texte zum Marienkäfer können die Kinder ihre Kenntnisse erweitern und durch die vergrößerten Abbildungen Einblicke in die ihnen in der Natur verborgenen Perspektiven und Entwicklungsprozesse erhalten. Sie sehen sich den Marienkäfer beim nächsten Mal sicherlich genauer an.
Der Marienkäfer ist auch deshalb für Kinder ein attraktives Tier, weil er landläufig als Glücksbringer bezeichnet wird. Er gilt als Lieblingstier der Mutter Gottes und wird deshalb auch als Himmelsziege, Herrgottkühlein oder Sonnenkälbchen bezeichnet. Auch bei den Germanen und in Indien war der Marienkäfer Gottheiten geweiht.

Informationen zum Leben des Marienkäfers:
Die bekannteste und häufigste Art der weltweit bekannten etwa 5000 Arten ist der Siebenpunkt. Biologen erklären, dass diese Käfer seit ungefähr 150 Millionen Jahren die Erde bevölkern. Manche haben rote, andere gelbe, orange, braune oder schwarze Deckflügel. Der Siebenpunkt hat rote Deckflügel mit sieben schwarzen Punkten und einen schwarzweiß gemusterten Halsschild. Die Größe schwankt zwischen fünf und zwölf Millimeter. Er hat einen halbkugeligen Körper mit schwarzer Unterseite. Die Fühler und Beine sind vergleichsweise kurz. Unter den Deckflügeln befinden sich die Hautflügel, die er zum Fliegen benötigt.

Wenn der Marienkäfer bedroht wird, wehrt er sich, indem er aus den Gelenkhäuten seiner Beine eine gelbliche Flüssigkeit aussondert, die das Gift Coccinellin enthält. Auch die rote Warnfarbe seiner Deckflügel soll die Feinde abhalten. Wenn sich seine Feinde dennoch nicht vertreiben lassen, stellt er sich tot, indem er Fühler und Beine an den Körper heranzieht und sich auf den Rücken dreht oder sich von der Pflanze fallen lässt.

Seine Feinde sind Spinnen, Eidechsen, einige Vögel und Ameisen, die ihre Blattlauskolonien verteidigen.
Im Frühjahr legt das Weibchen vorzugsweise in Woll- und Schmierlauskolonien bis zu 400 Eier ab.
Nach fünf bis zehn Tagen schlüpfen die Larven aus den Eiern. Sie sind sehr gefräßig. Während ihrer drei- bis sechswöchigen Entwicklung kann eine Larve über 1000 Blattläuse vertilgen. Die anfangs kleinen Larven wachsen bis zu 15 mm Länge heran und häuten sich in der Regel dreimal, bis sie sich verpuppen. Die meist braun- oder graugefärbte Puppe hängt kopfüber sieben bis 14 Tage an einem Blatt, bis es dem jungen Käfer gelingt, sich in wenigen Minuten aus dem Puppenkleid zu befreien. Der gerade geschlüpfte Marienkäfer ist gelblich gefärbt und braucht noch ein bis zwei Monate, bis er sich zum ausgewachsenen roten Marienkäfer entwickelt hat. Als natürlicher Schädlingsbekämpfer frisst der Marienkäfer etwa 50 Blattläuse, Schildläuse oder Spinnmilben pro Tag. Blattläuse schaden und vernichten oft sogar ganze Pflanzen. Marienkäfer fressen im Laufe ihres Lebens etwa 3000 Blattläuse.

Im Winter findet der Marienkäfer Unterschlupf in Ritzen, Spalten oder unter Laub. Er verharrt in einer Kältestarre, bis es im Frühling wieder wärmer wird. Weitere Informationen zum Marienkäfer finden sich in Tierlexika oder in naturkundlichen Büchern.

Literatur:

Der Marienkäfer, Meyers kleine Kinderbibliothek, Bibliographisches Institut Mannheim & F. A. Brockhaus, Mannheim 1991

Ziele, Inhalte

- Anhand von Bildern und Sachtexten Informationen über die Entwicklung und die Lebensweise von Marienkäfern erhalten
- Den Text sinnerfassend lesen und auf dem entsprechenden Foto die Merkmale wiedererkennen
- Sich Fachbegriffe wie Deckflügel, Hautflügel ... aus dem Text erschließen und diese erklären können
- Die Fotos mit eigenen Worten kommentieren können
- Eine Geschichte zum Leben des Marienkäfers erlebnisbetont aufschreiben

Anregungen zur Unterrichtsgestaltung

- Lehrer entwickelt aus Punkten, Körper, Beinen an der Tafel nach und nach einen Marienkäfer
- Schüler raten, worum es sich handelt und benennen den Marienkäfer
- Vorwissen sammeln
- Buchseite aufschlagen, Bilder betrachten, Text dazu lesen, darüber sprechen

Bild 1: Begriffsklärung: Insekt – Deckflügel; außer dem Siebenpunkt gibt es auch Marienkäfer mit zwei, zehn, 14, 22 Punkten oder anderer Färbung; die Anzahl der Punkte hat nichts mit dem Alter des Käfers zu tun.

Bild 2 und 4: Begriffsklärung: Hautflügel

Bild 3: Gespräch über die Feinde des Marienkäfers: hauptsächlich Vögel; einen toten Käfer verspeisen auch Vögel nicht gerne, deshalb stellt der Käfer sich in Gefahr tot.

Bild 5: Eiablage und mehrwöchige Entwicklung über die Larve zum Käfer
Begriffsklärung: Weibchen, Larve, sich verpuppen

Bild 6: Der Marienkäfer ist ein natürlicher Schädlingsvertilger. Er schützt unsere Natur

- Zusammenfassendes Gespräch darüber, welche neuen Informationen die Schüler über den Marienkäfer erhalten haben

Hinweise zu den Schreibanlässen

- Ein Marienkäfer erzählt:
  Die Kinder denken sich eine Geschichte aus und schreiben auf, was der Marienkäfer auf seiner Wiese erlebt hat, wie er erfolgreich einem Vogel entkommen ist, was er von oben alles entdeckt hat, ... Vielleicht fühlen sich Kinder an die Zeichentrickserie „Biene Maja" erinnert und schreiben eine Fantasiegeschichte auf, die sie mit einem Bild illustrieren.
- Die Kinder betrachten die Fotos noch einmal genau und schreiben mit eigenen Worten/Sätzen auf, was man darauf beobachten kann. Eine Differenzierung findet durch die Anzahl der beschriebenen Fotos statt oder dadurch, wie ausführlich ein Kind ein Foto beschreibt.
- Über ein anderes Wiesentier berichten:
  Diese Aufgabe können die Kinder bearbeiten, wenn sie im Unterricht ein anderes Wiesentier besprochen und genau beobachtet haben. Die Kinder können sich aber auch durch Lexika, Kinderzeitschriften oder durch das Internet Wissen über ein anderes Tier aneignen und darüber schreiben. Geeignete Tiere sind z.B. Schnecken, Bienen, Grashüpfer, Ameisen, Schmetterlinge oder Spinnen.

Weitere Vorschläge

- Kennenlernen anderer Käfer, die auf der Wiese leben, und mit dem Marienkäfer vergleichen
- Ereignis- oder Fragekarten zu einer Spielplanvorlage „Marienkäferspiel" (s. S. 175) entwerfen, z.B.:
  Ereigniskarte: Der Marienkäfer frisst 30 Blattläuse. Du darfst 3 Felder vorrücken.
  Fragekarte: Wie viele Beine hat ein Marienkäfer?
  Es können vier Kinder mitspielen. Auf den Blumen- und Blattfeldern muss jeweils entweder eine Ereignis- oder eine Fragekarte gezogen werden. Wer die Frage richtig beantwortet, darf zwei Felder weiter, wer nicht antworten kann, muss ein Feld zurück. Pro Spiel sollten etwa acht Frage- und acht Ereigniskarten hergestellt werden. Die Gruppen tauschen ihre Frage- und Ereigniskarten.
- Lesen bzw. vorlesen: „Der Käfer Immerfrech" von Eric Carle
- Sachunterricht: Projekt Pflanzen und Tiere der Wiese
- Musik: Marienkäferlied singen
- Kunst: Fingerabdrücke zu Käfern gestalten
- Glückskäferkarte basteln
  Material:
  1 rotes Faltpapier (12 x 12 cm)
  Bleistift
  Schere
  schwarzer Filzstift
  1 DIN-A 5-Bogen Tonpapier
  Bastelkleber

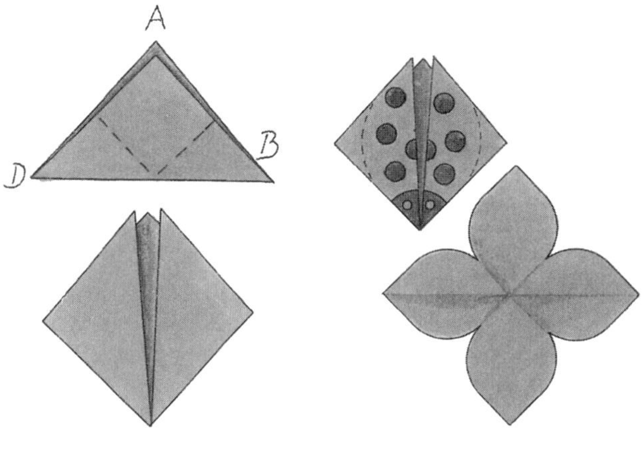

Das zum Dreieck gefaltete Papier entlang der gestrichelten Linie umklappen; die Ecken D und B liegen auf A. Gestrichelte Linie auf Quadrat zeichnen und Körper ausschneiden. Mit dem schwarzen Filzstift Kopf, Augen und Punkte auf die Flügel zeichnen. Wird der Marienkäfer aufgeklappt, entsteht ein Kleeblatt, das bemalt oder beschriftet werden kann.

Zeichnungen von Beatrice Hintermaier, Pienzenau, aus: Gisela Hennekemper, Unvergessliche Kinderfeste,

- Marienkäfer mit Wasserfarben oder Wachsmalkreiden zeichnen
- Käfermandala zum Ausmalen (s. Kopiervorlage S. 174)

Name: ______________________________

Glückskäfer-Mandala

aus: Therese Neumann, Kinder-Mini-Mandalas, Schirner Verlag, Darmstadt

Marienkäferspiel

FREUNDE - NULLI UND PRIESEMUT

Fibel S. 82 / 83
Mein Wörter- und Geschichtenheft S. 26

Hinweise, didaktische Überlegungen

Die Geschichte von Nulli, dem Hasen, und Priesemut, dem Frosch, ist aus dem Bilderbuch „Gibt es eigentlich Brummer, die nach Möhren schmecken?“ von Matthias Sodtke. Das Buch stand auf der Auswahlliste für den deutschen Jugendliteraturpreis. Von Nulli und Priesemut gibt es mittlerweile acht Bände mit verschiedenen Geschichten über die Erlebnisse der beiden Freunde. Alle Bände handeln von der Freundschaft der beiden Tiere, die sich in verschiedenen Situationen bewähren muss. Nicht immer müssen Freunde alles gemeinsam machen, nicht immer alles teilen oder die gleichen Gewohnheiten und Ansichten haben – und trotzdem können sie Freunde sein, die miteinander durch Dick und Dünn gehen. Die Kinder werden aufgefordert, darüber nachzudenken, ob nun die Freundschaft der Beiden auf dem Spiel steht oder ob die beiden Freunde eine Lösung finden könnten.
Für alle Kinder ist es wichtig gute Freunde zu haben. Später in der Pubertät spielen Peergroups bei vielen Jugendlichen eine wichtigere Rolle als Eltern und gerade da ist es wichtig, Freunde zu haben, auf die man sich verlassen kann. Die hier dargestellte Geschichte von Nulli und Priesemut zeigt den Kindern auf liebevolle und einfühlsame Weise, was wahre Freundschaft ausmacht und trägt.

Ziele, Inhalte

- Über eigene Freundschaften berichten
- Mit eigenen Worten ausdrücken, was für gute Freunde wichtig ist / wie ein guter Freund sein soll
- Die Geschichte in Abschnitten sinnerfassend lesen
- Die Geschichte mit verteilten Rollen lesen
- Beim Lesen auf gute Betonung achten
- Erklären, warum die beiden Tiere nicht das Gleiche essen können
- Darüber nachdenken, ob die beiden nun doch keine richtigen Freunde sein können
- Eine Lösung für ihr Problem finden
- Die Geschichte auf die Freundschaft unter Kindern beziehen
- Im Wörter- und Geschichtenheft: Notieren, was Freunde zusammen tun

Anregungen zur Unterrichtsgestaltung

- Einstieg über das Bild, auf dem Nulli und Priesemut sich umarmen
- Gespräch über Freunde und Freundschaft. *Wie sollte dein bester Freund sein? Was tust du, um ein guter Freund zu sein? Was machst du mit deinem besten Freund gemeinsam?*
- Text lesen bis „... das ist eine gute Idee“. Gespräch: *Fressen Frösche Möhren? – Frösche haben keine Zähne. Was könnten sie tun?*
- Weiterlesen bis „Aua, mein Bauch.“ Gespräch: *Was war passiert? Warum hat Priesemut Bauchweh? Nulli sorgt für ihn.*
- Weiterlesen bis zur Frage: „Sollten sie doch keine richtigen Freunde sein?“ Gespräch darüber, warum sie traurig und enttäuscht sind. *Steht die Freundschaft auf dem Spiel? Wie wird die Geschichte enden? Finden sie eine Lösung? Wie könnte die Lösung aussehen?*
- Den Ausgang im Buch erzählen oder vorlesen

Hinweise zu den Schreibanlässen

- Die Kinder sollen aufschreiben, was Freunde gemeinsam machen können. Hier bietet es sich an, für schwächere Schüler Satzreihen vorzugeben, z.B.: Freunde können zusammen ... (spielen, Musik hören, ins Kino gehen, schwimmen, essen, kochen, Fahrrad fahren, ...). Sprachgeübte Schüler können eine Geschichte oder ein Erlebnis aufschreiben, das sie mit ihrem Freund / ihrer Freundin schon erlebt haben.
- Hier kann über Tunwörter gesprochen werden. Tunwörter werden kleingeschrieben. Die Verwendung der Ich- und der Er-Form kann geübt werden.
- Wörter- und Geschichtenheft: Die Kinder notieren gemäß den Abbildungen in Stichpunkten oder in Sätzen, was die beiden Freunde zusammen machen. (bauen – mit Bausteinen bauen – Sie bauen einen Turm.)

Weitere Vorschläge

- Eine Lösung für die beiden Freunde Nulli und Priesemut finden, ein Bild malen und das Ende der Geschichte aufschreiben
- Aus anderen Büchern von Nulli und Priesemut Geschichten vorlesen und dazu schreiben
- Lesetext zum Ankreuzen (s. Kopiervorlage S. 178)

- Gedicht:

Wann Freunde wichtig sind

Freunde sind wichtig
zum Sandburgenbauen,
Freunde sind wichtig,
wenn andre sich hauen,
Freunde sind wichtig
zum Schneckenhaussuchen,
Freunde sind wichtig
zum Essen von Kuchen.

Vormittags, abends,
im Freien, im Zimmer ...
Wann Freunde wichtig sind?
Eigentlich immer.

Georg Bydlinski

aus: Georg Bydlinski, Wasserhahn und Wasserhenne, Gedichte und Sprachspielereien, Dachs Verlag, Wien 2002

Kinder dichten weiter: Freunde sind wichtig ...

- Ein Freundebuch herstellen
- Nulli und Priesemut als Fingerpuppen herstellen und Erlebnisse der beiden spielen/nachspielen

einschneiden

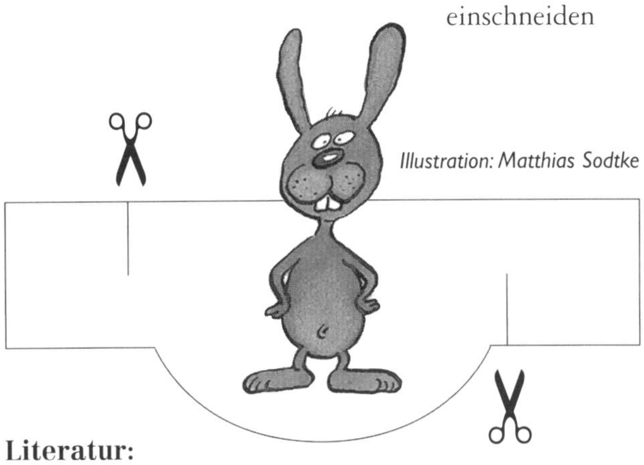

Illustration: Matthias Sodtke

Literatur:

Matthias Sodtke, Gibt es eigentlich Brummer, die nach Möhren schmecken?, Lappan Verlag, Oldenburg 1994

***Kopiervorlage** auf DIN A 4 vergrößern*

Das sind meine Freunde

Foto einkleben
oder Bild malen

So heiße ich: ______________________

Hier wohne ich: ______________________

____

Meine Telefonnummer: ______________________

Meine Geschwister heißen: ______________________

____

Das kann ich gut: ______________________

____

Mein Lieblingstier: ______________________

Mein Lieblingsessen: ______________________

Das wünsche ich dir: ______________________

____

Name: ______________________________

______________________________ und ich sind Freunde,

weil ...

- ☐ er / sie mich mag.
- ☐ er / sie mir hilft, wenn ich etwas nicht verstehe.
- ☐ er / sie mir immer Geschenke macht.
- ☐ er / sie ein Geheimnis nicht weitererzählt.
- ☐ er / sie den gleichen Schulweg hat wie ich.
- ☐ er / sie immer schön angezogen ist.
- ☐ er / sie mein Nachbar ist.
- ☐ er / sie immer lustig ist.
- ☐ er / sie verbotene Wörter sagt.
- ☐ er / sie eine nette Mama hat.
- ☐ er / sie viele Spielsachen hat.
- ☐ er / sie gerecht und ehrlich ist.
- ☐ er / sie immer machen darf, was er / sie will.
- ☐ er / sie gut in der Schule ist.
- ☐ wir uns schon aus dem Kindergarten kennen.
- ☐ wir uns nach einem Streit immer wieder vertragen.
- ☐ ______________________________

  ____

STREITEN

Fibel S. 84 / 85
Mein Wörter- und Geschichtenheft S. 27

Streiten gehört zum Kindsein dazu. Es bietet die Möglichkeit, Sozialkompetenz einzuüben, wenn es in seinen verschiedenen Facetten reflektiert wird und wenn daraus Verhaltensmuster für künftige Konflikte gewonnen werden.
Auf der Doppelseite sind verschiedene Aspekte zum Thema Streiten mit unterschiedlichen Mitteln dargestellt. Durch die Illustration wird gezeigt, dass Streiten auch durch Körpersprache erkennbar wird.
Das Gedicht „Die Brücke“ von Mira Lobe zeigt einen Ausweg aus dem Streit, eine Möglichkeit wieder zueinander zu finden.
In dem Gedicht „Ich nicht“ von Jürgen Spohn wird ein häufiger Grund für Streit angesprochen: Jemand will eine begangene Missetat nicht zugeben.
„Warum sich Raben streiten“ von Frantz Wittkamp zeigt auf humorvolle Weise mögliche Gründe für das Streiten.

1. Das Bild vom Streiten

Hinweise, didaktische Überlegungen

Die Illustration stellt zwei streitende Kinder in sehr drastischer Weise dar. Die beiden „Streiter“ wenden sich voneinander ab, die Gesichter sind verzerrt, nur böse Blicke und Gesten werden noch hin- und hergeschickt. Noch dazu schweben über den Beiden „Gewitterwolken“ mit Blitz und Donner.

Ziele, Inhalte

- Die Situation deuten
- Eine mögliche Vorgeschichte überlegen
- Die beiden Personen als „lebendes Bild“ darstellen
- Die Gefühle der beiden Personen verbalisieren

Anregungen zur Unterrichtsgestaltung

- Die Kinder betrachten das Bild und beschreiben es: *Wie sehen die Kinder aus? Warum stehen sie so da? Was bedeuten die schwarzen Wolken über den beiden?*
- Vermuten und Erzählen, was dieser Situation vorausgegangen sein könnte.
- Zwei oder auch mehr Kinder stellen die Situation als „lebendes Bild“ stumm dar. Die anderen beschreiben, welche Gefühle bei den Darstellern sichtbar werden und wodurch.
- Die Kinder „hören in das Bild hinein“ und überlegen, welche Äußerungen hier fallen könnten.

Hinweise zu den Schreibanlässen

Als Schreibanlass bietet sich eine Interpretation des Bildes an. Auch hier sind wieder Lösungsmöglichkeiten auf verschiedenen Stufen der Schreibentwicklung denkbar. So werden schwache Schüler den beiden Kindern möglicherweise einen Namen geben und den Satz „Paul und Ute streiten“ aufschreiben, leistungsstärkere werden den Beginn des Streites, seinen Verlauf und evtl. auch die gefallenen Äußerungen notieren. Am Schluss werden die Geschichten vorgelesen und es wird damit übergeleitet zu der Frage: *Wie kann es weitergehen? Wie können die beiden Kinder wieder zueinander finden?*

2. Das Gedicht „Die Brücke“

Hinweise, didaktische Überlegungen

Durch die Sozialerziehung sollen die Kinder konfliktfähig gemacht werden. Es soll ihnen ein Repertoire an Mitteln zur Konfliktlösung aufgezeigt werden, das über die von ihnen meist unreflektiert und spontan eingesetzten Mittel wie beleidigtes Sich- Zurückziehen oder aggressives Vorgehen (verbal und körperlich) hinausgeht. Diese Mittel sind Worte, die nachfragen und erklären, die dem anderen die eigene Befindlichkeit darlegen und die Zugeständnisse von beiden Seiten kundtun. Sie können eine Brücke über den Abgrund eines Streits oder auch des Fremdseins schlagen. Das Bild der Brücke wird vielen Kindern einsichtig sein, die Illustration verdeutlicht es.

Zugleich machen die Kinder durch das Gedicht Bekanntschaft mit „konkreter Poesie“. Sie macht den Versuch, aus dem sprachlichen „konkreten“ Material (materialer Text) visuell unmittelbar oder losgelöst von syntaktischen Zusammenhängen eine Aussage zu gestalten. Die Bezeichnung für diese Werke ist „konkrete Poesie“ oder „visuelle Dichtung“. Sie stehen teilweise in der Tradition des Futurismus, des Dadaismus, des Lettrismus und der konsequenten Dichtung von K. Schwitters.
In dem Gedicht stellt Mira Lobe eine Brücke vom ICH zum DU dar, die aus Worten gebildet wird. Sie impliziert natürlich, dass diese Worte geeignet sind, die Brücke zu bilden, sie haltbar und tragfähig zu machen. Mit der Bezeichnung „Worte“ sind auch Sätze, bzw. Bezeichnungen aus mehreren Wörtern gemeint.

Ziele, Inhalte

- Das Gedicht betrachten und deuten
- Als „lebendes Bild“ die Brücke zwischen den beiden Streitenden darstellen
- Brückenworte formulieren und aufschreiben
- Diese Brückenworte an der Tafel zu einer Brücke anordnen

Anregungen zur Unterrichtsgestaltung

Material:

- OHP-Folie von der Illustration und vom Brückengedicht
- „Mauersteine“ aus Papier (DIN A 6, evtl. mit einem angedeuteten Steinrand), für jedes Kind zwei „Steine“

Hinführung:

Die Kinder überlegen Lösungsmöglichkeiten für den Streit und unterscheiden zwischen geeigneten und ungeeigneten Lösungen.

Arbeit mit dem Buch:

Die Kinder betrachten „Die Brücke“ im Buch und äußern sich.
Am OHP wird auf die Folie mit den Streitenden im Overlay-Verfahren eine Folie mit dem Brückengedicht aufgelegt, sodass nun tatsächlich die Brücke sichtbar wird.
Die Kinder stellen noch einmal die Situation „Streit“ durch Körpersprache dar, danach bilden sie die Brücke, die sie nun wieder verbindet.
Sie suchen gemeinsam nach den Auslösern für diese Veränderung: Worte – aber welche?
Die Kinder formulieren beispielhaft einige geeignete Worte und Sätze und schreiben diese dann auf „Mauersteine“.
Die Mauersteine werden auf einem Poster zu einer Brücke angeordnet. So ist bei Streitereien der Rückgriff auf einmal gefundene Lösungen jederzeit möglich.

Hinweise zu den Schreibanlässen

Bei diesem Gedicht sind zwei Schreibanlässe denkbar, je nachdem ob man das Gewicht auf den Inhalt oder auf die Gestalt des Gedichtes legen möchte:

- Inhaltsbezogen
  Auf vergrößert dargestellte „Steine“ schreiben die Kinder Worte, die eine Brücke bauen können und kleben daraus ein Poster.
- Gestaltungsbezogen
  In Schulbüchern finden sich viele Beispiele für Wörter, die graphisch gestaltet sind; sie sind eine Vorstufe der konkreten Dichtung, da sie nur die Bedeutung eines einzelnen Wortes visualisieren.

  Vielleicht erfinden manche Kinder schon selbst Beispiele und können sie darstellen, anderen Kindern kann man mit Vorschlägen helfen.

Im Wörter- und Geschichtenheft werden zwei Situationen dargestellt, die konfliktträchtig werden könnten,

aus: Hansgeorg Stengel, Die Wortspielwiese, ©1979 u. 1998 Der Kinderbuchverlag, Berlin

Paul Maar, „Schneckenhaus“, aus: Onkel Florians fliegender Flohmarkt ©Verlag Friedrich Oetinger, Hamburg

wenn sie nicht durch entsprechende Äußerungen „entschärft“ werden. Die Überschrift „Höfliche Kinder“ wurde bewusst gewählt, um die Höflichkeit als Mittel zu einem entspannten Umgang miteinander besonders zu betonen. In der ersten Situation tritt ein Kind aus Unachtsamkeit einer Frau auf den Fuß. In der zweiten Situation hat ein Mädchen versehentlich Papas Tasse fallen lassen. Die Kinder sollen sich in diese Situation neu einfühlen und versuchen, nun eine Erklärung, eine Entschuldigung zu formulieren. In den Sprechblasen können diese aufgeschrieben werden. Vom Umfang her ist wieder eine Differenzierung möglich. Die Äußerungen werden anschließend besprochen.
Bei dem Bild unten ist der Kampf schon ausgebrochen, hier gilt es nun eine Lösung zu finden und aufzuschreiben. Als mögliche Ergebnisse sind wenige Wörter denkbar (zusammen spielen, nacheinander spielen) oder eine kurze Erzählung mit dem Ablauf des Konflikts und seiner Beilegung.

Weitere Vorschläge

- Im Rückgriff können die Kinder noch einmal das Gedicht „Entwischt“ von Josef Guggenmos auf der Fibelseite 17 betrachten. Hier ist mit den Mitteln der konkreten Poesie der Handlungsverlauf deutlich gemacht worden.
- Musik:

Kindermutmachlied

2. Wenn einer sagt: "Ich brauch' dich, du; ich schaff' es nicht allein.", dann kribbelt es in meinem Bauch, ich fühl' mich nicht mehr klein.

3. Wenn einer sagt: "Komm, geh mit mir; zusammen sind wir was!", dann werd' ich rot, weil ich mich freu', dann macht das Leben Spaß.

4. Gott sagt zu dir: "Ich hab' dich lieb. Ich wär' so gern dein Freund! Und das, was du allein nicht schaffst, das schaffen wir vereint."

Text und Melodie: Andreas Ebert, aus: „Meine Lieder, deine Lieder“,

3. Das Gedicht „Ich nicht“

Hinweise, didaktische Überlegungen

„Ich war es nicht“ oder „Der andere hat angefangen“ sind gängige Versuche der Kinder (und vielleicht auch der Erwachsenen), aus einer unangenehmen Situation herauszukommen. Jürgen Spohn hat diese Taktik in seinem Gedicht „Ich nicht“ mit einem Augenzwinkern dargestellt. Es ist doch gar zu offensichtlich, dass das Känguru das letzte Kuchenstück entwendet hat. Warum sollte es sich sonst seinen Beutel zuhalten? Bemerkenswert ist die Interpunktion, die auf die Satzpunkte beschränkt ist. Die nötige Gliederung ergibt sich durch die Verszeilen.
Jürgen Spohn (geb. 1934 in Leipzig, gest. 1992 in Berlin) veröffentlichte Bilder, Illustrationen, Bilderbücher und Gedichte. Er erhielt 1982 den Jugendbuchpreis.

Ziele, Inhalte

- Das Gedicht lesen
- Den Inhalt klären und herausfinden, was auf die Täterschaft des Kängurus hindeutet
- Von eigenen Erfahrungen berichten

Anregungen zur Unterrichtsgestaltung

Arbeit mit dem Buch:

Tafelanschrift: Ich nicht
- Vermutungen der Kinder
- Lesen des Textes und erklären, warum das Känguru wohl der Dieb ist
- Gestalten der kurzen wörtlichen Rede (Ich war's nicht)
- Berichten, wann man selbst schon einmal „Ich nicht“ gesagt hat. *Ist es geglückt? Haben es die anderen geglaubt?*
- Übertragen des Gedankens: *Ist das Gedicht auch denkbar mit einem Hamster?* (Körner geklaut) – *Mit einem Zebra?* (gestreiften Schlafanzug geklaut)

Hinweise zu den Schreibanlässen

- Nach dem ersten Lesen des Gedichts (bei schwachen Schülern mit einem Mitschüler, mit dem Lehrer) können folgende Fragen an der Tafel stehen, die schriftlich beantwortet werden müssen: Wer ist der Dieb? Wo ist der Kuchen?
- Vorspielen und Aufschreiben kurzer Dialoge, z.B.:
  Wer hat die Limo verschüttet? Ich war's nicht, sagt Jan und wischt sich die Hände ab.
  Wer hat den Pfirsich gegessen? Ich war's nicht, sagt Lisa und spuckt den Stein aus.
  Wer hat die Banane gegessen? Ich war's nicht, sagt Max und wirft die Schale weg.

4. Das Gedicht „Warum sich Raben streiten“

Hinweise, didaktische Überlegungen

Warum streiten sich Kinder, warum streiten sich Erwachsene? Oft sind es nur Kleinigkeiten, manchmal geht es auch nur „ums Recht“. Und im Nachhinein, wenn man sich wieder verträgt, erscheinen die Anlässe für einen Streit in den meisten Fällen nichtig.
Frantz Wittkamp wurde 1943 in Wittenberg geboren, lebt jetzt in Lüdinghausen und veröffentlichte Gedichte, Bilderbuchtexte, Kinderbücher und Illustrationen.
In seinem Gedicht führt Wittkamp in treffender Weise Dinge an, um die sich die Raben streiten, z.B. um Kleinigkeiten wie Kuchenkrümel und Käsekrumen, darum, wer was tun und wer was lassen soll, um die Position beim Anstellen, kurz „um jeden Mist“. Die Übertragung auf die Streitobjekte von Kindern und von Erwachsenen gelingt bei einigen Dingen 1:1. Das werden die Kinder schnell herausfinden. Versöhnlich ist der Schluss, weil die Raben von sich aus den Streit beenden.

Ziele, Inhalte

- Nach der Überschrift Vermutungen über den Inhalt anstellen
- Das Gedicht lesen
- Über die Streitgründe und über den versöhnlichen Schluss sprechen
- Den Lesevortrag einüben (über das Zeilenende hinweglesen)

Hinweise für Unterrichtsgestaltung

- Tafelanschrift: Warum sich Raben streiten
- Die Kinder stellen Vermutungen an (Lehrer notiert Stichworte an der Tafel).
- Das Gedicht wird differenziert gelesen (einzeln, in der Gruppe, mit dem Lehrer oder einem guten Leser).
- Die Kinder äußern sich frei.
- Die Kinder suchen die Streitgründe aus dem Gedicht heraus und vergleichen sie mit den vorher angestellten Vermutungen.
- Die Kinder bewerten das Ende des Gedichts.
- Gespräch: *Worüber streiten sich Kinder – oder gar Erwachsene?* Manche Stichworte an der Tafel können jetzt markiert werden, weil sie auch im menschlichen Bereich gelten.
- Einüben des Lesevortrags: Das Gedicht eignet sich in besonderem Maße, um das zeilenübergreifende Lesen zu üben. Auf einer Kopie zeichnen die Kinder einen Pfeil jeweils an das letzte Wort der Zeile, wenn danach kein Satzzeichen kommt. Aufgabe für die Kinder: *Übe das Lesen so, dass niemand merkt, wenn du in die nächste Zeile hineinlesen musst.* (Besprechen: *Augen eilen voraus zum Anfang der nächsten Zeile.*)

Hinweise zu den Schreibanlässen

Als Schreibanlass ist eine Variation des Gedichtes möglich: „Warum sich Kinder streiten.“ Diese Aufgabe kann jedes Kind auf seinem individuellen Niveau bearbeiten: Einzelne Wörter können aufgeschrieben werden, Sätze mit gleichbleibender Satzstruktur sind denkbar, vielleicht versuchen sich einzelne Kinder schon an Zwei- oder Vierzeilern mit einem Endreim? Auf jeden Fall sollte ein versöhnlicher Schluss nicht fehlen.

Weitere Vorschläge

- Kunst: Gemeinschaftscollage: Die Raben vertragen sich wieder
  Material: Scherenschnittpapiere 10 cm x 10 cm, blaues Tonpapier DIN A 3, weiße Markierungspunkte (Auge)
  Die Kinder legen die Papiere zunächst so vor sich, dass die weiße Seite oben liegt. Sie falten die Raben nach Anweisung. Es ist darauf zu achten, dass einige Kinder den Schnabel an der rechten Seite nach hinten biegen, damit die Raben aufeinander zufliegen können. Die Vögel erhalten ein aufgeklebtes Auge mit gemaltem Punkt. Alle Raben werden auf dem Tonpapier angeordnet und festgeklebt.

Faltanleitung Rabe

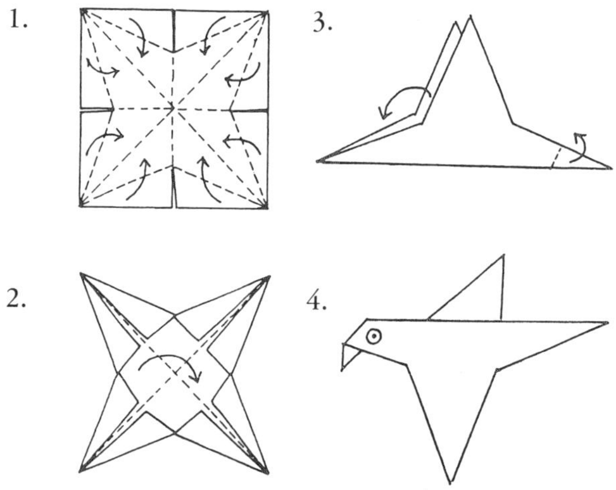

aus: Ingrid Klettenheimer, Themenbuch für die Grundschulpraxis, © ALS-Verlag GmbH, Dietzenbach

DAS OBER-NERV-GESCHWIST

Fibel S. 86 / 87
Mein Wörter- und Geschichtenheft S. 28

Hinweise, didaktische Überlegungen

Für den Band „Streitgeschichten" in der Reihe Leselöwen des Loewe-Verlags hat Erhard Dietl u.a. die Geschichte „Das Ober-Nerv-Geschwist" geschrieben und illustriert.
Die Geschichte erzählt von den täglichen kleinen Streitereien, die unter den meisten Geschwistern üblich sind. Hier geht es um die ältere Schwester Paula und den kleineren Bruder Stefan, die sich während des Familienurlaubs gegenseitig ärgern. Zum Anlass ihrer Auseinandersetzungen dienen alle Dinge, die einem der beiden gefallen oder nicht gefallen – der andere vertritt prinzipiell die entgegengesetzte Meinung. Und für Paula steht fest: Ihr Bruder ist ein Ober-Nerv-Geschwist. Im weiteren Verlauf der Geschichte zeigt es sich aber, dass die Geschwister trotz aller Zänkereien im entscheidenden Moment zusammenhalten: Als zwei größere Jungen Stefan bedrohen, verteidigt ihn Paula vehement. Stefan würde natürlich nie zugeben, dass er froh ist, eine so starke und mutige Schwester zu haben.

Durch die Darstellung des täglichen „Nervens" zwischen den Geschwistern greift die Geschichte die Erfahrungen der meisten Kinder auf. Sie erkennen in der Geschichte, dass es oft gar nicht um die Sache selbst geht, sondern nur darum, dem anderen etwas zu entgegnen.

Diese Situation ist der Ausgangspunkt für die Betrachtung des Geschwisterlebens mit allen positiven und negativen Auswirkungen. Einzelkinder können diese beiden Seiten auch auf eine Freundschaft übertragen.

Ziele, Inhalte

- Die Geschichte kennen lernen
- Den Geschwisterstreit nachspielen
- Über positive Seiten einer Geschwisterbeziehung berichten
- „Was mich nervt…" und „Was mich freut…" aufschreiben

Anregungen zur Unterrichtsgestaltung

Materialien:

Weitere Gegenstände, an denen die Kinder das Streitgespräch nachspielen und erweitern können: Sonnenbrille, „Käppi", Kinderbuch, Musikkassette oder CD, Lutscher o.ä.

Arbeit mit dem Buch:

- Kennen lernen der Geschichte durch Vorlesen, selbstständiges Lesen, Lesen in Partnerarbeit
- Eigene Äußerungen zu Geschwisterstreitereien
- Die Überschrift erklären und deuten, auch sprachlich betrachten (Geschwister in der Einzahl nicht möglich!)
- Die unterschiedlichen Äußerungen der Geschwister zur Hose, zum Eis, zu den Nudeln und zum Meerwasser an der Tafel festhalten
- An weiteren Gegenständen (s. Materialien) gegensätzliche Meinungen formulieren
- Von positiven Erfahrungen und Erlebnissen mit Geschwistern berichten lassen (Impuls: *„Nicht immer denkt Stefan, dass seine Schwester ein Ober-Nerv-Geschwist ist"*), evtl. in Form eines „Interviews"
- Die Sätze in Gesprächsreihen vollenden lassen: *Es nervt mich, wenn… Ich freue mich, wenn…*
- Den Schreibauftrag bearbeiten

Hinweise zu den Schreibanlässen

Durch die mündliche Vorarbeit mit den Gegenständen werden die Kinder unmittelbar zu Seite 28 im „Wörter- und Geschichtenheft" hingeführt. Hier sind noch einmal Gegenstände aufgezeichnet, die verschieden beurteilt werden können: Musik aus dem Radiorekorder, Wasser im Pool oder im Meer, Pizza, Sonnenbrille. Das „Nein!" vor der gegensätzlichen Meinung ist schon vorgegeben und hilft bei der Orientierung.

Der umfangreichere Schreibauftrag aus der Fibel kann nach der Herausarbeitung der positiven und negativen Seiten der Geschwistersituation bearbeitet werden. Durch das Ergänzen der angefangenen Sätze in der Gesprächsrunde sind die eigenen Erfahrungen der Kinder angesprochen worden. Nun können sie diese aufschreiben.

Hierzu bieten sich folgende Formen und Vorlagen an:
- Erstellen einer Wandzeitung
  Auf einem großformatigen Plakat mit der Überschrift „Geschwister" oder „Brüder und Schwestern" werden zwei Spalten markiert: Das nervt mich – Das freut mich. Die Kinder schreiben entweder direkt auf das Plakat oder (organisatorisch einfacher)

beschriften kleine Zettel und kleben diese dann an der richtigen Stelle auf das Plakat.

- Hefteintrag
  Die Kinder schreiben Sätze oder einzelne Stichwörter in ihr Schreibheft und kennzeichnen diese durch ein lachendes oder weinendes Gesicht.
- Vorleserunde
  Die Kinder lesen ihre Sätze in der Leserunde vor, die Schüler bestätigen ihr Verständnis durch Aufheben eines entsprechenden Gesichts oder durch mimische Darstellung (Sich-freuen oder Genervt-sein).

Bei diesem Schreibauftrag können die Kinder je nach ihrem Vermögen arbeiten. Schwächere Schüler beschränken sich vielleicht auf einzelne Wörter (hauen, auslachen, wegnehmen), die anderen können Sätze formulieren, in denen sie häufig wiederkehrende Situationen beschreiben. Kinder, die keine Geschwister haben, können den Auftrag abändern und über verschiedene Situationen im Umgang mit ihren Freunden oder Cousins, etc. berichten. Einer bildlichen Ausgestaltung steht nichts entgegen, vielmehr dient diese dazu, die Gefühle mit einem anderen Medium wiederzugeben.

- Weiterer Schreibauftrag: Wie die Ferien weitergehen (s. unten)

Weitere Vorschläge

Vorlesen der vollständigen Geschichte „Das Ober-Nerv-Geschwist“ und weiterer Geschichten aus dem Buch „Streitgeschichten“ von Erhard Dietl

Literatur:

Erhard Dietl, Leselöwen Streitgeschichten,
Loewe Verlag, Bindlach 1998

Kopiervorlage auf DIN A4 vergrößern

Name: ______________________________

Die Ferien gehen weiter

Am nächsten Tag geht Paula doch mit an den Strand. Sogar allein mit Stefan. Die Eltern sind im Dorf einkaufen.

Paula sitzt unter dem Sonnenschirm und liest. Stefan ist im Wasser.

Plötzlich hört Paula Stefan kreischen. Zwei große Jungs sind bei ihm. Es sind Toni und Roberto. Sie haben Stefan gepackt und versuchen, ihn zum Spaß unter Wasser zu drücken. Die Jungs lachen, und Stefan schreit. Er schlägt wild um sich, aber er kann sich nicht befreien.

____

____

____

____

____

____

aus: Erhard Dietl, Leselöwen Streitgeschichten, ©1998 Loewe Verlag, Bindlach

ERHARD DIETL STELLT SICH VOR

Fibel S. 88 / 89

Hinweise, didaktische Überlegungen

Sachinformationen:

Erhard Dietl ist derzeit einer der bekanntesten und erfolgreichsten deutschsprachigen Kinderbuchautoren. Nahezu jedes Kind kam schon einmal mit seinem Werk in Berührung. Besonders bekannt ist seine „Olchi"-Reihe, aber auch Christine Nöstlingers „Geschichten von Franz"-Bücher, die er illustrierte, sind sehr beliebt. Erhard Dietl wurde 1953 in Regensburg geboren. Von 1971 bis 1981 studierte er Grafik an der Akademie für das Grafische Gewerbe und an der Kunstakademie München. Dort lebt er heute noch, arbeitet als Zeichner und Autor. Er veröffentlichte mehr als 50 Kinder- und Jugendbücher, CDs und ein Kindermusical. Seine Bücher wurden in zahlreiche Sprachen übersetzt und mehrfach ausgezeichnet, unter anderem mit dem Österreichischen Kinder- und Jugendbuchpreis für „Der tapfere Theo".

Die Fibelseiten zeigen einen Tag im Leben des Autors. Neben der Arbeit an einem Buch ist er mit ganz alltäglichen Tätigkeiten wie dem Einkaufen beschäftigt. Nachdem die Arbeit erledigt ist, erholt sich Erhard Dietl beim Gitarre spielen und Malen. Auf dem letzten Foto ist zu sehen, dass er die Nähe zu seinem Publikum sucht und auch Lesungen in Schulen hält. Der Text selbst ist in der Ich-Form geschrieben, spricht die Kinder als Leser direkt an und stellt so einen persönlichen Bezug her.

Ziele, Inhalte

- Informationen aus einem Text gewinnen
- Fragen zu einem Text beantworten
- Einen Bucheinband entwerfen

Anregungen zur Unterrichtsgestaltung

Hinführung:

- Die Kinder haben die Geschichte „Das Ober-Nerv-Geschwist" auf den Seiten 86/87 gelesen und bearbeitet.
- *Woher kommen diese Geschichten?* – Schüleräußerungen (*Aus dem Computer, Ein Mensch denkt sie sich aus und schreibt sie auf*, etc.)
- Klärung des Begriffs „Autor"

Arbeit mit dem Buch:

- Der Text wird gemeinsam in der Klasse gelesen, die Bilder werden betrachtet.
- Nach jedem Absatz wird der Inhalt kurz durch die Kinder mündlich zusammengefasst.

Hinweise zu den Schreibanlässen

- Schriftliches Beantworten der Fragen der Kopiervorlage in Einzel- oder Gruppenarbeit (s. S. 186)
- *Auf dem Foto arbeitet Erhard Dietl gerade an dem Einband zu einem seiner Bücher. Du kennst auch schon Geschichten von ihm. Gestalte deinen eigenen Einband.* – Die Kinder entwickeln zu einer bekannten Dietl-Geschichte (z.B. „Das Ober-Nerv-Geschwist") eine Umschlagseite. – Die Kinder stellen die fertigen Seiten im Plenum vor und erklären sie.

Weitere Vorschläge

- Erstellen einer Bücherliste – Die Kinder suchen aus der Klassenbibliothek alle Bücher von Erhard Dietl und schreiben die Titel auf. Internetkundige Kinder können bei einer Suchmaschine, z.B. Google, den Namen des Autors eingeben und sich die Literaturangaben ausdrucken.
- Vorstellung der Lieblingsbücher der Kinder
- Gestalten einer Dietl-Ausstellung mit vielen Büchern zum Ausleihen
- „Wir feiern einen Lesetag" – Lesen und Vorlesen kurzer Geschichten
- „Was wollen wir von Erhard Dietl wissen?" – Verfassen eines Briefes mit Fragen der Kinder. Der Brief erreicht den Autor über den Oldenbourg Schulbuchverlag.

Name: ______________________________

Kennst du Erhard Dietl?

Was trinkt er am liebsten bei der Arbeit?

____

Wo denkt er sich neue Bücher aus?

____

Was tut er, wenn er müde vom Arbeiten ist?

____

Warum muss es ganz leise sein, wenn er arbeitet?

____

Erhard Dietl mag Kinder sehr gerne. Woran erkennst du das?

____

JULIAS VATER IST POLIZIST

Fibel S. 90 / 91
Mein Wörter- und Geschichtenheft S. 29

Hinweise, didaktische Überlegungen

Der Beruf des Polizisten fasziniert viele Kinder. Ein Polizist ist Ordnungshüter, hilft Menschen in Not und schützt sie. Das Tragen einer Uniform und mancher Gegenstände wie Pistole, Schlagstock oder Handschellen verleiht dem Polizisten in den Augen der Kinder Ansehen und Macht.
Polizisten jagen und verhaften aber nicht nur Verbrecher, sondern haben vielfältige Aufgaben in der Unfallsicherung, der Verkehrsüberwachung, in der Funkzentrale, bei der Beweis- und Spurensicherung, in der Beratung und Aufklärung von Bürgern, beim Schutz von Großveranstaltungen, bei der Bekämpfung des Drogenmissbrauchs, der Kontrolle des grenzüberschreitenden Verkehrs oder der Überwachung des Schiffsverkehrs. Die polizeilichen Einsätze gliedern sich in die Bereiche Schutzpolizei, Verkehrspolizei, Kriminalpolizei, Grenzpolizei, Bereitschaftspolizei, Wasserschutzpolizei.
Die Kinder sollen hier Wissenswertes über den Beruf eines Polizisten erfahren. Julias Vater ist Polizist und erzählt vom Polizeialltag. Auch Polizistinnen haben einen ähnlichen Aufgabenbereich.

Ziele, Inhalte

- Den Text lesen und Informationen über die Polizeiarbeit aus dem Text entnehmen
- Aus den Zeichnungen weitere Informationen über die Polizeiarbeit entnehmen
- Vielfältige Aufgaben der Polizei aufschreiben
- Eine verdächtige Person beschreiben („Wörter- und Geschichtenheft“ S. 29)

Anregungen zur Unterrichtsgestaltung

- Ein Tonband vorbereiten und vorspielen: *„Hallo, hier spricht Frau Kaiser aus der Bachstraße. Bitte kommen Sie schnell.*
  Auf der Straße vor unserem Haus hat es einen Auffahrunfall gegeben. Es liegen Glassplitter auf der Straße.“
- Frau Kaiser spricht mit der Polizei (ein vorbereitetes Interview, Frau Kaiser – Polizist abspielen)
- Vorwissen der Kinder über die Polizei abfragen
- Den Text lesen
- Interview nach- und weiterspielen
- Die Bilder betrachten und über die Aufgaben der Polizei sprechen
- Über die vielfältigen Aufgaben der Polizei schreiben

Hinweise zu den Schreibanlässen

- Die Kinder betrachten die Zeichnungen und berichten, was sie entdecken. Sie schreiben in kurzen Sätzen auf, welche Aufgaben ein Polizist erledigen muss. Schreibschwächere Kinder können auch jeweils nur zwei Wörter aufschreiben (Verkehr überwachen, Verbrecher jagen, ...).
- „Wörter- und Geschichtenheft“ S. 29: Die Kinder finden die Diebin und beschreiben sie:
  Es ist eine Frau. Sie hat eine Mütze auf. Sie hat Locken. Sie hat einen Mantel an. Sie hat ein Halstuch. An ihrem Mantel steckt eine Blume.

Weitere Vorschläge

- Das Interview nachspielen: Polizist notiert Protokoll des Geschehens (in Stichpunkten notieren, was passiert ist)
- Einen Polizisten malen und beschreiben
- Einen Polizisten einladen und von seiner Arbeit erzählen lassen
- Kopiervorlage (S. 188): Notieren, wofür ein Polizist/ eine Polizistin die abgebildeten Gegenstände braucht

Literatur:

Rainer Gummenerl, Stephan Baumann, Das will ich wissen, Die Polizei, Arena Verlag, Würzburg 1996

Name: ______________________________

Wie heißen diese Gegenstände?
Wozu braucht ein Polizist diese Gegenstände? Schreibe es auf.
Was braucht er manchmal noch? Male selbst und erkläre.

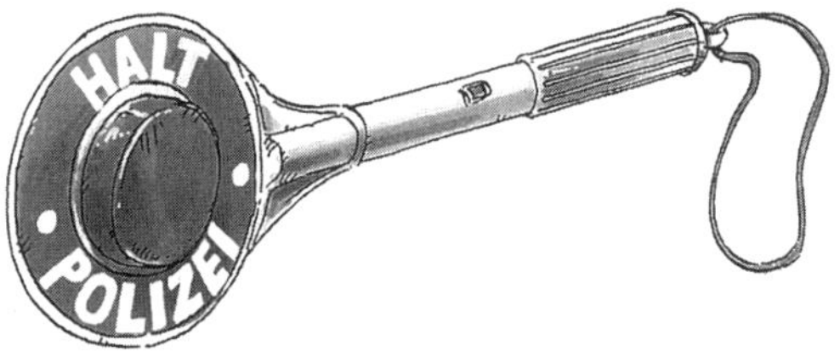

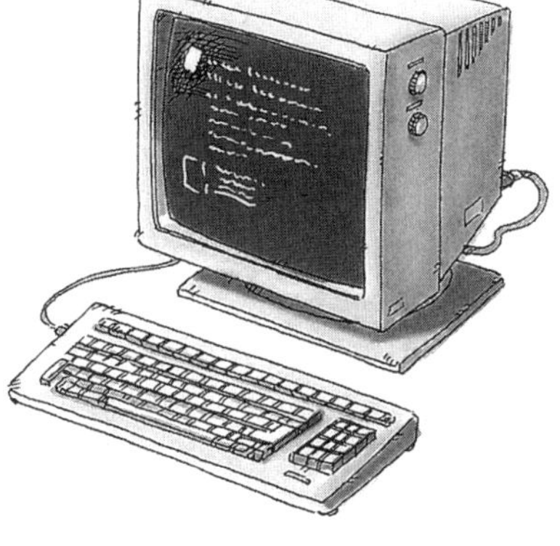

Illustrationen aus: Ralf Butschkow, Ich habe eine Freundin, die ist Polizistin © Carlsen Verlag, Hamburg 1998

WAS GESCHIEHT AUF DER BAUSTELLE

Fibel S. 92 / 93
Mein Wörter- und Geschichtenheft S. 30

Hinweise, didaktische Überlegungen

Lernprogramme, Kinderlexika und Edutainmentprogramme auf CD-ROMs sind einigen Kindern sicher bekannt. Solche Programme können auch im Unterricht sinnvoll eingesetzt werden.

Die Fibelseite 92 zeigt auf einem Computerbildschirm den Blick auf eine Baustelle. Eine ganze Menge unterschiedlicher Baustellenfahrzeuge und Bautätigkeiten sind zu entdecken:
Links oben wird ein Fertighaus zusammengesetzt. Ein Mobilkran mit Teleskopausleger bringt gerade ein Seitenteil des Hauses in Position. Die Bauarbeiter weisen den Fahrer ein. Ein Sattelschlepper liefert die Vorderfront des Hauses an. Im Hintergrund liegen Röhren für die Verlegung der Kanalisation und für die Verlegung der Wasserleitung. In der „zweiten Reihe" werden Häuser gebaut. Ein Baum mit einem Baumhaus ist stehen geblieben. Für die Arbeiter steht ein Bauwagen bereit, in dem Arbeitsgeräte liegen, in dem sie aber auch Pause machen können. Daneben wird von einem Löffelbagger eine Baugrube ausgehoben. Der Aushub wird auf einen Kipplaster geladen. Zwei Arbeiter stehen mit einem Bauplan in der Baugrube und überprüfen die Arbeit, zwei andere Arbeiter begrenzen die Ecken der Baugrube für die weitere Arbeit mit einem Zaun. Im Haus daneben werden gerade die Mauern für das Erdgeschoss hochgezogen. Die kleine Mörtelmischmaschine steht in der Mitte. Vor dem Haus werden die Rohre für die Kanalisation verlegt. Für die Bauarbeiter steht ein mobiles Toilettenhäuschen zur Verfügung. Im zweiten Haus wird die Decke des Erdgeschosses eingezogen. Der dafür nötige Beton wird vom Betonmischwagen mit Hilfe eines Krans abgeladen.
Im Vordergrund ist eine weitere Baugrube abgebildet. Die Rohre für die Kanalisation werden vom Kran in die Grube abgesenkt, dabei gibt ein Arbeiter dem Kranführer Anweisungen. Ein Löffelbagger hebt die Leitungsschächte aus, der Aushub wird von einem Laster weggefahren. Bauarbeiter sind mit Plänen beschäftigt. Die Baustelle ist mit einer Absperrung gesichert.
In Edutainmentprogrammen (z.B. Löwenzahn) können Kinder bestimmte Teilbereiche des Bildschirms, die sie besonders interessieren, anklicken. Dann erscheinen Details vergrößert, Sachinformationen werden gegeben oder Spiele werden angeboten. Solche Detailbilder mit Benennung der Teile des Krans und des Baggers und Sachinformationen zeigt die Seite 93, dazu die Schaltflächen „zurück" und „weiter".

Anmerkungen zum Thema Computereinsatz im Unterricht:

„Der Computer sollte im Unterricht vor allem dann eingesetzt werden, wenn er reformpädagogische Konzepte der Grundschularbeit unterstützt, wenn er also zu entdeckenden Lernprozessen anregt oder als Werkzeug zur Nachbereitung und Aufarbeitung dieser Entdeckungen fungiert". (Hartmut Mitzlaff, Handbuch Grundschule und Computer, Beltz-Praxis, 1998). Der Computer ist demnach in erster Linie ein Hilfsmittel zur Unterstützung übergreifender pädagogischer Ziele und kann zur Förderung individualisierender Lernformen eingesetzt werden.
Schüler, die sich noch nicht auskennen, können durch andere Schüler angeleitet werden. So wird der Computer auch zum Ort von zielgerichteter Kommunikation. Die Kinder besprechen auftretende Probleme miteinander, diskutieren Lösungswege und entscheiden sich gemeinsam.

Inzwischen gibt es eine umfangreiche Auswahl an Lernprogrammen. Dabei werden grundsätzlich drei Typen unterschieden.
Übungsprogramme:
Hier geht es um die reine Übung von unterrichtlichen Inhalten ohne Zusatzkomponenten (z.B. Budenberg, Rosenkränzer).
Edutainmentprogramme:
Diese Programme fragen die unterrichtlichen Inhalte in spielerischer Form ab. Oft sind sie mit Videos und Animationen überfrachtet. Außerdem haben sie Zusatzkomponenten wie Malprogramme, Spiele etc. (z.B. Addy, Löwenzahn, Junior Schreibstudio).
Lexikonprogramme:
Die elektronischen Lexika beinhalten in der Regel die multimedial aufbereiteten Inhalte der gedruckten Lexika (z.B. Mein erstes Lexikon, Encarta, LexiRom).

Ziele, Inhalte

- Bilder genau anschauen und Details beschreiben
- Sachinformationen zu einem Bild lesen
- Gezielte Sachinformationen entnehmen
- Sich selbstständig Informationen beschaffen
- Selbst einen Sachtext schreiben

Anregungen zur Unterrichtsgestaltung

Im Klassenzimmer sollten Kinderlexika zum Nachschlagen bereitliegen. Vielleicht gibt es auch im Klassencomputer entsprechende Programme wie „Mein erstes Lexikon" oder den „Kinderbrockhaus".

Hinführung:

- Wenn möglich Unterrichtsgang zu einer Baustelle
- Kinder bringen Spielzeug, das zur Baustelle passt, von zu Hause mit und stellen es in der Klasse vor.

Arbeit mit dem Buch:

- Die Kinder betrachten das Bild von der Baustelle.
- Sie erzählen, was sie alles entdecken und machen möglichst genaue Lagebeschreibungen (rechts unten, neben dem ...).
- Sie berichten, was sie von den Baumaschinen und Fahrzeugen schon wissen.
- Das „Anklicken“ wird erklärt und „gespielt“.
- Der Kran wird angeklickt: Hier erscheint das Detailbild S. 92. Die Kinder betrachten das vergrößerte Bild, der Text wird gelesen.
- Danach wird der Bagger angeklickt, der Text wird gelesen.
- Die Kinder arbeiten mit dem Partner weiter. Sie „klicken“ weitere Maschinen und Geräte an und erzählen, was sie darüber wissen.

Hinweise zu den Schreibanlässen

- Die Kinder malen ein Bild von dem „angeklickten Gerät“ und schreiben auf, wie es heißt oder was sie davon wissen.
  Sie können sich auch im Lexikon, im Computer oder von ausgelegten Blättern (s. u.) Informationen beschaffen.

Hier einige Beispiele:

Foto: DaimlerChrysler AG, Stuttgart

Der Sattelschlepper kann schwere, große und lange Lasten auf der Straße transportieren. Wenn die Ladung besonders groß ist, wird er von einem Polizeifahrzeug begleitet.

Foto: Lescha, Maschinenfabrik GmbH, Gersthofen

In der Mischtrommel wird Mörtel hergestellt. Er besteht meist aus Zement, Sand und Wasser. Mit dem Mörtel kann man Steine fest miteinander verbinden.

Foto: Wiking-Modellbau GmbH, Lüdenscheid

Auf einem Lastwagen ist eine Betonmischmaschine befestigt. Sie dreht sich auch während der Fahrt und mischt den Beton, damit er nicht fest wird.

Foto: Wiking-Modellbau GmbH, Lüdenscheid

Foto: Girke Fahrzeug- und Stahlbau GmbH, Bochum

Im Bauwagen ist Werkzeug für die Bauarbeiter. Es gibt dort auch eine Bank und einen Tisch, damit sie Pause machen können. Wenn es kalt ist, können sie den Wagen heizen.

Foto: Liebherr-Werk Ehingen GmbH, Ehingen

Dieser Kran kann seinen Ausleger auf die drei- bis vierfache Länge ausfahren. Damit er nicht umfällt, hat er ausfahrbare Stützen. Er kann auch auf der Straße fahren.

- Aus den fertigen Bildern mit Texten kann ein „Baustellenbuch“ gebunden werden.
- Arbeit im Wörter- und Geschichtenheft S. 30: Die Kinder suchen sich ein Detail aus. Sie schreiben dazu.
- Arbeit am Fibeltext
  Kopiervorlage S. 191, Fragen zum Text beantworten

Weitere Vorschläge

- Sachunterricht: Mechanische Funktionen erkunden: Wie funktioniert der Kran? Ein Modell bauen: z.B. Bagger
- Musik: Die Geräusche auf der Baustelle mit Instrumenten rhythmisch darstellen
- Bauwörter mit Instrumenten rhythmisieren, z.B.
  Sat-tel-schlep-per
  ♪ ♪ ♪ ♪
  Bag-ger
  ♩ ♩
  Kran
  𝅗𝅥

Name: ______________________________

Bist du ein Experte für Baustellen?

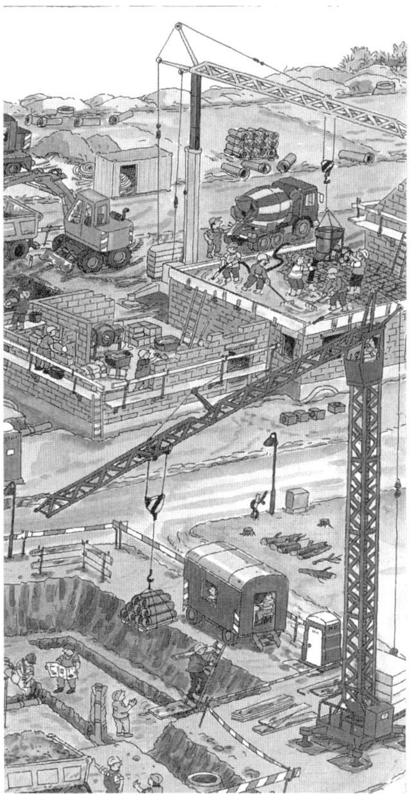

Wo sitzt der Kranführer?

____

Warum erhält der Kranführer Anweisungen über Funk?

____

____

Warum hat der Turmdrehkran Gegengewichte?

____

Wie kann sich die Schaufel des Löffelbaggers drehen?

____

____

Wofür wird die Schaufel des Löffelbaggers gebraucht?

____

____

Illustrationen von Wolfgang Metzger, in: Wolfgang Metzger, Patricia Mennen, Auf der Baustelle, Ravensburger Buchverlag Otto Maier GmbH, Ravensburg 1999

ERSTE HILFE

Fibel S. 94 / 95

Hinweise, didaktische Überlegungen

Kinder bewegen sich in der Freizeit in unfallträchtigen Räumen (Gehsteig, Spielplatz, Bolzplatz) und betreiben Sportarten, bei denen es zu Verletzungen kommen kann (Klettern, Rad fahren, Fußball spielen, Inliner fahren). Es wird immer wieder vorkommen, dass Kinder Zeugen von Unfällen werden. Sie brauchen also eine gewisse Kompetenz im Umgang mit einem Unfallopfer. In dem Beitrag „Erste Hilfe" erfahren die Kinder, wie sie sich ohne Scheu einem verletzten, weinenden Kind nähern können und welche Schritte der „Versorgung" dabei zu beachten sind. (Diese gelten übrigens auch für den Umgang von Erwachsenen mit Unfallopfern!) Daneben geht es hier um die fachgerechte Versorgung einer Schürfwunde.

In Piktogrammen, ähnlich denen, die vom Roten Kreuz für die „Trau dich!"-Aktion in Kindergärten entworfen wurden, wird die richtige Vorgehensweise noch einmal dargestellt.

1. Trösten! Nachfragen über den Unfallhergang, über die Schmerzen.
2. Hilfe holen! Ein anderes Kind kann evtl. schnell zur Mutter laufen, wenn sich der Unfall im häuslichen Umfeld ereignet hat, es kann aber auch ein Erwachsener gebeten werden, von einer Telefonzelle aus oder mit dem Handy die Eltern des verletzten Kindes oder den Rettungsdienst anzurufen. Telefon-Nr. 0 18 05 / 19 12 12
3. Die Wunde darf wegen der Infektionsgefahr nicht berührt werden.
4. Aus dem gleichen Grund darf die Wunde nicht ausgewaschen werden. Wenn eine sterile Kompresse zur Hand ist, können damit allenfalls die Wundränder von grobem Schmutz gesäubert werden.
5. Fremdkörper, die in der Wunde stecken, dürfen nur vom Arzt entfernt werden. Bei der ersten Hilfe werden sie lediglich abgepolstert.
6. Auf eine kleine Wunde wird ein sauberes Pflaster aufgeklebt. (Sterile Wundauflage nicht berühren!)

Ziele, Inhalte

- Wichtige Schritte beim Umgang mit einem Verletzten kennen lernen
- Kenntnis über die fachgerechte Versorgung einer Schürfwunde erwerben
- Das Anlegen eines Pflasterverbandes üben

Anregungen zur Unterrichtsgestaltung

Hinführung:

Tafelanschrift: [Erste Hilfe]

- Die Kinder vermuten, was passiert sein könnte, wie die Erste Hilfe aussehen könnte. Wortkarten:
  [Autounfall] [Sturz vom Klettergerüst]
  [mit dem Messer geschnitten]
  [Sanitäter holen] [Arzt holen]
  [nach Hause bringen] [Pflaster]
  [Verband] [Gipsbein]
- Bild eines Kindes auf Inlinern betrachten
- Aussprache: Schön, aber auch gefährlich! Am schwierigsten ist das Bremsen.

Arbeit mit dem Buch:

- Bilder auf S. 94 betrachten
- Den Anfang der Geschichte anhand der Bilder vermuten
- Lesen der ersten beiden Abschnitte
- Tafelanschrift:
  [Wie können David und Theresa helfen?]
- Vorschläge der Kinder sammeln, vorspielen lassen, überlegen, wie sich Rosalie nun fühlt
- Lesen bis „Habe ich alles richtig gemacht?"
- Vermutungen, Verbesserungsvorschläge der Kinder
- Vorschläge, wo Theresa Informationen einholen könnte
- Lesen des letzten Teils der Geschichte
- Verbalisieren der Piktogramme (*Hast du das gewusst? Macht das deine Mutti genauso?*)
- Ausweitung:
  Manchmal reicht ein Pflaster wirklich nicht!
- Beschreiben ernsthafter Unfallverletzungen, Erarbeiten von Handlungsmustern in schwierigeren Fällen
- Kennen lernen der Notrufnummer 0 18 05 / 19 12 12
- Hinweis auf die schlimmen Auswirkungen eines „Klingelstreichs" bei dieser Notrufnummer

Hinweise zu den Schreibanlässen

Die Kinder berichten aus eigenen Erfahrungen von Schmerzen bei Unfällen. Wohl alle haben da schon einmal erfahren, wie gut es ist, wenn man getröstet wird. Trösten kann man auf verschiedene Weise: Umarmen, streicheln, Taschentuch geben, liebe Worte sagen, ein Trostlied singen, einen Trostspruch aufsagen.
Mit welchen Worten kannst du deinen Freund, deine Freundin trösten, wenn er/sie sich weh getan oder verletzt hat? Kennst du einen Spruch von deiner Mutti? Schreibe auf.
Beim Vorlesen dürfen die Zuhörer jeweils sagen, welches Wort sie besonders tröstlich fanden.

Weitere Vorschläge

- Überprüfen des sinnentnehmenden Lesens (s. Kopiervorlage S. 194)
- Übungen zum Versorgen kleiner Wunden an Knie, Ellbogen, Finger (Hinweise finden sich in Erste-Hilfe-Ratgebern, z.B. vom Roten Kreuz)
- Lesen und Auswendiglernen von „Trostgedichten" und Trostsprüchen, z.B.:

Eine Beule schwillt vor sich hin,
sagt: „Tut mir Leid, dass ich hier bin!
Begleiten soll ich Sie ein Stück,
danach zieh' ich mich gleich zurück!"

Erst rot,
dann blau,
dann grün, dann gelb
und dann verschwunden. (Blauer Fleck)

Hokuspokusfidibus,
kommt die weiße Fee,
bringt dir grünen Tee,
tut schon nicht mehr weh.

Muckefucke,
dreimal Spucke,
hilft ruckezucke
bei Gejucke.

Du bist so krank
wie ein alter Schrank.
Du bist so krank
als wie ein Huhn,
magst nichts essen
und nichts tun.

Eine kleine Ritze
in der Fingerspitze,
die heilt im Nu
ruckizucki zu.

Heile, heile Kätzchen,
das Kätzchen hat vier Tätzchen
und einen langen Schwanz –
morgen ist alles wieder ganz.

Heile, heile Gänschen,
das Mäuschen hat ein Schwänzchen!
Heile, heile Katzendreck,
morgen ist alles wieder weg!

aus: Cornelia Nitsch, Das große Buch der Kinderreime, Mosaik Verlag, München 2001

Name: ______________________________

Erste Hilfe

Hast du die Geschichte gut durchgelesen?
Dann male den Buchstaben vor der richtigen Antwort an und schreibe die Buchstaben der Reihe nach unten in die Kästchen.
Achtung: Es können auch zwei Antworten richtig sein.

© Tim Kiusalaas / Corbis

Was kann Rosalie schon gut?

S Roller fahren
N Inliner fahren
M Fahrrad fahren

Warum fällt Rosalie hin?

O Sie kann nicht gut bremsen.
B Sie kann nicht gut Inliner fahren.
T Sie hat die Stufe zu spät gesehen.

Wo hat sich Theresa verletzt?

G Am Bein
L Am Kopf
A An der Hand

Warum hat Theresa ein Pflaster dabei?

W Sie ist Krankenschwester.
R Sie möchte Krankenschwester werden.
D Ihre Mutti ist Krankenschwester.

Was steht im Heft TRAU DICH?

E Viele Tipps für Spiele
Z Viele Tipps für die Erste Hilfe
H Viele Tipps fürs Basteln

Wie hat Theresa die Erste Hilfe gemacht?

K Fast richtig
T Ganz richtig
P Falsch

Wer kommt bei einem schweren Unfall?

Der ☐☐☐☐☐☐☐

AUCH GESPENSTER MACHEN FEHLER

Fibel S. 96 / 97
Mein Wörter- und Geschichtenheft S. 31

Hinweise, didaktische Überlegungen

Die Geschichte kommt dem Bedürfnis der Kinder entgegen, Rätsel zu lösen oder selber einmal Detektiv zu spielen.
Auf der Seite ist ein Dachboden abgebildet. Viele ausrangierte Dinge können die Kinder dort entdecken, z.B. Schränke, Kommoden, Kisten, Teppich, Lampe, Stuhl, ...
In dem Dachbodenfenster links oben haben sich Frosch und Ferkel versteckt.
Fast alles ist mit Spinnweben verhangen. Das ist wichtig, um die versteckten Kinder zu finden. Sie sind nämlich hinter der Tür rechts oben verborgen, weil da der Riegel offen ist und die Spinnweben zerstört sind.

Ziele, Inhalte

- Die Situation auf dem Bild erfassen und beschreiben
- Erkennen, dass Jenny und Ben hinter der Tür mit der zerrissenen Spinnwebe sein müssen
- Die Geschichte lesen

Anregungen zur Unterrichtsgestaltung

- Kopiervorlage „Dachboden" als Folie, s. unten
- Die Situation auf dem Dachboden beschreiben
- Die Geschichte lesen
- In Partner- oder Gruppenarbeit besprechen, wo die „Gespenster" sind
- Die Lösung aufschreiben
  Um den Reiz des Geheimnisvollen zu erhöhen, dürfen die Kinder ihre Lösung in eine „Detektivschachtel" (Schuhkarton mit Schlitz im Deckel) stecken.

Hinweise zu den Schreibanlässen

- Mein Wörter und Geschichtenheft S. 31:
  Die Kinder schreiben auf, was auf dem Bild falsch dargestellt ist. Mit den Schülern kann besprochen werden, dass ganze Sätze bei dieser Aufgabenstellung zur besseren Verständlichkeit beitragen. Lösungen wären z.B.: Die Maus fängt die Katze. Der Fisch fliegt in der Luft, usw.. Da auf dem Bild viele Fehler sind, sollte kein Anspruch auf Vollständigkeit erhoben werden.
- Die Kinder freuen sich über eine schriftliche Rückmeldung darüber, ob sie richtig beobachtet haben, oder über einen Hinweis, worauf sie noch achten sollten.

Weitere Vorschläge

- Bilder aus Zeitschriften: Findest du die Unterschiede?
- Kopiervorlage „Lese-Detektiv", s. S. 196.

Kopiervorlage für Folie

Name: ______________________________

Lese-Detektiv

Kreise das richtige Wort ein.

Spanne Spimme Spinne Spinn

Sirm Scharm Schimm Schirm

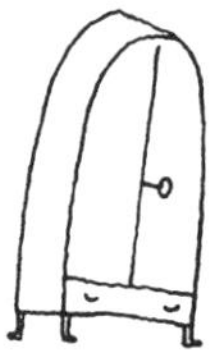

Schrank Schramk Srank Schronk

Rodeo Radoi Rodio Radio

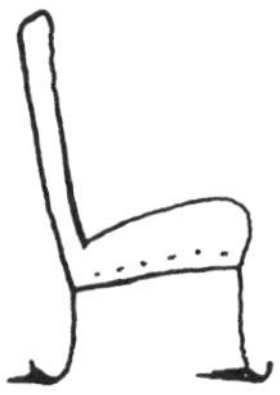

Stahl Stuhl Schul Stiel

Schochtel Schachtel Schattel Schachter

Lappen Lempe Lumpen Lampe

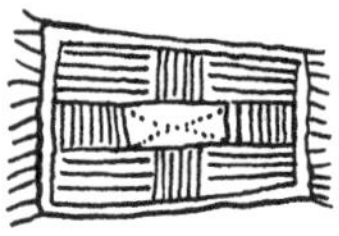

Teppisch Tippich Teppich Treppich

Kaffer Koffer Koller Goffer

RUMPELSTILZCHEN

Fibel S. 98 / 99
Mein Wörter- und Geschichtenheft S. 32

Hinweise, didaktische Überlegungen

Rumpelstilzchen ist ein Märchen der Gebrüder Jakob (1785 – 1863) und Wilhelm (1786 – 1859) Grimm. Beide waren Professoren in Kassel. Sie schrieben unter anderem die „Kinder- und Hausmärchen" und „Deutsche Sagen". Später, nachdem sie wegen der Teilnahme am Protest der „Göttinger Sieben" des Landes verwiesen wurden, lebten beide in Berlin.
Märchen faszinieren. Sie erzählen davon, wie Menschen in die Welt ziehen, Abenteuer erleben, ihr Glück suchen, auf die Probe gestellt werden, gefährliche Situationen meistern oder schwierige Aufgaben lösen müssen. Die Handlung ist einfach, die Figuren sind klar unterteilt in „Gute" und „Böse". Schließlich enden die meisten Märchen zu Gunsten der Gerechten und Guten. Märchen sind Spiegelbilder der menschlichen Seele. In ihnen können wir uns selbst wiedererkennen. Märchen gibt es in allen Kulturen – ihre Symbolsprache verbindet und wird überall verstanden.
Kinder lieben Märchen. Sie sprechen die Fantasie der Kinder stark an und handeln von seltsamen Figuren, Königen und Prinzen, aber auch von einfachen Leuten wie du und ich.

Ziele, Inhalte

- Das Märchen sinnerfassend lesen
- Beim Lesen die Stimme variieren oder
- Die Interpunktion beim Lesen berücksichtigen
- Das Märchen mit verteilten Rollen lesen
- Sich selbst Namen für das Männchen (Rumpelstilzchen) ausdenken

Anregungen zur Unterrichtsgestaltung

- Gespräch über Märchen: *Welche Märchen kennst du? Wie fangen die meisten Märchen an?*
- *Was weißt du vom Märchen Rumpelstilzchen?* (Wenn Kinder den Inhalt des Märchens bereits kennen, fällt es ihnen oft leichter sinnerfassend zu lesen. Außerdem kann man den Kindern, die das Märchen bereits kennen, erklären, dass wir noch mal genau nachlesen, wie es gewesen ist.)
- Während des Lesens sollte eine Begriffsklärung stattfinden (*Was bedeutet spinnen, prahlen, was ist ein Müller, ...*)
- Zwischendurch können die Bilder erklärt werden, damit der Inhalt gefestigt wird.
- Beim wiederholten Lesen wird das Märchen mit verteilten Rollen gelesen (Erzähler, Männchen, Bote der Königin, Müllerstochter/Königin).
- Die Kinder denken sich weitere lustige und ungewöhnliche Namen für das Rumpelstilzchen aus und bauen sie in die Geschichte ein.
- Schließlich kann man das Märchen nachspielen (evtl. auch als Schattentheater am Overheadprojektor, hierzu Figuren auf Folie kopieren, siehe Kopiervorlage S. 198).

Hinweise zu den Schreibanlässen

- Der Schwerpunkt dieser Fibelseiten liegt im Lesen des Märchens. Der Schreibanlass ist deshalb sehr knapp gehalten. Lustiger wirken die Namen, wenn sie als zusammengesetzte Namenwörter aufgeschrieben werden. Für schwächere Schüler bietet es sich an, den ersten Teil eines Wortes vorzugeben. Man kann dazu Tiere oder Körperteile verwenden, aber genauso gut auch Namenwörter, die aus Tunwort und Namenwort oder Eigenschaftswort und Namenwort zusammengesetzt sind.
- Bezüglich der Grammatik können zusammengesetzte Namenwörter kurz angesprochen werden.
- „Mein Wörter- und Geschichtenhaft" S. 32: Bilder und Texte des Märchens in die richtige Reihenfolge bringen

Weitere Vorschläge

- Das Märchen als Hausaufgabe lesen und nacherzählen können
- Beim Nacherzählen: Einer beginnt, der andere setzt das Märchen fort.
- Rumpelstilzchenlied dazu singen

Rumpelstilzchen

Text: Brüder Grimm, Musik: Richard Rudolf Klein, © Daimonion Verlag, Wiesbaden

- Märchen an den typischen Figuren erkennen, richtig benennen und aufschreiben (s. Kopiervorlage S. 199)

- Das Märchen nachspielen mit Handpuppen, mit Stabfiguren, als Schattentheater, als Rollenspiel, als Drehbühne (Papierrolle, die auf der einen Seite ab- und auf der anderen Seite aufgerollt wird)
- Das Rumpelstilzchen mit Märchenwolle legen
- Rumpelstilzchen in ein Märchenprojekt einbetten

Geeignete Märchen:

- „Hänsel und Gretel"
  Hexe basteln, Weg zum Hexenhaus zeichnen und beschriften oder mit verschiedenen Materialien (Tücher, Steine, Murmeln, ...) legen, Fuß-Tastpfad anlegen, Lebkuchen backen, Hexentanz tanzen, Spiellied: „Hänsel und Gretel", Schatzsuche erfinden und durchführen
- „Dornröschen"
  Krone, Zauberstab, Feenhüte basteln, Verwünschungen oder gute Wünsche aufschreiben, Spiellied: „Dornröschen war ein schönes Kind", aus Naturmaterial eine Dornröschenhecke herstellen, Märchenkerze gestalten
- „Frau Holle"
  Märchen nachspielen; Bild-Collage: Goldmarie steht im Tor, es regnet Gold (kleine Taler aus Goldpapier ausschneiden und aufkleben); Himmel und Hölle falten: für Goldmarie golden (gelb anmalen), für Pechmarie schwarz; Schreibanlass: *Wenn Frau Holle die Betten ausschüttelt, schneit es auf der Welt und bedeckt...*
- „Das tapfere Schneiderlein"
  Schneidergürtel basteln, Kinder schreiben darauf, was sie schon alles können (oder können wollen), Szenen aus dem Märchen malen und mit Bildunterschriften versehen, Kinder schreiben eine Situation auf, in der sie sich schon einmal so tapfer wie das tapfere Schneiderlein gefühlt haben, Pflaumenmus oder Marmelade kochen und mit Butterbrot essen
- „Wo die wilden Kerle wohnen" von Maurice Sendak:
  Märchen erzählen oder vortragen bis „Schluss jetzt!" Kinder notieren, was jetzt passiert oder: *Das würde ich tun, wenn ich zu den wilden Kerlen gehören würde* (Schreibanlass), gemeinsam Krach machen und auf Kommando leise sein, Krachmacherlied singen, die wilden Kerle mit Zuckerkreiden malen, Segelboote bauen

Literatur:

Maurice Sendak, Wo die wilden Kerle wohnen, Diogenes Verlag, Zürich 1969

Kopiervorlage für Folie, auf DIN A 4 vergrößern

Name: ______________________________

Schattenmärchen

Welche Märchen erkennst du hier?

____

____

____

____

____

____

____

KASPER UND DER HÜHNERDIEB

Fibel S. 100 / 101

Hinweise, didaktische Überlegungen

Kinder lieben das Kaspertheater. Sie spielen gerne mit Handpuppen, weil sie sich nicht selbst darstellen müssen. Die Puppe schlüpft in ihre Rolle und spricht für sie. Durch die Handpuppe können Kinder zum Ausdruck bringen, wie sie sind oder gerne sein wollen.
Der Kasper ist eine lustige Figur. Er macht immer dumme Sachen und bringt die Kinder zum Lachen. Oft bringt er sich durch seine Tollpatschigkeit in brenzlige Situationen, aus denen er sich aber durch Glück, Unerschrockenheit oder Charme wieder retten kann. Er ist witzig und kann eigentlich gar nicht anders als immer fröhlich und lustig zu sein, selbst dann, wenn er sich in größter Gefahr befindet. Seinen Gegenspielern gegenüber verhält er sich furchtlos, zu seinen Lieben ist er aber stets fürsorglich und setzt sich rückhaltlos für sie ein. Wenn er scheinbar Hilfe braucht, befragt er die Zuschauer, die ihm dann auch helfen können. So wird er schließlich ein Held unter der Mithilfe des Publikums.
Damit das Stück gut nachvollziehbar und überschaubar bleibt, spielen nur drei Figuren: der Kasper, die Großmutter und der Räuber. Die Großmutter kümmert sich stets fürsorglich und mütterlich um den Kasper. Sie sorgt für sein Wohl, kocht für ihn und erfüllt seine kindlichen Bedürfnisse. Sie versucht ihn zu erziehen und ihm gutes Benehmen beizubringen. Stets hält sie zu ihm und vergibt ihm seine Dummheiten. Der Räuber verkörpert den Skrupellosen und Rücksichtslosen. Er nimmt sich einfach, was er haben möchte, obwohl es ihm nicht zusteht. Dabei kümmert er sich nicht um das Wohl seiner Mitmenschen. Manchmal stellt er sich dabei gerissen, manchmal dumm an, manchmal wirkt er mutig, ein anderes Mal ängstlich. Aber jedes Mal geht der Kasper als Sieger aus der Auseinandersetzung hervor.
Das Bühnenbild und die Requisiten können von den Kindern selbst hergestellt werden. Für eine Vorführung ist es sehr sinnvoll, den Sprecher und den Spieler einer Rolle zu trennen. So kann sich jeder besser auf seine Tätigkeit konzentrieren.
Zur besseren Lesbarkeit sind in der Fibel die Bühnen- und Handlungsanweisungen klein und rot gedruckt.
Als Hausaufgabe kann man den Kindern eine Rolle ihrer Wahl zum Lesen aufgeben, damit die Kinder nicht mit der Fülle des Textes überfordert werden.

Ziele, Inhalte

- Die Kaspergeschichte mit verteilten Rollen vorlesen
- Mit der richtigen Betonung vortragen
- Den Inhalt mit eigenen Worten wiederholen
- Als Kasperstück (Bühnenstück) umsetzen
- Selbst lustige Kasperwörter erfinden und evtl. in das Stück einbauen

Anregungen zur Unterrichtsgestaltung

- Die Lehrerin spielt mit den Handpuppen Großmutter und Kasper den Anfang der Geschichte vor:
  Großmutter: *Wo ist denn dieser Kasper wieder? Kinder, helft mir mal rufen!*
  Kinder: *Kaaaaasper!* – (lauter) *Kaaaaaaaasper!*
  Kasper: *Potzblitz, warum schreit ihr denn so laut? Ich bin doch schon da!*
  Figuren betiteln, erklären, wer der Kasper ist und was ein Kasper tut
- Die Geschichte vom Kasper und dem Hühnerdieb im Buch mit verteilten Rollen lesen
- Den Inhalt der Geschichte von den Schülern mit eigenen Worten nacherzählen lassen
- Kasperwörter (schlipperdibix, holldriho, sapperlott, papperlapapp, ...) heraussuchen und besprechen, welche Funktion diese Wörter haben
- Schüler spielen die Geschichte zunächst frei mit den Figuren nach.
- Schüler lesen die Geschichte mit verteilten Rollen vor und andere Kinder spielen dazu.
- Kinder überlegen sich weitere Kasperwörter, schreiben sie auf und bauen diese in das Stück ein.
- Kinder üben das Stück und führen es einer anderen Klasse oder den Eltern vor.

Hinweise zu den Schreibanlässen

- Kinder erfinden lustige Kasperwörter oder Kaspersprüche. Eventuell kann man auch die verwendeten Kasperwörter einfach verändern, indem man andere Vokale einsetzt, z.B. holldriho und holldriha.
- Kinder, die gerne schreiben, können selbst ein kurzes Kasperstück erfinden und aufschreiben, evtl. auch in Gruppenarbeit – die Schreiber können sich dann abwechseln. Um Zeit zu sparen, dürfen sie die sprechenden oder handelnden Personen mit den Anfangsbuchstaben abkürzen (Kasper: K, Großmutter: G, ...). Das Stück sollte dann natürlich vorgespielt werden.

Weitere Vorschläge

- Kulisse für ein Kasperttheater herstellen (aus großen Umzugskartons) oder so:

Eine Decke über zwei Stühle gehängt – schon ist eine einfache Bühne fertig.

Eine Bühne entsteht auch, wenn man einen Besen oder ein Brett am Türrahmen befestigt und eine lange Decke darüberhängt.

aus: Schlipperdibix, sagt der Kasper

- Einladungen für die Kaspertheatervorführung schreiben
- Einleitung zum Theaterstück schreiben:
  (Wir begrüßen euch ganz herzlich ...
  Der Kasperl wird heute von ... gespielt und von ... gesprochen, ...
  Wir wünschen euch viel Spaß und es darf kräftig gelacht werden.)
- Einen anderen Ausgang der Geschichte erfinden und aufschreiben
- Eine Fortsetzungsgeschichte schreiben und vorspielen
- Eierkuchen backen: (In Gruppen zu je vier Kindern)
  2 Eier, 1/2 l Milch, 1 große Tasse Mehl, 1 Prise Salz
  Zutaten mit dem Schneebesen vermischen,
  in einer Pfanne mit heißem Fett ausbacken.
  Es ist sinnvoll, pro Gruppe eine ältere Schülerin oder eine Mutter zum Helfen einzuladen.

Weitere Literatur:

Martin Auer, Tri tra trallala, Neue Stücke von Kasperl und Gretel, Ravensburger Buchverlag Otto Maier GmbH, Ravensburg 1992
Manuela Mechtel, Kasperl Querkopf, Lappan Verlag, Oldenburg 1984
Ole Schultheis, Schlipperdibix, sagt der Kasper, Kasperlestücke für Zuhause und für die Schule, Arena-Verlag, Würzburg 1997

ELMAR, DER BUNTE ELEFANT

Fibel S. 102 / 103
Mein Wörter- und Geschichtenheft S. 33

Hinweise, didaktische Überlegungen

Die Geschichte von ELMAR ist aus dem gleichnamigen Kinderbuch von David Mc Kee entnommen und gekürzt wiedergegeben.
Elmar ist ein bunter Elefant. Eines Tages möchte er genauso aussehen wie die anderen Elefanten und so macht er sich auf zum Strauch mit den elefantenfarbenen Beeren. Nachdem er sich in den grauen Beeren gewälzt hat, ist er von den anderen Elefanten nicht mehr zu unterscheiden. Deshalb bemerken ihn die anderen Elefanten auch nicht gleich, als er wieder zu seiner Herde zurückkommt. Erst als er sich mit einem lauten BUUH-Ruf bemerkbar macht, erkennen sie ihn. Nun müssen sie so laut über Elmar lachen, dass sich eine große Regenwolke zusammenzieht und Elmars graue Farbe wieder abwäscht, sodass er wieder aussieht wie vorher – nämlich bunt und kariert. Als Erinnerung an diesen Tag feiern die Elefanten jedes Jahr einmal einen Elmarstag, an dem sie sich bunt anmalen.

Ziele, Inhalte

- Die Geschichte von Elmar sinnerfassend lesen können
- Die Geschichte lebendig mit verteilten Rollen vorlesen
- Beschreiben, was am Elmars-Tag anders war als sonst

Anregungen zur Unterrichtsgestaltung

- Bild von Elmar, dem bunten Elefanten, vorstellen und die Besonderheit Elmars herausfinden lassen, evtl. Farben benennen lassen, das Wort „kariert" erklären
- Elmar als Spaßmacher in der Elefantenherde vorstellen, Elmar hat immer besonders lustige Ideen. (Kinder machen Vorschläge)
- *Was Elmar diesmal vorhat, lesen wir im Buch nach.* Lesen.
- *Was war am Elmarstag anders als sonst?*
- Kinder beschreiben den Elmars-Tag und malen selbst bunte Elefanten.
- Wörter- und Geschichtenheft S. 33 bearbeiten

Hinweise zu den Schreibanlässen

- Während schreibschwächere Kinder nur aufschreiben, dass sich die Elefanten bunt verkleiden, kann mit Kindern, die bereits vollständige Sätze schreiben können, besprochen werden, wie die Elefanten feiern, z. B. dass sie Musik machen und viele bunte Sachen essen. Sicherlich fallen den Kindern noch andere lustige Geschichten von Elmar ein, die sie aufschreiben wollen.
- Wörter- und Geschichtenheft S. 33:
  Den Elefanten Willi anmalen und dann beschreiben; das Akrostichon ausfüllen – passende Wörter zu den Anfangsbuchstaben finden
  Die Schreibergebnisse variieren von einzelnen Wörtern bis zu kurzen Sätzen.
  Akrostichon – mögliche Wörter:
  E: Elmar, Elefant, Erbsen essen, ...
  L: lustig sein, Lutscher, lila anmalen, ...
  M: Musik machen, malen, Marzipan naschen, ...
  A: alle verkleiden sich, Affen, Abenteuer, ...
  R: rot, regnen, Rutsche, ...)
- Kopiervorlage S. 204: Überprüfen des sinnentnehmenden Lesens

Weitere Vorschläge

- Eine Elmar-Geschichte gestalten (siehe S. 205, 206): Die Kopiervorlage wird einseitig kopiert (evtl. vergrößert), durch das Falten der kopierten Seite entsteht ein Büchlein. Zunächst wird das kopierte Blatt quer gefaltet, die leere Blattseite ist innen. Seite 4 und Seite 1 stehen dann nebeneinander. Nun wird das gefaltete Blatt noch einmal gefaltet und zwar so, dass die Seite 1 oben liegt. Das zweifach gefaltete Blatt wird links gelocht oder geheftet. Den unteren Rand des Büchleins bildet die Faltkante.
- Weitere Geschichten von Elmar lesen
- Die Geschichte nachspielen, evtl. auch als Stabspiel
- Sätze ergänzen

Im Urwald traf ELMAR viele Tiere.

Wetten, dass du nicht
so viel fressen kannst
wie ich, sprach das Nilpferd.
Wetten, dass du nicht
so ______________
wie ich, sprach der Löwe.
Wetten, dass du nicht
so ______________
wie ich, sprach der Affe.
Wetten, dass du nicht
so ______________
wie ich, sprach das Krokodil.
Wetten, dass du nicht
so ______________
wie ich, sprach der Leopard.

- Weitere ELMAR-Abenteuer: Geschichten fortsetzen

Einmal rettet ELMAR eine kleine Springmaus, die sich unter einem Baumstamm den Schwanz eingeklemmt hat. Die kleine Springmaus verspricht ELMAR, ihm auch einmal zu helfen, wenn er in Not ist. Und eines Tages...

ELMAR hat sich eines Tages einmal wieder einen Weg durch den Dschungel gemacht. Da entdeckt er hinter den Sträuchern etwas Glitzerndes.

ELMAR macht immer wieder Späße mit seinen Freunden. Sie sitzen zusammen und plötzlich gibt es einen lauten Knall.

- Lustige Sätze mit ELMAR: (als Klappbuch gestalten oder die einzelnen Satzteile auf verschiedenfarbiges Papier kopieren. Die Kinder setzen selbst lustige Sätze zusammen, schreiben sie auf und malen ein Bild dazu.)

ELMAR	tanzt	mit Willi	beim Tango.
ELMAR	isst	Schneeflocken	zum Nachtisch.
ELMAR	malt	bunte Mäuse	in den Sand.
ELMAR	liebt	schöne Farben	am Abend.
ELMAR	spielt	mit dem Affen	im Versteck.
ELMAR	wäscht	seine Haut	mit Pudding.

- Bewegungslied: Was müssen das für Bäume sein (siehe rechts)
- Kunst: Bunte Elefanten gestalten (Farben oder Stoff)
- Dschungel-Fest feiern:
  - Tiermasken basteln
  - Lieder zum Dschungelfest:
    Max, der bunte Elefant (Den Namen Max kann man auch durch Elmar ersetzten.)
    Tigerhit (s. S. 169)
  - Bananen-Speise zubereiten (Bananen, Bananenquark, Bananenmilch, ...)
  - Spiel: Mein rechter Platz ist leer,... Urwaldtiere herbeiwünschen
  - Bewegungsgeschichte im Urwald: Wir schleichen durch den Urwald auf leisen Sohlen – hinter dem Busch schläft ein hungriger Löwe, wir dürfen ihn nicht wecken/aufschrecken – sich durch wilde Lianen schlagen – über den Fluss springen – Krokodil darf uns nicht erwischen – in einem Unterschlupf verstecken (unter dem Tisch), damit uns der Tiger nicht entdeckt – Affen springen um uns her, wir machen mit (Hände unter Achseln und springen), klettern schnell auf den Baum (auf den Stuhl/Tisch) – dann sind wir vor wildem Nashorn in Sicherheit – entdecken Elefantenherde – wir reihen uns ein und marschieren mit ihnen (Elefantenrüssel mit Armen und trampeln) – am Baumhaus angelangt (auf Stuhl setzen) – geschafft.
  - Musik hören – Karneval der Tiere: Der Elefant
  - Elefantenmusik machen: Orff-Stabspiele – pentatonisch

Was müssen das für Bäume sein

Musik und Text: Mündlich überliefert

Bewegungsgestaltung:

Takte 1 und 2:	Pantomimisch mit Handgesten Bäume setzen
Takt 3:	Ein Fragezeichen in die Luft zeichnen
Takt 4:	Mit den Armen eine „große" Kreisbewegung machen
Takt 5:	Einen Arm als „Rüssel" ausstrecken und schwingen, die andere Hand hält den Oberarm fest
Takt 6:	Mit den Fingern über die Oberschenkel „spazieren"
Takt 7:	Mit der „Rüssel-Hand" verneinende Bewegung ausführen
Takt 8:	Eine geballte Hand „stößt" in die Handfläche der anderen Hand
Takt 9:	„Bäume" rechts setzen
Takt 10:	„Bäume" links setzen
Takte 11 und 12:	Mit beiden Händen „Zwischenräume" andeuten
Takte 13 bis 18:	Wie Takte 3 bis 8

MAX, DER BUNTE ELEFANT

2. Max, der bunte Elefant,
wälzte sich in Staub und Sand.
Grau wurd er von Kopf bis Bauch
und von Schwanz bis Rüssel auch.
Drauf die Elefantenschar
rief erstaunt von fern und nah:
„Dieser graue Elefant
ist uns allen unbekannt."

3. Max, der wurde traurig sehr.
„Warum kennt mich keiner mehr?
Als ich trug das bunte Kleid,
grüßte man mich jederzeit."
Kam ein Regen, welch ein Glück,
wusch das Grau ab Stück für Stück.
Elefanten fern und nah
riefen: „Max ist wieder da!"

4. Elefanten groß und dick
fanden bunte Haut jetzt schick.
Malten mit dem Pinsel dann
rot, grün, gelb und blau sich an.
Max fand das nicht int'ressant
wälzte sich in Staub und Sand.
Nun war allen ziemlich klar:
Max ist wirklich sonderbar.

Text und Melodie: Johanna Niegl, aus: Ein Land aus Schokolade, Fidula-Verlag Boppard/Rhein

Literatur:

David McKee, Elmar, in: Das Jumbo-Buch von Elmar und Willi, aus dem Englischen übersetzt von Hans Georg Lenzen und Stefan Wendel, K. Thienemanns Verlag, Stuttgart – Wien – Bern 1993

Name: ______________________________

Was stimmt? Lies und kreuze an.

ELMAR ist ein
- ☐ gestreiftes Zebra.
- ☐ karierter Elefant.
- ☐ elefantenfarbener Elefant.

Wenn ELMAR kommt,
- ☐ gibt es immer etwas zu lachen.
- ☐ laufen alle Elefanten davon.
- ☐ müssen immer alle heulen.

ELMAR findet einen Strauch mit
- ☐ roten Himbeeren.
- ☐ blauen Heidelbeeren.
- ☐ elefantenfarbenen Beeren.

Er wälzt sich in den Beeren
bis er aussieht wie
- ☐ jeder andere Elefant.
- ☐ ein Nilpferd.
- ☐ ein Schmutzfink.

Als er zurückkommt,
- ☐ tanzen die Elefanten.
- ☐ schlafen die Elefanten.
- ☐ spielen die Elefanten.

Weil die Elefanten so laut lachen,
- ☐ fängt es an zu regnen.
- ☐ gibt es ein Gewitter.
- ☐ wackelt die Erde.

Die Elefanten feiern nun jedes Jahr den
- ☐ Regentag.
- ☐ Farbentag.
- ☐ ELMARS-Tag.

LMAR wälzt sich in
efantenfarbenen
eeren.
etzt ist er ______________________________

Name: ______________________________

1

2

____

____

____

Seine Farben sind:

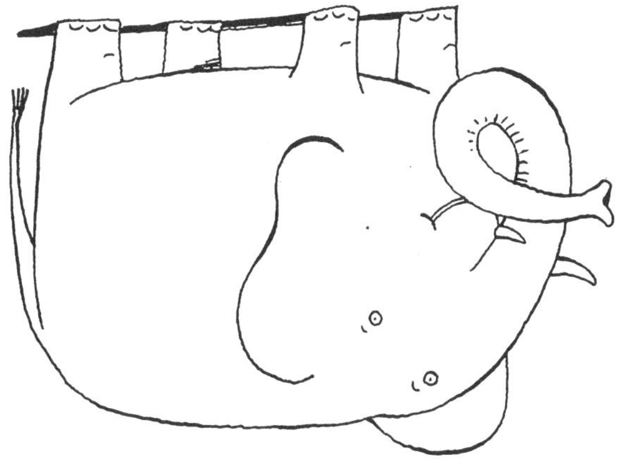

Male ELMAR bunt aus.

____

____

____

Male.

Wenn ELMAR durch
den Dschungel läuft,
begegnet er

Verbinde von 1-20:

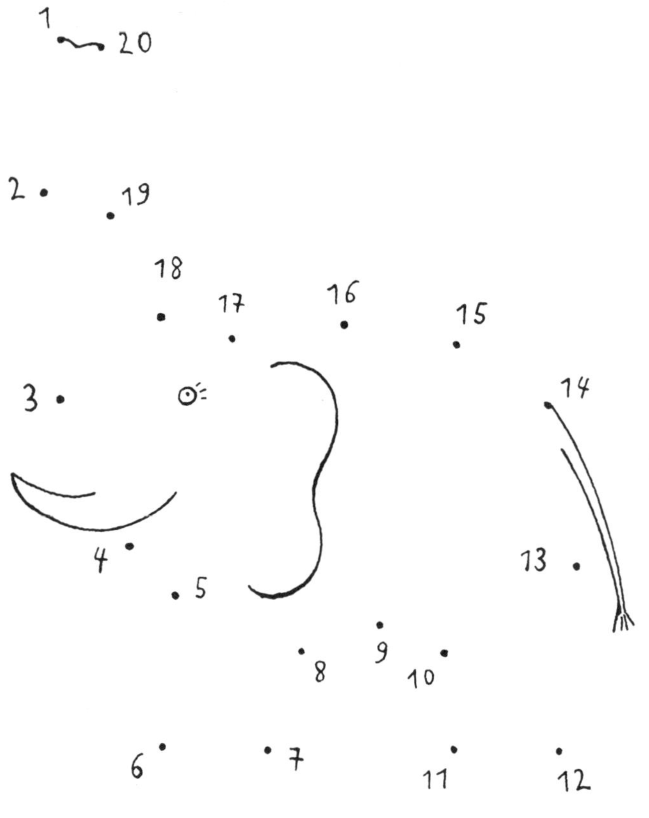

8

ELMAR kommt zurück
und brüllt:

7

Am ELMARS-Tag
feiern die Elefanten so:

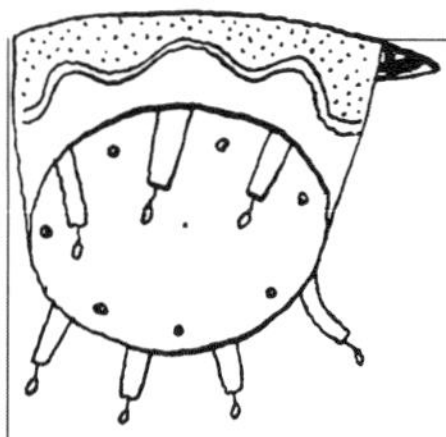

Die Elefanten lachen
so laut, dass

Male selbst.

FLASCHENPOST

Fibel S. 104 / 105

Hinweise, didaktische Überlegungen

Die Geschichte ist in zwei Teile gegliedert. Im ersten Teil wird erzählt, wie Ben im Urlaub ist und sich langweilt. Er findet dann eine Schatzkarte, darauf ist der Weg zu sehen, den Ben gehen muss, um den Schatz zu finden:
vorbei an einem Leuchtturm, an einem alten Baum, einem kaputten Fischerboot, zu einem Felsen, der wie ein Hundekopf aussieht.
Auf der rechten Buchseite werden zwei mögliche Enden der Geschichte angeboten.

- In der ersten Version findet Ben tatsächlich einen Schatz (rot gedruckt).
- In der zweiten Version findet er einen „Schatz" im übertragenen Sinn, nämlich einen Freund, mit dem er im restlichen Urlaub noch viel unternehmen kann (blau gedruckt).

Ziele, Inhalte

- Vom Urlaub, von den Ferien berichten
- Die Geschichte von Ben lesen
- Die Schatzkarte lesen
- Eine Geschichte weitererzählen
- Eine Schatzkarte malen

Anregungen zur Unterrichtsgestaltung

- Eine Flaschenpost mit einer selbst gemalten Schatzkarte mitbringen
- Besprechen, was die Karte bedeuten könnte
- Von Ben erzählen
- Nachlesen, wie Ben die Karte gefunden hat
- Überlegen, wie es weitergehen könnte
- Beide Enden lesen (arbeitsteilig: ein Teil der Kinder liest das erste Ende, der andere das zweite. Die Kinder erzählen sich gegenseitig die unterschiedlichen Enden.)
- Die Geschichte nachspielen
- Auswählen und begründen, welches Ende man lieber erleben möchte
- Schreiben, wie die Geschichte weitergehen könnte

Hinweise zu den Schreibanlässen

Im Buch werden zu der Geschichte zwei Schreibanlässe vorgeschlagen.

- Die Kinder können selber eine Schatzkarte malen und diese evtl. mit schriftlichen Aufträgen versehen. Diese Schatzkarte kann von einem ausgedachten, nicht konkret vorgegebenen Gebiet gemalt sein; ebenso motivierend ist es für die Schüler, wenn sie eine Schatzkarte vom Schulgelände zeichnen und an der markierten Stelle tatsächlich einen Schatz (z.B. eine Tüte Gummibärchen) verstecken, den die anderen dann aufspüren dürfen.
- Die Kinder können eine Geschichte auswählen und sie weiterschreiben. Daraus könnten dann zwei Bücher für die Klasse entstehen, in denen Bens Erlebnisse festgehalten und von den Kindern illustriert werden. Damit diese Bücher ansprechend aussehen, werden sie vom Lehrer oder einigen leistungsstarken Schülern auf dem PC abgeschrieben und ausgedruckt.

Weitere Vorschläge

- Einen Brief für eine Flaschenpost schreiben
- Kopiervorlage mit Fragen zur Schatzkarte (s. S. 208)
- Kunst: einen Piraten malen

Name: ______________________________

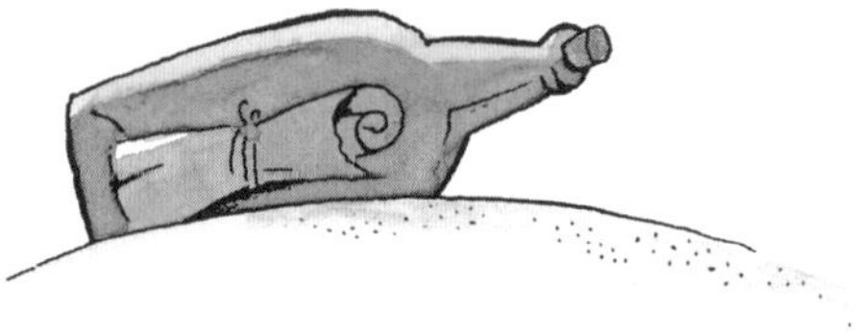

Was siehst du auf der Schatzkarte?
Kreuze an.

☐ einen Leuchtturm

☐ ein Schloss

☐ einen Baum

☐ eine Giraffe

☐ ein Pferd

☐ einen Fisch

☐ ein Fischerboot

☐ ein Auto

☐ einen Totenkopf

☐ einen Engel

Was ist richtig?
Kreuze an.

☐ Der Leuchtturm ist auf der Karte rechts neben dem Felsen.

☐ Der Leuchtturm ist auf der Karte links neben dem Felsen.

☐ Das Fischerboot ist auf der Karte über dem Baum.

☐ Der Baum ist auf der Karte über dem Fischerboot.

☐ Das Fischerboot berührt auf der Karte das Meer.

☐ Der Felsen berührt auf der Karte das Meer.

RATE MAL

Fibel S. 106 / 107
Mein Wörter- und Geschichtenheft S. 34

Hinweise, didaktische Überlegungen

Die Seite „Rate mal" ist jahreszeitlich an den Herbst gebunden. Das heißt, sie wird ziemlich früh im Schuljahr behandelt. Daher hat sie nur wenig geschriebenen Text.
Kinder basteln in der Schule mit Herbstfrüchten.
Man sieht auf dem Tisch sowohl das benötigte Werkzeug als auch das Material. Dazu gehören: Kleber, Faden, Streichhölzer, Schere, Stifte, Papier, Bohrer, Federn, Kastanien und Eicheln.
Es sind auch schon fertig gebastelte Objekte zu sehen: ein Männchen, ein Igel, ein Vogel, eine Raupe, ein Esel, eine Spinne. Einige dieser Basteleien sind mit einem Namensschild versehen.
Die bereits fertiggestellten Blätterbilder haben die Kinder als Rätsel gestaltet und verschiedene Vorschläge aufgeschrieben, was die Bilder darstellen könnten. Das erfordert genaues Betrachten und damit Würdigen der Bastelarbeiten.
Das Gedicht von Josef Guggenmos über Kastanien stimmt in das Thema ein.

Ziele, Inhalte

- Herbstfrüchte kennen lernen
- Mit Früchten und Blättern basteln
- Zu jedem Blätterbild drei Lösungsvorschläge aufschreiben
- Die Bastelarbeiten als Rateausstellung gestalten

Anregungen zur Unterrichtsgestaltung

- Früchte und Blätter mitbringen oder als vorbereitende Hausaufgabe mitbringen lassen
- Die Besonderheiten einzelner Blätter oder Früchte beschreiben. Oft kommen dabei auch schon Äußerungen wie z. B. *„Dieses Blatt sieht aus wie ein Baum."*
- Beschreiben, was die Kinder in der Fibel mit den Blättern und Früchten gebastelt haben
- Lesen oder vermuten, was auf den Wortkärtchen auf dem Tisch steht. *Das fängt mit E an. Am Schluss steht ein l. Das steht neben dem Tier. Das heißt Esel.*
- Ein fertiges Blätterbild betrachten und vermuten, was dargestellt ist
- Vom Lehrer oder von einem schon lesenden Schüler vorlesen lassen, welche Lösungsvorschläge gegeben werden
- Selber Blätterbilder legen und aufkleben
- Zu jedem Blätterbild drei Möglichkeiten schreiben, was es sein könnte
- Fertige Bilder ausstellen, damit die Kinder Zeit zum Raten haben
- An einem der nächsten Tage den jeweiligen „Künstler" vortragen lassen, was er sich beim Basteln vorgestellt hatte
- Das Gedicht von Guggenmos vorlesen und gestalten (Geräusche und Bewegungen)

Hinweise zu den Schreibanlässen

- Da dieses Herbstthema schon nach wenigen Schulwochen behandelt wird, ist es wahrscheinlich, dass einige Schüler nur wenige Buchstaben schreiben. Eine Lese- und Ratehilfe ist es dann, wenn die „Künstler" selber vorlesen, welche Lösungsvorschläge sie gegeben haben, z.B. *Hund, Katze, Löwe…*
- „Wörter- und Geschichtenheft" S.34:
  Die Schüler erraten die dargestellten Tiere und schreiben deren Namen auf.

Weitere Vorschläge

- Kunst: Aus den Herbstfrüchten ein Mandala legen.
- Aus Kastanien Tiere basteln und Namenskärtchen dazu schreiben
- Sachunterricht: Die Früchte (Kastanien, Eicheln, Hagebutten, ...) beschriften
- Musik:

MIT KASTANIEN UND MIT EICHELN

Text und Musik: Volker Rosin

STROPHE 2
Klebst du Blätter mal daran,
schaut dich gleich ein Vogel an.
Bau ihm noch ein kleines Nest,
dass er dich nicht mehr verlässt.

STROPHE 3
Mit vier Hölzern, nur nicht krumm,
fällt der Löwe auch nicht um.
Will er beißen dich ins Bein,
stell ihn in den Käfig rein.

STROPHE 4
Elefanten, Krokodil
basteln wir mit viel Gefühl.
Auch der Chef vom Zoo klappt gut:
Er hat einen Eichelhut!

aus: Volker Rosin, „Itzibitz, die Liedermaus"

SANKT MARTIN

Fibel S. 108 / 109

Hinweise, didaktische Überlegungen

Martin von Tours wurde 316 oder 317 in Savaria (= Szombathely, Ungarn) geboren, er starb am 8. Nov. 397 in Candes (= Candes-Saint-Martin, Indre-et-Loire). Als Sohn eines römischen Tribuns wurde er Soldat. Mit 18 Jahren ließ er sich taufen und trat aus dem Heer aus. 371 wurde er zum Bischof von Tours gewählt, 375 gründete er das Kloster Marmoutier bei Tours. Sein Grab in Candes, über dem im 5. Jahrhundert eine Kapelle gebaut wurde, war bis ins späte Mittelalter ein berühmter Wallfahrtsort. Das Fest des Hl. Martin wird am 11. November gefeiert.

Die häufigste bildliche Darstellung zeigt den Heiligen als Reiter mit dem Bettler zu Füßen, mit dem er den Mantel teilt. Diese Szene bezieht sich auf die Legende, nach der Martin noch als römischer Soldat am Stadttor von Amiens einem frierenden Bettler die Hälfte seines Soldatenmantels gegeben haben soll.

Die Kinder begegnen dem Hl. Martin schon im Kindergarten. Sie hören die Martinslegende und gehen am Abend des 11. November mit ihren (selbst gebastelten) Laternen zum Laternenzug. Der Brauch, am 11. November eine Martinsgans zu essen, hat sich auch noch erhalten.

Auf der Seite 108 ist ein Gemälde von Konrad Witz oder seinem Nachfolger abgebildet, das die berühmte Mantelszene zeigt. Es wurde um 1450 gemalt. St. Martin und ein weiterer Reiter verlassen die Stadt durch das Tor und kommen bei einem Bettler vorbei, der nur mit einem Lendenschurz bekleidet vor dem Tor sitzt und seine Hand flehend ausstreckt. An den Unterschenkeln hat er sich Gehstützen angebunden, er ist vermutlich gelähmt. Während der Reiter mit dem dunklen Wams sein Pferd vorbeilenkt ohne den Bettler zu beachten, greift Martin, der an seinem Heiligenschein zu erkennen ist, bereits zum Schwert um seinen Umhang zu teilen.

Frosch und Ferkel, die mit ihren Laternen das Bild betrachten, zeigen die Verbindung der Martinslegende mit dem Lichterzug am 11. November, also am Martinstag.
Auf der Seite 109 wird in einem kurzen Text mit einfachen Worten und vielen Wortwiederholungen die Martinslegende erzählt. Außerdem werden Kinder gezeigt, die ganz zwanglos etwas teilen, bzw. ums Teilen gebeten werden. Das letzte Bild mit Tomi und Lilo weist darauf hin, dass man nicht nur reale Gegenstände teilen kann, sondern auch Freude, schöne Erlebnisse, Freundschaft.

Ziele, Inhalte

- Die Martinslegende kennen lernen
- Die Verbindung zum Brauch des Laternenumzugs herstellen
- Überlegungen zum Teilen im Alltag der Kinder anstellen
- Vorschläge aufschreiben: Was teilst du?

Vorschläge zur Unterrichtsgestaltung

Material:

- Gelbes und schwarzes Tonpapier
- Weißes Leintuch als Schnee
- Zwei große dunkle Tücher als Mantel
- Schwert aus zwei Holzlatten

Hinführung:

- Lehrererzählung: Die Legende von St. Martin (dabei Auflegen der Gegenstände)
- Unterrichtsgespräch: *Wie sieht es im Herzen des Bettlers aus?* Vor Martins Hilfe: dunkel, schwarz, traurig, kalt, Todesangst. Nach Martins Hilfe: licht, hell, warm, Hoffnung, Dankbarkeit.
- Darstellung durch Farbsymbolik (Tonpapier)
- Rollenspiel: Nachspielen der Szene am Stadttor mit den Requisiten

Arbeit mit dem Buch:

- Bild betrachten und besprechen:
  Beschreiben und Benennen der Personen, Nachspielen der Haltung des Bettlers, des Martin und des zweiten Reiters
- Nacherzählen der Legende mit dem Bild:
  Was war kurz vorher? Was wird auf dem Bild gesprochen? Wie sieht diese Szene nach wenigen Minuten aus?
- Tafelanschrift:

Martin teilt
Es ist kalt.
Am Tor ist ein armer Mann.
Da ist Martin mit dem Ross.
Da ist Martin mit dem warmen Mantel.
Martin teilt den warmen Mantel.

- Vorlesen der kompletten Tafelanschrift (entspricht den ersten fünf Zeilen auf S. 109 oben) durch Schüler oder Lehrer
- Arbeiten an der Tafelanschrift
  Das Wort „Martin" einrahmen – in der Gegenüberstellung „Mann", „Martin" und „Mantel" einrahmen – optisch und akustisch gleiche Wortteile erkennen
- Betrachten der Bilder auf S. 109: *Zwei Kinder teilen sich ein Getränk, ein Kind will nicht teilen. Teilen die beiden Kinder unten auch etwas? (Freundschaft, Freude, schöne Erlebnisse, Wissen)*

- Anschreiben der Kindernamen an der Tafel, Leseversuche der Kinder, Markieren der Namen in der Fibel durch darunter gelegte Steinchen
- Ergänzen der Tafelanschrift: Wir teilen
- Partner- oder Gruppenarbeit: Kinder überlegen, was sie teilen können, schon einmal geteilt haben – Kinder malen und notieren auf einem DIN-A-5-Blatt dazu.
- Anheften der Bilder und berichten
- Vom Lichterzug erzählen, den Bezug zur Martinslegende durch Rückgriff auf die Farbsymbolik (erst dunkel, dann hell) herstellen
- Singen von Laternenliedern

Durch die Straßen

2. Wie die Blumen in dem Garten
blühn Laternen aller Arten:
rote, gelbe, grüne, blaue.
Lieber Martin, komm und schaue!

3. Und wir gehen lange Strecken
mit Laternen an den Stecken:
rote, gelbe, grüne, blaue.
Lieber Martin, komm und schaue!

Text: Lieselotte Holzmeister, Melodie: Richard Rudolf Klein, von der Fidula-CD 4427 „Martins- und Laternenlieder“, Fidula-Verlag, Boppard / Rhein

Sankt Martin

2. Martin, Martin,
Martin ritt durch dunklen Wald,
Wind, der wehte bitterkalt.
Saß am Weg ein Bettler alt,
wäre gar erfroren bald.

3. Martin, Martin,
Martin hält und unverweilt
seinen Mantel mit ihm teilt.
Ohne Dank er weiter eilt.
Bettlers Not war nun geheilt.

4. Martin, Martin,
Martin ist ein frommer Mann.
Stimmt ihm frohe Lieder an,
daß er oben hören kann,
was er unten hat getan.

Text und Melodie: überliefert, aus: Franz Magnus Böhme, Deutsches Kinderlied und Kinderspiel, Breitkopf & Härtel, Leipzig 1897

Hinweise zu den Schreibanlässen

Die Fragestellung „Was teilst du?“ eignet sich für eine Schreibaufgabe am Anfang des Schuljahres. Hier können die Kinder je nach ihrem Schreibvermögen diese Aufgabe lösen.
Es ist denkbar, dass viele Kinder die schon einmal geteilten Dinge aufmalen und die Bezeichnung dazuschreiben. Kinder mit fortgeschrittenen Schreibkenntnissen werden Sätze schreiben, die sich in ihrem Aufbau wiederholen: Ich teile mit Eva einen Apfel. Vielleicht entsteht bei einem Kind sogar schon eine kleine Erzählung.

Weitere Vorschläge

- Rollenspiel zum Teilen
- Basteln einer Laterne
- Teilnahme am Lichterzug
- Gestalten eines Helferplakats
- Gedicht auswendig lernen:

Er teilt den Mantel und das Brot
Und hilft dem Mann in seiner Not
So gut er helfen kann.
Sankt Martin heißt der Mann.

Rolf Krenzer, Spiellied vom heiligen Martin (Textauszug),
© Rolf Krenzer, Dillenburg, in: Weihnachten im Kindergarten, Edition Kemper im Verlag E. Kaufmann, Lahr 1984

- Als Gemeinschaftsarbeit kann ein Bild vom Lichterzug entstehen mit der Überschrift: „Sankt Martin, guter Mann, zünde unsre Lichtlein an.“ Auf einem langen Streifen dunklen Tonpapiers werden die Kinder aus dem Lichterzug mit Wachsmalkreiden gemalt. Die Laternen werden aus hellem Tonpapier ausgeschnitten und evtl. mit einem Begriff beschriftet, was von den Kindern geteilt wurde.
- Kunst: Tischlaterne aus Kupferfolie
  Material:
  Kupferfolie (DIN A 4), Pricknadeln oder Sticknadeln (evtl. in einen Korken gesteckt), weiche Unterlage (Filzplatte oder dicker Packen Zeitungspapier), Klebestreifen, Kopiervorlage S. 212, Teelicht
  Die Kupferfolie wird längs geteilt, sodass zwei Streifen von 29,7 cm x 10,5 cm entstehen. Auf diesen Streifen wird die Kopiervorlage gleicher Größe mit Klebestreifen geklebt. Nun werden die Linien mit der Pricknadel (oder einer Sticknadel) in engen Abständen nachgestochen. Zuletzt wird die Vorlage entfernt und der Streifen zu einer Tischlaterne zusammengeklebt. In die Mitte wird ein Teelicht gestellt, das die Martinsfigur und die Sterne durchleuchten lässt.
- Sachunterricht:
  - Feste und Brauchtum mitgestalten
  - Einander helfen

ADVENT

Fibel S. 110 / 111
Mein Wörter- und Geschichtenheft S. 35, 36

Hinweise, didaktische Überlegungen

Diese Seite zeigt Aktivitäten in der Adventszeit. Adventskalender helfen Kindern, die Zeit bis Weihnachten einzuteilen.

Zur Geschichte des Adventskalenders:
Der Adventskalender entstand zu Beginn des 20. Jahrhunderts und stammt ursprünglich aus dem protestantischen Umfeld. Es wurden entweder 24 Bilder nach und nach an die Wand gehängt, 24 Kreidestriche an die Tür gemalt, von denen das Kind jeden Tag einen abwischen durfte, oder für jeden Tag bis Heiligabend ein Strohhalm in die Krippe gelegt. Es gab aber auch Adventskerzen, die jeden Tag bis zu einer Markierung abbrennen durften, oder die Weihnachtsuhr. Die erste gedruckte Variante eines Adventskalenders geht auf Gerhard Lang, einen Pfarrerssohn aus dem Schwäbischen zurück, der sich an seine Kindheit erinnerte. Seine Mutter malte ihm auf Pappe 24 Kästchen und auf jedes Kästchen nähte sie ein Gebäckstück. Gerhard Lang verwendete statt der Gebäckstücke bunte Zeichnungen, die ausgeschnitten und auf Karton geklebt werden konnten. 1908 wurde der erste „Weihnachts-Kalender" herausgegeben. 1920 erschienen die ersten Adventskalender mit Türchen zum Öffnen. Eine badische Druckerei stellte Anfang der 20er Jahre Adventskalender mit religiösen Motiven her, hinter deren Türchen sich Bibelverse statt der bunten Bilder verbargen. Während des zweiten Weltkrieges wurde der Adventskalender-Boom aufgrund der Papierknappheit und des Bild-Kalenderverbots eingestellt. Erst in der Nachkriegszeit wurden wieder Adventskalender produziert.

Die Advents-Doppelseite zeigt oben einen Adventskalender, von dem bereits neun Päckchen abgenommen wurden. Das symbolisiert, dass die Zeit bis zum Weihnachtsfest immer kürzer wird. Das neunte Päckchen wird gerade ausgepackt, d.h. es ist der 9. Dezember, was auch der Kalender zeigt.
Gleichzeitig wird auf S. 110 an der Wand für jeden Tag bis zum 24. Dezember ein weiterer Stern befestigt. Die Sterne symbolisieren, dass es immer heller wird, je mehr man sich Weihnachten nähert. Auf jedem Stern ist zusätzlich zum Datum entweder ein Wort oder ein Bild angebracht. Die Wörter können sicherlich von einigen Kindern bereits gelesen werden.
Die Seite soll auch dazu animieren, in der Klasse einen Kalender der einen oder anderen Art selbst herzustellen. Hinter dem Tor des 24. Dezember befindet sich die Krippenszene, die am letzten Schultag vor den Ferien geöffnet wird.
Die Zeilen von Maria Ferschl „Wir sagen euch an den lieben Advent" können als Lied gesungen werden. Kinder, die bereits lesen können, lesen den Text vor.

Ziele, Inhalte

- Die Symbolik verstehen, dass von Tag zu Tag die Zeit bis Weihnachten kürzer wird und dass das „große Licht" näher kommt (Sterne kommen dazu)
- An den Kalendern erkennen, dass gerade der 9. Dezember ist
- Wörter auf den Sternen lesen können
- Für gute Leser: Den Liedtext „Wir sagen euch an den lieben Advent" lesen können
- Auf dem Adventskalender im „Wörter- und Geschichtenheft" S. 35 jeden Tag zu einem Bild schreiben
- Wunschzettel schreiben

Anregungen zur Unterrichtsgestaltung

- Ende November spricht man in der Klasse über die Gestaltung der Vorweihnachtszeit.
- Kinder erzählen von ihren Adventskalendern, wie sie aussehen, was an diesem Morgen darinnen war, ob es ein gekaufter oder ein selbst hergestellter Kalender ist, ...
- Über die Adventskalender im Buch sprechen, dabei herausarbeiten, dass die Tage bis Weihnachten weniger werden (Päckchen), die Freude auf das Weihnachtsfest aber immer größer wird (Sterne kommen dazu)
- Besprechen, woran man erkennt, dass in der Fibel gerade der 9. Dezember ist (Sterne von 1-9, neun Päckchen sind abgeschnitten, das neunte wird gerade aufgepackt, der Kalender zeigt die 9)
- Gemeinsam überlegen und besprechen, wie der Adventskalender in der Klasse aussehen soll
- Auch Adventslieder gehören zur Vorweihnachtszeit. Einüben des Liedes, für jeden Adventssonntag kann ein neuer Vers dazukommen.
- Einen Wunschzettel an den Weihnachtsmann oder das Christkind schreiben (s. Kopiervorlage S. 216)

Hinweise zu den Schreibanlässen

- Die Kinder schreiben ihre Wünsche auf die kopierte Vorlage und stecken ihren Wunschzettel in einen Umschlag an den Weihnachtsmann bzw. geben ihn dem Weihnachtsmann mit, wenn er persönlich in die Klasse kommt. In einigen Städten gibt es auf dem Weihnachtsmarkt „Himmlische Postämter", die Kinderbriefe entgegennehmen und z.T. sogar beantworten. Ansonsten können die Wunschzettel an einem weihnachtlichen Bastel- oder Singnachmittag an die Eltern weitergegeben werden.
  Die Kinder notieren ihre Wünsche, bei manchen Wünschen muss man den Kindern bei der Schreibung helfen. Viele Dinge haben englische Bezeichnungen, die den Kindern an der Tafel oder auf einem Zettel vorgeschrieben werden. Nicht vergessen, den Namen des Kindes auf dem Wunschzettel zu vermerken.
- „Wörter- und Geschichtenheft" S. 35: Es sind größtenteils lautgetreue Wörter zu schreiben, dem Lehrer ist es freigestellt, ob er auch rechtschriftlich falsche Schreibungen zulässt oder zusammen mit den Kindern die Wörter verschriftet und auf erste Rechtschreibbesonderheiten hinweist.
- „Wörter- und Geschichtenheft" S. 36: Die Kinder schreiben auf, was im Sack sein kann und malen dazu. In die Sprechblase schreiben sie, was der Nikolaus sagt.
- Kopiervorlage S. 217 bearbeiten:
  In verschiedenen Stiefeln stecken Geschenke.
  Die Kinder schreiben die Namen auf.

Weitere Vorschläge

- Ideen zum Basteln von Adventskalendern:
  - Adventskalender aus Toilettenpapierrollen basteln und füllen, Rollen mit Weihnachtspapier oder Krepppapier bekleben und wie einen Bonbon oben und unten zubinden
  - Adventsstadt: Aus schwarzem Tonpapier Häuser herstellen, Fenster ausschneiden und mit Transparentpapier hinterkleben, hinter jedes Haus ein Teelicht stellen und jeden Tag ein Teelicht mehr anzünden
  - Mit Windowcolour-Farben weihnachtliche Motive malen und jeden Tag ein neues Motiv am Fenster befestigen
  - Einen Reifen mit Tannengrün umwickeln und weihnachtlich schmücken, für jeden Tag einen Umschlag mit einer Geschichte und einem Bastelvorschlag oder einem Lied daranhängen
  - Adventstannenbaum: Aus Pappe einen großen Tannenbaum ausschneiden und grün bemalen, jeden Tag ein neues Motiv oder einen (ideellen) Wunsch daran befestigen
- Ideen zum Füllen von Adventskalendern:
  - Adventliche Geschichten
  - Bastelvorschläge: Nikolausstiefel, Transparentsterne, Kugelsterne, Schneekristalle (Scherenschnitt), Engel, Geschenkpapier drucken mit Moosgummistempel oder Kartoffeldruck, Kerze bekleben, leuchtende Tüten (Butterbrottüten mit Wachsmalkreiden bemalen, unten Sand in die Tüte füllen und ein Teelicht hineinstellen), Weihnachtskarten basteln und verschicken
- Spiele:
  - Schneeflocken pusten: Kinder gehen mit Schneeflocke (Watte) im Raum umher, jedes Mal wenn ein anderes Kind vorbeikommt, gibt es einen Schneesturm – das zweite Kind versucht, dem ersten die Schneeflocke aus der Hand zu pusten und muss dabei aber auch auf seine eigene Schneeflocke achten.
  - Es schneit (Schneeflockenmassage): Kinder stehen im Kreis, jeder hat den Rücken seines Nachbarn vor sich. Der Lehrer gibt an, wie es schneit und die Kinder massieren entsprechend den Rücken des vor ihnen stehenden Kindes (leichtes Berühren, mit den Fingerspitzen antupfen, Schneeflocken wirbeln: Finger kreisen, ...). Schließlich scheint die Sonne.
  - Sternentanz: Zu meditativer Musik bestimmte Raumwege abgehen und dabei ein Teelicht, das auf einem Sternenuntersetzer aus Pappe befestigt ist, vor sich halten. (Musikvorschlag: Largo aus „Winter" – Vier Jahreszeiten von Vivaldi)

Lieder, die Kinder gerne singen:

- Traditionelle Lieder:
  Lasst uns froh und munter sein
  Ihr Kinderlein kommet
  Alle Jahre wieder
  O Tannenbaum
  Seht, die gute Zeit ist nah
- Moderne Lieder:
  Das Licht einer Kerze (Krenzer/Janssens)
  In der Weihnachtsbäckerei (Zuckowski)
  Rudolph, das Rentier (Text: Kern/Musik: überliefert)
  Kleine Kinder, große Kinder (Das Adventskalenderlied) (Zuckowski)
  Wi-Wa-Weihnachtsmann (Krenzer/Jöcker)
  Es singt in mir und klingt in mir (Krenzer/Jöcker)
  Sei gegrüßt, lieber Nikolaus (Krenzer/Jöcker)
  Weihnachten ist nicht mehr weit (Krenzer/Jöcker)
  Tragt in die Welt nun ein Licht (Longardt)

Nikolausverse:

Holler, boller, Rumpelsack,
Niklaus trägt ihn huckepack.
Weihnachtsnüsse, gelb und braun,
runzlig, punzlig anzuschaun.
Knackt die Schale, springt der Kern,
Weihnachtsnüsse ess' ich gern.
Komm bald wieder in mein Haus,
lieber guter Nikolaus.

Nikolaus hallo!
Jetzt bin ich aber froh,
dass du in der Türe stehst
und nicht einfach weitergehst.

Grüß dich, Nikolaus!
Komm in unser Haus!
Setz dich ruhig hin zur Rast,
denn du bist nun unser Gast.

Nikolaus, schau her!
Dein Sack ist viel zu schwer.
Hol doch etwas für uns raus
und trag ihn leichter aus dem Haus.

Nikolaus, hör zu!
Denn zum Schluss kommst du.
Diese Bilder sind für dich
und du freust dich hoffentlich.

Eva Aichert

Reime:

Ich wünsche mir ein Puppenhaus,
sagt die kleine (Haselmaus).
Ich wünsche mir ein Würfelspiel,
sagt das grüne (Krokodil).
Ich wünsch mir rote Stöckelschuh,
sagt die schwarzgefleckte (Kuh).
Ich wünsch mir eine Stoffkrawatte,
sagt die freche kleine (Ratte).
Ich wünsche mir ein Kuscheltier,
sagt der große wilde (Stier).
Ich wünsch mir eine Eisenbahn,
sagt im Hühnerstall der (Hahn).

Gabriele Roß

Verse und Gedichte in: Tabaluga – Mein schönstes Weihnachtsbuch,

Name
WUNSCHZETTEL

Name: ______________________________

Welche Geschenke stecken in den Stiefeln?

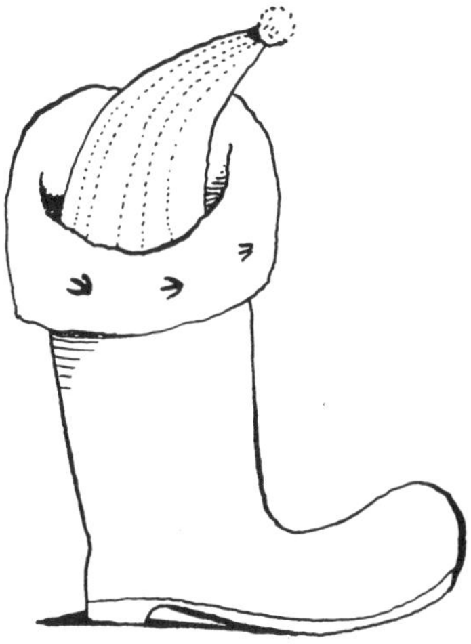

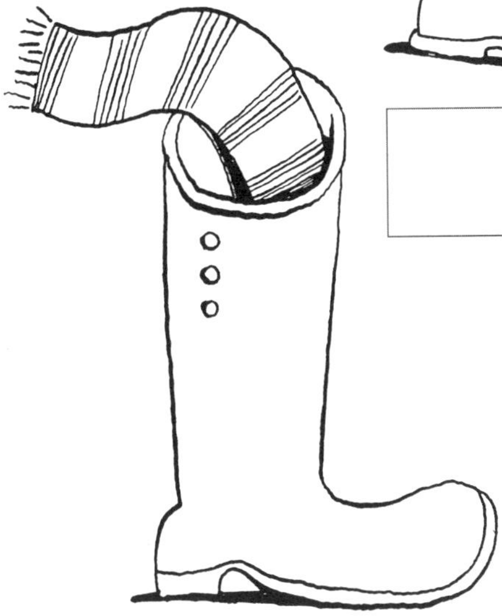

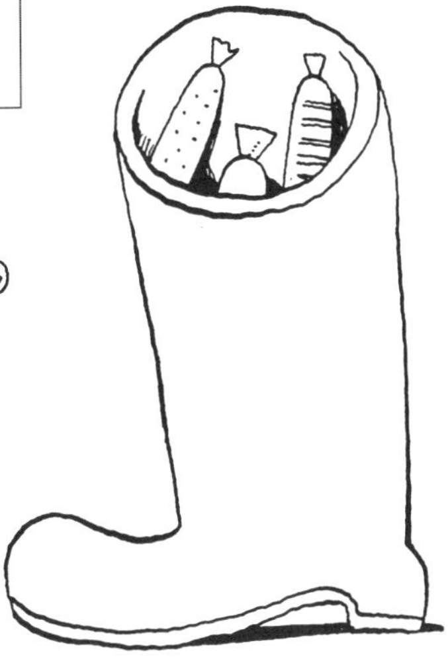

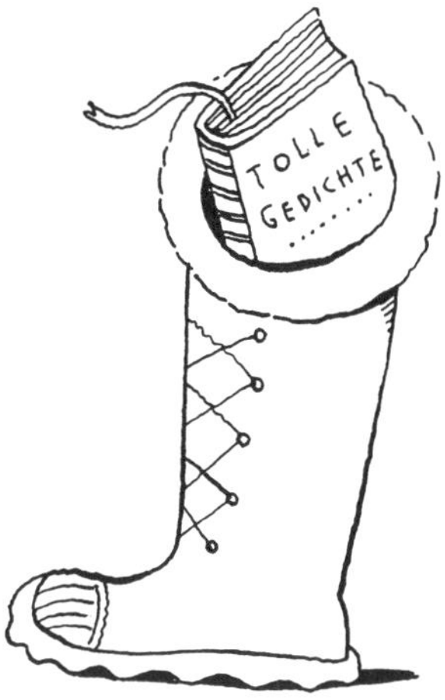

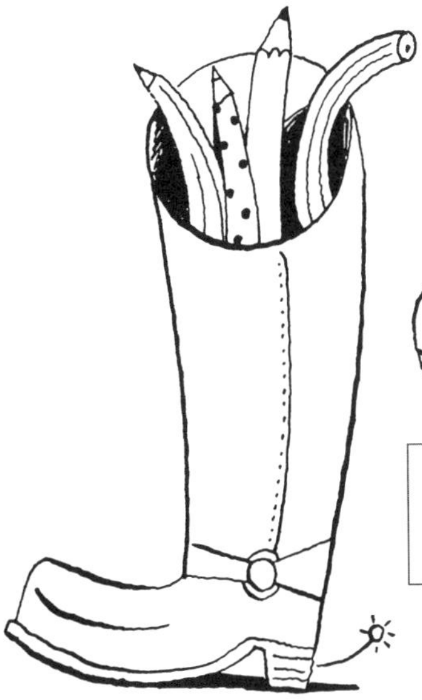

WEIHNACHTEN

Fibel S. 112 / 113

Hinweise, didaktische Überlegungen

Das Weihnachtsfest ist gerade für Kinder ein großes Ereignis. Die Vorbereitungen – das Schmücken des Christbaumes, das Aufstellen der Krippe – und vor allem die lang ersehnten Geschenke zeigen den Kindern, dass Weihnachten ein ganz besonderes Fest ist. Da in der Weihnachtsgeschichte ein Kind im Mittelpunkt steht, gewinnt diese für die Kinder noch zusätzlich an Bedeutung. Das Geschehen ist für Kinder leicht nachvollziehbar und leicht verständlich. Durch die alljährliche Wiederholung des Festes erfahren sie die Aussagekraft und Wichtigkeit. Viele Kinder kennen den Ursprung des Weihnachtsfestes nicht mehr so genau. Der Konsum und die Geschäftigkeit rund um das Fest nimmt immer mehr zu, sodass die eigentliche Weihnachtsgeschichte wieder neu ins Bewusstsein gerückt werden muss. Ausländische Kinder anderer Religionszugehörigkeit wissen oft gar nichts über die überlieferten Hintergründe.

Das Bild in der Fibel lässt verschiedene Schauplätze der Weihnachtsgeschichte erkennen. Gottes Sohn wird in einer einfachen Unterkunft und in einer politisch wirren Zeit geboren. Die ausführliche Weihnachtsgeschichte ist in der Bibel beim Evangelisten Lukas, Kapitel 2 nachzulesen. In den Evangelien geht es weniger darum, wie Jesus geboren wurde, sondern darum, dass er als Mensch unter Menschen geboren wurde. Es beginnt für uns alle eine neue Zeitrechnung.
In der Fibel werden fünf verschiedene Szenen der überlieferten Weihnachtsgeschichte dargestellt.
Auf der linken Seite kommt der Engel zu den Hirten auf dem Feld und verkündigt ihnen die frohe Botschaft, dass der Heiland geboren ist.
Oben ist die Stadt Jerusalem mit der Stadtmauer gezeichnet, in der sich König Herodes befindet. Die Heiligen drei Könige sind gerade auf dem Weg zu ihm, um sich nach dem neuen König zu erkundigen. Die Schriftrolle weist auf die Volkszählung hin, die Kaiser Augustus angeordnet hat. Ein Statthalter ruft die Volkszählung aus.
In der Mitte des Bildes steht der Stall mit der Krippe. Die Tür steht einen Spalt weit offen. Aus dem Raum strahlt helles Licht. Die geöffnete Tür lädt zum Eintreten ein.
Der etwas neugierig erscheinende Mensch vor dem Stall soll zeigen, dass jedermann eingeladen ist zum Jesuskind zu kommen. Durch den Liedvers von F. Walz wird die Einladung zur Krippe noch einmal bekräftigt („... kommt und ist für alle da ...")

Am unteren Rand leuchten 24 Kerzen. Früher wurde für jeden Tag im Advent eine Kerze angezündet. Dieser Brauch hat sich im Laufe der Zeit auf die vier Kerzen für die vier Adventssonntage vor Weihnachten reduziert.

Ziele, Inhalte

- Die wesentlichen Szenen aus der Weihnachtsgeschichte kennen lernen
- Bekanntes an der Darstellung der Weihnachtsgeschichte erklären, Unbekanntes erfragen
- Ein bekanntes Weihnachtslied kennen lernen und vorlesen
- „Weihnachtswörter" sammeln und aufschreiben

Anregungen zur Unterrichtsgestaltung

- Vorwissen zum Weihnachtsgeschehen sammeln
- Bildbetrachtung und Besprechen der einzelnen Szenen, evtl. mit Krippenfiguren nachstellen
- Kinder suchen sich eine Szene aus, malen sie nach ihrer Vorstellung und schreiben dazu, was sie gezeichnet haben
- Lesen des Weihnachtsverses von F. Walz, besprechen, was damit gemeint ist, und singen

Seht, die gute Zeit ist nah

© Friedrich Walz, Die ganze Welt hat sich gefreut. Erlanger Verlag für Mission und Ökumene, 3. Auflage 1996, Seiten 17 f.

Hinweise zu den Schreibanlässen

- Wenn die Kinder ihre selbst gemalten Weihnachtsbilder verschriften, können das einfach nur „Weihnachtswörter" wie Engel, Schaf, Stall, Esel, Könige, ... sein oder bereits kleine Sätze, z.B. Hirten sind auf dem Feld. Jesus ist geboren. ...
- Auch andere Weihnachtswörter, die nicht in direktem Zusammenhang mit der biblischen Weihnachtsgeschichte stehen, können aufgeschrieben werden: Kugel, Lametta, Kerze, Geschenke, ...
  Bei schwächeren Kindern ist es hilfreich, ein Bild zum Wort zu malen.

Weitere Vorschläge

- Ein Krippenspiel mit der Weihnachtsgeschichte einüben
- Bilder für den Overheadprojektor vorbereiten und die Szenen erklären lassen
- Ein Weihnachtsleporello herstellen und gestalten:

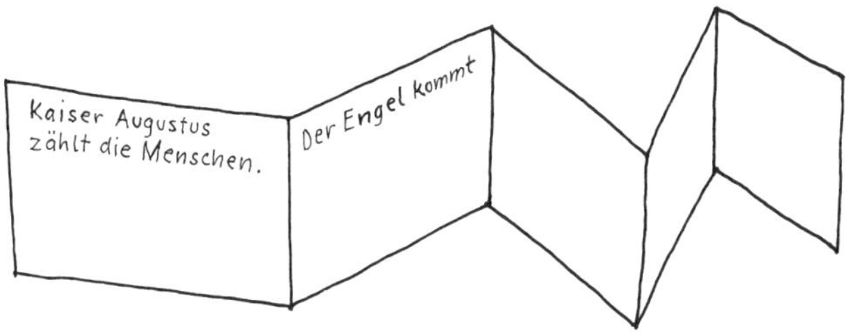

  Seite 1: Kaiser Augustus zählt die Menschen.
  Seite 2: Der Engel kommt zu den Hirten.
  Seite 3: Jesus wird im Stall geboren.
  Seite 4: Die Heiligen Drei Könige kommen.
  Seite 5: Ich freue mich auf Weihnachten.
- Krippenfiguren basteln und die Weihnachtsszenen nachstellen
- Die Weihnachtsgeschichte aus einer Kinderbibel vorlesen

DIE DREI SPATZEN

Fibel S. 114

Hinweise, didaktische Überlegungen

Christian Morgenstern (geb. 6.5.1871 in München, gest. 31.3.1914 in Meran) erlangte als Dichter Anerkennung durch seine grotesk-fantastischen Verse mit ironischem Witz und feinsinnigem Sprachklang; vor allem wurden seine „Galgenlieder“ bekannt. Das Gedicht von den drei Spatzen ist ausdrücklich für Kinder bestimmt. Morgenstern schrieb es in der Form eines volkstümlichen Kinderverses, es soll aber nicht der Belehrung dienen, sondern allein dem Vergnügen.
„Die drei Spatzen“ vermitteln mitten im kahlen Haselstrauch, mitten in Schnee und Kälte ein Gefühl von Nähe und Geborgenheit, das natürlich besonders den in der Mitte sitzenden Hans beglücken kann. So zeigt das Gedicht zwar die Strenge des Winters, aber sie zeigt auch, wie die Natur Vorsorge für ihre Geschöpfe getroffen hat.
Die Illustrationen auf der Buchseite sind bewusst sparsam gehalten, die Kinder können gestalterisch das Zusammenrücken und Sich-Gegenseitig-Wärmen darstellen.

Ziele, Inhalte

- Das Gedicht kennen lernen
- Das Gedicht szenisch nachgestalten
- Das Gedicht mit einer einfachen Melodie singen
- Zum Gedicht ein Bild gestalten
- Weitere Spielszenen gestalten und aufschreiben
- Sich in die Situation von Tieren im Winter (im Sommer) hineinversetzen

Anregungen zur Unterrichtsgestaltung

Material:

Wollige Fingerhandschuhe, deren drei mittlere Finger mit aufgeklebten Schnäbeln (Raute aus Filz) und aufgestickten Augen in „Spatzen“ verwandelt werden.

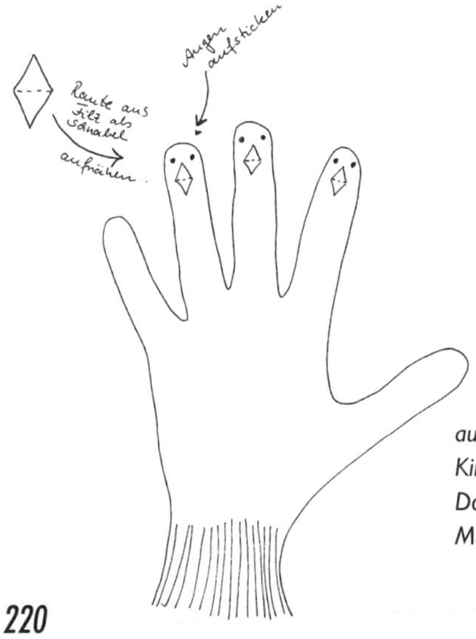

aus: Susanne Brandt-Köhn, Kinder erleben Gedichte, Don Bosco Verlag, München 1998

Hinführung:

- Betrachten eines kahlen Strauches an einem kalten Wintertag. *Möchtest du hier sitzen?*
- Spatzen im Freien – im Schulhof, an einer Hecke – beobachten

Arbeit mit dem Buch:

- Begegnung mit dem Gedicht durch Vorlesen
- Wiederholtes Lesen unter „Mitlesen“ der Kinder
- Gespräch: *Gut, dass nicht ein Spatz allein im Strauch sitzen muss. Manchmal sitzen wir auch gerne so wie die Spatzen da.*
- Wiederholtes „Lesen“ und Sprechen des Gedichts mit gleichzeitiger Darstellung durch das Fingertheater

Weitere Aktivitäten:

- Singen des Liedes mit lautmalerischer Ausgestaltung der Hu-Rufe und der pochenden Herzlein nach einer einfachen Melodie

Die drei Spatzen

Text: Christian Morgenstern, Melodie: Susanne Brandt, aus: Susanne Brandt-Köhn, Kinder erleben Gedichte, Don Bosco Verlag, München 1998

- Erfinden von Spielszenen:
  - Ein Spatz kommt vom zugefrorenen Weiher zurückgeflogen und berichtet vom Spielen der Kinder mit Schlittschuhen und Skiern.
  - Ein Spatz hat sich am Weihnachtsabend auf eine Tanne vor dem Fenster gesetzt und berichtet, was er in dem warmen Zimmer gesehen hat.
- Aufschreiben wichtiger Wörter aus den Berichten
- „Winterwörter“ sammeln

Hinweise zu den Schreibanlässen

Die Berichte der Spatzen von ihrem Besuch am Eisweiher, am Schlittenhang oder am Weihnachtsfenster können von den Kindern je nach Leistungsvermögen „aufgeschrieben" werden. Denkbar ist ein kurzer Satz: „Der Junge ist hingefallen. Ein Kind hat geweint. Die Kinder lachen." Oder auch einzelne Wörter.
Diese Wörter führen dann schon über zum Schreibauftrag im Buch: „Winterwörter" sammeln.
Die Kinder suchen in der Gruppe Wörter, die zum Winter passen, z.B. Kälte, Schneemann, Schneeball, Schlitten, Schlittschuhe, rutschen, Kerze, Christbaum, Heizung ... und versuchen sie zu ordnen.
Sie können die Wörter auf die Kopiervorlage schreiben (s. S. 223). So entsteht eine einfache Mindmap.
Dieser Auftrag wird erweitert, wenn die Kinder eine Bewertung der Winterwörter vornehmen müssen, d.h. mit den Winterwörtern wird ein Plakat gestaltet, auf dem positive ☺ und negative ☹ Seiten des Winters aufgeführt werden. Daraus können sich auch interessante Diskussionen ergeben: *Ist Schnee für alle Leute etwas Schönes im Winter?*

Weitere Vorschläge

- Kunst: Die drei Spatzen
  Material: Deckfarben mit Deckweiß, Zeichenpapiere DIN A 4, Borstenpinsel, Tafelschwämme

  Das Blatt wird schnell mit einem Tafelschwamm angefeuchtet und rasch mit dem dicken Pinsel mit blaugrauer Farbe grundiert. Nach dem Trocknen wird ein Ast quer über das Bild gemalt. Mit den Fingerspitzen werden die drei Spatzen in hellbrauner Farbe aufgetupft. Ziel ist, das aufgeplusterte Gefieder sichtbar werden zu lassen. Nach dem Trocknen werden mit dem dünnen Pinsel Augen, Schnäbel und Füße aufgemalt und die Schneeflocken mit feinem Pinseldruck über das ganze Bild verteilt (Deckweiß).

SPATZENJANUAR

Fibel S. 115
Wörter- und Geschichtenheft S. 37

Hinweise, didaktische Überlegungen

Das Gedicht „Spatzenjanuar" von James Krüss zeigt ebenso wie das Gedicht von den drei Spatzen, dass die Natur für ihre Geschöpfe auch während der unwirtlichen Jahreszeit vorgesorgt hat. Denn „im Federkleid sind die Spatzen gefeit". Was ihnen fehlt, ist ein bisschen Brot, wobei damit nicht das für Vögel ungeeignete Brot gemeint ist, sondern Spatzennahrung (Körner und Fett). Das Gedicht eignet sich für die frühe Lesestufe durch die immer wiederkehrende Wiederholung der Zwischenzeile „sagen die Spatzen". Die einfachen Paarreime werden durch den Einschub gleichzeitig unterbrochen und zusammengehalten. Zugleich wird dadurch die unaufhörliche Schwatzhaftigkeit der Spatzen dargestellt.
In der Fibel leitet die altertümlich anheimelnde Darstellung der Winterlandschaft von Carl Larsson mit den vielen Vögeln, die im Baum sitzen, über zu dem Gedicht.
Das Bild „Wintersonne" stammt von dem bekannten schwedischen Künstler Carl Larsson (geb. 28.05.1853, gest. 22.01.1919). Larsson kommt aus ganz einfachen Verhältnissen, er malte meist mit Wasserfarben und nicht mit den anspruchsvollen – und teureren – Ölfarben. Seine Frau Karin und seine acht Kinder waren seine bevorzugten Modelle. Das Haus ist das Wohnhaus des Künstlers in Sundborn, einem idyllischen kleinen Ort in Schweden, das auch heute noch von vielen Touristen angeschaut wird.

Ziele, Inhalte

- Kennen lernen des Gedichts
- Erkennen und Markieren der sich wiederholenden Zwischenzeile
- Verdeutlichen des „Spatzengezwitschers" durch entsprechendes Sprechen/Lesen
- Die Wirkung der Zwischenzeile („sagen die Spatzen") durch Sprechversuche erproben
- Klanggestaltendes Vortragen
- Die „Erzählperspektive" herausarbeiten
- Einen entsprechenden Text zum Thema „Spatzensommer" verfassen

Anregungen zur Unterrichtsgestaltung

Arbeit mit dem Buch:

- Betrachten der Illustration, besonders der Vögel. Welche können es sein? Was können wir unter dem Baum hören? Wer kann die Vogelsprache verstehen?
- Lesen/Vorlesen des Gedichts
- Erzählen zum Inhalt des Textes (Klären der Begriffe: ... sind wir gefeit ... eins tut not ... ein bisschen Brot)
- *Wer erzählt hier? Hast du den Spatzen schon einmal zugehört?* Unaufhörliches Gezwitscher, keine Pausen, alle durcheinander, ...
- Auf einer Kopie des Gedichts die Zwischenzeilen durch Einschummern mit gelbem Farbstift markieren
- Leseversuche, um die Spatzenrede zu verdeutlichen: Abwechselndes Lesen in zwei Gruppen, Lesen ohne die Zwischenzeilen
  Einige Regeln zu klanggestaltendem Vortragen:
  - Laut und deutlich sprechen
  - Wichtige Wörter durch Betonung hervorheben
  - Das Gedicht für den Zuhörer spannend machen
  - Den Klangbogen beim Sprechen mitzeigen: Die Stimme beginnt unten, hebt sich und sinkt vor dem Punkt wieder ab.
- Formulieren von „Sommersätzen" der Spatzen, Sprechen mit den „Zwischenzeilen"
- Aufschreiben der Sommersätze („Mein Wörter- und Geschichtenheft" S. 37)

Hinweise zu den Schreibanlässen

Die Kinder sitzen im Kreis. Die Lehrerin legt ein Sommerbild in die Mitte. Die drei Spatzen, aus Papier ausgeschnitten, kommen herbei. Die Lehrerin legt den Satzstreifen [sagen die Spatzen] dazu.
Nachdem die Kinder die „Sommersätze" der Spatzen gesprochen und durch die dazwischengesetzten Einwürfe „sagen die Spatzen" erweitert haben, fällt das Aufschreiben in die Vorlage im Geschichtenheft sicher nicht mehr allzu schwer. Es hat sich gezeigt, dass viele Kinder versuchen, die Originalsätze einfach umzusetzen:

Grün steht der Wald,
sagen die Spatzen,
es ist nicht mehr kalt,
sagen die Spatzen.

Der Wald ist grün,
sagen die Spatzen,
und Blumen blühn,
sagen die Spatzen.

Eigene Reime zu finden ist hier nicht unbedingt nötig. Unter die Gedichte schreiben die Kinder wie ein richtiger Dichter ihre Namen.

Die Vorlage im Arbeitsheft ist bewusst sparsam illustriert, um Raum für eigene Zeichnungen der Kinder zu lassen.
Die Gedichte können an einer Pinnwand oder in einem Klassenbuch „veröffentlicht" werden. Neben jedem handgeschriebenen „Spatzensommer" hängt jeweils (auf farbiges Papier kopiert) das gleiche Gedicht, diesmal wurden aber vom Lehrer die Äußerungen der Spatzen mit dem Computer in die Leerzeilen eingefügt, natürlich in „Buch- oder Erwachsenenschreibweise".

Weitere Vorschläge

- Kunst: Einen Winterbaum gestalten
- Sachtext „Amsel, frierst du nicht?", siehe S. 224

Name: ______________________________

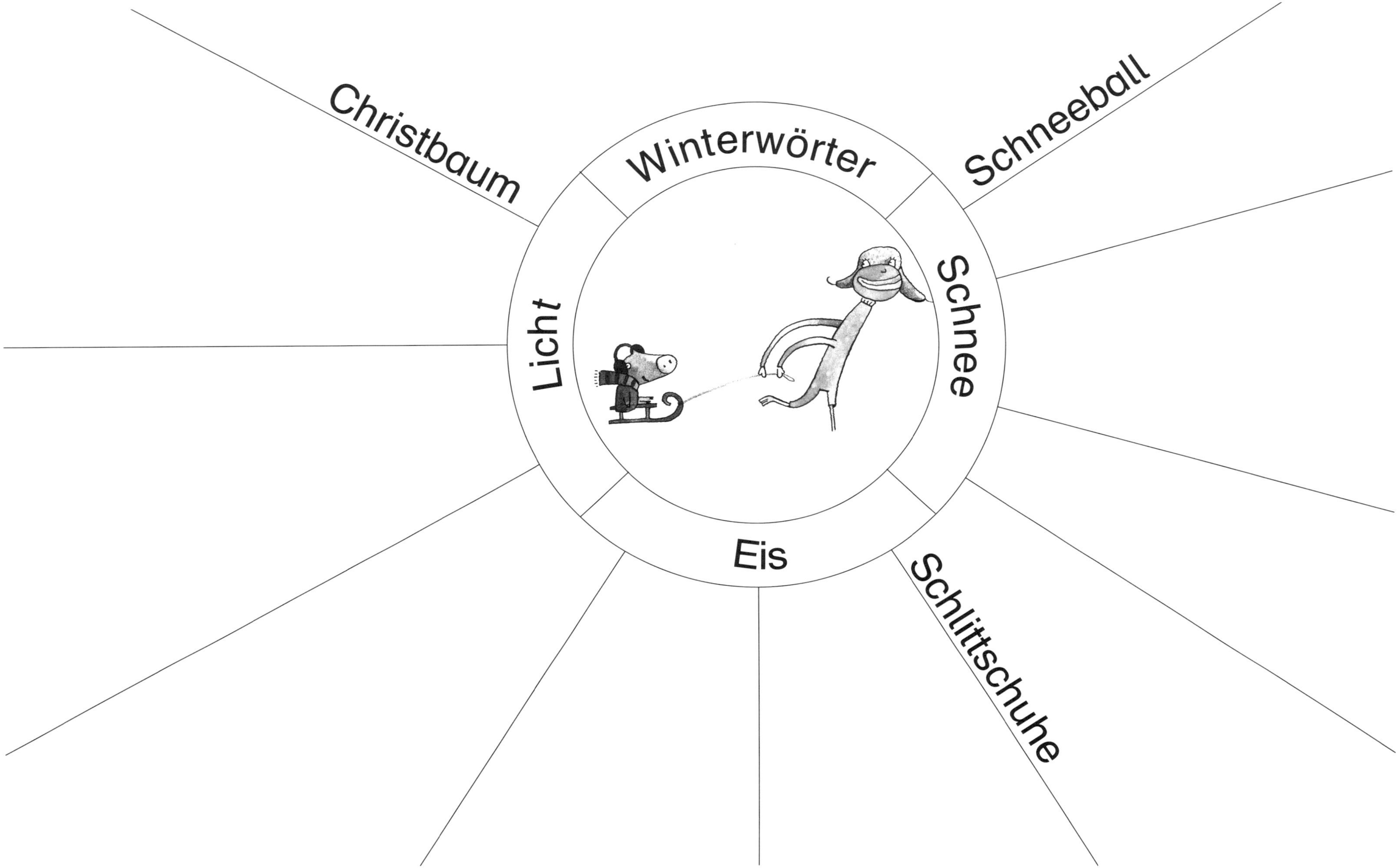
Winterwörter
Schnee
Eis
Licht
Christbaum
Schneeball
Schlittschuhe

Amsel, frierst du nicht?

Keine Sorge, ich muss nicht frieren. Auch wenn es draußen bitterkalt ist und ich mir die letzte rote Beere geholt habe. Dann gibt es ja die Futterhäuschen von den netten Menschen.

Dort frühstücke ich in aller Ruhe. Und wenn der Winterwind pfeift und mir kalt wird, dann schüttle ich meine Federn und plustere mich zu einer Kugel auf. Dann ist mir so warm wie unter einer Bettdecke. In der stecken ja auch Federn!

Zwischen meinen gesträubten Federchen bleibt nämlich meine Körperwärme „hängen". Ich kann gar nicht frieren.

Wird es draußen noch ein wenig kälter, dann kuschle ich meine Beine und meinen Schnabel mit in die Federn. So kann ich auch bei schlimmer Kälte nicht erfrieren!

Die drei Fotos verraten dir, was die Amsel tut, damit sie im Winter nicht friert.
Was fällt dir auf? Schau dir die Amsel genau an.
Was zeigt das Thermometer?

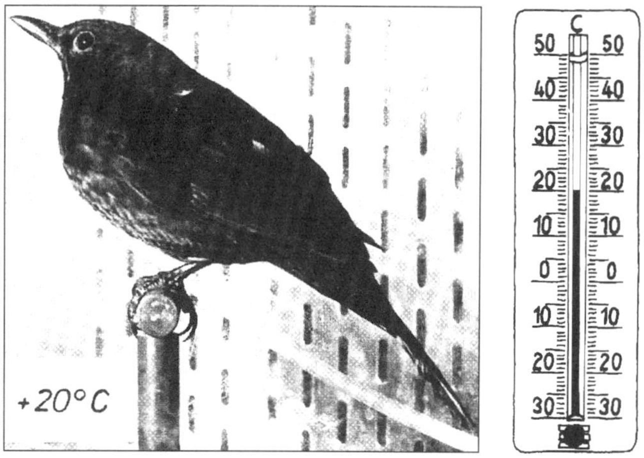

So sieht die Amsel im Frühling, im Sommer und im Herbst aus, wenn es draußen noch warm ist.

So sieht die Amsel an den Tagen aus, in denen das Thermometer 0 Grad zeigt.
Es ist kühl geworden.
Es fängt an zu schneien.
Die Amsel plustert ihre Federn auf.

So sieht die Amsel an Tagen aus, wenn die Tage im Winter bitterkalt sind.
Der Teich ist zugefroren.
Die Amsel hat sich zu einer Federkugel aufgeplustert. Sie deckt damit auch ihre Beine zu und steckt ihren Schnabel hinein – wie unter eine Bettdecke!

aus: Winter ABC, Lieder, Geschichten, Basteln und Spiele. Domino Verlag, München 1987

KARNEVAL DER HARLEKINE

Fibel S. 116 / 117
Mein Wörter- und Geschichtenheft S. 38

Hinweise, didaktische Überlegungen

Die Kinder sollen sich auf vielfältige Art und Weise mit ihrer Mitwelt auseinander setzen. Dazu gehört auch das Kennenlernen von Kunstwerken. In unserer schnelllebigen Welt fällt es den Kindern zunächst vielleicht schwer, bei einem Bild zu bleiben, es genau zu betrachten, Einzelheiten zu entdecken und den Sinn zu hinterfragen. Dies soll anhand eines Kunstwerkes von Miró angebahnt werden. Das ausgewählte Gemälde scheint als Einstieg besonders geeignet, da es darauf viele verschiedene Dinge zu entdecken gibt, sowohl Gegenständliches als auch Irreales, was die Fantasie der Kinder anregen und sie neugierig machen soll.
Sich auf ein Kunstwerk einzulassen bedeutet auch, in die Welt des Malers hineinzublicken, träumen zu dürfen, eigene Vorstellungen und Ideen zu entwickeln. In der Fibel wird das Bild „Karneval der Harlekine" in eine Situation eingebettet. Lisa besucht mit ihren Eltern eine Kunstausstellung. Auf dem Bild entdeckt sie verschiedene Sachen, die im Folgenden beschrieben werden. Der Blick der Kinder wird geschärft, indem sie diese Dinge im Bild wiedererkennen sollen. Darüber hinaus werden sie angeregt, weitere Dinge zu entdecken und zu beschreiben.

Zum Maler Joan Miró (1893-1983):
Miró wurde als Sohn eines Goldschmieds in Barcelona/ Spanien geboren. Er studierte Kunst an der Kunstakademie in Barcelona und machte auf seinen Reisen die Bekanntschaft mit Pablo Picasso, Max Ernst und anderen Künstlern, die seinen Malstil prägten. Charakteristisch sind kräftige Farben in Kombination mit einfachen Formen. Es gelang Miró, mit wenigen Pinselstrichen eine Szene zu gestalten, die Menschen anspricht und berührt. Man fühlt sich in eine Welt der Träume und der Fantasie versetzt, eine Welt, die Kindern sehr nah ist. Mirós äußerliches Erscheinungsbild und sein Auftreten, das stets sehr diszipliniert und ordentlich wirkte, scheint mit dem Durcheinander in seinen Bildern oft nicht so richtig zusammenzupassen.

Im Buch wird eine kurze Biografie des Künstlers Miró gegeben. Es kommt vor allem darauf an, den Kindern verständlich zu machen, was ihn dazu gebracht hat, solche Bilder zu malen und was er mit seinen Bildern zum Ausdruck bringen wollte.

Ziele, Inhalte

- Durch die Bildbetrachtung – Gesamteindruck und Details – Interesse und Neugierde für das Kunstwerk wecken
- Sich mit dem Bild mündlich und schriftlich auseinander setzen
- Den Maler Miró und seinen Stil kennen lernen
- Anbahnen eines Kunstverständnisses
- Selbst kreativ werden

Anregungen zur Unterrichtsgestaltung

- Lehrererzählung: *Lisa war am Wochenende mit ihren Eltern in einer Galerie. An allen Wänden hingen Bilder. Bilder mit bunten Klecksen, Bilder mit Kreisen, Schnecken und Sternen und Bilder mit vielen seltsamen Gestalten. Plötzlich musste Lisa stehen bleiben, denn ihr war, als ob sie ein seltsamer Wicht anstarrte. Er hatte einen langen Schnauzbart und ein Horn mit einer Schlange am Kopf.*
- Bildbetrachtung im Buch *(Was entdeckst du?)*
- Text lesen
- Schüler schreiben im „Wörter- und Geschichtenheft" auf, was ihnen in diesem Bild auffällt.
- Kinder malen selbst Fantasiegebilde. Aus den neu geschaffenen Kunstwerken der Kinder kann man eine Ausstellung gestalten.
- Eventuell kann sich ein Schreibgespräch daran anschließen. Die Kinder betrachten zu leiser Musik die Kunstwerke der anderen Schüler und können auf bereitgelegten Zetteln Fragen zu den Kunstwerken stellen, die die jeweiligen Kinder dann beantworten; oder sie schreiben einfach nur ihre Entdeckungen auf.
- In einer weiteren Stunde kann man über den Maler Miró sprechen. Geübte Leser oder der Lehrer lesen die Biografie Mirós vor. (Der Text ist für die meisten Kinder in diesem Lernstadium noch zu lang.) An einem weiteren Bild, z.B. „Die Leiter zur Flucht", kann man die Zeichen, Geräusche und Schnörkel oder Mirós Traumvorstellungen noch einmal deutlich herausarbeiten.

Hinweise zu den Schreibanlässen

- Die Kinder sollen das Bild genau betrachten und die Gegenstände, die sie entdecken so genau beschreiben, dass der Leser sie wiedererkennen kann.
- Die Beschreibung kann entweder in Stichpunkten erfolgen, z.B. Stern, Kreis, Katze, Auge – oder etwas umfassender: Würfel mit Fliege, Gitarre mit Kopf, Fisch auf dem Tisch – oder aber in ganzen Sätzen: Ich entdecke eine Hand mit einer langen Schlange,...

Weitere Vorschläge

- Man kann zu Beginn der Einheit eine Kunstausstellung im Schulgang / in der Turnhalle machen, die mit Bildern aus Kunstkalendern gestaltet ist. Geeignete Bilder sind zum Beispiel:
  - Der Goldfisch (Klee)
  - Der arme Poet (Spitzweg)
  - Kinderspiele (Breughel)
  - Kind mit Taube (Picasso)
  - Der Sommer (Arcimboldo)
  - Ich-selbst, Porträt-Landschaft (Rousseau)
  - Der Hahn (Chagall)
  - Büglerinnen (Degas)

  Den Kindern wird zu Beginn der Besichtigung erklärt, dass sie sich hier in einer Bildergalerie befinden. Eine Handpuppe ist auch dabei. Sie spricht die Schüler an, etwa so: *Kinder, stellt euch vor, was mir eben Seltsames passiert ist! Ich wollte mir gerade dieses Gemälde ansehen, da wurde es plötzlich lebendig. Wirklich, der alte Mann da aus dem Bild, der sprach mich an. Er wollte wissen, wie ich heiße und was ich hier mache. Und als ich ihm geantwortet hatte, da wurden auch die anderen Bilder lebendig. Die Dinge und Gegenstände in den Bildern erzählten mir merkwürdige Geschichten. Geschichten aus einer ganz anderen Welt und von einer ganz anderen Zeit.– Vielleicht geht es euch ja genau so wie mir, wenn ihr euch die Bilder genau anseht...*

  Anschließend lässt man die Kinder die Bilder still bei ruhiger Musik betrachten und schriftlich Fragen an die jeweiligen Kunstwerke stellen. Ein Kind möchte zum Beispiel wissen, weshalb der Mann auf dem Hahn von Marc Chagall reiten kann. Der Lehrer oder Schüler aus höheren Klassen können in die Rolle des Malers schlüpfen und stellvertretend die Fragen der Kinder beantworten.
- Zum Bild „Karneval der Harlekine" hat Josef Guggenmos 1986 ein Buch mit demselben Titel herausgegeben.

  Wenn der Lehrer aus dem Buch vorliest, können die Kinder die beschriebenen Dinge suchen. Manche Dinge werden von Guggenmos auch interpretiert. Vielleicht kommen die Kinder, davon angeregt, selbst auf die Idee, Entdecktes fantasievoll zu umschreiben. (z.B. wie Guggenmos: „Libellchen spielt mit dem Bällchen") – oder Miròwörter zu erfinden wie hier: „miromidales Drachentier".
- Der Lehrer erstellt eine Vorlage, in der viele einfache Formen wie Dreiecke, Vierecke, Kreise, Sterne oder einfache Figuren zu finden sind. Dann macht er mit den Kindern ein Bilddiktat, etwa so: *Links oben im Bild ist ein kleiner schwarzer Kreis, rechts unten ist ein Dreieck, das auf dem Kopf steht. In der Mitte sitzt eine Spinne mit zwei großen Augen. ...* Hinterher vergleicht man das Bild mit der Vorlage.
- Ein Miró-Mobile gestalten: Figuren nachzeichnen und ausschneiden, an einen kleinen Ast oder einen Reifen hängen
- Miró-Figuren mit Wattekugeln, Knetmasse und Draht gestalten, den Figuren Fantasienamen geben und sie ausstellen
- Die Teile eines einfachen Miró-Bildes ausschneiden und von den Kindern beliebig zusammensetzen lassen. Dann einen Namen für das neu geschaffene Kunstwerk erfinden lassen. Schließlich mit dem Original vergleichen.

Literatur:

Joan Miró, Josef Guggenmos (Mitarbeiter), Karneval der Harlekine, Arena Verlag, Würzburg 1986

FRÜHLINGSTAGEBUCH

Fibel S. 118 / 119

Hinweise, didaktische Überlegungen

Die Schüler erleben den Lauf des Jahres in den Jahreszeiten und erfahren so bewusst den Ablauf der Zeit. Durch gezielte Beobachtungen stellen sie fest, was sich in der Natur, aber auch in ihrem alltäglichen Leben mit dem Beginn und dem Fortschreiten einer neuen Jahreszeit verändert. Auch die Feste im Jahresablauf spielen dabei eine wichtige Rolle.
Um Veränderungen in den Jahreszeiten festzustellen, sind Beobachtungen über einen längeren Zeitraum nötig. Dies erfordert von den Kindern Geduld, Beständigkeit und ausdauerndes Interesse. Die Kinder müssen dazu auch wissen, an welchen Kriterien sie Veränderungen in der Jahreszeit festmachen können.
Die Beobachtungen, in Schrift und Bild festgehalten, geben den Kindern später einen Rückblick auf Erlebtes. Sie werden ihr Tagebuch sicher immer wieder gerne betrachten.
Die Fibelseiten 118/119 zeigen die Einträge eines Kindes in sein Frühlingstagebuch. In unregelmäßigen Abständen, über gut sechs Wochen hinweg, hat es die ihm wichtigen Frühlingsereignisse eingetragen und dazu gemalt.
Eingerahmt ist die Seite von allerlei Frühlingsboten. Frosch gähnt noch, Ferkel hat schon seinen Roller geholt und die Schaukel ist in Betrieb.

Ziele, Inhalte

- Eine Jahreszeit bewusst erleben
- Längerfristige Beobachtungen machen
- Erkennen, welche Beobachtungen für das Thema Frühling wichtig und charakteristisch sind
- Die Beobachtungen anderer lesen
- Eigene Beobachtungen niederschreiben
- Ein Tagebuch führen

Anregungen zur Unterrichtsgestaltung

Mögliche Hinführungen:

- Wenn schon ein Winterbuch gemacht wurde, kann daran angeknüpft werden.
- Im Anschluss an das Thema Fasching/Karneval wird in der Klasse darüber gesprochen, warum sich die Menschen auf den Frühling freuen.
- Gemeinsam wird besprochen, woran man erkennt, dass es Frühling wird.

Wörter und Symbole für

Tiere	Pflanzen	Wetter
Spiele	Feste	

werden auf einem Plakat mit der Überschrift „Es wird Frühling“ befestigt.

Arbeit mit dem Buch:

- Die Kinder lesen still oder mit dem Partner die Einträge im Frühlingstagebuch.
- Sie lesen den Eintrag vor, der ihnen am besten gefällt.
- Sie sprechen über Inhalt und Häufigkeit der Einträge.
- Die Kinder schreiben in vereinbarten Zeitabständen für sie bedeutsame Ereignisse und Beobachtungen auf ein Plakat, das „Frühlingstagebuch der Klasse ...“.

Hinweise zu den Schreibanlässen

Wichtig ist, dass die Einträge mit Datum versehen werden. Jede Woche kann eine andere Gruppe das „Klassentagebuch“ weiterführen. Die Kinder je einer Gruppe einigen sich, was ihnen wichtig ist, ob der Eintrag zum Thema passt und wer aufschreibt. Das Plakat wird frühlingshaft ausgestaltet.

Zusätzlich können die Kinder ein persönliches Frühlingstagebuch führen. Neben den Erlebnissen können hier zum Frühling passende Bilder, Lieder und Gedichte eingeklebt oder geschrieben werden. Diese Arbeit kann in die Wochenplanarbeit aufgenommen werden.

Weitere Vorschläge

- Zum Vorlesen:
  aus dem Buch „Der Liebesbrief“ von Arnold Lobel und Tilde Michels das Kapitel „Der Frühling“, Literaturangabe s. S. 155
- Sachunterricht: Die Jahreszeiten kennen lernen
- Kunst: Den Raum zur Jahreszeit passend schmücken
- Musik: Lieder siehe S. 228

Singt ein Vogel

2. Blüht ein Blümlein, blüht ein Blümlein, blüht im Märzenwald; kommt der helle …
3. Scheint die Sonne, scheint die Sonne, scheint im Märzenwald; kommt der helle …

Text und Musik: Heinz Lau © by Möseler Verlag, Wolfenbüttel

Ich lieb' den Frühling –
I like the flowers

Text: überliefert
deut. Text: Heike Schrader (Str. 2–4)
Musik: überliefert

STROPHE 2

Ich lieb' den Sommer, ich lieb' den Sand, das Meer,
Sandburgen bauen und keinen Regen mehr,
Eis essen, Sonnenschein, so soll's immer sein.
Di dum, di da …

STROPHE 3

Ich lieb' die Herbstzeit, stürmt's auf dem Stoppelfeld,
Drachen, die steigen hoch in das Himmelszelt.
Bunte Blätter fallen von dem Baum herab.
Di dum, di da …

STROPHE 4

Ich lieb' den Winter, wenn es dann endlich schneit,
hol' ich den Schlitten, denn es ist Winterzeit,
Schneemann bau'n und Rodeln geh'n,
ja, das find' ich schön.
Di dum, di da …

Text: überliefert, deut. Text: Heike Schrader (Str. 2-4)
Musik: überliefert
© Institut für Didaktik, Oberhausen

OSTERN

Fibel S. 120 / 121

Hinweise, didaktische Überlegungen

Sachinformationen:
Ostern ist das bedeutendste Fest der Christenheit. Es erinnert an die Auferstehung Jesu.
Der Name leitet sich in der christlichen Lehre von Osten ab. Die Blicke der Frauen, die zuerst am leeren Grab Jesu standen, richteten sich nach Osten zum Sonnenaufgang, denn sie glaubten, Jesus kommt von dort auf die Erde zurück. Deshalb wurden auch die Kirchen nach Osten ausgerichtet erbaut.
Wegen der Bedeutung des Osterfestes in der christlichen Kirche hat sich eine enorme Anzahl von Bräuchen entwickelt, die sich regional zum Teil stark unterscheiden. So gibt es Osterbrunnen, Osterwasser, Osterkerzen, Osterfeuer oder brennende Osterräder. Viele dieser Bräuche gehen auf uralte vorchristliche Riten zurück. Besondere Bedeutung kommt dabei dem Ei zu. Es steht als Zeichen für neues Leben.
Im Christentum dauert die Osterzeit 50 Tage (bis Pfingsten). Vor der Osterzeit liegt die Fastenzeit, auch Passionszeit genannt, die 40 Tage dauert und am Aschermittwoch beginnt.
Der Datumsfestlegung des Osterfestes liegen die biblischen Angaben zugrunde. Jesus ist am dritten Tag nach Passah auferstanden. Das Passahfest findet in der ersten Vollmondnacht des ersten Monats nach dem babylonischen Mondkalender statt und erinnert an den Auszug Israels aus Ägypten. Entsprechend würde der Feiertag der Auferstehung aber immer auf verschiedene Wochentage fallen. Deshalb einigte sich die westliche Kirche nach der Einführung des gregorianischen Kalenders darauf, Ostern an dem Sonntag zu feiern, der dem ersten Vollmond nach der Frühlings-Tagundnachtgleiche folgt.

Für Kinder hat das Osterfest eine besondere Bedeutung. Das Suchen der Ostereier im Garten oder in der Wohnung ist einer der Höhepunkte des Frühjahrs. Auch dieses Brauchtum ist in der christlichen Religion begründet. Die Kinder stehen für die Fortsetzung des Lebens der Eltern und sie sollen den christlichen Glauben weitertragen. Durch die Auferstehung lebt Jesus weiter und im übertragenen Sinne leben die Kinder ein Stück Leben der Eltern weiter.
Die Buchseiten beziehen sich thematisch auf den Ostereierbrauch. Neben einem Sachtext sind zwei überlieferte Spiele mit Ostereiern beschrieben. Das Gedicht von Frederik Vahle ist ein modernes Ostergedicht ohne Osterhasenromantik. Das Ei als Symbol neuen Lebens wird in der Illustration noch einmal aufgegriffen. Zu sehen sind mehrere Tiere, die gerade aus dem Ei schlüpfen (Hase und Katze sind natürlich falsch).

Ziele, Inhalte

- Informationen aus einem Sachtext gewinnen
- Spiele nach Anleitung spielen
- Über Eier legende Tiere sprechen und schreiben
- Das Gedicht „Das Ei“ lesen und darüber sprechen

Anregungen zur Unterrichtsgestaltung

- Spuren neuen Lebens im Freien suchen
- Einen Osterstrauß betrachten
- Den Sachtext Fibel S. 120 oben lesen
- Beleglesen *(Ostern ist ein besonderes Fest. – Lies vor, warum das Ei ein Zeichen für neues Leben sein kann. – Lies vor, wo wir draußen in der Natur neues Leben sehen können.)*
- Die Anleitung zu den Eierspielen lesen und mit eigenen Worten erklären
- Die Eierspiele spielen (evtl. mit Watte- oder Kunststoffeiern, um die Osterfreude nicht vorwegzunehmen)
- Das Bild auf der rechten Fibelseite betrachten und darüber sprechen *(Der Frosch hat genau hingeschaut. Kennst du noch andere Tiere, die Eier legen? Die Eier sehen sicherlich nicht alle aus wie Hühnereier.)*
- Das Gedicht „Das Ei“ still erlesen (schwache Leser bekommen Hilfe durch den Lehrer oder durch einen Mitschüler), dann vorlesen
- Die Erzählperspektive erkennen, Begriffsklärung: Das Gelbe vom Ei

Hinweise zu den Schreibanlässen

- Nach der Bildbetrachtung mit den schlüpfenden Jungtieren schreiben die Kinder auf, welche Tiere ebenfalls Eier legen. Viele Kinder wissen, dass Fische Tausende von Eiern legen, dass die größten Eier Saurierei sind und dass die Landschildkröte ihre Eier im Sand vergraben und von der Sonne „ausbrüten“ lassen. So können wiederum verschiedene Schreibergebnisse entstehen: nur Tiernamen oder Sätze von den einzelnen Tieren und ihren Eiern.
- „Tipps für Osterhasen“: Hier schreiben die Kinder Vorschläge auf, wo Ostereier versteckt werden können. Viele lustige Einfälle sind hier zu erwarten, und die Kinder üben den Gebrauch der Verhältniswörter, z.B. über, unter, neben, hinter, zwischen, ...

Weitere Vorschläge

- Religion: Osterfreude erleben – Wir verzieren eine Osterkerze
- Sachunterricht: Feste und Brauchtum – Wir gestalten eine Osterfeier, ein Osterfrühstück
- Kunst: Wir schmücken Ostereier (verschiedene Techniken)

• Gedicht lernen

April April

Kalte Ohren
rote Nase
Schnupfen
hat der Osterhase

Nase läuft
Und wie! O weia!
Gibt's nun
keine Ostereier?

Anne Steinwart

aus: Tausendfüßler lässt schön grüßen, Carlsen Verlag, Hamburg 1990

• Musik:

Stups der kleine Osterhase

2. Strophe:

Refrain 3. + 4. Strophe:

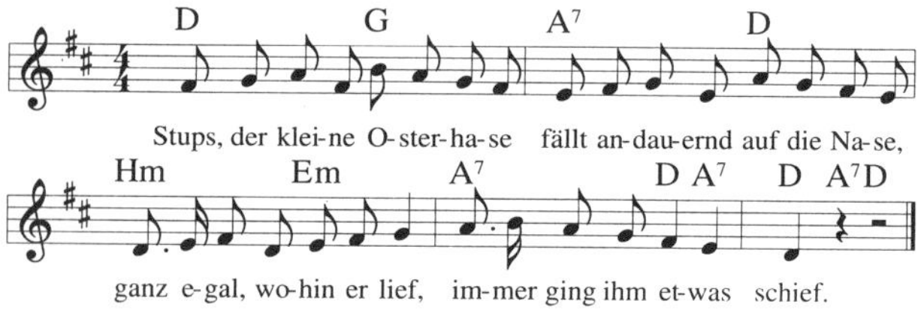

3. Paps, der Osterhasenvater,
hat genug von dem Theater,
und er sagt mit ernsterm Ton:
„Hör mal zu, mein lieber Sohn!
Deine kleinen Abenteuer
sind mir nicht mehr ganz geheuer."
Stups, der sagt: „Das weiß ich schon,
wie der Vater, so der Sohn!"

4. Neulich legte ich, auweia,
alle meine Ostereier
auf den Fernsehapparat,
und schon hab'n wir den Salat!
Paps, der macht das Fernsehn an,
ratet einmal was da kam!
Eine wilde Schießerei,
alle Eier war'n zu Brei.

Text und Musik: Rolf Zuckowski

Hinter einem Busch

(Osterlied)

1. Hinter einem Busch, husch–husch,
sitzt ein Osterhase,
blinzelt durch das grüne Gras,
denkt: „Wem bringe ich wohl was?"
und kraust dabei die Nase.

2. „Hab' die letzten Eier noch
angemalt in Eile,
rot und grün und gelb und blau
und mit Muster – silbergrau,
das dauerte 'ne Weile."

aus: Wenn die Igel schlafen gehen, Eres Edition, Lilienthal/Bremen (www.eres-musik.de)

LIEBE MAMA

Fibel S. 122 / 123

Hinweise, didaktische Überlegungen

Die vier kurzen Gedichte von Angela Sommer-Bodenburg schildern auf heitere, unsentimentale Weise die Zuneigung eines Kindes zu seiner Mutter. Das Gedicht auf der Karte S. 123 unten wurde von einer Schülerin erdacht und geschrieben.
Die Kinder erfahren beim Lesen, dass es wichtig ist, dem anderen zu sagen, wie gern man ihn hat. Die Gedichte eignen sich gut zum Auswendiglernen und zum Aufsagen am Muttertag.
Das Kindergedicht kann eine Anregung für eigene Ideen der Kinder sein. Die Kinder erfahren so, dass ein Geschenk nichts kosten muss. Was selbst mit viel Liebe und Mühe hergestellt wurde, kann viel mehr Freude bereiten.

Der Brauch, zu Ehren der Mütter ein Fest zu feiern, entstand 1905 / 07 in den USA. In Deutschland wurde Muttertag erstmals 1922 / 23 gefeiert.

Ziele, Inhalte

- Über den Muttertag nachdenken
- Sinnerschließendes Lesen üben
- Klanggestaltendes Vortragen üben
- Ein Gedicht auswendig lernen
- Einen eigenen Text zum Muttertag schreiben und gestalten

Anregungen zur Unterrichtsgestaltung

Mögliche Hinführung:

- Lehrerin: *Was hat deine Mutter gestern für dich getan?* oder *Warum hast du deine Mutter lieb?*
  Stilleübung: Die Kinder denken mit geschlossenen Augen nach, dabei kann leise heitere Instrumentalmusik gespielt werden.
  Die Kinder können danach einige ihrer Gedanken auf dem Block notieren.

Arbeit mit dem Buch:

- Die Kinder lesen die Gedichte still.
- Sie lesen die Verse, die ihnen am besten gefallen, ihrem Partner vor. Danach tragen sie die Verse vor der Klasse vor.
- Die Kinder begründen, was ihnen an den Gedichten gefällt.
- Lehrerin: *Die ersten vier Gedichte hat eine Schriftstellerin geschrieben. Das letzte Gedicht hat sich ein Kind selbst ausgedacht. Du kannst sicher für deine Mutter auch etwas aufschreiben.*
- Die Kinder greifen auf ihre Notizen vom Beginn zurück.

Hinweise zu den Schreibanlässen

Die Kinder verbessern mit Hilfe der Lehrerin ihren eigenen Text. Sie schreiben ihn in ihrer schönsten Schrift auf und gestalten eine Muttertagskarte. Sie können auch zusätzlich ein Gedicht abschreiben.
Die Gedichte können auch auf Tonpapierschablonen wie Herzen, Blumen aufgeklebt werden.

Mögliche Vorlagen:

Weitere Vorschläge

Zum Muttertag
Zum Muttertag,
zum Muttertag
sag ich dir, dass ich dich mag,
sag ich dir, dass ich dich brauch.
Und den Papa auch.

Georg Bydlinski

Liebe Mama
Ich mag's nicht,
wenn ich was aufsagen muss.
Mein Gedicht
ist ein Kuss.

Georg Bydlinski

aus: Georg Bydlinski, Wasserhahn und Wasserhenne,

SOMMER

Fibel S. 124

Hinweise, didaktische Überlegungen

Der Sommer ist die beliebteste Jahreszeit der Kinder. Den ganzen Tag können sie draußen umhertoben, das Schwimmbad lockt und die großen Ferien verheißen eine „arbeitsfreie Zeit". Im Sommer schmeckt auch die wohl beliebteste Speise der Kinder besonders gut: Eis. Pro Jahr konsumieren allein die Bundesbürger Eis am Stiel über eine Milliarde Mal, ganz zu schweigen von den vielen Eisbechern und -waffeln, den Spezialitäten aus den Eiscafés, ...

Das Sommergedicht mit dem Originaltitel „Eiszeit im Zoo" von Gabriele Roß beschäftigt sich auf heitere Weise mit dieser Leidenschaft und überträgt sie auf die Tierwelt. Dabei folgen die einzelnen Reime immer dem gleichen Muster: Einem Tier ist es zu heiß, daher träumt es von einem Eis aus seiner „Lieblingsspeise".

Ziele, Inhalte

- Erlesen des Gedichts
- Klanggestaltendes Vorlesen
- Weiterreimen des Gedichts

Anregungen zur Unterrichtsgestaltung

Das Gedicht sollte an einem möglichst heißen Tag bearbeitet werden.

Hinführung:

- Die Lehrkraft spielt mit den beiden Handpuppen Frosch und Ferkel:
  Frosch: *Puh, ist mir heiß heute, ach hätte ich doch nur ...*
  Ferkel: *Was hättest du gerne?*
  Frosch: *Ich hätte jetzt gerne ein riesengroßes Fliegeneis!*
  Ferkel: *Ein Fliegeneis, igitt! Aber ein Kartoffeleis wäre jetzt was Feines!*
  Frosch: *Kartoffeleis, Kartoffeleis, wer mag denn schon Kartoffeln?*
  Ferkel: *Wer mag denn schon Fliegen?*
- *Hast du verstanden, worüber sich die beiden streiten?* – Schüleräußerungen
- *Ich habe heute für euch ein Gedicht ausgesucht. Dort geht es den Tieren so wie unseren beiden Freunden.*

Arbeit mit dem Buch:

- Das Gedicht wird still von den Kindern gelesen
- Lautes, klanggestaltendes Vorlesen durch die Lehrkraft
- Suchen der Reimwörter
- Vorlesen durch die Kinder
- Gespräch über die Tiere und ihr Lieblingseis

Hinweise zu den Schreibanlässen

- *Ich kenne aber noch viel mehr Tiere! Und alle möchten ein Eis!*
  Die Kinder denken sich neue, eigene Reime zu weiteren Tieren aus (z.B. „Der Katze ist es viel zu heiß, sie träumt von einem Mäuseeis") und schreiben sie auf.
  Anschließend werden die Verse mit Bildern versehen.
  Vortragen der entstandenen Verse

Weitere Vorschläge

- Sachunterricht: Jahreslauf – Jahreszeiten kennen und bewusst erleben

REGENBOGEN

Fibel S. 125

Hinweise, didaktische Überlegungen

Sachinformationen:
Der Regenbogen entsteht durch Brechung und Reflexion der Sonnenstrahlen in den einzelnen Regentropfen. Durch diese Brechung wird das weiße Sonnenlicht in seine Bestandteile zerlegt und erscheint als Farbenfächer (von innen nach außen: violett, indigo, blau, grün, gelb, orange und rot).

Ziele, Inhalte

- Erlesen des Gedichts
- Verstehen der Aussage des Gedichts

Anregungen zur Unterrichtsgestaltung

Material: Glas mit glattem Rand mit Wasser gefüllt, Papier

Das Gedicht sollte an einem regnerischen Sommertag gelesen werden

- Stilles Betrachten des Regenbogens im Buch, Schüleräußerungen
- Das Gedicht wird leise erlesen
- Klanggestaltendes Vorlesen durch die Lehrkraft
- Vorlesen durch die Schüler
- Entdecken der sprachlichen Mittel: *An welchen Wörtern erkennst du, dass der Dichter über den Regenbogen staunt, dass er ihn wunderschön findet?* (... herrliche Farben ... kann keiner bezahlen ... goldene Hand)
- Vergleich des ersten Verses mit dem Bild – Vergleich der Farben
- Erarbeitung der Aussage des zweiten Verses *(Kein Mensch kann den Himmel anmalen)*
- *Wie malt die Sonne die Farben an den Himmel?* – Versuch: Ein großes wassergefülltes Glas mit glattem Rand wird an das Fenster gestellt (möglichst am Morgen bei flachem Lichteinfall, notfalls eine Taschenlampe benutzen). Unter dem Glas liegt ein weißes Blatt Papier. Wenn die Sonne durch das Wasserglas auf das weiße Blatt scheint, werden darauf die Regenbogenfarben projiziert.
- Vergleich der projizierten Farben mit dem Gedicht und dem Bild
- Das Gedicht wird auswendig gelernt

Weitere Vorschläge

- Kunst: Wir malen einen Regenbogen
- Sachunterricht: Erkunden der Umwelt – Betrachten eines Regenbogens in der Natur
- Musik:

Ein bunter Regenbogen

2. Ein bunter Regenbogen ist über's Land gezogen.
   Und alle bleiben stehn, um ihn anzusehn.
   Und alle bleiben stehn, um ihn anzusehn.

3. Ein bunter Regenbogen ist über's Land gezogen.
   damit ihr's alle wisst, dass Gott euch nicht vergisst,
   damit ihr's alle wisst, dass Gott euch nicht vergisst.

Text: Rolf Krenzer, Musik: Peter Janssens, aus: Kommt alle und seid froh, Peter Janssens Musik Verlag, Telgte-Westfalen 1982

GRUNDSÄTZLICHES ZUR ARBEIT MIT DEM BUCHSTABENHEFT

Im Buchstabenheft werden die einzelnen Buchstaben, die den Kindern bereits von der Anlauttabelle her bekannt sind, systematisch geübt und gesichert. Die Buchstaben werden an Buchstabentagen (s. Fibelseite S. 6 / 7 und Lehrermaterialien S. 81 ff.) eingeführt. Ideen zur Gestaltung der Buchstabentage sind bei den einzelnen Buchstaben zu finden.
Die Reihenfolge der Einführung der Buchstaben ergibt sich im Wesentlichen aus der Häufigkeit des Vorkommens, dabei sind ähnlich klingende Laute zeitlich getrennt. Die Übungen greifen einmal eingeführte Arbeitsformen immer wieder auf, um den Kindern ein selbstständiges Arbeiten und Lernen zu ermöglichen.

Folgende Übungen wurden ins Buchstabenheft aufgenommen:

- Sichern der Buchstabenform durch Nachspuren und Schreiben
- Erkennen der Buchstabenform in Bildern und Wörtern
- Genaues und lustbetontes Sprechen des Buchstabens in Reimen
- Hineinhören in die Lautstruktur von Wörtern
- Förderung der phonologischen Bewusstheit durch den Umgang mit Reimen, die Arbeit mit Minimalpaaren, das Abhören kurzer und langer Vokale und die Unterscheidung ähnlicher Buchstaben
- Fördern von Lesetechnik und -verständnis durch Beachtung des silbischen Prinzips, Erlesen zuerst von Silben und Wörtern, dann von Sätzen und Texten in Sinnzusammenhängen, Überprüfung des Leseverständnisses
- Wiederholen und Üben von Gelerntem auf „Profiseiten“
- Anwendung von Gelerntem in neuen Zusammenhängen
- Vorbereitung von Rechtschreibstrategien
- Anbahnung der Sprachbetrachtung

Die Arbeitsaufträge sind durch Piktogramme dargestellt, um den Kindern selbstständiges Arbeiten zu ermöglichen. Ein Überblick über die verwendeten Symbole befindet sich auf der Innenseite des Umschlags. Sie müssen genau besprochen werden. Es ist sinnvoll, diese Piktogramme auch bei eigenen Arbeitsblättern zu verwenden.

Großer Wert wird auch auf das Lernen und die sorgsame Anwendung von Arbeitstechniken gelegt. Diese sollten der Reihe nach eingeführt und geübt werden.

Beispiele für Arbeitstechniken im Buchstabenheft:

- Richtig in die Zeile schreiben (Beginn am Zeilenanfang, richtige Buchstabenhöhe)
- Nachspuren
- Ausmalen
- Ankreuzen
- Zusammengehöriges mit der gleichen Farbe kennzeichnen
- Zusammengehöriges verbinden
- Richtig abschreiben
- Mit dem Lineal verbinden
- Einkreisen
- Ausstreichen
- Einsetzen von Buchstaben oder Wörtern
- Unterstreichen
- Abtrennen
- Verbessern

Außerdem wird geübt:

- Stifthaltung (Tripodengriff, der Zeigefinger liegt locker und fast gestreckt auf dem Stift, damit sich die Hand nicht verkrampft)
- Haltung des Lineals (gespreizte Hand)
- Genaues Ausschneiden
- Richtiges Einkleben (Klebekreuz auf Rückseite)

Das Üben der Druckschrift:

Folgende Hinweise sollten den Kindern zu einem praktikablen Schreibablauf aller Buchstaben gegeben werden:
Schreibe immer von oben nach unten.
Schreibe von links nach rechts. Mit einzelnen Kindern kann vor dem Schreiben der Bewegungsablauf großmotorisch geübt werden (in der Luft, auf der Bank, an der Tafel mit bunten Kreiden, auf dem Rücken des Nachbarn, mit verschiedenen Stiften auf Papier).
Um die Hand des Schulanfängers zu kräftigen und um Bewegungsabläufe sicherer und genauer werden zu lassen, sollten vor dem Schreiben immer wieder gezielte Bewegungs- und Lockerungsübungen gemacht werden, die die Kinder bald auch selbstständig ausführen können.

- Übungen zur Kräftigung der Finger
- Übungen zur Kräftigung der Hand
- Übungen zur Kräftigung von Armen und Schultern

Aufbau des Buchstabenheftes:

Vorübungen: S. 1 und 2
Buchstabenseiten: 3-16, 19-34, 39-52, 55-64, 67-77
Profiseiten: 17-18, 35-38, 53-54, 65-66, 78-80

Die Seiten beginnen mit Übungen zur optischen Analyse der Buchstaben.
In der linken oberen Ecke der Seiten können die Kinder

den zu übenden Buchstaben in verschiedenen Farben nachspuren. Die Schreibrichtung ist dabei nicht vorgegeben, allerdings sollte sie mit den Kindern eingeübt werden (von links nach rechts, von oben nach unten). Gegenüber liegt ein freies Feld zum Malen des Anlautbildes. Der dazwischen liegende Raum kann vielfältig genutzt werden. Beispiele sind auf der Innenseite des Einbandes zu finden.
Bei den Schreibzeilen dient das Zeilenhäuschen der Gliederung und Orientierung. Daneben ist das Schriftvorbild zu sehen. Der zweite Buchstabe wird nachgespurt. Für Linkshänder ist das Schriftvorbild am rechten Seitenrand zu sehen.
Danach wird das Erkennen der Buchstaben auf verschiedene Weise geübt: Suchbilder, Gestalten der Buchstaben, etc.
Der Sprechvers, der bei fast allen Buchstaben zu finden ist, muss von den Kindern zunächst nicht selbst gelesen werden. Er wird mit den Kindern eingeübt und hat folgende Funktionen:

- Den Buchstaben in Texten finden und nachspuren
- Den Buchstaben spielerisch und betont sprechen
- Rhythmisiert sprechen
- Freude an der Sprache und am Sprechen gewinnen

Danach folgen vielfältige Übungen zur akustischen Analyse und Synthese sowie Übungen zum sinnerfassenden Lesen.
Der Aufbau der Lesewörter erfolgt streng nach Lehrgang – es werden nur die jeweils erarbeiteten Buchstaben verwendet. Wird mit Silben gearbeitet, handelt es sich immer um Sprechsilben (z.B. Ma | ler, Me | sser). Im „Buchstabenheft" wird genau auf die richtige Schreibung der Wörter geachtet, denn im Gegensatz zum „Wörter- und Geschichtenheft" liegt der Schwerpunkt der Arbeit hier auf formalen Aspekten der Schrift (Schreibtechnik, Lesetechnik, isolierte Übungsformen).

Literatur:

Gerhard Wanker, Buchstabenlieder, Edition Helbling, Rum/Innsbruck 2000
Dieter Stanik, Wenn Buchstaben Geburtstag feiern, Pädagogischer Zeitschriftenverlag, Berlin 1999

Zeichen

Mein Buchstabenheft S. 1

Hier geht es um das Erkennen von Details und das Wiedererkennen von Zeichen in einer neuen Situation. Diese Fähigkeit brauchen die Kinder beim Erkennen von Buchstaben.

1. Die Kinder sprechen über die Schilder und ihre Bedeutung und malen sie im oberen Bild an.
2. Weitere bekannte Zeichen werden von den Kindern gemalt. Anschließend malt jedes Kind sein „Lieblingszeichen" auf ein Blatt. Die Zeichen werden besprochen und im Zimmer aufgehängt (z.B. „Zeichenplakat"). Bei einem Unterrichtsgang können in der Schulumgebung Zeichen gesucht werden.

Nachspuren und Rechts-Linksorientierung

Mein Buchstabenheft S. 2

Hier ist die Vorarbeit besonders wichtig.

1. Die Kinder legen Wege aus Seilen und gehen diese nach. Ähnliche Spiele können auch im Pausenhof und in der Turnhalle gemacht werden.
   Beim Nachspuren der Wege im Arbeitsheft darf an den Kreuzungen nicht abgebogen werden. Der Spurrahmen muss genau eingehalten werden.
   Mögliche Partnerarbeit: Die Kinder zeichnen eigene Wege und lassen sie vom Partner nachspuren.
2. Die Rechts-Linksorientierung ist für das Schreiben und das Lesen sehr wichtig. Vielen Kindern fällt es in diesem Alter aber noch schwer, rechts und links zu unterscheiden. Daher sollten im Unterricht differenzierte Hilfen und Übungen angeboten werden:
   - Wo ist im Klassenzimmer rechts und links, wenn ich zur Tafel schaue (helle Seite / Fensterseite links, dunkle Seite / Türseite rechts u.ä.)
   - Lied:

Händedrücken *M: Manfred Bauer, Straßkirchen · T: Rolf Krenzer, Dillenburg*

2. Händeklatschen ... Ich klatsche mit der rechten Hand ...
3. Fingerschnalzen ... Ich schnalze mit der rechten Hand ...
4. Lustig winken ... Ich winke mit der rechten Hand ...
5. Zähneputzen ... Ich putze mit der rechten Hand ...
6. Schuheputzen ... Ich putze mit der rechten Hand ...
7. Naseputzen ... Ich putze mit der rechten Hand ...

aus: Jo-Jo Musik 1/2, Grundschule Bayern, Cornelsen Verlag, Berlin 2001

- Übungen zur Bestimmung der Raumlage s. S. 236

Vor dem Bearbeiten der Aufgaben 2 und 3 im Buchstabenheft sollten die Kinder Sicherheit im Erkennen der Richtungen gewonnen haben. Die Situation auf den Bildern wird besprochen, der Auftrag anschließend ausgeführt.

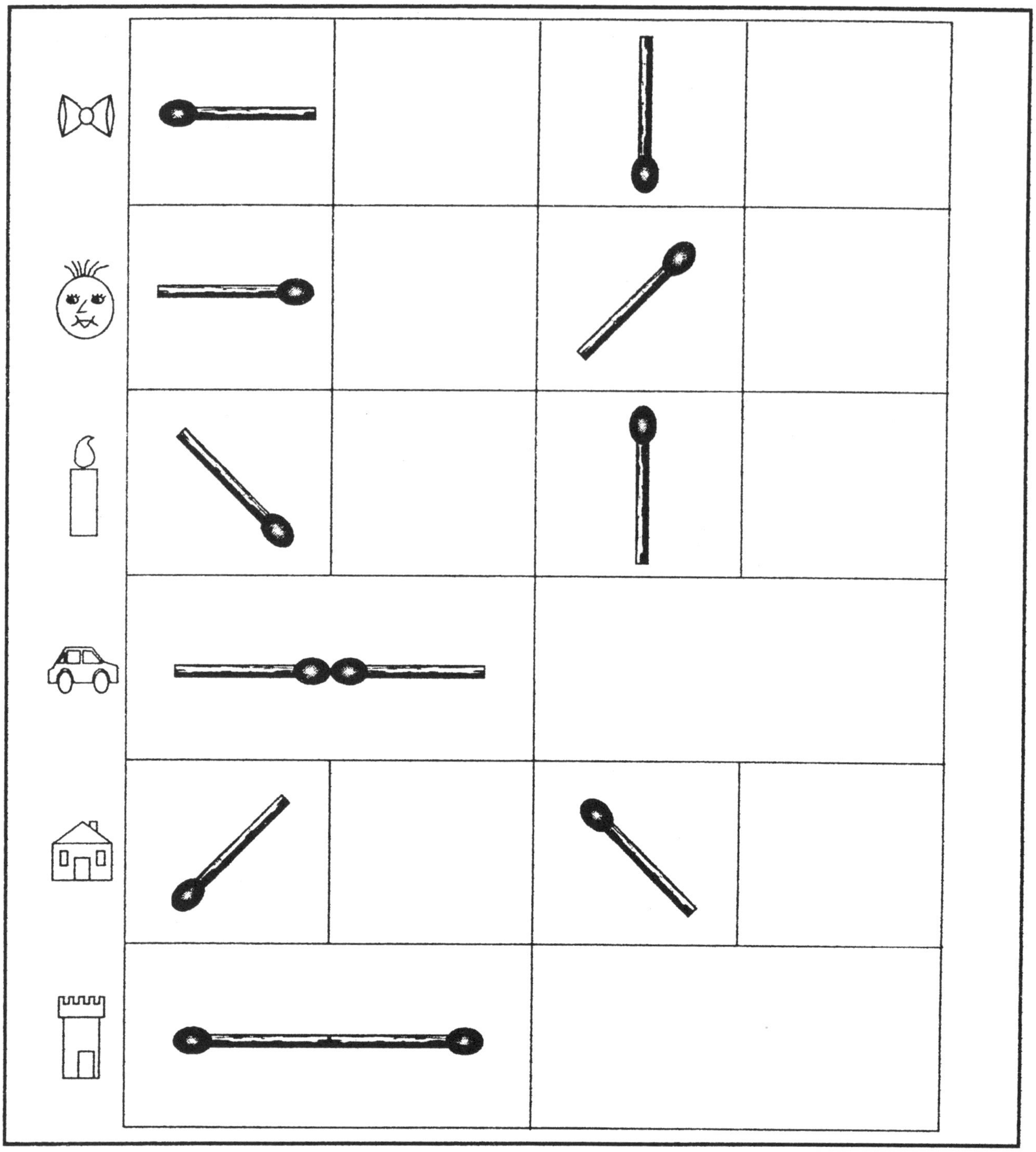

Die basalen Voraussetzungen zur Förderung der Wahrnehmung von Raumlagen und Lagebeziehungen sind im unten genannten Buch nachzulesen. Das hier vorgestellte Arbeitsblatt kann in verschiedener Weise genützt werden: Streichhölzer werden jeweils in der vorgegebenen Form daneben gelegt, die Lage wird sprachlich bezeichnet (Raumbegriffe!). Variierend können die Streichhölzer jeweils in die Kästchen gezeichnet werden. Ausgeschnitten und aufgeklebt erhält man die Kärtchen für Lotto- und Memory-Spiele. Das Arbeitsblatt ist vorher auf DIN A 4 zu vergrößern, damit die Streichhölzer in die Felder passen.

Elisabeth Zapke, Nürnberg, Motorische Probleme beim Schreiben, Selbstverlag, ISBN 3-00-006946-1

Ll *Mein Buchstabenheft S. 3 / 4*

Zur Lautbildung:

Das *l* ist ein so genannter Laterallaut, bei dem die Luft zu beiden Seiten der Zunge ausströmt. Die Lippen und die Zahnreihen sind leicht geöffnet, die Zunge liegt gleich hinter den Schneidezähnen am vorderen, oberen Gaumen.

Ideen zum Buchstabentag:

s. S. 81 ff. zur Fibelseite 6 / 7

Arbeit im Buchstabenheft:

- Schreiben und Gestalten des Buchstabens
- Suchen und Nachmalen der Buchstabenform im Wimmelbild
- Sprechen des Verses. Suchen und Nachspuren von L l
- Benennen der Gegenstände auf dem Bild (**B**all, **W**olle, **L**öwe, **L**olli, **L**egostein, **H**ose, **L**aterne, **K**amel, **T**aschen**l**ampe, **L**okomotive, **S**chal)
- Abhören der Laute, Ausmalen der richtigen Bilder, Ergänzen durch eigene Vorschläge

Mm *Mein Buchstabenheft S. 5 / 6*

Zur Lautbildung:

Das *m* ist (wie *n* und *ng*) ein Nasallaut. Die Lippen liegen locker aufeinander, die Zahnreihen sind leicht geöffnet. Die Luft strömt durch die Nase aus.

Ideen zum Buchstabentag:

- Ein Geschenk für **M**ama herstellen: ein Bild malen, ein Wort schreiben, etwas basteln ...
- Eine Lese-**M**aus als Buchzeichen basteln
- Das Gedicht von James Krüss „Wenn das M nicht wär erfunden“ vorlesen und mit M-Wörtern spielen

Wenn das **M** nicht wär erfunden,
Wäre manches schief und krumm.
Denn dann hießen **M**ax und **M**oritz
Ax und Oritz. Das wär dumm.

Wenn das **M** nicht wär erfunden,
Wäre mancher übel dran.
Maximilian, der hieße
Plötzlich Axi ilian.

Wenn das **M** nicht wär erfunden,
Wär das Abc nicht voll.
Jede **M**a**m**a hieße a-a.
Und das wäre gar zu toll.

Doch zum Glück ist es erfunden.
Das ist nützlich! Das ist fein!
Denn nun können kleine Kinder
Mutti oder **M**ami schrei'n. *James Krüss*

aus: James Krüss, Bienchen, Trinchen, Karolinchen, Thienemann Verlag, Stuttgart 1968, © James Krüss Erben

- Die Kinder erschmecken Lebensmittel mit *m*, z.B.: **M**ilch, **M**üsli, **M**armelade, **M**arzipan, ...
- Die Kinder erfühlen im Rätselsack Gegenstände mit *m*, z.B.: **M**aus, **M**alkasten, **M**ikadostab, **M**ütze, **K**amm, (**T**aschen-)**L**ampe, **B**lume ...

Arbeit im Buchstabenheft:

- Spuren und Gestalten des Buchstabens
- Schreiben des Buchstabens
- Suchen und Nachmalen der Buchstabenform im Wimmelbild
- Sprechen des Verses. Suchen und Nachspuren von M m.
- Benennen der Gegenstände auf dem Bild (**M**ond, **M**ickymaus, **M**ikado, **M**emory, **T**urm, **C**omic, **C**omputer, **H**ammer, **M**uschel, **M**antel, **M**ütze, **T**rompete, **L**amm)
- Abhören der Laute, Ausmalen der richtigen Bilder, Ergänzen durch eigene Vorschläge

Aa *Mein Buchstabenheft S. 7 / 8*

Zur Lautbildung:

Bei dem Vokal *a* liegt die Zunge flach im Mund. Lippen und Zahnreihen sind geöffnet. Der Vokal kann kurz (Affe, Ball) oder lang (Ameise, raten) gesprochen werden. Die Zungenspitze berührt beim langen *a* die unteren Schneidezähne. Beim kurzen *a* wird die Zunge leicht angehoben. Für die Kinder ist das kurze *a* schwerer zu hören.

Ideen zum Buchstabentag:

- Apfelmus kochen
- Arzt spielen und Aaaa sagen
- Einen Ast mit ausgeschnittenen Bildern von Dingen mit *a* schmücken
- Die Kinder erschmecken Lebensmittel mit *a*, z.B.: **A**pfel, **A**nanas, **A**pfelsaft, ...
- Die Kinder erfühlen im Rätselsack Gegenstände mit *a*, z.B.: **A**pfel, **T**asse, **R**akete, **F**lasche, **B**all, **K**amm, **T**aschenlampe, **K**lammer, ...
- Spiel: Ich sehe was, was du nicht siehst. *Da hörst du a*. (Dinge im Klassenzimmer: Tafel, Büchertasche, Wand, Lampe ...)
- Das Affenlied „Affenoma“ lernen, Text und Noten in: Gerhard Wanker, Buchstabenlieder, Edition Helbling, Rum / Innsbruck 2000

Arbeit im Buchstabenheft:

- Schreiben des Buchstabens
- Suchen und Nachmalen der Buchstabenform im Wimmelbild
- Sprechen des Verses, Suchen und Nachspuren von A a
- Benennen der Gegenstände auf dem Bild (**B**uch, **B**anane, **T**afel, **B**all, **R**akete, **A**pfel, **A**st, **S**chuh,

Ampel, Drachen, Radio, Ananas, Fisch, Fahrrad, Flasche)

- Abhören der Laute, Einführung der Technik des Ankreuzens, Ankreuzen und evtl. Ausmalen der richtigen Bilder, Ergänzen durch eigene Vorschläge

Ideen für ein Stationentraining, das immer wieder variiert werden kann:

Station 1
Spure den Buchstaben an der Tafel nach.

Station 2
Knete den Buchstaben mit deinem Knetgummi.

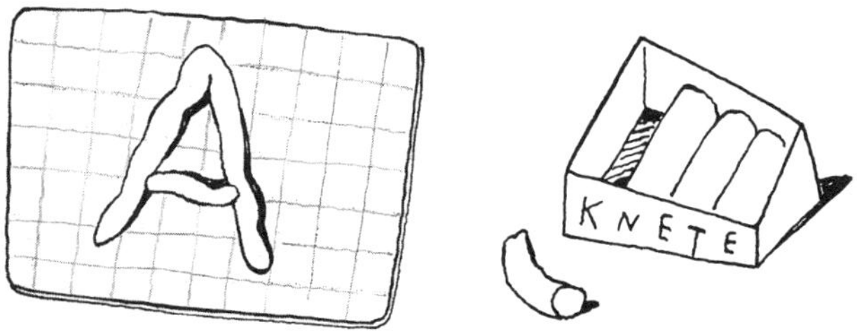

Station 3
Lege den Buchstaben mit Würfeln oder Plättchen.

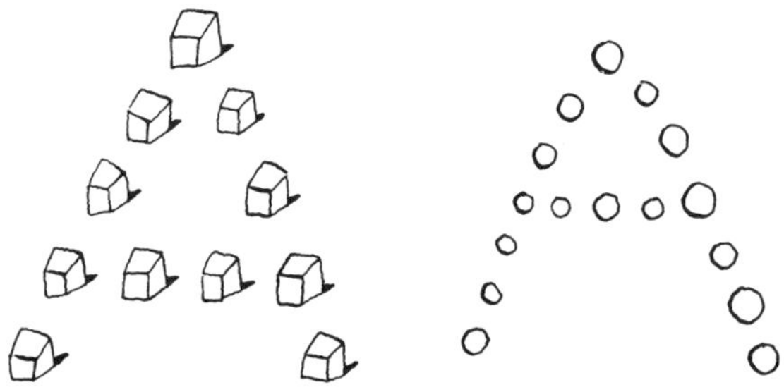

Station 4
Schneide den Buchstaben aus der Zeitung aus und klebe ihn auf ein Blatt Papier.

Station 5
Male möglichst viele Dinge, die mit dem Buchstaben beginnen, in den Hohlbuchstaben.

Station 6
Wo siehst du und hörst du den Buchstaben?
Spure nach und kreuze an.

Station 7
Ertaste den Buchstaben in der Buchstabenbox.

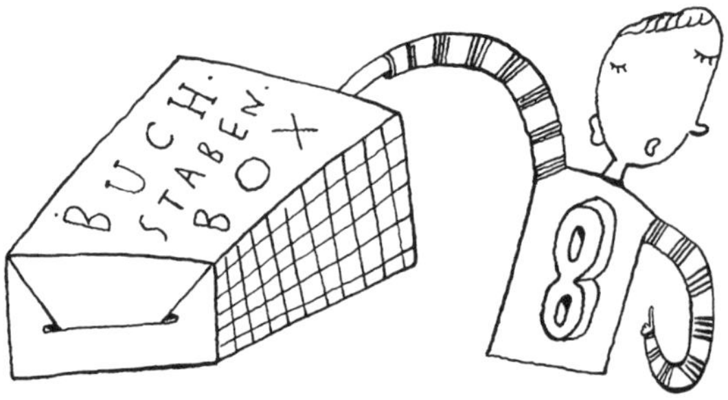

Ss *Mein Buchstabenheft S. 9 / 10*

Zur Lautbildung:

Das *s* ist (wie *z* und *sch*) ein Zischlaut. Es kann stimmhaft (im Anlaut stets stimmhaft) oder stimmlos gesprochen werden. Die Lippen sind leicht geöffnet. Die Zungenspitze liegt knapp hinter den oberen Schneidezähnen.

Ideen zum Buchstabentag:

- Sonnenblumenbilder kleben
- Einen Salat essen
- Seifenblasen machen
- Dinge mit *s* sammeln
- Die Kinder erschmecken Lebensmittel mit *s*, z.B.: Saft, Salami, Sahne, ...
- Die Kinder erfühlen im Rätselsack Gegenstände mit *s*, z.B.: Seil, Nuss, Tasse, Glas, Serviette ...

Arbeit im Buchstabenheft:

- Schreiben des Buchstabens
- Suchen und Nachmalen der Buchstabenform im Wimmelbild
- Sprechen des Verses, Suchen und Nachspuren von S s
- Benennen der Gegenstände auf dem Bild (Sack, Hose, Kaktus, Seil, Bagger, Säge, Nuss, Sonnenbrille, Kissen), Abhören der Laute, Ausmalen der richtigen Bilder
- Abhören der Stellung des Lautes *s* im Wort, Ankreuzen

Ee *Mein Buchstabenheft S. 11 / 12*

Zur Lautbildung:

Bei dem Vokal *e* wird der Zungenrücken gehoben. Lippen und Zahnreihen sind geöffnet. Der Vokal kann kurz (Ente, Teller) oder lang (Esel, See) gesprochen werden. Das kurze *e* wird offen gesprochen und nähert sich dem *ä*. Beim kurzen *e* wird der Zungenrücken stärker angehoben. Die Zungenspitze berührt beim langen *e* leicht die unteren Schneidezähne. Für die Kinder ist das kurze *e* schwerer zu hören, in manchen Wortbausteinen (wie bei Mantel, offen) ist es als *e* nicht mehr wahrnehmbar.

Ideen zum Buchstabentag:

- Ein Elefantenlied singen (s. S. 203)
- Echo spielen
- Die Kinder erschmecken Lebensmittel mit *e*, z.B.: Erbsen, Essiggurken, ...
- Die Kinder erfühlen im Rätselsack Gegenstände mit *e*: z.B. Ente, Elefant (Plüschtier), Legostein, (Taschen)lampe, Rakete, Besen, Brille, ...

Arbeit im Buchstabenheft:

- Schreiben des Buchstabens
- Suchen und Nachmalen der Buchstabenform im Wimmelbild
- Sprechen des Verses. Suchen und Nachspuren von E e
- Benennen der Gegenstände auf den Bildern (Lego, Zebra, Kamel, Schnee, zehn, Bett, elf, Heft, Birne, Helm)
- Von der Anlauttabelle her wissen die Kinder bereits, dass sich *e* unterschiedlich anhören kann. Sie kennen das lange *e* von Esel und das kurze *e* von Ente. Beide Wörter werden noch einmal genau gesprochen. Bei dem langen *e* machen die Kinder die Dehnung mit den Händen oder einem Gummiband mit. Bei dem kurzen *e* klopfen sie auf den Tisch.
  Bei Aufgabe 3 hören sie in der ersten Reihe die Stellung des langen *e* und in der zweiten Reihe die Stellung des kurzen *e* im Wort ab und kreuzen im entsprechenden Kästchen an.
- Bei Aufgabe 4 werden die Bilder benannt (Maler, Leopard, Salat, Messer, Laterne, Segelschiff, Melone, Lego, Sessel, Salami) und die Wörter durch Klatschen in Sprechsilben zerlegt. Dann erlesen die Kinder die Anfangssilben und ordnen die richtige Silbe durch Nachspuren zu. Durch das ständige Synthetisieren beim Abhören und Aufschreiben von Wörtern haben die Kinder hier schon viel Vorarbeit geleistet. (Impuls: *Frosch wollte von jedem Wort den Anfang aufschreiben.*)

Tt *Mein Buchstabenheft S. 13 / 14*

Zur Lautbildung:

Das *t* ist (wie *p* und *k*) ein stimmloser, behauchter Verschlusslaut. Die Lippen sind geöffnet, die Zungenspitze wird gegen die oberen Schneidezähne gedrückt. Dann wird der Luftstrom plötzlich freigegeben.

Ideen zum Buchstabentag:

- Einen Tanz einüben
- Die Tafel bunt bemalen
- Einen Tee kochen
- Telefonieren spielen
- Die Kinder erschmecken Lebensmittel mit *t*, z.B.: Tee, Tomate, ...
- Die Kinder erfühlen im Rätselsack Gegenstände mit *t*, z.B.: Tasse, Teller, Blatt, Rakete, Teddy, Zitrone, ...

Arbeit im Buchstabenheft:

- Schreiben des Buchstabens
- Suchen und Nachmalen der Buchstabenform im Wimmelbild
- Sprechen des Verses, Suchen und Nachspuren von T t

- Aufgabe 3: Benennen der Gegenstände auf den Bildern (Schmetterling, Tiger, Sonne, Tomate, Rakete, Tisch, Zitrone, Gespenst, Blatt, Hose Tasse, Bett, Computer), Abhören der Stellung des Lautes *t* im Wort, Ankreuzen an der richtigen Stelle
- Aufgabe 4: Die Bilder werden benannt (Teppich, Telefon, Tafel, Tasse, Tasche, Teddy, Teller, Tanne) und die Wörter durch Klatschen in Sprechsilben zerlegt. Dann erlesen die Kinder die Anfangssilben und ordnen die richtige Silbe durch Nachspuren zu.

I i *Mein Buchstabenheft S. 15 / 16*

Zur Lautbildung:

Das *i* ist (neben dem *u*) der Vokal, bei dem der Zungenrücken am stärksten gehoben wird. Die Zungenspitze berührt knapp die unteren Schneidezähne. Lippen und Zahnreihen sind geöffnet. Der Vokal kann kurz (Kind, Indianer) oder lang (Igel, Tiger) gesprochen werden. Für die Kinder ist das kurze *i* schwerer zu hören.

Ideen zum Buchstabentag:

- Das bin ich - Das Ich-Buch beginnen, ein Bild von sich selbst malen, das Wort „ich" richtig schreiben können
- Indianer spielen: reiten, schleichen, ...
- Einen Igel aus Buntpapier kleben
- Die Kinder erfühlen im Rätselsack Gegenstände mit *i*, z.B.: Igel, Ring, Birne, Stift, Spiegel, Pinsel ...

Arbeit im Buchstabenheft:

- Schreiben des Buchstabens
- Suchen und Nachmalen der Buchstabenform im Wimmelbild
- Sprechen des Verses, Suchen und Nachspuren von I i
- Aufgabe 3: Benennen der Gegenstände auf dem Iglu (Pinsel, Taxi, Schi, Brille, Krokodil, Radio, Indianer, Spinne, Eskimo, Ritter). Von der Anlauttabelle her wissen die Kinder bereits, dass sich das *i* unterschiedlich anhört. Sie kennen das lange *i* von Igel und das kurze *i* am Anfang von Indianer. Dies wird noch einmal besprochen.
- Abhören der Stellung des Lautes *i* im Wort. Ergänzen mit einem eigenen Bild.
- Aufgabe 4: Die Bilder werden benannt (Tiger, Limo, Medaille, Mikroskop, Lineal, Mikrofon, Taxi, Libelle, Salami) und die Wörter durch Klatschen in Sprechsilben zerlegt. Dann erlesen die Kinder die Anfangssilben und ordnen die richtige Silbe durch Nachspuren zu.

Profiseiten *Mein Buchstabenheft S. 17 / 18*

- Hier werden die bereits geübten Buchstaben wiederholt. Die Kinder malen die Luftballons mit den zusammengehörigen großen und kleinen Buchstaben mit der gleichen Farbe aus.
- Die Kinder sprechen über die Bilder und stellen fest, dass immer ein alter und ein moderner Gegenstand nebeneinander abgebildet sind. Das Wort „alt" wird aufgebaut, erlesen und geschrieben.
- Hier geht es um das Abhören des richtigen Endlautes. Die Kinder benennen die Gegenstände und sprechen die Wörter genau und langsam. Sie verbinden den richtigen Buchstaben mit dem Wort, anschließend schreiben sie das ganze Wort auf. Die Kinder lernen hier, wie man ein Wort richtig abschreibt. Darüber hinaus wird die Technik des Verbindens eingeübt (auf dem kürzesten Weg, nicht durch ein anderes Bild hindurch).
- Hier wird das Silbenhaus eingeführt. Jedem Haus ist eine Silbe zugeordnet. Das Lesen in Silben erleichtert das sinnerfassende Lesen für das ganze Wort, da der natürliche Sprechrhythmus erhalten bleibt. Die Silbenhäuser werden mit den Bildern verbunden.

N n *Mein Buchstabenheft S. 19 / 20*

Zur Lautbildung:

Das *n* ist (wie *m* und *ng*) ein Nasallaut. Die Lippen und Zahnreihen sind geöffnet, die Zungenspitze liegt an den oberen Schneidezähnen. Die Luft strömt durch die Nase aus.

Ideen zum Buchstabentag:

- Nett zueinander sein
- Ein Bild von einem Nashorn betrachten (z.B. von Albrecht Dürer)
- Nüsse knacken
- Sich wie Eskimos mit der Nase begrüßen
- Die Kinder erschmecken Lebensmittel mit *n*, z.B.: Nuss, Nougat, ...
- Die Kinder erfühlen im Rätselsack Gegenstände mit *n*, z.B.: Nagel, Pinsel, Handschuh, Tannenzweig, Ziffern aus Holz oder von der Magnettafel: 1, 7, 9, ...
- Gedicht lesen / vorlesen:

ANNA versteckt sich

ANNA hat sich heute Nacht
ein Versteckspiel ausgedacht.
Das wird lustig, denkt sie, denn
hinter einem Zaun aus N
kann ich gut verschwinden,
keiner wird mich finden.

NNNNNNNNNNNANNANNNNNNN

Doch sie hat sich kaum versteckt,
da hat Karl sie schon entdeckt,
weil man ihre beiden A
durch den N-Zaun deutlich sah.

Hans Georg Lenzen

aus: H. G. Lenzen, Hasen hoppeln über Roggenstoppeln, C. Bertelsmann Verlag, München 1972

Arbeit im Buchstabenheft:

- Schreiben des Buchstabens
- Heraussuchen von N n aus ähnlichen Buchstaben und Zeichen und Nachspuren
- Suchen und Nachmalen der Buchstabenform
- Sprechen des Verses, Suchen und Nachspuren von N n
- Benennen der Gegenstände auf dem Bild (neun, Note, Telefon, Sonne, Mantel), Abhören der Stellung des Lautes *n* im Wort, Ankreuzen im entsprechenden Kästchen
- Aufgabe 4: Die Bilder werden benannt (Nase, Nikolaus, Nixe, Nadel, Ente, Insel, Indianer, Antenne) und die Wörter durch Klatschen in Sprechsilben zerlegt. Dann erlesen die Kinder die Anfangssilben und ordnen die richtige Silbe durch Verbinden zu (von der Mitte des Buchstabenkästchens zur Mitte des Bildkästchens).
- Die Laute *m* und *n* sind einander von der Lautbildung her (beides sind Nasallaute) nicht leicht zu unterscheiden. Hier muss das deutliche Sprechen immer wieder geübt werden. Auch die Schriftzeichen müssen sich die Kinder genau ansehen.
  Bei Aufgabe 4 sprechen die Kinder die Wörter zu den Bildern (Nagel, Messer, Ameise, Lampe, Ente, Mond) langsam und sehr deutlich. Dann werden die Bildkarten mit der passenden Buchstabenkiste verbunden.
  In Partnerarbeit können die Kinder aus dem Spielmaterial noch andere Wörter und Bilder mit M m und N n suchen und zuordnen oder selbst Bilder auf Kärtchen malen.
- Als Hilfe zur Unterscheidung können zwei deutliche Lautgebärden eingeführt werden:
  m: Drei Finger auf den Mund legen
  n: Zwei Finger an die Nase legen

O o *Mein Buchstabenheft S. 21 / 22*

Zur Lautbildung:

Bei dem Vokal *o* ist die Zunge leicht angehoben. Die Lippen sind gerundet, die Zahnreihen sind geöffnet. Der Vokal kann kurz (Ordner, offen) oder lang (Ofen, rot) gesprochen werden. Beim kurzem *o* wird die Zunge etwas stärker angehoben und die Lippen sind etwas offener als beim langen *o*. Für die Kinder ist das kurze *o* schwerer zu hören.

Ideen zum Buchstabentag:

- Das Lied „Otto vor" singen, aus: Gerhard Wanker: Buchstabenlieder, Edition Helbling, Rum / Innsbruck 2000
- Obst essen
- Über etwas staunen: „Ooo"
- Ein Geschenk für Oma basteln
- Die Kinder erschmecken Lebensmittel mit *o*, z.B.: Orange, Torte, Obst ...
- Die Kinder erfühlen im Rätselsack Gegenstände mit *o*, z.B.: Topf, Spielzeugdino, Spielzeugauto, Spielzeuglokomotive, Ohrring ...

Arbeit im Buchstabenheft:

- Schreiben des Buchstabens, auf richtigen Bewegungsablauf achten
- Ausgestalten der O-Form, z.B. Ball, Orange, Mauseloch, Blüte, Sonne, Osterei, Tomate, ...
- Sprechen des Verses, Suchen und Nachspuren von O o
- Von der Anlauttabelle her wissen die Kinder bereits, dass sich *o* unterschiedlich anhört. Sie kennen das lange *o* von Ofen und das kurze *o* von Ordner. Beide Wörter werden noch einmal genau gesprochen. Bei dem langen *o* machen die Kinder die Dehnung mit den Händen oder einem Gummiband mit. Bei dem kurzen *o* klopfen sie auf den Tisch. Bei Aufgabe 3 hören sie in der ersten Reihe die Stellung des langen *o* und in der zweiten Reihe die Stellung des kurzen *o* im Wort ab und kreuzen an der entsprechenden Stelle an.
- Aufgabe 4: Die Bilder werden benannt (Tomate, Lokomotive, Sofa) und die Wörter durch Klatschen in Sprechsilben zerlegt. Dann erlesen die Kinder die Anfangssilben und ordnen die richtige Silbe durch Verbinden zu (von der Mitte des Buchstabenkästchens zur Mitte des Bildkästchens).
- Aufgabe 5: Hier lernen die Kinder „Purzelwörter" kennen. Sie sprechen die Wörter langsam und genau, streichen die Buchstaben neben dem Bild der Reihe nach aus und schreiben die Wörter aufbauend in der Zeile auf.

D d *Mein Buchstabenheft S. 23 / 24*

Zur Lautbildung:

Das *d* ist (wie *b* und *g*) ein stimmhafter, unbehauchter Verschlusslaut. Die Lippen sind geöffnet, die Zungenspitze wird gegen die oberen Schneidezähne gedrückt. Dann wird der Luftstrom freigegeben, es wird „weich" gesprochen. Im Auslaut wird *d* (wie *b* und *g*) stets stimmlos und behaucht, also „hart" gesprochen.

Ideen zum Buchstabentag:

- Eine Dinosaurierausstellung machen, s. Fibel S. 48
- Einen Drachen falten
- Dosenwerfen spielen
- Mit Dosen Musik machen
- Detektiv spielen
- Die Kinder erschmecken Lebensmittel mit *d*, z.B.: Datteln, ...
- Die Kinder erfühlen im Rätselsack Gegenstände mit *d*, z.B.: Dreieck, Dose, Draht, Dino, Ordner, Feder, die Ziffer 3, ...

Arbeit im Buchstabenheft:

- Schreiben des Buchstabens
- Heraussuchen von D d aus ähnlichen Buchstaben und Nachspuren
- Sprechen des Verses, Suchen und Nachspuren von D d
- Benennen der Gegenstände auf dem Bild (**D**ach, Ra**d**io, Schoko**l**a**d**e, **d**rei, **D**aumen, In**d**ianer, **D**rachen, **D**usche), Abhören der Stellung des Lautes *d* im Wort, Ankreuzen im entsprechenden Kästchen
- Aufgabe 4: Die Bilder werden benannt (**D**omino, **D**etektiv, **D**ackel, **D**eckel) und die Wörter durch Klatschen in Sprechsilben zerlegt. Dann erlesen die Kinder die Anfangssilben und kennzeichnen die richtige Silbe durch Nachspuren.
- Aufgabe 5: Die Kinder betrachten die Bilder im Dach der Silbenhäuser und suchen die passenden Wörter. Die Wörter werden erlesen, durch Klatschen in Silben zerlegt und in den Silbenhäusern aufgeschrieben.

W w *Mein Buchstabenheft S. 25 / 26*

Zur Lautbildung:

Das *w* ist ein stimmhafter, labio-dentaler Reibelaut (siehe *f*). Die oberen Schneidezähne liegen auf der Unterlippe. Der Laut wird mit Hilfe des Luftstroms erzeugt.

Ideen zum Buchstabentag:

- Witze erzählen
- Mit einem Wollknäuel durch Zurollen im Kreis ein Netz bauen
- „Watte pusten" spielen
- Würfelspiele machen
- Eine Wette abschließen
- Wünsche aufschreiben
- Die Kinder erschmecken Lebensmittel mit *w*, z. B.: **W**asser, **W**affeln, **W**urst ...
- Die Kinder erfühlen im Rätselsack Gegenstände mit *w*, z.B.: **W**atte, **W**olle, **W**ürfel, Spielzeug**w**agen, die Ziffer z**w**ei, ...

Arbeit im Buchstabenheft:

- Schreiben des Buchstabens
- Heraussuchen von W w aus ähnlichen Buchstaben und Nachspuren
- Heraussuchen der Wortbilder **wo** und **was** aus der Wörterschlange und Einkreisen der Wörter. Zur Kontrolle können die Kinder die Anzahl der gefundenen Wörter ans Ende der Zeile schreiben.
- Lesen des Witzes, Suchen und Nachspuren von W w
- Aufgabe 4: Benennen der Gegenstände auf dem Bild (**W**olle, **W**ald, **W**olke, **W**äsche, **W**aschmaschine, **W**asserhahn, Lö**w**e, **W**ürfel, Sch**w**an, z**w**ölf), Abhören der Stellung des Lautes *w* im Wort, Ankreuzen im entsprechenden Kästchen
- Aufgabe 5: Hier üben die Kinder das richtige Aufschreiben von Wörtern, die sich nur durch einen Buchstaben unterscheiden. Vier davon sind Reimwörter. Die Wörter werden gesprochen und der veränderte Buchstabe wird benannt. Die Anzahl der Buchstaben wird festgestellt und die Wörter werden aufgeschrieben.
- Aufgabe 6: Die Wörter werden erlesen. Die Kinder entscheiden, was davon nass sein kann. Sie begründen ihre Entscheidung.

R r *Mein Buchstabenheft S. 27 / 28*

Zur Lautbildung:

Das eigentlich hochsprachliche *r* ist das gerollte *r*. Es wird mit der vibrierenden Zungenspitze gebildet. Eine häufige Variante ist das weiter hinten im Rachen gesprochene, durch Vibration des weichen Gaumens erzeugte „velare *r*".

Ideen zum Buchstabentag:

- Einen Roboter malen
- Roller fahren
- Rote Dinge suchen
- Ratespiele machen, Rätsel raten
- Rennen
- Buchstaben auf den Rücken schreiben
- Die Kinder erschmecken Lebensmittel mit *r*, z.B.: **R**adieschen, **R**apunzel, **R**eiscracker...
- Die Kinder erfühlen im Rätselsack Gegenstände mit *r*, z.B.: **R**adiergummi, **R**akete, **R**ing, He**r**z, K**r**eide, ...

Arbeit im Buchstabenheft:

- Schreiben des Buchstabens
- Die Felder mit R r werden grau ausgemalt. Ein Roboter entsteht.
- Sprechen des Verses, Suchen und Nachspuren von R r
- Die Silben werden erlesen und die Bilder benannt (**R**oller, **R**eh, **R**akete, **R**egenschirm, **R**abe, **R**itter, **R**oboter, **R**ose, **R**atte, **R**egal, **R**iese, **R**adio). Bilder und Silben werden verbunden.
- Die Kinder lesen die Silben und verbinden sie zu Wörtern. Neben dem entsprechenden Bild wird das Wort aufgeschrieben.

Uu *Mein Buchstabenheft S. 29 / 30*

Zur Lautbildung:

Das *u* ist (neben dem *i*) der Vokal, bei dem der Zungenrücken am stärksten gehoben wird. Im Gegensatz zum *i* wird er weit zurückgezogen. Die Lippen werden noch stärker als beim *o* gerundet, die Zahnreihen sind geöffnet. Der Vokal kann kurz (unten, Turm) oder lang (Ufo, Rute) gesprochen werden. Für die Kinder ist das kurze *u* schwerer zu hören.

Ideen zum Buchstabentag:

- Eine Fantasiereise mit dem Ufo machen
- Das U-Bahn Gedicht lesen

Ich bringe dich rasch
von Ort zu Ort.
Tür auf –
Tür zu –
schon fahren wir fort.
Ich sause durch Dunkel
und künstliches Licht.
Grüß mir die Sonne!
Ich seh' sie ja nicht.

aus: Ute Andresen, ABC und alles auf der Welt, Beltz Verlag, Weinheim und Basel 2002, Programm Beltz & Gelberg, Weinheim

- Gespenst spielen, dabei *Uuuu* heulen
- Text über den Uhu lesen
- Die Kinder erfühlen im Rätselsack Gegenstände mit *u*, z.B.: Uhr, Buch, Tuch, Hut, Zug, Nuss, Murmel ...
- Gedicht der Selbstlaute lesen / vorlesen

AEIOU
Tante Klara macht am Abend
manchmal sich ein warmes Bad,
radelt gern und mag Bananen
oder Ananassalat.

Besengret, die Wetterhexe,
hext den Regen, hext den Schnee,
fegt auf ihrem Hexenbesen
über Felder, Berg und See.

Zipf und Kipf, die beiden Wichtel,
sitzen schon seit Viertel vier
auf dem Fliegenpilz und trinken
Wichtelwein und Wichtelbier.

Oben jodelt, oh wie komisch,
Onkel Otto aus Tirol,
hat ein Loch im Hosenboden
und kocht morgen Rosenkohl.

Unten schlurft durch dunkle Stube
Urgroßmutter Uhlenfuß,
brummt und braut Rapunzelsuppe,
Wurzelwein und Gurkenmus.

aus: Werner Halle / Klaus Schüttler-Janikulla, Bilder und Gedichte für Kinder, Westermann Verlag, Braunschweig 1971, © Ilse Halle

Arbeit im Buchstabenheft:

- Schreiben des Buchstabens
- Heraussuchen der Wortbilder **und**, **du** und **um** aus der Buchstabenreihe und Einkreisen der Wörter. Zur Kontrolle können die Kinder die Anzahl der gefundenen Wörter aufschreiben.
- Sprechen des Verses, Suchen und Nachspuren von U u
- Benennen der Gegenstände auf dem Ufo (Hut, Ufo, Computer, Lupe, Muschel, Zug, Känguru, Turm, Bus, Uhr, Kanu). Abhören der Stellung des Lautes *u* im Wort, Ankreuzen im entsprechenden Kästchen
- Aufgabe 4: Die Vokale *u* und *o* liegen von der Lautbildung her eng beieinander. Hier üben die Kinder die Unterscheidung dieser Laute. Die Kinder sprechen die Wörter genau und spuren den richtigen Buchstaben nach.
- Aufgabe 5: Die Kinder lesen die Silben und verbinden sie zu Wörtern. Neben dem entsprechenden Bild wird das Wort aufgeschrieben.

Ff *Mein Buchstabenheft S. 31 / 32*

Zur Lautbildung:

Das *f* ist ein stimmloser, labio-dentaler Reibelaut (siehe *w*). Die oberen Schneidezähne liegen auf der Unterlippe. Der Laut wird mit Hilfe des Luftstroms erzeugt.

Ideen zum Buchstabentag:

- Fotos mitbringen und dazu schreiben
- Ein Forscher sein: Dinge im Klassenzimmer mit der Lupe betrachten
- Fingerspiele machen
- Mit Fingerfarbe malen
- Vom Freund, von der Freundin erzählen und dazu schreiben
- Die Kinder erschmecken Lebensmittel mit *f*, z.B.: Feigen, ...
- Die Kinder erfühlen im Rätselsack Gegenstände mit *f*, z.B.: Fell, Faden, Flasche, Frosch, Ferkel (Handpuppe), Briefumschlag, Tafel, Löffel, die Ziffer fünf ...

Arbeit im Buchstabenheft:

- Schreiben des Buchstabens
- Heraussuchen von F f aus ähnlichen Buchstaben und Zeichen, Nachspuren
- Sprechen des Zungenbrechers, Suchen und Nachspuren von F f
- Benennen der Gegenstände (Brief, Fahne, Tafel, Flasche, Koffer, fünf, Frosch, Flugzeug, Ferkel, Löffel), Abhören der Stellung des Lautes *f* im Wort, Ankreuzen im entsprechenden Kästchen

- Aufgabe 5: Die Kinder lesen die Silben und verbinden sie zu Wörtern. Neben dem entsprechenden Bild wird das Wort aufgeschrieben.

K k *Mein Buchstabenheft S. 33 / 34*

Zur Lautbildung:

Das *k* ist (wie *p* und *t*) ein stimmloser, behauchter Verschlusslaut. Der Verschluss erfolgt durch das Anheben der Zunge gegen den weichen Gaumen. Dann wird der Luftstrom explosiv freigegeben. Die Lippen sind geöffnet.

Ideen zum Buchstabentag:

- Ein Konzert mit Orffinstrumenten oder Körperinstrumenten veranstalten
- „König und Königin" spielen und eine Krone basteln
- Von Tieren mit *k* (**K**amel, **K**atze, **K**rokodil, **K**änguru, **K**oala) lesen und etwas aufschreiben
- Kofferpacken spielen, Wörter mit *k* einpacken
- Die Kinder erschmecken Lebensmittel mit *k*, z.B.: **K**akao, **K**eks, **K**irsche, **K**näckebrot ...
- Die Kinder erfühlen im Rätselsack Gegenstände mit *k*, z.B.: **K**netgummi, **K**ugel, **K**astanie, Pa**k**et, Ra**k**ete, ...

Arbeit im Buchstabenheft:

- Schreiben des Buchstabens
- Heraussuchen der Wörter **Kind**, **kann** und **kalt** aus der Wörterschlange und Einkreisen der Wörter. Zur Kontrolle können die Kinder die Anzahl der gefundenen Wörter aufschreiben.
- Sprechen des Verses, Suchen und Nachspuren von K k
- Benennen der Gegenstände (**K**atze, **K**rokodil, Ban**k**, Wol**k**e, Pa**k**et). Abhören der Stellung des Lautes *k* im Wort, Ankreuzen im entsprechenden Kästchen
- Aufgabe 4: Hier geht es um genaues, sinnerfassendes Lesen. Die Kinder lesen die Sätze und kreuzen den zum Bild passenden Satz an.
- Aufgabe 5: *K* und *ck* unterscheiden sich in der Aussprache nicht. Vor ck steht aber immer ein kurzer Vokal. Die Kinder kennzeichnen das ck mit einem Bogen und lesen die Wörter. Dann malen sie ein passendes Bild.

Profiseiten *Mein Buchstabenheft S. 35-38*

S. 35

Sinnerfassendes Lesen mit der Auswahl einer richtigen Antwort steht in Vordergrund der Arbeit. Die Kinder erzählen zu dem Winter- und Sommerbild. Die Wörter **Sommer** und **Winter** werden rechtschriftlich gesichert. Die Kinder lesen die Sätze und schreiben die passende Antwort auf. Zwei Sätze können auch gemeinsam bearbeitet werden. Die Kinder, die noch Schwierigkeiten haben lange Sätze zu lesen, arbeiten mit der Lehrerin in einer Gruppe.

S. 36

- Die Kinder lesen die Wörter und kreuzen an, was sie sammeln wollen und was rot angemalt werden kann. Sie begründen ihre Entscheidung ihrem Partner, ihrer Gruppe gegenüber.
- Hier sind Karten mit Minimalpaaren abgebildet. Die Kinder sprechen die Wörter genau und deutlich. Sie stellen fest, dass die Buchstaben unter den Kartenpaaren gleich sind und dass sich die Wörter nur durch einen Buchstaben unterscheiden. Die fehlenden Buchstaben werden geschrieben, die vorgedruckten Buchstaben nachgespurt.

S. 37

- Hier geht es um das richtige Zuordnen von Endsilben bei Verben, bei denen das e nicht oder kaum zu hören ist.
  Es wird besprochen, was die Kinder auf den Bildern tun. Die Tätigkeiten werden nachgespielt. Die Kinder lesen die Silben und verbinden sie zu Wörtern. Darunter wird das Wort aufgeschrieben. Es wird besprochen, dass das *e* in diesen Wörtern in der zweiten Silbe kaum zu hören ist. Unter dieses e kann ein roter Punkt gesetzt werden.
- Die Kinder lesen die Sätze alleine oder mit dem Partner. Was richtig ist, wird angekreuzt.

S. 38

Wörter werden aufgebaut. Je mehr Buchstaben bekannt sind, desto geringer ist die Auswahl an noch passenden Gegenständen, bis nur noch ein Gegenstand übrig bleibt, den die Kinder ausmalen können. So wird die Wichtigkeit jedes einzelnen Buchstabens im Wort deutlich.

Beispiel:

N:
Nashorn, Nase, Nadel, Nest –
Maus scheidet aus
Na:
Nashorn, Nase, Nadel –
Maus und Nest scheiden aus
Nas:
Nashorn, Nase, –
Maus, Nest und Nadel scheiden aus
Nase:
nur noch ein Bild bleibt übrig

Ei ei *Mein Buchstabenheft S. 39 / 40*

Zur Lautbildung:

Der Diphthong *ei* ist eine lautliche Verbindung von *a* und *i*.

Ideen zum Buchstabentag:

- Ein Eiermobile basteln
- Das Spiel „Eierlauf" spielen (Wettlauf mit Eiern, die auf einem Löffel getragen werden)
- Sammeln von Ei-Wörtern (Eimer, Eisen, leise, ...)
- Eine Eisenbahn malen und dazu schreiben (*Wohin fährt deine Eisenbahn?*)
- Zahlen mit *ei* suchen (eins, zwei, drei)
- Die Kinder erschmecken Lebensmittel mit *ei*, z. B.: **Ei, Eis**, ...
- Die Kinder erfühlen im Rätselsack Gegenstände mit *ei*, z.B.: eine **Eins, Ei, Seil, Zeitung**, ...

Arbeit im Buchstabenheft:

- Schreiben und Gestalten von Ei ei
- Suchen und Einkreisen von **ein** in der Wortsammlung
- Sprechen des Verses, Suchen und Nachspuren von Ei ei
- Zuordnung der unbestimmten Artikel **ein** und **eine** zu den Namenwörtern, Abschreiben der Wörter zum Bild
- Suchen und Einkreisen des Wortteils **eier** in der Wortsammlung, Ankreuzen der „echten" Eierarten

H h *Mein Buchstabenheft S. 41 / 42*

Zur Lautbildung:

Das *h* ist ein stimmloser Hauchlaut. Der Luftstrom wird durch nichts behindert.

Ideen zum Buchstabentag:

- Tiere mit H nachahmen, z.B. Hund, Huhn, Hummel, Hai ...
- Das H aus Papierteilen kleben (z.B. zerrissenes Transparentpapier)
- Die Hände aller Kinder auf Papier drucken
- Einen Hut aus Papier falten und gestalten
- „Haustiere" malen
- Die Kinder erschmecken Lebensmittel mit *h*, z.B.: **H**onig, **H**imbeere ...
- Die Kinder erfühlen im Rätselsack Gegenstände mit *h*, z.B. Stoff**h**ase, **H**olz, **H**ammer, **H**aken, ...

Arbeit im Buchstabenheft:

- Schreiben und Gestalten von H h
- Suchen und Ausmalen der H-Felder (Lösung: Hammer)
- Sprechen des Verses, Suchen und Nachspuren von H h
- Ordnen der Buchstaben zu Wörtern, Aufschreiben der gefundenen Wörter
- Suchen von Reimwörtern (genaues Abhören, Bilder als Hilfestellung). Nachspuren der Wörter und Aufschreiben der Reimwörter
- Einführung des „stummen *h*". Hinweis, dass man sich diese Wörter gut merken muss, da das *h* nicht zu hören ist, Hinweis auf die Dehnungsfunktion, Verbinden von Wort und Bild

P p *Mein Buchstabenheft S. 43 / 44*

Zur Lautbildung:

Das *p* ist (wie *t* und *k*) ein stimmloser Verschlusslaut. Hinter den geschlossenen Lippen wird die Luft gestaut und dann explosiv freigegeben.

Ideen zum Buchstabentag:

- Ein Puzzle spielen
- Einen Brief an Papa schreiben
- Papier falten, z. B. ein Boot oder einen Malerhut
- Klatschgeschichte: Der Lehrer liest eine kurze Geschichte vor. Jedes Mal, wenn ein *p* darin vorkommt, klatschen die Kinder in die Hände
- Eine Pizza backen
- Spiel „Ich packe in mein Paket" (wie Kofferspiel)
- Die Kinder erschmecken Lebensmittel mit *p*: **P**aprika, **P**eperoni, **P**opcorn, **P**izza, ...
- Die Kinder erfühlen im Rätselsack Gegenstände mit *p*: **P**apier, **P**u**pp**e, **P**aket, ...

Arbeit im Buchstabenheft:

- Schreiben und Gestalten von P p
- Suchen und Nachspuren von P p. Hinweis, dass man P p leicht mit anderen Buchstaben verwechseln kann
- Sprechen des Verses, Suchen und Nachspuren von P p (b, d, q)
- Aufgabe 3: Abhören der Bilder auf die Position von *p*, Ankreuzen der richtigen Kästchen (Raupe, Papagei, Pizza, Lampe, Pilz)
- Lösen des Kreuzworträtsels (Lupe, Paket, Kamel, Ampel, Perle – Lösungswort: Lampe)
- Sinnentnehmendes Lesen und Ankreuzen der richtigen Aussagen 2 und 3.

Ch ch *Mein Buchstabenheft S. 45 / 46*

Zur Lautbildung:

Das *ch* ist ein stimmloser Reibelaut. Es gibt im Wort davon zwei Aussprachevarianten: den „ich-Laut" (nach *i* und *e*) und den „ach-Laut" (nach *a*, *o* und *u*). Beim „ich-Laut" wird der Zungenrücken gehoben, beim „ach-Laut" wird der Zungenrücken zurückgenommen und behindert, anders als bei *h*, den Luftstrom.
Am Wortanfang gibt es eine große Anzahl an Sprachvarianten, wie z.B. *k*, *tsch*, *ch*, *sch*, ...

Ideen zum Buchstabentag:

- Die Kinder erzählen von einem Streich, den sie jemandem gespielt haben
- Vorstellung des Lieblingsbuchs
- Ein Bild von einem Drachen malen
- In einem vorgegebenen Text so viel Ch ch wie möglich einkreisen. Wer findet die meisten in fünf Minuten?
- Die Kinder erschmecken Lebensmittel mit *ch*: Chips ...
- Die Kinder erfühlen im Rätselsack Gegenstände mit *ch*: Buch, die Acht, Chips, Tuch, ...

Arbeit im Buchstabenheft:

- Schreiben und Gestalten von Ch ch
- Suchen und Nachspuren von Ch ch. Hinweis, dass *ch* unterschiedlich klingen kann (Hinweis: Verbindungen im Wortinneren mit i und e weich wie bei Licht, Verbindungen mit u und a hart wie bei Bach)
- Sprechen des Verses, Suchen und Nachspuren von Ch ch
- Sinnentnehmendes Lesen, Ankreuzen der entsprechenden Aussagen (für jedes Kind individuell)
- Unterschiedlicher Klang von *ch* am Wortanfang (K – Christine, Tsch – Chips, Sch – Chef, Ch oder K – Chinese), Verbinden von Wort und Bild
- Sinnentnehmendes Lesen, Lesen der Geschichte und Ergänzen der fehlenden Teile im Bild (acht Kerzen, drittes Kind, roter Drache). Beantworten der Frage (acht). Antwort begründen lassen (acht Kerzen auf dem Kuchen)

Au au

Mein Buchstabenheft S. 47 / 48

Zur Lautbildung:

Der Diphthong *au* ist eine lautliche Verbindung der Vokale *a* und *u*.

Ideen zum Buchstabentag:

- Tiernamen mit *au* suchen: Taube, Maus, Pfau, Laus, Kaulquappe, ...
- Erzählen vom Lieblingsauto
- Ein Autorennen veranstalten. Dazu werden Spielzeugautos an einer Schnur befestigt, die auf einen Bleistift gewickelt werden muss. Wer erreicht als Sieger die Ziellinie?
- Die Kinder erfühlen im Rätselsack Gegenstände mit *au*: Spielzeugauto, Computermaus, Daunen, Baum (Modellbau), ...

Arbeit im Buchstabenheft:

- Schreiben und Gestalten von Au au
- Suchen und Einkreisen von Au au in der Wortsammlung
- Sprechen des Verses, Suchen und Nachspuren von Au au
- Abhören der Bilder auf die Position von *au*, Ankreuzen der richtigen Kästchen (Pfau, Auto, Auge, Taube, Zaun)
- Ordnen der Buchstaben zu Wörtern, Aufschreiben der gefundenen Wörter (Haus, Maus, Raupe, Mauer)
- Verbinden der Wortteile zu sinnvollen Wörtern. Aufschreiben der Wörter (kaufen, raufen, laufen, ausmalen, austeilen)

Sch sch

Mein Buchstabenheft S. 49 / 50

Zur Lautbildung:

Das *sch* ist ein stimmloser Reibelaut. Die Lippen sind leicht gerundet. Der Zungenrücken wird im Mund gehoben, die Zungenspitze liegt knapp hinter den Schneidezähnen. Die Luft entweicht durch die schmale Spalte zwischen Zungenrücken und hartem Gaumen.

Ideen zum Buchstabentag:

- Ein Bild malen: Schiff auf dem Wasser
- Ein Schiff aus Papier falten und gestalten
- Viele verschiedene Sch sch aus Zeitschriften ausschneiden und ein Sch-Plakat gestalten
- Dalli-Klick: Ein Bild, das einen Gegenstand mit *Sch* abbildet (z.B. Schuh, Schule, Schlitten, ...) wird mit Papierteilen abgedeckt. Ein Teil nach dem anderen wird abgenommen. Wer findet zuerst heraus, was auf dem Bild gezeigt wird?
- Bei entsprechender Witterung einen Schneemann bauen
- Die Kinder erschmecken Lebensmittel mit *sch*: Schokolade, Schinken, Schmalzbrot, ...
- Die Kinder erfühlen im Rätselsack Gegenstände mit *sch*: Schuh, Schere, Schlüssel, Flasche, Taschenlampe ...

Arbeit im Buchstabenheft:

- Schreiben und Gestalten von Sch sch
- Suchen und Einkreisen von Sch sch in der Wortsammlung
- Sprechen des Verses, Suchen und Nachspuren von Sch sch
- Abhören der Bilder auf die Position von sch Ankreuzen der richtigen Kästchen (Flasche, Schlüssel, Fisch, Frosch, Schneemann)
- Ordnen der vermischten Buchstaben zu Wörtern. Aufschreiben der gefundenen Wörter
- Suchen der schnellen Dinge (Schiff, Schlitten, Rakete, Auto), Formulieren und Aufschreiben eines Satzes zu jedem gefundenen Wort (Das Auto ist schnell, ...)

B b *Mein Buchstabenheft S. 51 / 52*

Zur Lautbildung:

Das *b* ist (wie *d* und *g*) ein stimmhafter, unbehauchter Verschlusslaut. Die Lippen sind geschlossen. Dann wird der Luftstrom freigegeben, es wird „weich" gesprochen. Im Auslaut wird *b* (wie *d* und *g*) stets stimmlos und behaucht, also „hart" gesprochen.

Ideen zum Buchstabentag:

- Ein Buch vorstellen
- Beim Bäcker Dinge mit *B* einkaufen (Brot, Brötchen, Brezel, ...)
- Ein Bild malen
- Bilder-Quiz mit B-Wörtern: Ein Kind erhält eine Bildkarte, die die anderen Kinder nicht sehen. Es beschreibt nun als „Quizmaster" den auf der Karte abgebildeten Gegenstand (Beispiel: *Es wächst an Bäumen. – Es kommt aus Afrika. – Es schmeckt gut. – Es ist gelb. – Es ist krumm).* Wer den beschriebenen Gegenstand zuerst richtig benennt, darf der nächste Quizmaster sein.
- Ein Ballspiel spielen
- Bunte Ballons aus Transparentpapier schneiden und an die Fenster hängen
- Brezeln schnappen: Auf einer Schnur werden kleine Brezeln aufgefädelt und im Zimmer aufgehängt. Wer kann die meisten Brezeln von der Schnur essen, ohne die Hände zu benutzen?
- Brezeln aus Salzteig formen
- Die Kinder erschmecken Lebensmittel mit *b*: Birne, Brot, Brötchen, Brezel, ...
- Die Kinder erfühlen im Rätselsack Gegenstände mit *b*: Ball, Blatt, Brille, Besen, ...

Arbeit im Buchstabenheft:

- Schreiben und Gestalten von B b
- Suchen und Nachspuren von B b in der Buchstabensammlung.
- Sprechen des Verses, Suchen und Nachspuren von B b
- Vorsprechen und genaues Abhören der Bilder, Verbinden der Bilder mit B b oder P p
- Sinnentnehmendes Lesen der kleinen Texte, Malen eines Bildes zum Text
- Sinnentnehmendes Lesen der kurzen Sätze, Abschreiben des richtigen Satzes („Birnen wachsen am Baum.")

Profiseiten *Mein Buchstabenheft S. 53 / 54*

- Betrachten der Bilder, Lesen der Wörter mit unterschiedlichem Ende, Aufschreiben der richtigen Wörter
- Aufschreiben der richtigen Tunwörter zu den Bildern
- Lesen der Namenwörter und der Tunwörter, Verbinden der zusammengehörigen Paare mit Lineal und Bleistift, Aufschreiben der gefundenen Verbindungen

G g *Mein Buchstabenheft S. 55 / 56*

Zur Lautbildung:

Das *g* ist (wie *d* und *b*) ein stimmhafter, unbehauchter Verschlusslaut. Der Verschluss erfolgt durch das Anheben der Zunge gegen den weichen Gaumen. Dann wird der Luftstrom freigegeben. Im Auslaut wird *g* (wie *d* und *b*) stets stimmlos und behaucht, also „hart" gesprochen.

Ideen zum Buchstabentag:

- Eine Gespenstergeschichte erzählen
- In einem Text möglichst viel G-Wörter unterstreichen. Wer findet die meisten in fünf Minuten?
- Spiel „Ich sitze im Grünen": Die Kinder sitzen im Kreis, ein Stuhl ist leer. Das Kind rechts neben dem leeren Stuhl rückt auf diesen und spricht „Ich sitze ...". Das Kind, das daneben saß, rückt ebenfalls einen Platz weiter und sagt „im Grünen". Nun rückt das dritte Kind weiter und spricht „und mag ..." unter Nennung eines Namens. Das genannte Kind setzt sich nun auf den freien Stuhl. Das Spiel beginnt an dem frei gewordenen Platz von vorne.
- Geschäfts-Spiel: Ein Kind nennt Dinge, die es in seinem Geschäft verkauft, z.B. „Ich verkaufe Hammer, Nägel und Zangen". Wer das „Werkzeuggeschäft" errät, ist an der Reihe.
- Die Kinder erschmecken Lebensmittel mit *g*: Gurke, Gummibärchen, ...
- Die Kinder erfühlen im Rätselsack Gegenstände mit *g*: Gabel, Geld, Flugzeug, Kugel, Knetgummi, ...

Arbeit im Buchstabenheft:

- Schreiben und Gestalten von G g
- Suchen und Nachspuren von G g in der Buchstabensammlung
- Sprechen des Verses, Suchen und Nachspuren von G g
- Abhören der Bilder auf die Position von *g*, Ankreuzen der richtigen Kästchen
- Sinnentnehmendes Lesen des Textes, Fertigstellen eines Bildes, das die im Text beschriebene Situation wiedergibt

ie *Mein Buchstabenheft S. 57*

Zur Lautbildung:

Siehe *i*, S. 240.

Ideen zum Buchstabentag:

- Kniebeugen machen
- Vom Lieblingstier erzählen
- Personen aufschreiben, die man lieb hat: Mama, Papa, Oma, ...
- Das Märchen „Schneewittchen und die sieben Zwerge" vorlesen

- „Erkennst du das Lied": Ein Kind geht aus dem Zimmer. Die anderen Kinder überlegen sich ein Lied, das sie klatschen können (einfache Lieder wie „Alle Meine Entchen"). Das Kind kommt herein und muss das geklatschte Lied erraten.
- Alle ie in einem Text einkreisen
- Die Kinder erfühlen im Rätselsack Gegenstände mit *ie*: Papier, Sieb, die Vier, Briefumschlag, ...

Arbeit im Buchstabenheft:

- Schreiben und Gestalten von ie
- Einkreisen von ie in der Wortsammlung, Eintragen der Wörter in das Kreuzworträtsel (von oben nach unten: Biene, Knie, Dieb, Wiese, sieben, Wiege, Briefe, Papier)

ng *Mein Buchstabenheft S. 58*

Zur Lautbildung:

Das *ng* ist (wie *m* und *n*) ein Nasallaut. Die Lippen und Zahnreihen sind geöffnet. Die Zunge wird gegen den weichen Gaumen (Velum) gedrückt. Die Luft strömt durch die Nase aus.

Ideen zum Buchstabentag:

- Eine Schlange aus einem vorgegebenen Papier schneiden. Wer hat die längste Schlange?
- Wörterschlangen: Wörter abtrennen (z.B. Ich|mag|Hunde|gern)
- Die Kinder erfühlen im Rätselsack Gegenstände mit *ng*: Zeitung, Stange, Zange, Schlange, ...

Arbeit im Buchstabenheft:

- Schreiben und Gestalten von ng
- Sinnentnehmendes Lesen der kleinen Texte, Ergänzen der Bilder zum Text

St st *Mein Buchstabenheft S. 59*

Zur Lautbildung:

St wird im Anlaut, nach Vorsilben und bei Wortzusammensetzungen *scht* gesprochen, ansonsten *st* (siehe auch *sch*, *s*, *t*).

Ideen zum Buchstabentag:

- Ein Sternenbild malen
- Sterne falten
- Stimmen erkennen: Einem Kind werden die Augen verbunden. Ein anderes Kind spricht ein kurzes Wort. Wenn das „blinde" Kind den Mitschüler an der Stimme erkennt, darf es die Binde weitergeben.
- Schöne Steine suchen und betrachten
- Wörter stempeln
- „Stille Post" spielen
- Eine Stabpuppe herstellen
- Verstecken spielen
- Einen Stift-Turm bauen: Dazu werden zwei Stifte mit etwas Abstand parallel auf den Tisch gelegt. Nun folgen zwei weitere, aber um 90 Grad verdreht, usw. Wer baut den höchsten Turm?
- Tierstimmen erkennen
- Stumme Befehle: Pantomimisch Anweisungen geben
- Die Kinder erfühlen im Rätselsack Gegenstände mit *st*: Stift, Stoff, Stern, Stock, ...

Arbeit im Buchstabenheft:

- Schreiben und Gestalten von St st
- Lesen der Wörter, Suchen der bildlich dargestellten Reimwörter, Verbinden der zusammengehörigen Paare, Verschriften der Bilder zum passenden Reimwort
- Sinnentnehmendes Lesen einer Wortreihe, Ausstreichen nicht passender Wörter mit Lineal und Bleistift (Stein, Stempel, Dino, Kuchen, Stift)

Sp sp *Mein Buchstabenheft S. 60*

Zur Lautbildung:

Sp wird im Anlaut, nach Vorsilben und bei Wortzusammensetzungen *schp* gesprochen, ansonsten *sp* (siehe auch *sch*, *s*, *p*).

Ideen zum Buchstabentag:

- Spiegelspiel: Lehrer oder Kinder machen Bewegungen vor, die Kinder müssen diese spiegelbildlich nachmachen
- Die Kinder erschmecken Lebensmittel mit *sp*: Spagetti, Spargel, Spinat, Sprudelwasser, ...
- Die Kinder erfühlen im Rätselsack Gegenstände mit *sp*: Gummispinne, Handspiegel, Haarspange, ...

Arbeit im Buchstabenheft:

- Schreiben und Gestalten von Sp sp
- Vorsprechen der bildlich dargestellten Wörter, Schreiben des richtigen Wortanfangs Sp zu den Wörtern (Ausnahmen: Stempel, Schiff), Nachspuren der Wörter
- Sinnentnehmendes Lesen, Ankreuzen der möglichen Aussagen, Einkreisen von Sp sp

Z z *Mein Buchstabenheft S. 61 / 62*

Zur Lautbildung:

Das *z* ist eine Aussprachekombination aus den Lauten *t* und *s*.

Ideen zum Buchstabentag:

- Zeichen in der Umgebung sammeln, z.B. Verkehrsschilder abmalen

- Zauberkunststücke vorführen
- Ein Puzzle spielen
- Zitronenlimonade herstellen
- Zwillinge suchen: (siehe Kopiervorlage S. 250)
- Die Kinder erschmecken Lebensmittel mit *z*: Zwiebelringe, Zucker, Zitronenlimo, ...
- Die Kinder erfühlen im Rätselsack Gegenstände mit *z*: Zeitung, Zwiebel, Zuckerwürfel, die Zwei, ...
- Lied „Zisch zisch zisch"

aus: Anna, die kleine Spinne, Musikverlag AMPLE Edition, Germering 2001

Arbeit im Buchstabenheft:

- Schreiben und Gestalten von Z z
- Abtrennen von Wörtern innerhalb der Wortschlange, Nachspuren von Z z
- Sprechen des Verses, Suchen und Nachspuren von Z z
- Abhören der Bilder auf die Position von *z*, Ankreuzen der richtigen Kästchen
- Zählen der Augen auf den Würfeln, Schreiben der richtigen Zahl
- Lesen der Sätze, richtiges Einsetzen von **zu**, **zum** und **zur** (von oben: zur, zum, zur, zu, zum, zu).

V v *Mein Buchstabenheft S. 63 / 64*

Zur Lautbildung:

Das *v* ist ein labio-dentaler Reibelaut (siehe *f*). In der Hochsprache wird bei deutschstämmigen Wörtern im Anlaut (Vogel), nach Vorsilben (davon) und bei Wortzusammensetzungen (Überholverbot) sowie im Auslaut (Detektiv) grundsätzlich stimmlos wie *f* gesprochen. Bei Fremdwörtern und im Inlaut dagegen stimmhaft wie *w* (siehe *W w* S. 242).

Ideen zum Buchstabentag:

- In einem vorgegebenen Text so viele V v wie möglich einkreisen. Wer findet die meisten in fünf Minuten?
- Ein Vogelmobile basteln
- Die Kinder erschmecken Lebensmittel mit *v*: Vanillepudding, Vollkornbrot, ...
- Die Kinder erfühlen im Rätselsack Gegenstände mit *v*: Stoffvogel, Vase, Videokassette, ...

Arbeit im Buchstabenheft:

- Schreiben und Gestalten von V v
- Einsetzen der Wörter in das Kreuzworträtsel (waagrecht, von oben: Vampir, Pulver, Olive, Lokomotive, Vater, Ventil → Vulkan)
- Lesen und genaues Abhören der Wörter, Einkreisen von V v je nach Aussprache in der richtigen Farbe (blau: voll, von, Vater, viele, Vollkornbrot, Verkehr, Vorfahrt – grün: Vulkan, Lava, Vase, Klavier, Pulver, Vampir, Video, Ventil, Kurve, Villa)
- Sinnentnehmendes Lesen, Ankreuzen der möglichen Antworten (individuell verschieden)
- Lesen der Sätze, richtiges Einsetzen von viel und viele (von oben: viele, viel, viel, viele, viele)

Profiseiten *Mein Buchstabenheft S. 65 / 66*

- Lesen der Wörter, Zuordnen der richtigen Begleiter, Schreiben der Wörter mit Begleiter in die richtige Spalte, evtl. Nachsehen im Wörterbuch
- Wörter in Silben klatschen. Wörter richtig in die Silbenhäuser schreiben

Ä ä Ö ö Ü ü *Mein Buchstabenheft S. 67 / 68*

Zur Lautbildung:

Der Vokal *ä* liegt zwischen *e* und *a*, der kurze Laut tendiert zum *e*, der lange zum *a*.
Der Vokal *ü* liegt zwischen *i* und *u*, anders als beim *u* liegt die Zunge weiter vorn im Mund.
Der Vokal *ö* liegt zwischen *o* und *e*, anders als beim *o* liegt die Zunge weiter vorn im Mund.
Ä und kurzes *e* klingen ähnlich, auch *ü* und *i* sind für Kinder nicht immer leicht zu unterscheiden. Deshalb ist von Anfang an auf Wortableitungen vom Grundwort zu achten.

Ideen zum Buchstabentag:

- Dinge verkleinern: Hut – Hütchen, Korb – Körbchen, ...
- Eine Bärengeschichte erzählen
- Hütchen-Spiel: Drei Hütchen liegen auf dem Tisch. Unter ein Hütchen wird eine Kugel gelegt und die Hütchen werden mehrfach vertauscht. Wer weiß, unter welchem Hütchen die Kugel steckt?
- Singen des Liedes „Drei Chinesen mit dem Kontrabass" mit den Umlauten *ä*, *ö*, und *ü*
- Die Kinder erfühlen im Rätselsack Gegenstände mit *ä ö ü*: Päckchen, Ähre, Käfer, Bär, Löffel, Schlüssel, Schüssel, die Fünf, Bürste, ...

Arbeit im Buchstabenheft:

- Schreiben und Gestalten von Ää Öö Üü
- Bilden der Mehrzahl von Wörtern, Schreiben der Wörter

Name: ______________________________________

In jeder Reihe sehen nur zwei Gegenstände ganz genau gleich aus.
Findest du die Zwillinge? Male sie an.

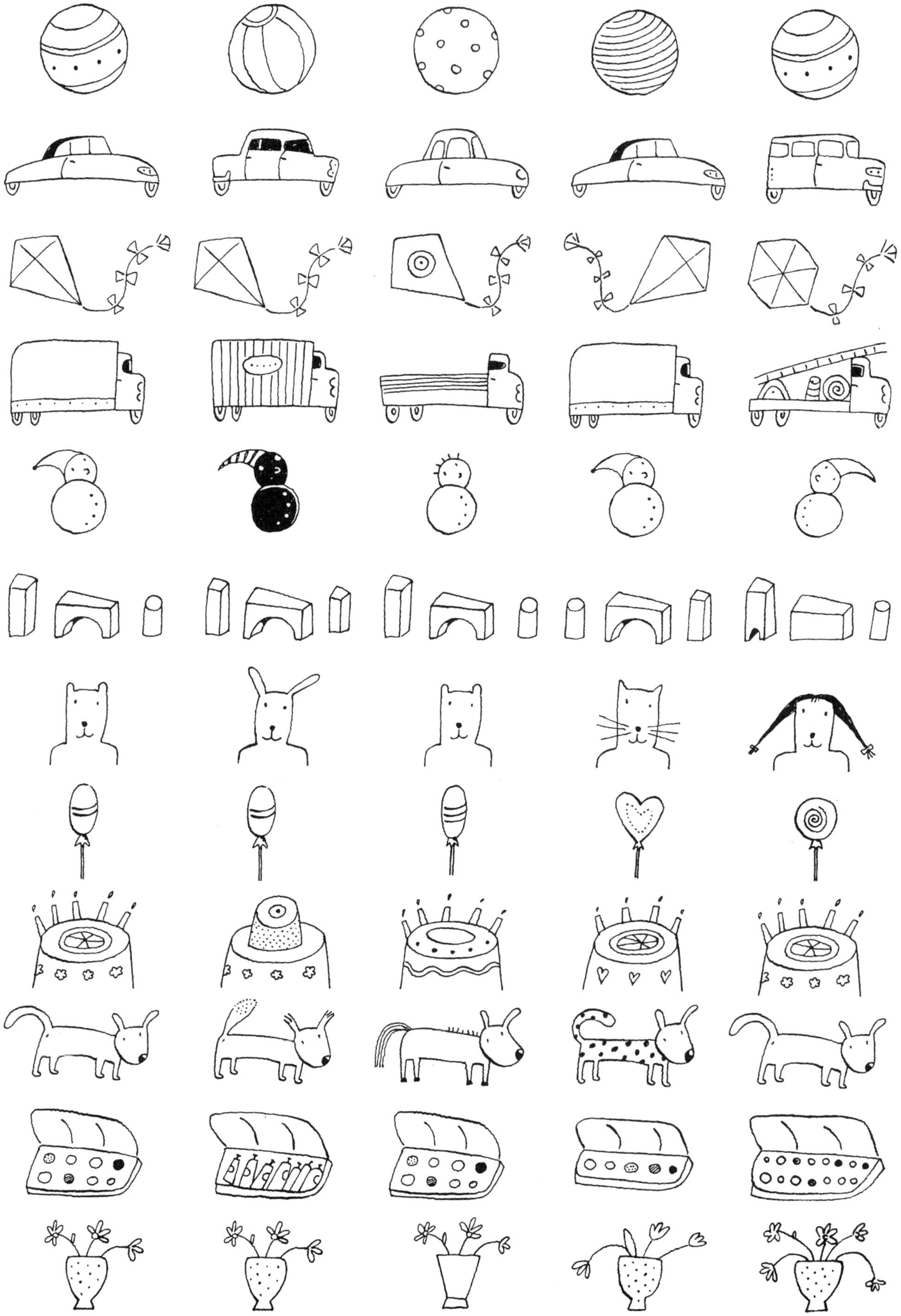

- Lesen und genaues Abhören der Wörter, richtiges Einsetzen von ö oder ü in die Kästchen
- Sinnentnehmendes Lesen: Ankreuzen der richtigen Wörter (Strümpfe, Unterwäsche, Handtücher, Söckchen, Schlafanzüge, evtl. auch Taschentücher)
- Sinnentnehmendes Lesen: Richtiges Verbinden der Satzteile mit Lineal und Bleistift (Der Marienkäfer – legt seine Eier auf Blätter. Die Kröte – lebt am Tümpel. Die Mücken – ärgern die Kühe. Der Bär – schläft in einer Höhle. Viele Vögel – fliegen im Winter in den Süden.)

Eu eu *Mein Buchstabenheft S. 69*

Zur Lautbildung:

Das *eu* ist eine Aussprachekombination aus den Lauten *o* und *i*.

Ideen zum Buchstabentag:

- Die Kinder erschmecken Lebensmittel mit *eu*: **Eu**calyptus-Bonbon, ...
- Die Kinder erfühlen im Rätselsack Gegenstände mit *eu*: **Eu**ro, Stoff**eu**le, Flugz**eu**gmodell, Kr**eu**z, die N**eu**n, ...

Arbeit im Buchstabenheft:

- Schreiben und Gestalten von Eu eu
- Finden und Einkreisen von Eu eu in der Wortsammlung
- Zusammensetzen und Aufschreiben von richtigen Wörtern (heute, Leute), Lesen des Merksatzes

ß *Mein Buchstabenheft S. 70*

Zur Lautbildung:

Siehe *s* S. 239

Ideen zum Buchstabentag:

- Große Dinge aufschreiben: Berg, Turm, Riese, ...

Arbeit im Buchstabenheft:

- Schreiben und Gestalten von ß
- Formulieren und Aufschreiben von sinnvollen Sätzen aus dem vorgegebenen Wortmaterial (Der Schnee ist weiß. Der Riese ist groß. Das Feuer ist heiß. Die Sonne ist heiß. oder Die Sonne ist groß.)

J j *Mein Buchstabenheft S. 71*

Zur Lautbildung:

Das *j* wird ähnlich gebildet wie das *i*. Die Mundhöhle wird durch den noch weiter gehobenen Zungenrücken jedoch stärker verschlossen.
Fremdwörter werden entsprechend der Phonetik ihrer Sprachen ausgesprochen (Jet, Jaqueline ...).

Ideen zum Buchstabentag:

- Die Kinder erschmecken Lebensmittel mit *j*: Jogurt, Johannisbeeren, ...
- Die Kinder erfühlen im Rätselsack Gegenstände mit *j*: Jacke, Jojo, Düsenjet, Joystick, ...

Arbeit im Buchstabenheft:

- Schreiben und Gestalten von J j
- Entziffern der Geheimschrift und Aufschreiben der Wörter (Juli, Jogurt, Jahr, jeder, Junge, jetzt)
- Beantworten der Fragen mit ja oder nein (individuell verschieden)

C c *Mein Buchstabenheft S. 72*

Zur Lautbildung:

Das c wird in der Regel vor a, o, u oder vor Konsonanten wie k, vor e und i wie z gesprochen.

Ideen zum Buchstabentag:

- Die Kinder erschmecken Lebensmittel mit *c*: Cola, Cornflakes, Camembert, ...
- Die Kinder erfühlen im Rätselsack Gegenstände mit *c*: Cent, CD, ...

Arbeit im Buchstabenheft:

- Schreiben und Gestalten von C c.
- Sinnentnehmendes Lesen der Geschichte, Einzeichnen des Weges in den Plan

Pf pf *Mein Buchstabenheft S. 73*

Zur Lautbildung:

Das *pf* ist eine Aussprachekombination aus den Lauten *p* und *f*.

Ideen zum Buchstabentag:

- Pfannkuchen backen
- Die Kinder erschmecken Lebensmittel mit *pf*: **Pf**laume, **Pf**irsich, **Pf**annkuchen, **Pf**efferkuchen, ...
- Die Kinder erfühlen im Rätselsack Gegenstände mit *pf*: **Pf**anne, To**pf**, Kno**pf**, **Pf**laster, **Pf**eil, ...

Arbeit im Buchstabenheft:

- Schreiben und Gestalten von Pf pf
- Einkreisen der Wörter mit Pf pf, zu jedem Bild das passende Wort schreiben

Äu äu *Mein Buchstabenheft S. 74*

Zur Lautbildung:

Das *äu* ist wie *eu* eine Aussprachekombination aus den Lauten *o* und *i*. Beide sind lautlich voneinander nicht zu unterscheiden. Deshalb ist von Anfang an auf Wortableitungen vom Grundwort zu achten.

Ideen zum Buchstabentag:

- Gestalten des Gedichts „Klaus und Kläuschen" (z.B. ein großes und ein kleines Schneckenhaus malen)

Klaus und Kläuschen

In einem großen Schneckenhaus
da wohnt ein Schneck mit Namen Klaus.
Der Sohn vom Klaus heißt Kläuschen
und wohnt im kleinen Häuschen.

Paul Maar

aus: Paul Maar, Dann wird es wohl das Nashorn sein, Beltz Verlag, Weinheim und Basel, 1988

Arbeit im Buchstabenheft:

- Gestalten von Äu äu
- Mehrzahlbildung von Namenwörtern, Schreiben der Wörter
- Sinnentnehmendes Lesen der Sätze, Schreiben der fehlenden Wörter

Qu qu *Mein Buchstabenheft S. 75*

Zur Lautbildung:

Das *qu* ist eine Aussprachekombination aus den Lauten *k* und *w*.

Ideen zum Buchstabentag:

- In einem vorgegebenen Text so viele Qu qu wie möglich einkreisen. Wer findet die meisten in fünf Minuten?
- Ein Bild malen: „Die Qualle schwimmt im Wasser"
- Die Kinder erschmecken Lebensmittel mit *qu*: Quark, ...
- Die Kinder erfühlen im Rätselsack Gegenstände mit *Qu*: Quartett, Quadrat, ...

Arbeit im Buchstabenheft:

- Schreiben und Gestalten von Qu qu
- Sinnentnehmendes Lesen. Beantworten der Fragen (mit Karten, im Meer, aus Milch, vier).

X x *Mein Buchstabenheft S. 76*

Zur Lautbildung:

Das *x* ist eine Aussprachekombination aus den Lauten *k* und *s*.

Ideen zum Buchstabentag:

- Auf dem Xylophon spielen
- Hexenspiele (s. Lehrermaterialien S. 138, Meg die Hexe)

Arbeit im Buchstabenheft:

- Schreiben und Gestalten von X x
- Zusammensetzen und Aufschreiben der Hexensprüche

Y y *Mein Buchstabenheft S. 77*

Zur Lautbildung:

Das *y* wird entweder als *i*, *j* oder *ü* gesprochen.

Ideen zum Buchstabentag:

- Yogaturnen: *„Wer kann am längsten ohne zu lachen oder sich zu bewegen im Yogasitz auf dem Boden sitzen?"*

Arbeit im Buchstabenheft:

- Schreiben und Gestalten von Y y
- Lesen und genaues Abhören der Wörter, Nachspuren von Y y je nach Aussprache in der richtigen Farbe (grün: Yoga, Yacht, Yak – rot: Xylofon, Ypsilon, Pyramide, typisch – gelb: Teddy, Hobby, Pony, Yvonne)
- Lesen der Rätsel, Aufschreiben der richtigen Wörter (von oben: Labyrinth, Dynamo, Baby, Pyramide)

Profiseiten *Mein Buchstabenheft S. 78-80*

- Problem der Endlautverhärtung: Anwenden der Strategie, von verlängerten Wörtern auf den Endbuchstaben des gesuchten Wortes zu schließen (von oben: Kleid, Hund, Hut, Zug, Weg, Dieb)
- Sinnentnehmendes Lesen: Unterteilen des Textes in Sätze, Markieren des Satzendes mit einem Punkt. Ausbessern der Satzanfänge („... versteckt. Die ...", „... Salatblatt. Auf ...")
- Sinnentnehmendes Lesen: Die Namen der Schnecken auf die Schilder im Bild schreiben
- Sinnentnehmendes Lesen. Herausfinden, wer Lona ist. Lesen der einzelnen Sätze und Durchstreichen der nicht möglichen Tiere, Aufschreiben des Tiernamens (Lösung: Giraffe), Lonas besten Freund erraten: Affe

II. Üben mit den Spielen zum Schriftspracherwerb

Die „Spiele zum Schriftspracherwerb“ bieten Vorlagen für 16 Spiele, die mit wenigen Handgriffen einsatzbereit gemacht werden können.

Mit diesen Spielen können die Schüler spielerisch und selbstständig verschiedene Lerninhalte des Schriftspracherwerbs üben und festigen.

Den Spielvorlagen ist ein Geheft mit allen Spielanleitungen beigelegt. Diese enthalten Hinweise zur Fertigstellung der Spiele, zur Eignung als Einzel- oder Gruppenspiel, zu den Kontrollmöglichkeiten und in vielen Fällen Differenzierungsvorschläge für leistungsstärkere Schüler. Wir empfehlen, diese Spielanleitungen nochmals zu kopieren und den einzelnen Spielen beizulegen. So kann sich der Lehrer bei Fragen der Kinder schnell informieren.

Spielbezeichnung		**Ziel des Spiels**
Bild- und Buchstabenkarten	➡	Begriffe aus der Anlauttabelle üben, Buchstaben kennen lernen
Anlaut-Domino I und II	➡	Buchstaben und Anlautbild passend zuordnen
Lotto-Spiel I und II	➡	Gleiche Anlaute erkennen Sinnerfassendes Lesen üben (Sätze ergänzen)
Reimwörter-Memory	➡	Reimwörter erkennen
Reimwörter-Domino	➡	Reimwörter erkennen
Angelspiel I und II	➡	Buchstaben und Anlautbild passend zuordnen
Klammerkarten I und II	➡	Den richtigen Buchstaben für den Anlaut finden
Raketenspiel I: „Was muss raus?“	➡	Gleiche und verschiedene Anlaute unterscheiden
Raketenspiel II: „Was muss raus?“	➡	Sinnerfassendes Lesen üben (unpassende Begriffe aussortieren)
Raketenspiel III: Lange Wörter in Robotersprache lesen	➡	In Silben lesen (viersilbige Wörter)
Klammerkarten „Wie viele Laute?“	➡	Laute abhören und Anzahl feststellen
Silbenspiel	➡	Wörter in Silben gliedern
„Gezinktes“ Memory	➡	Wörter in Silben gliedern
Lese-Memory	➡	Wörter lesen
Würfelspiel „Flug im Weltall“	➡	Sinnerfassendes Lesen üben
Lesespiel mit Auftragskarten	➡	Aufträge lesen und ausführen

Welche Materialien muss der Lehrer bereitstellen, um die Spiele einsatzfähig zu machen?

Für die Fertigstellung der Spiele benötigen Sie Schere, Kleber, Hefter, Buchklammern und ein Schneidemesser (Cutter).

Außerdem benötigen Sie Wäscheklammern (möglichst aus Holz), einen großen Holzwürfel (Kantenlänge etwa 4 cm), eine Magnetangel (im Spielwarengeschäft erhältlich), einen Schuhkarton (als „Aquarium"), kleine Kunststoffklammern (Lehrmittelhandel), Würfel und Spielmännchen.

Wie können die Spiele übersichtlich aufbewahrt werden?

Für die Aufbewahrung der Spiele können durchsichtige Kunststoffschachteln verwendet werden, z.B. solche, in denen Süßigkeiten verkauft werden, aber auch Kunststoffschalen, die als Verpackung für Gemüse und Obst dienen.

Für die Kinder wird die Auswahl und die Rückgabe der Spiele erleichtert, wenn diese in offenen Regalen aufgestellt werden. Da die Kinder noch nicht lesen können, empfehlen wir, an den Schachteln und an den Regalen jeweils gleiche Bildsymbole anzubringen, sodass die Kinder die Spiele nach Gebrauch wieder genau an den vorgesehenen Platz zurückbringen können.

Wie können die Spiele eingeführt werden?

Den meisten Kindern sind Memory-, Domino- und Lottospiele aus der Vorschulzeit bekannt. Deshalb brauchen alle Spiele mit dem gleichen Spielgedanken nur einige kurze Hinweise des Lehrers; schnell werden sich Kinder finden, die die Spielregel für das Lernspiel weitergeben können.

Weniger bekannte Spiele können im Morgenkreis vorgestellt werden. Hier ist es effektiv, vergrößerte Kopien des Spielmaterials herzustellen, um das Spiel für alle sichtbar vorzuspielen.

Auch in kleinen Gruppen kann der Lehrer ein Spiel erklären und einmal durchspielen. Er wird dann ein Kind zum „Experten" für dieses Spiel ernennen und dessen Namen mit einer Klammer, einem Aufkleber oder einem Post-it-Zettel am Spiel kenntlich machen.

Wann können die Kinder mit den Spielen üben?

Wenn die Kinder in der Viertelstunde vor Unterrichtsbeginn schon die Spiele aus den Regalen holen können, schafft sich der Lehrer die Möglichkeit, mit einzelnen Kindern die Hausaufgaben zu besprechen oder eine Arbeit des Vortags noch einmal durchzugehen. Da nach und nach alle Kinder bei der Arbeit sind, ist der Unterrichtsbeginn gleitend. Nach einer Phase des individuellen Übens wird der Unterrichtsvormittag durch ein Lied oder im Morgenkreis gemeinsam eröffnet.

Selbstverständlich können die Spiele auch eingesetzt werden, um das unterschiedliche Arbeitstempo der Kinder auszugleichen. *Wer seine Arbeit richtig und vollständig gemacht hat, kann sich aus dem Regal ein Lernspiel holen.*

Außerdem ist es möglich, die Spiele in einen Wochenplan aufzunehmen. Hier wäre es wiederum von Vorteil, alle Spiele mit einem Bildsymbol zu kennzeichnen. Dieses Bild kann dann auch im Wochenplan erscheinen. Bei individuellen Wochenplänen hat der Lehrer die Möglichkeit, das Üben der Kinder je nach ihrem erreichten Leistungsstand effektiv zu gestalten.

Und selbstverständlich sind die Spiele zum Schriftspracherwerb auch ein Angebot für alle Phasen der freien Arbeit.

Mit einem akustischen Signal (ein immer wiederkehrendes Musikstück / Lied) wird das Ende der freien Arbeit und die Zeitspanne für das Aufräumen angezeigt. Danach trifft sich die Klasse im Sitzkreis, um die Ergebnisse der Arbeit zu besprechen, Fragen zu klären und besonders gelungene Arbeiten vorzustellen.

Wie können die Spiele zum Schriftspracherwerb individuell eingesetzt werden?

Da die Spiele Lernziele auf verschiedenen Stufen des Schriftspracherwerbs beinhalten, bieten sie dem Lehrer die Möglichkeit, jedem Kind Übungsformen anzubieten, die seinem erreichten Leistungsstand (oder seinen Defiziten) entsprechen.

Viele Spiele gibt es in zwei Fassungen, also in zwei unterschiedlichen Schwierigkeitsgraden: Anlautspiele, die sich auf Begriffe aus der Anlauttabelle beziehen, haben eine blaue Rückseite, Anlautspiele, die als Erweiterung andere Begriffe einbeziehen, haben eine orangerote Rückseite.

In der Regel werden die Kinder mit allen Spielen beginnen, die das Sprachmaterial in Bildform anbieten. Für Kinder, die bereits lesen können, werden aber auch schon alle Spiele mit Wörtern und Sätzen angeboten. Wenn ein gut lesendes Kind sich einen beginnenden Leser als Partner sucht, wird auch dieser durch eine durchaus beabsichtigte und sich wiederholende „Überforderung" im Team mit seinem Klassenkameraden einen Lernerfolg erreichen können.

Die Tabelle unten zeigt die Übungsbereiche und die entsprechenden Spiele noch einmal in der Übersicht, um dem Lehrer eine gezielte Förderung der Kinder zu ermöglichen.

Neben den Spielen, die der Lehrer dem Kind auf Grund des beobachteten Lernstandes „empfiehlt", hat es aber auch seine Berechtigung, wenn Kinder „über" oder „unter" ihrem Lernniveau spielen und üben:

- Spielen soll auch zweckfrei sein,
- Spielen schult soziale Fähigkeiten,
- zwei ungleich starke Spielpartner können sich gegenseitig fördern.

Kollegen, die sich nicht zum Kauf der weitgehend vorgefertigten Spiele entschließen können, brauchen auf Lernspiele für den offenen Unterricht und für individualisierendes Üben nicht zu verzichten. Mit Kopierer, PC und Laminiergerät sowie einem Fundus an kleinen Bildern kann man viele Spiele mit vertretbarem Aufwand selbst herstellen.

Große Bild- und Buchstabenkarten können durch Vergrößern der Anlautbilder mit dem Kopierer hergestellt werden.

Für die **Domino-Spiele** zum Üben der Buchstaben empfehlen sich zwei Versionen:

- Buchstaben und Bilder der Anlauttabelle,
- Buchstaben und andere Bilder mit entsprechendem Anlaut.

Lottospiele bestehen aus einer Lottotafel mit 9 oder 16 Feldern und ebenso vielen Lottokarten, die aufgelegt werden können. Folgende Kombinationen sind möglich:

- Lottotafel mit Buchstaben, Lottokarten mit den entsprechenden Bildern der Anlauttabelle,
- Lottotafel mit Buchstaben, Lottokarten mit entsprechenden anderen bildlichen Darstellungen.

Angelspiele können ebenfalls mit unterschiedlichen Schwierigkeitsgraden (Bilder der Anlauttabelle – neues Bildmaterial) hergestellt werden.

Klammerkarten zeigen Abbildungen (aus der Anlauttabelle oder andere Bilder) und auf der Rückseite die entsprechenden Begriffe. Außerdem werden Holzwäscheklammern mit den Anfangsbuchstaben (auf einem Klebepunkt) versehen. Diese Klammern müssen an die richtigen Bildkarten angeklammert werden.

Was das Kind üben soll		Womit das Kind üben kann
Die Begriffe der Anlauttabelle verwenden	➡	Bild- und Buchstabenkarten
Wörter mit gleichen Anlauten erkennen	➡	Lotto-Spiel I
Unterschiedliche Anlaute erkennen	➡	Raketenspiel I: „Was muss raus?"
Die Anlaute als Buchstaben darstellen	➡	Bild- und Buchstabenkarten Anlaut-Domino I und II Angelspiel I und II Klammerkarten I und II
Die Anzahl der Laute in einem Wort abhören	➡	Klammerkarten: „Wie viele Laute?"
Wörter in Sprechsilben gliedern	➡	Silbenspiel „Gezinktes" Memory
Reimwörter erkennen	➡	Reimwörter-Memory Reimwörter-Domino
Wörter lesen und verstehen	➡	Lese-Memory Raketen-Spiel II: „Was muss raus?" Raketen-Spiel III: Lange Wörter
Sätze lesen und verstehen	➡	Lotto-Spiel II (Sätze ergänzen) Würfelspiel „Flug im Weltall" Lesespiel mit Auftragskarten

Etwas schwieriger wird die Suche nach passendem Bildmaterial für ein **Reime-Memory** oder ein **Reimwörter-Domino**. Sinnvoll ist es, vor allem Begriffe aus dem Grundwortschatz zu verwenden.

Ein **Lese-Memory** kann gemeinsam mit den Kindern angefertigt werden: Die Kinder bringen aus Katalogen oder Zeitschriften ausgeschnittene Bilder mit, diese werden auf quadratische Memory-Karten geklebt, dazu wird jeweils eine zweite Karte mit dem Wort beschriftet.

Lesespiele mit Auftragskarten sind verschieden zu gestalten. So können etwa Filmdöschen mit einem Schlitz versehen werden und der zusammengerollte Auftrag wird wie ein Film aus dem Döschen gezogen. Denkbar sind auch kleine Auftragskärtchen, die wie auf einem Spielfeld für Würfelspiele verdeckt ausgelegt werden. Ein Kind würfelt, zählt auf dem Spielplan ab und dreht das entsprechende Kärtchen um. Diesen Auftrag muss es nun ausführen.

Sicherlich kennen die Lehrer noch andere Formen von Lernspielen, die für die Ziele des entwicklungsorientierten Unterrichts im Schriftspracherwerb abgeändert werden können.

So bieten sowohl die von uns vorgefertigten als auch die vom Lehrer selbst hergestellten Lernspiele
- dem Lehrer Material für offenen Unterricht, für Wochenplanarbeit und ein zusätzliches Angebot für schnelle Schüler,
- den Schülern die Möglichkeit, nach Beratung durch den Lehrer lustbetont und gezielt nach ihrem persönlichen Lernstand zu üben,
- der Klasse einen Anlass, im Spiel Kontakte zu den Mitschülern zu pflegen und dabei voneinander und miteinander zu lernen.